高等职业教育工学结合经管类系列教材

Excel在财务中的应用

（Excel 2013版）

主　编　李艳丽　罗瑞雪　杨　婷
副主编　李传芳　李宗山　刘　轶　邓晓丽

WUHAN UNIVERSITY PRESS
武汉大学出版社

图书在版编目(CIP)数据

Excel 在财务中的应用:Excel 2013 版/李艳丽,罗瑞雪,杨婷主编.—武汉:武汉大学出版社,2017.8
高等职业教育工学结合经管类系列教材
ISBN 978-7-307-19661-2

Ⅰ.E… Ⅱ.①李… ②罗… ③杨… Ⅲ.表处理软件—应用—财务管理—高等职业教育—教材 Ⅳ.F275-39

中国版本图书馆 CIP 数据核字(2017)第 221055 号

责任编辑:林 莉　　责任校对:李孟潇　　版式设计:马 佳

出版发行:**武汉大学出版社** (430072 武昌 珞珈山)
(电子邮件:cbs22@whu.edu.cn 网址:www.wdp.com.cn)
印刷:湖北民政印刷厂
开本:787×1092 1/16 印张:16.25 字数:388 千字 插页:1
版次:2017 年 8 月第 1 版 2017 年 8 月第 1 次印刷
ISBN 978-7-307-19661-2 定价:36.00 元

前　言

目前，我国企业解决会计核算问题大多是利用财务软件进行的。利用财务软件解决会计核算问题应该说既简单又方便，但也有其一定的局限性。随着计算机应用的不断普及与深入以及会计人员素质的不断提高，应该让会计人员了解更多的处理会计数据的工具，而常用的 Excel 凭借其经济、实用的特点，在中小企业会计实践中的应用非常普遍。

本书采用图文并茂的方式，引用丰富的实例以及详尽的操作步骤进行讲解，详细地向读者介绍了 Excel 在财务中的具体运用，并有配套的 Excel 电子表格实训案例与数据(配套光盘)。本书最大的亮点在于运用了目前最潮流的 Excel 2013 作为软件平台，来阐述与演练 Excel 在财务中的具体运用。因此本书极具时代感，它不仅可以作为高职院校相关专业的学习教材，而且可以作为上岗前的培训用书及自学辅导书。本书共设计八个项目以及各个项目对应的实训练习。各个项目的具体内容如下：

项目一主要介绍 Excel 基础知识，让初学者不用查阅其他计算机专业教材，就能了解到 Excel 在财务中运用所需的 Excel 基础知识。

项目二、三、四主要介绍 Excel 在会计核算中的应用，分别从利用 Excel 编制会计凭证、登记账簿及编制会计报表三个方面详细讲解。这三个项目的学习要求读者不仅掌握项目一的 Excel 基础知识，还要求读者具备会计核算基础知识，通过这三个项目的学习，读者基本可以掌握 Excel 日常的会计核算工作，达到举一反三的效果。

项目五主要介绍 Excel 在工资薪酬管理中的应用，本项目以教职工薪酬管理系统为例，详细讲解利用 Excel 制作教职工工资明细、工资条的打印以及工资分析。

项目六主要介绍 Excel 在固定资产管理中的应用，分别从利用 Excel 制作固定资产折旧明细、创建固定资产管理系统以及固定资产折旧分析三个方面来介绍。

项目七主要介绍 Excel 在资金时间价值计算中的应用，主要利用 Excel 的财务函数快捷计算。本项目只要读者具备一定的财务管理知识，完全可以自学掌握。

项目八主要介绍 Excel 在财务分析中的应用，结合项目四利用 Excel 对企业财务报表进行比率分析、趋势分析、因素分析和综合分析。

本书的编写人员从事多年的该课程教学工作，具有丰富的实践经验，并得到了具有一线工作经验的企业人员的指导。本书由武汉商贸职业学院李艳丽老师负责拟定大纲及统稿，武汉商贸职业学院老师李宗山和邓晓丽共同完成项目一，武汉商贸职业学院李艳丽老师完成项目二和项目五，武汉商贸职业学院罗瑞雪老师完成项目三和项目七，武汉商贸职业学院李传芳老师和陕西行政学院刘轶老师共同完成项目四和项目六，汉口学院杨婷老师完成项目八。另外，本书编纂工作还得到了从事多年该课程教学工作的原武汉商贸职业学院邢嫄老师的指导以及审稿工作，同时也荣幸地得到了武汉商学院会计信息化专家钟爱军教授的业务指导，在此一并表示感谢。在本书的编写过程中，参考了大量书籍和文献及网络资源，访问了一些行业和企业专家和学者，并考察了一些中小型企事业单位，在此一并深表谢意。

由于编者水平有限，加之时间仓促，且涉及内容较多，书中难免有错误或不当之处，敬请读者来电、来函批评指正。

编　者

2017 年 6 月

目 录

项目一　Excel 基础知识

【学习任务】

通过本项目的学习，使学生全面了解 Excel 的基本功能，熟悉 Excel 中的基本操作方法，掌握 Excel 中函数的使用技巧，为后续的专业应用奠定坚实的基础。

【技能目标】

1. 熟知 Excel 的工作界面
2. 认识 Excel 的工作对象——工作簿、工作表和单元格
3. 能够在 Excel 单元格中正确、快速地输入数据，掌握单元格格式化的操作方法
4. 掌握 Excel 中基本函数的使用技巧
5. 学会使用 Excel 中这些函数对数据进行处理

【知识目标】

1. Excel 中基本信息录入
2. Excel 中单元格的引用与数据链接
3. Excel 中基本函数与公式的应用
4. Excel 中数据处理

【情境导入】

日常生活中，我们经常与各式各样的表格打交道，如成绩统计表、员工工资表、销售表、预算表等。表格可以将大量杂乱无序的数据用清晰的方法表现出来，从而使人们更好地认识、处理、利用它们。Excel 作为目前最流行的电子表格处理软件之一，它具有丰富的数据处理函数，可以实现快速准确的表格数据计算，对于简单的数据统计、复杂的企业会计处理及专业的计算分析都能胜任。Excel 软件有多个版本，目前的最高版本是 Excel 2013，比较流行的是 Excel 2010 和 Excel 2013，这两个版本在功能和界面上存在一定的差异，但基本操作方法是相同的。本书所有案例的操作应用环境为 Excel 2013。

任务一　Excel 的工作环境

子任务一　认识 Excel 的工作界面

一、Excel 的启动与退出

(一) Excel 的启动

方法一：单击任务栏上的【开始】命令按钮，选择所有程序菜单中的“Microsoft Office

2013”命令，再单击下拉子菜单中“Excel 2013”命令选项，即可启动，如图 1-1 所示。

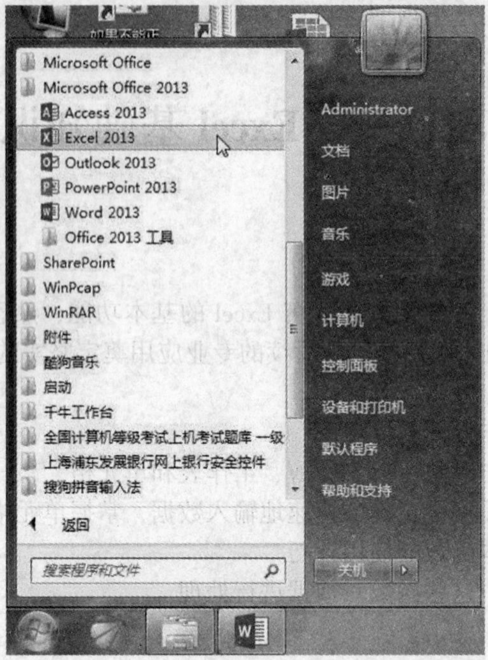

图 1-1　通过开始菜单启动 Excel

方法二：如果桌面上建立了快捷方式，双击桌面上的 Excel 2013 快捷图标，即可启动，如图 1-2 所示。

图 1-2　双击桌面上的 Excel 2013 快捷图标启动 Excel

（二）Excel 的退出

在退出 Excel 之前，请先保存文件，否则会弹出保存文件的提示窗口。退出 Excel 的方法如图 1-3 所示。

方法一：单击 Excel 窗口【文件】|【关闭】菜单命令。

方法二：单击 Excel 应用应用程序窗口左上角的 Excel 图标，在弹出的菜单中选择【关闭】。

方法三：单击 Excel 窗口右上角的 × 关闭按钮。

方法四：双击 Excel 应用程序窗口左上角的 Excel 图标。

方法五：在 Excel 应用程序为当前活动窗口时，按下 Alt+F4 组合键。

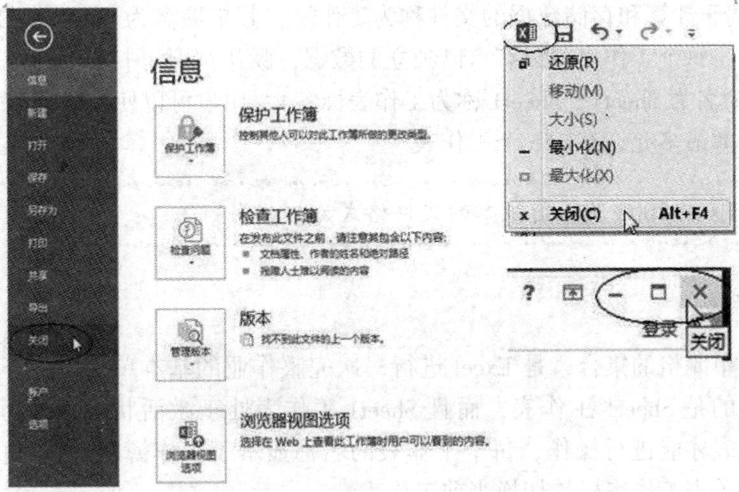

图 1-3　退出 Excel 的方法

二、Excel 的工作界面

启动 Excel 后，即可打开 Excel 2013 的工作界面，该界面主要由标题栏、菜单栏、工具栏、编辑栏、工作区、状态栏和滚动条等部分组成。如图 1-4 所示。

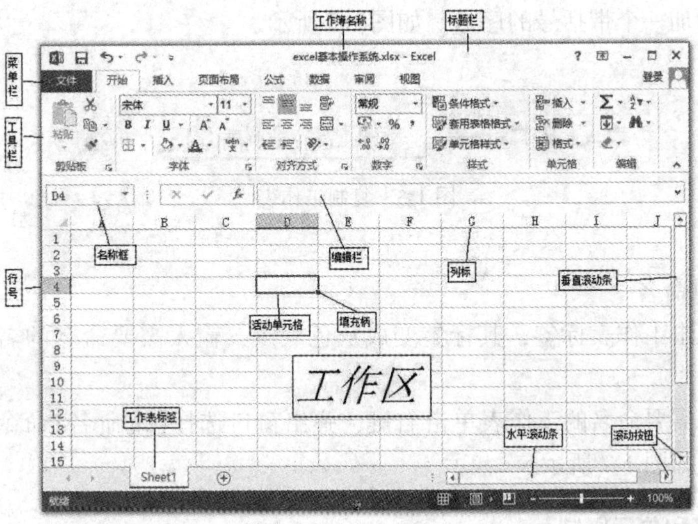

图 1-4　Excel 2013 的工作界面

下面介绍 Excel 窗口中重要的几个部件。

(一)工作簿

Excel 中用于计算和存储数据的文件称为工作簿，其扩展名为 . xlsx。工作簿是由若干工作表构成的，每个工作表可以有自己独立的数据，默认情况下打开一个 Excel 工作簿有一张工作表(命名为 Sheet1，Sheet1 称为工作表标签)，用户可以使用命令添加和删除工作表，一个工作簿最多允许有 255 个工作表。

特别提醒：Excel 2003 及以前版本的文件格式为“. xls”。

(二)工作表

工作表是单元格的集合，是 Excel 进行一次完整作业的基本单位。打开一个 Excel 工作簿默认打开的是 Sheet1 工作表，而且 Sheet1 工作表处于激活状态，称为当前工作表。只有当前工作表才能进行操作，每个工作表的名称显示于工作簿窗口底部的工作表标签上，可以通过单击工作表标签切换当前工作表。

1. 选择工作表

要对一个工作表进行编辑，必须进行工作表的选择，使该工作表成为活动工作表，活动工作表名称下面以下画线标记。单击目标工作的标签，即可选择所要编辑的工作表。

2. 移动、复制工作表

在同一工作簿中移动工作表，即改变工作表的顺序，用鼠标拖动工作表标签即可。

在工作簿中复制工作表和移动工作表的方法差不多，指针在按住鼠标左键拖动时需要同时按住 Ctrl 键，当拖到合适位置时，再依次松开鼠标左键及 Ctrl 键即可完成，其名称为原工作表名称后加一个带括号的序号。如图 1-5 所示。

图 1-5　复制工作表

3. 工作表重命名

方法一：双击工作表标签，其标签变成灰色底纹，输入需要命名的名称即可。如图 1-6 所示。

方法二：对需要命名的工作表单击右键，弹出窗口选择【重命名】命令，然后输入需要命名的名称。如图 1-7 所示。

(三)单元格和单元区域

1. 单元格

工作表中行与列交汇所形成的方格称为单元格，简称单元。

单元格是工作表最基层的组件，单元格名称也称单元格地址，用列标和行号来表示，列标用大写的英文字母表示，行号用阿拉伯数字来表示，每个单元格的地址是唯一的。

图 1-6　双击重命名

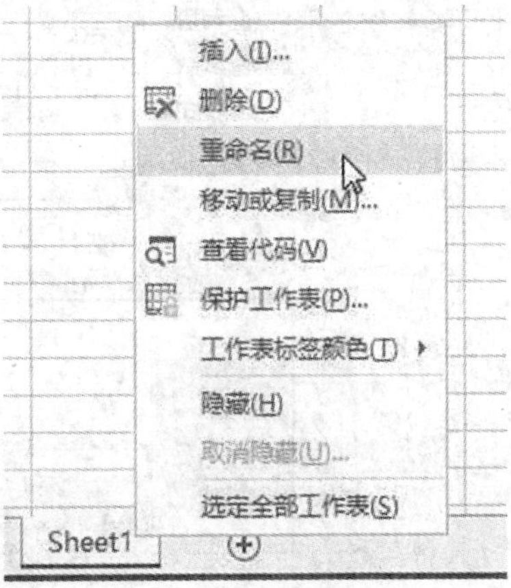

图 1-7　右键重命名

2. 单元区域

单元区域是指若干个单元格组成的矩形范围。单元格区域又分为连续区域、集合区域、交际区域。

连续区域是指有若干个连续单元组成的区域，如图 1-8 所示。连续区域的表示方法是将第一个和最后一个单元引用，中间用冒号连接，例如，表示从 A3 到 D8 所组成的一个矩形区域“A3：D8”。

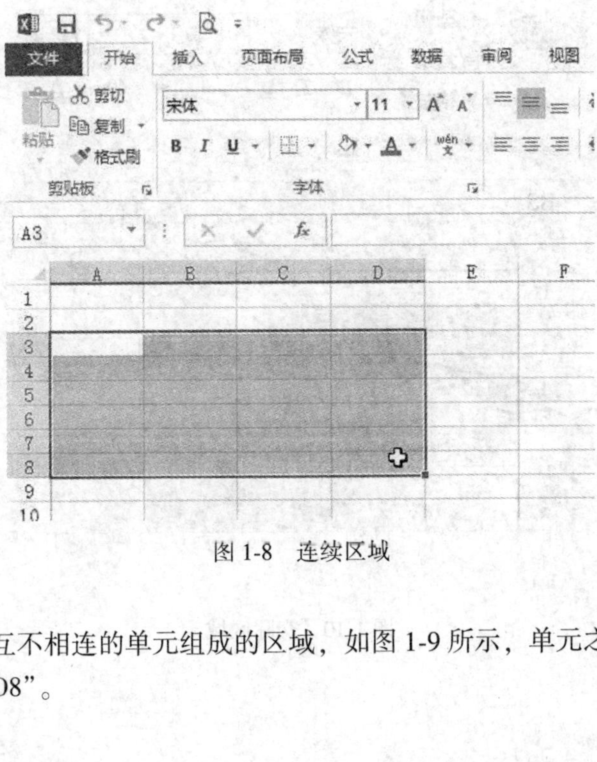

图 1-8　连续区域

集合区域表示互不相连的单元组成的区域，如图 1-9 所示，单元之间用逗号连接，例如“A2：A6，B5：D8”。

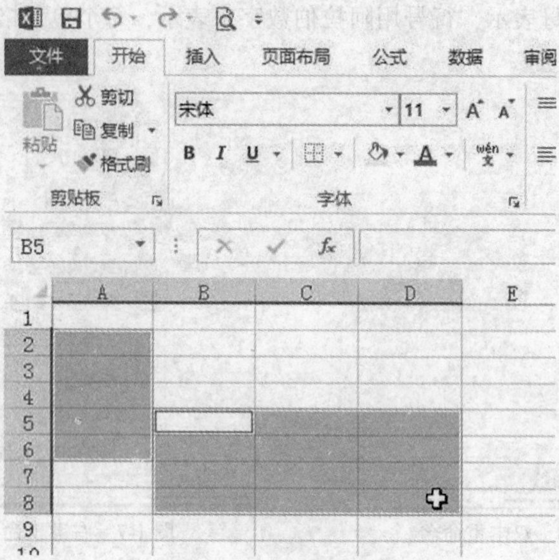

图 1-9　集合区域

交际区域表示两个单元引用的公共区域，如图 1-10 所示。两个单元引用间用空格连接，例如“A2：B6　B3：C8”是指其公共单元区域“B3：B6。

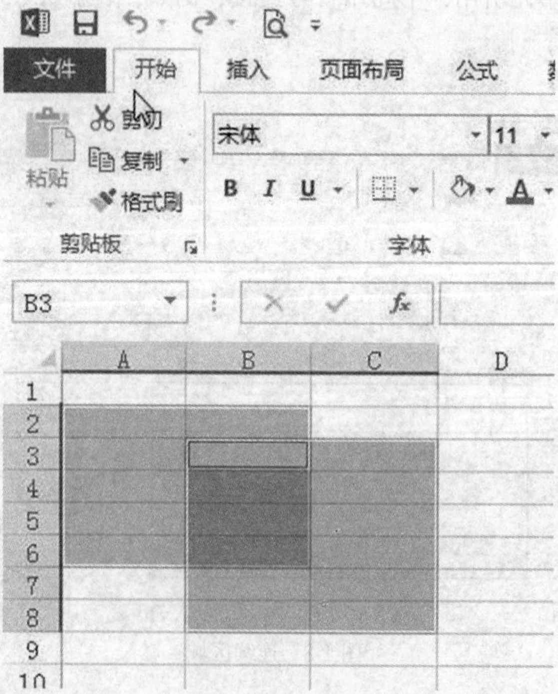

图 1-10　交际区域

3. 单元格以及单元区域的选定

在选择若干单元格之后，会看到总有一个单元格与其他单元格不一样，它就是选择区域内的活动单元格。活动单元格一般为白底，而其他单元格为透明浅灰色。

单元格以及单元区域的选定的具体方法如下：

(1)选定单个单元格。用鼠标单击相应的单元格，或在键盘上移动方向键。

(2)选定某个单元区域。单击预选定区域的第一个单元格，然后拖动鼠标直至选定最后的一个单元格；如果选定较大的单元格区域，先选定第一个单元格或单元区域，然后按住 Shift 键，再单击预选定区域中最后一个单元格。如选定 B2：C8，如图 1-11 所示。

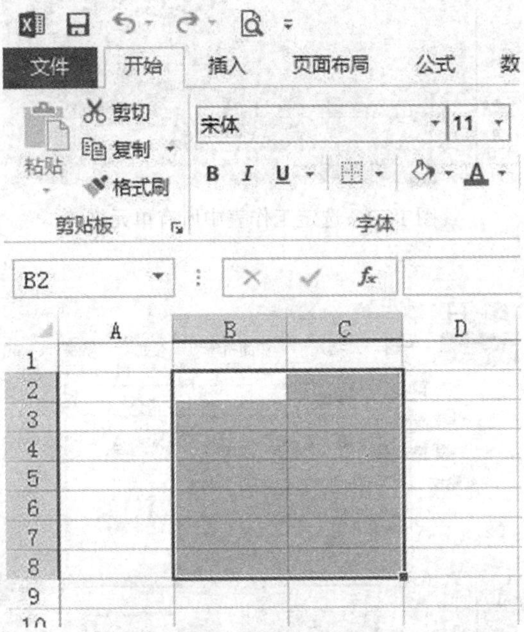

图 1-11　选定工作表中连续单元格

(3)选定工作表中所有的单元格。单击全选按钮，或者按住 Ctrl+A 组合键，如图 1-12 所示。

(4)选定不相邻的单元格或单元区域。选定第一个单元格或单元区域，然后按住 Ctrl 键，再选定其单元格或单元区域，如选定 B2：B8 和 D2：D8，如图 1-13 所示。

子任务二　Excel 的基本操作

要对数据进行处理，首先要将基本的数据输入到工作簿的工作表的各单元格中。

任务引例：某高校利用 Excel 软件记录与管理员工基本资料，在这个任务中，我们输入的基本数据如图 1-14 所示。

1. 新建工作表

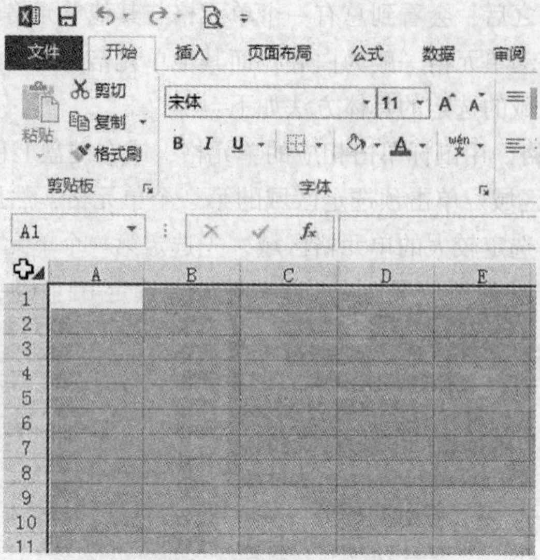

图 1-12　选定工作表中所有单元格

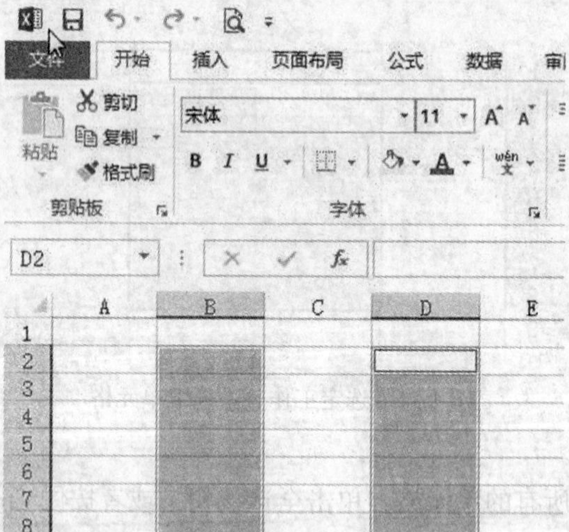

图 1-13　选定工作表中不连续单元格

打开 Excel 工作簿，在 Sheet1 工作表中进行编辑。每一个数据项占一个单元格，如"教职工工号"占一个单元格。

2. 输入数据

单击 A1 单元格，使它成为活动单元格，输入标题"教职工基本情况一览表"，如图 1-15所示。

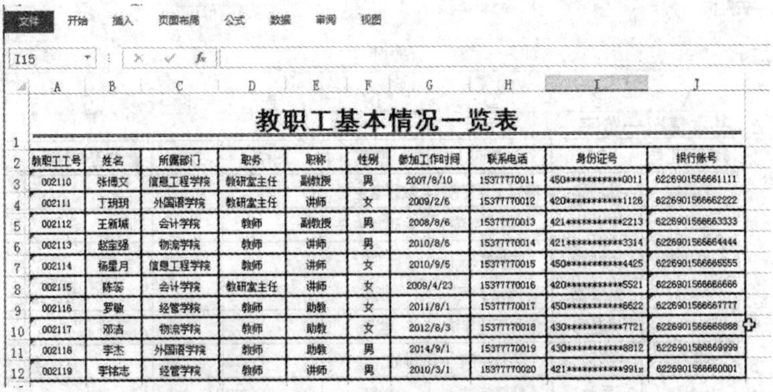

教职工工号	姓名	所属部门	职务	职称	性别	参加工作时间	联系电话	身份证号	银行账号
002110	张博文	信息工程学院	教研室主任	副教授	男	2007/8/10	15377770011	450***********0011	6226901566661111
002111	丁玥玥	外国语学院	教研室主任	讲师	女	2009/2/6	15377770012	420***********1126	6226901566662222
002112	王新城	会计学院	教师	副教授	男	2008/8/6	15377770013	421***********2213	6226901566663333
002113	赵宝强	物流学院	教师	讲师	男	2010/8/6	15377770014	421***********3314	6226901566664444
002114	杨星月	信息工程学院	教师	讲师	女	2010/9/5	15377770015	450***********4425	6226901566665555
002115	陈蕊	会计学院	教研室主任	讲师	女	2009/4/23	15377770016	420***********5521	6226901566666666
002116	罗敏	经管学院	教师	助教	女	2011/8/1	15377770017	450***********6622	6226901566667777
002117	邓洁	物流学院	教师	助教	女	2012/8/3	15377770018	430***********7721	6226901566668888
002118	李杰	外国语学院	教师	助教	男	2014/9/1	15377770019	430***********8812	6226901566669999
002119	李铭志	经管学院	教师	讲师	男	2010/3/1	15377770020	421***********991x	6226901566660001

图 1-14　教职工基本情况一览表

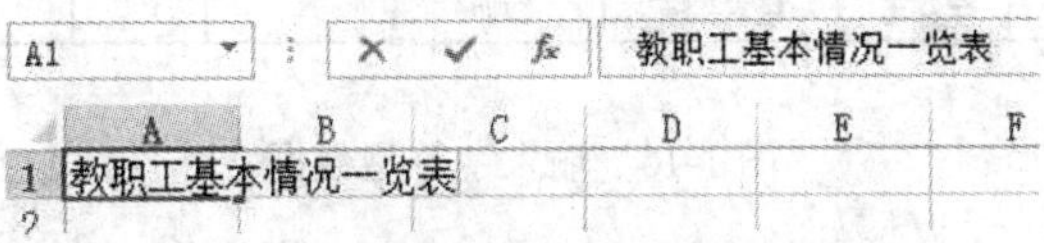

图 1-15　输入标题

> **注意**：在单元格中输入数据时，在单元格或编辑栏中有插入光标，在编辑栏左侧会出现三个按钮。单击“取消”按钮或按键盘 Esc 键表示放弃当前输入内容；单击“确认”按钮或按键盘 Enter 键表示完成并确认当前输入内容；单击“插入函数”按钮，会弹出“插入函数”对话框，可以选择函数进行数据计算，基本函数计算我们将在任务三中给大家介绍。

(1)输入字符型数据。

字符型数据是由字母、汉字或数字和字符的组合组成的数据，一般可直接输入。默认情况下，字符型数据沿单元格左边对齐，如图 1-16 所示。

(2)输入以 0 开始的数据或较长的数字。

如果输入数据是全部由阿拉伯数字组成的字符串，如图 1-14 中的“教职工工号”、“联系电话”和“银行账号”三列数据，输入时需要在数据前加上英文状态下的单引号“'”，如图 1-17 所示。

(3)输入数值型数据。

数值型数据是由 0~9 及一些有效符号(如+、-、%、￥等)组成的字符串，如+15、60%等。数值型数据沿单元格右边对齐。

输入负数：在单元格中输入负数时，可以在数字前输入“-”来标识，也可以将数字置于“()”(括号)内来标识，比如在单元格中输入“(66)”，按一下回车键，则会自动显示为“-66”。

输入分数：在文档中，通常用一道斜杠来分界分子与分母，其格式为“分子/分母”，

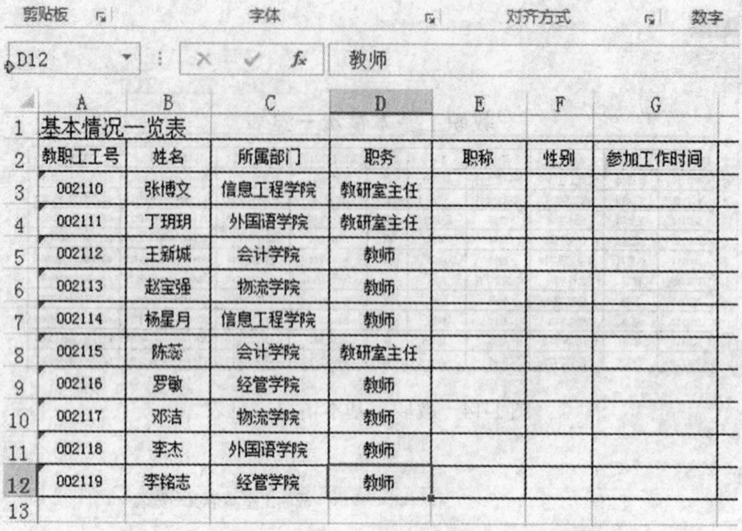

图 1-16　输入字符型数据

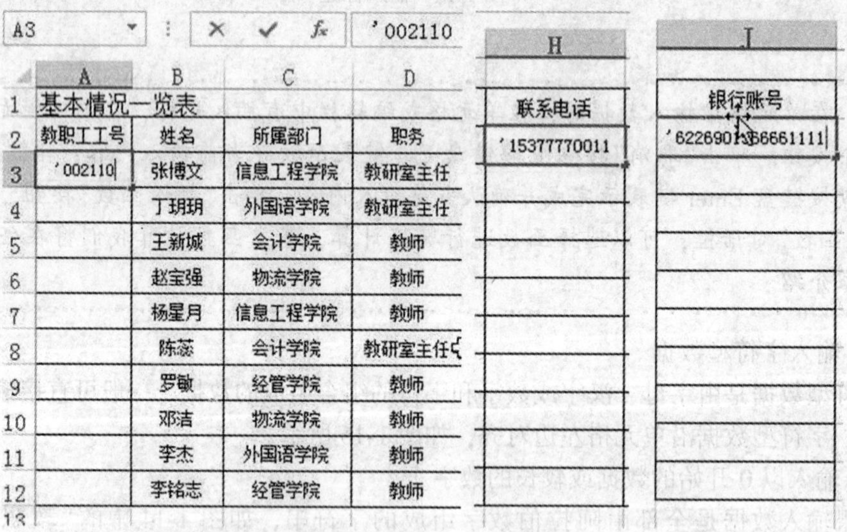

图 1-17　输入以 0 开始的数据或较长的数字

在 Excel 中日期的输入方法也是用斜杠来区分年月日的。比如在单元格中输入“6/8”，按回车键则显示“6 月 8 日”。

为了避免将输入的分数与日期混淆，在单元格中输入真分数时，先输入“0”(零)，其与分子之间要有一个空格隔开，比如在输入 2/3 时，应该输入“0 2/3”。如果在单元格中输入“6 1/2”，则单元格中显示“6 1/2”，而在编辑栏中显示“6. 5”，如图 1-18 所示。

输入百分比数据：直接输入数字后再输入百分号%；或换算成小数后，选择【开始】菜单，【数字选项组】打开【数字格式】的对话框中在【数字】选项卡下选择“百分比。”

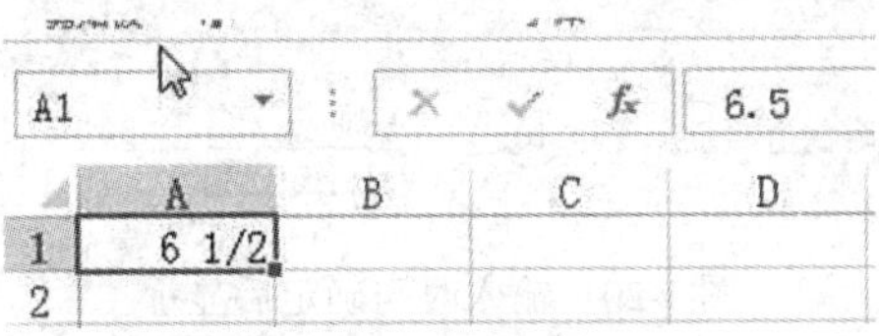

图 1-18　输入数值型数据

输入小数：在输入小数时，可以像平常一样直接在指定位置输入小数点。也可以利用逗号分隔千位，百万位等，当输入带有逗号的数字时，在编辑栏并不显示出来，而只在单元格中显示。

当需要输入大量带有固定小数位的数字或带有固定位数的以“0”字符串结尾的数字时，可以采用下面的方法：在【文件】窗口左侧选择【选项】选项打开【Excel 选项】对话框，在左侧列表中选择【高级】选项，在右侧的【编辑选项】栏中勾选【自动插入小数点】复选框，在【位数】微调框中输入数字设置小数点的位数，如图 1-19 所示。如果要在输入比较大的数字后自动添零，可指定一个负数值作为要添加的零的个数，比如要在单元格中输入的“66”变成“0. 66”，即小数点前移 2 位，则要在“位数”微调框中输入“2”。输入后显示如图 1-20 所示。另外，在完成输入带有小数位或零字符串结尾的数字后，应清除对“自动设置小数点”复选框的选定，以免影响后面的输入；如果只是要暂时取消在“自动设置小数点”中设置选项，可以在输入数据时自带小数点。

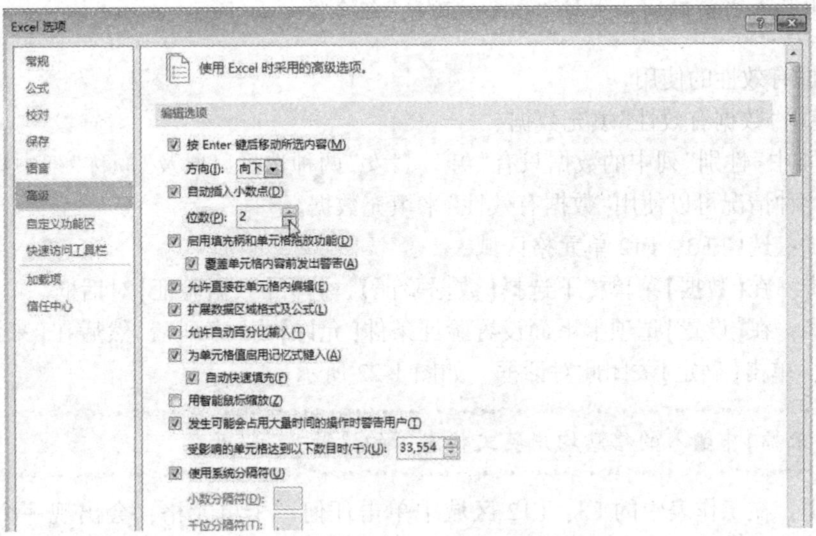

图 1-19　设置小数点位数

(4)输入时间和日期。

输入时间：小时与分钟或秒之间用冒号分隔。Excel 一般所输入的时间默认为上午时

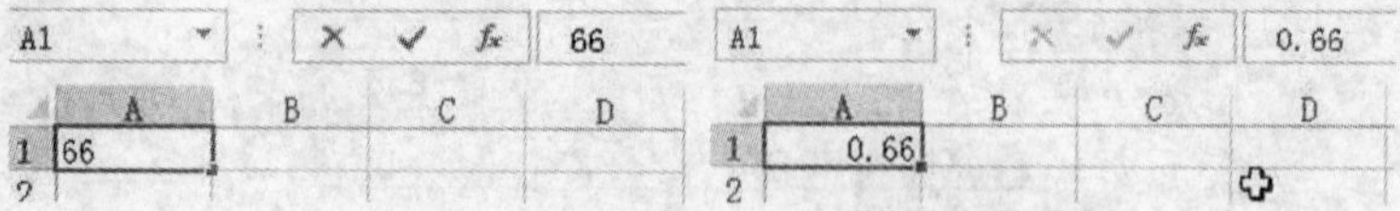

图 1-20　输入时与确定后显示

间。若需输入下午的时间，则在时间后面加一个空格，然后输入“PM”来表示。

输入日期：按年月日顺序输入数字，其间用“/”或“-”进行分隔；若省略年份，则以当前年份作为默认值。如输入“7-8”或“7/8”，是在单元格中显示内容为“2016/7/8”。图 1-14 中的“参加工作时间”就是日期型数据。输入方法如图 1-21 所示。

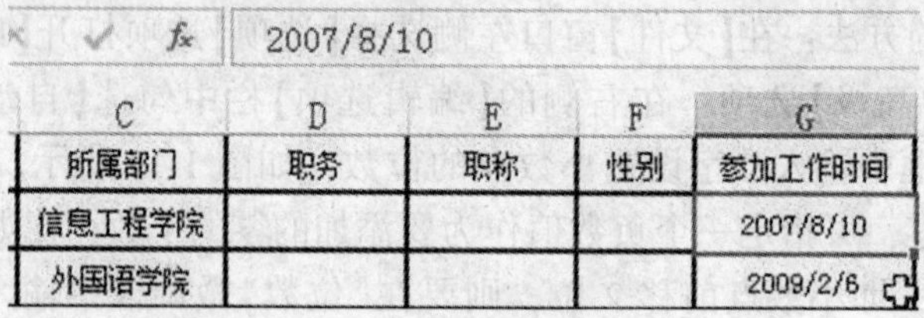

图 1- 21　输入时和确认后显示

注：如果要在单元格中插入当前日期，可以按键盘上的“Ctrl +;”组合键；如果要在单元格中插入当前时间，则按 “Ctrl+shift+;”组合键。

3. 数据有效性的使用

(1)使用“数据有效性”填充数据。

图 1-14 中“性别”列中的数据只有“男”、“女”两种选择，以及“职称”列中只有三种可供选择，此种情况可以使用“数据有效性”来填充数据。

第一步：选中 F3：F12 单元格区域。

第二步：在【数据】菜单栏下选择【数据验证】，打开【数据验证】对话框。

第三步：在【设置】选项卡下面设置验证条件【允许】为“序列”，然后在【来源】中输入“男，女”，单击【确定】关闭此对话框。如图 1-22 所示。

注意：【来源】中输入的信息均用英文状态下的逗号“,”隔开。

第四步：在工作表中的 F3：F12 区域中单击任何一个单元格，会出现一个下拉选项，单击单元格右边的下拉箭头，即可选择性别为男还是女。

(2)使用数据有效性功能查错。

图 1-14 中“身份证号”列数据的输入。一般公民身份证号均为 18 位，在大批量输入这样数据时，为了及时防止输入时的错误，我们可以通过数据有效性功能设置文本长度以查错。

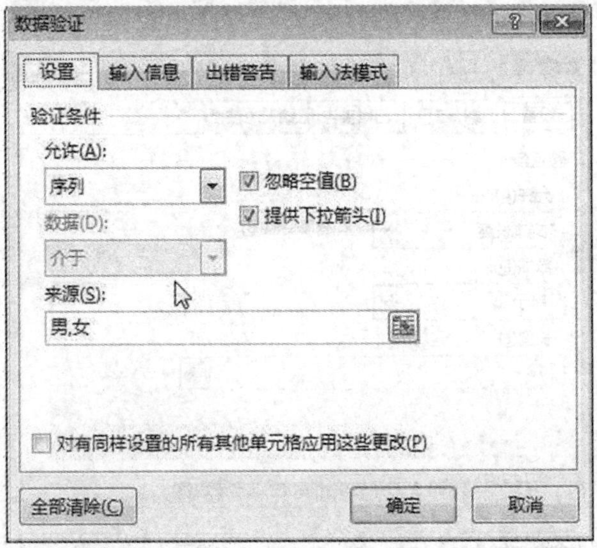

图 1-22　数据有效性设置

方法：身份证号属于较长字符串，在输入前先选择所要输入区域，然后右键选择“设置单元格格式”设置其为“文本”格式，如图 1-23 所示；通过选择【数据】【数据验证】设置文本长度为 18，如图 1-24 所示；然后设置出错警告，警告错误信息为“请检查输入身份证位数”，如图 1-25 所示。如果输入时出错，会弹出提示对话框，问是否继续。如检查确实部分地区身份证号为 15 位，确定无误后点击“是”继续，否则点击“否”重新修改输入。如图 1-26 所示。

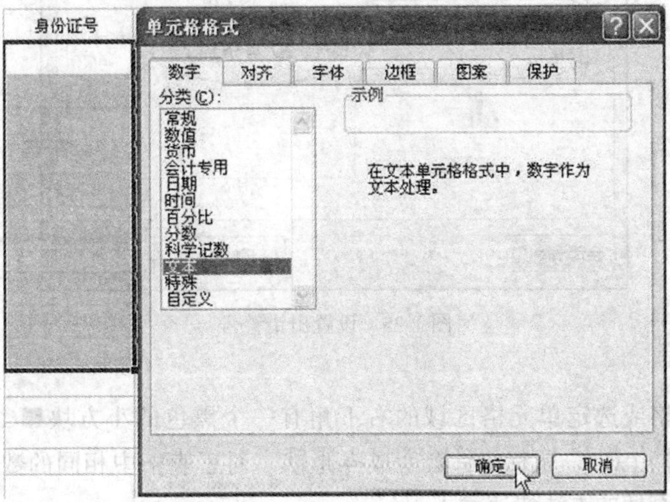

图 1-23　设置文本格式

4. 使用“自动填充”功能填充有规律的数据

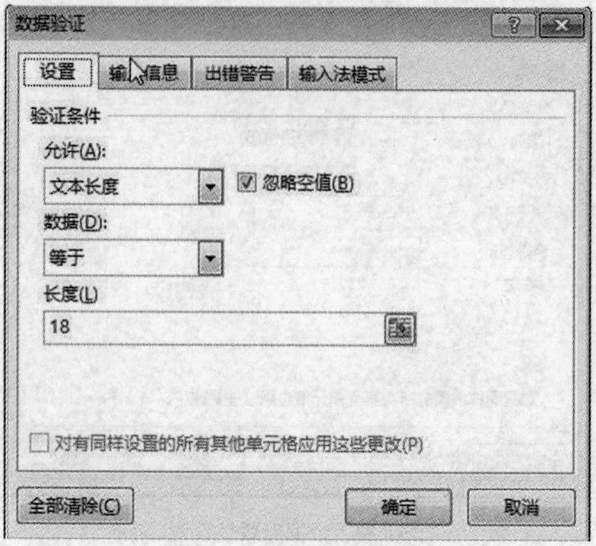

图 1-24 设置文本长度

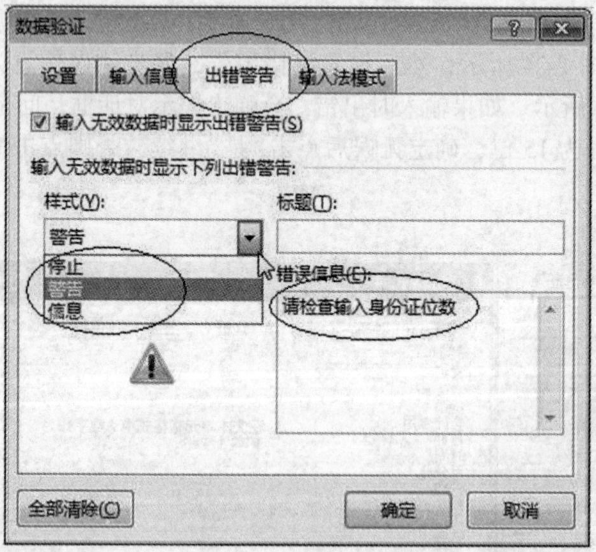

图 1-25 设置出错警告

在活动单元格或选定单元格区域的右下角有一个黑色的小方块■，这就是填充柄。将鼠标移到填充柄上时，鼠标指针会变成+形状。对于表格中相同的数据或有规律的数据可以用拖动填充柄的方法快速输入。

(1)使用填充柄填充等差序列。

下面使用填充柄来完成“教职工基本情况一览表”中“教职工工号”列数据的输入。

第一步：选中“教职工基本情况一览表”中 A3 单元格，输入“’002110”，按 Ener 键确

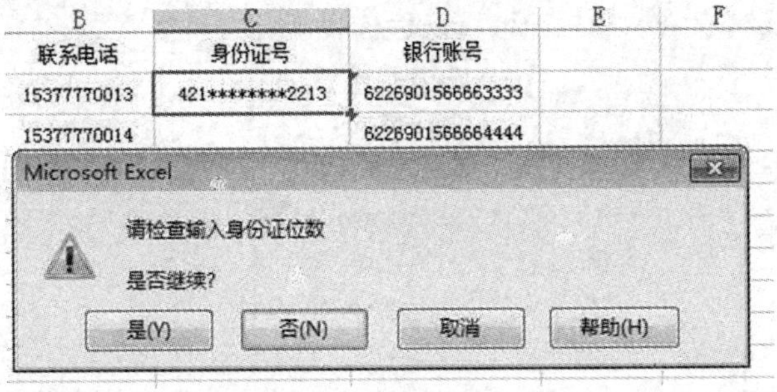

图 1-26　输入出错时提示

认输入。

第二步：把鼠标移到 A3 单元格的填充柄上，当鼠标变成+形状，按住鼠标左键向下拖动到 A12 单元格，松开左键，则在 A3 到 A12 单元格区间就被填充了所需的数据，如图 1-27 所示。

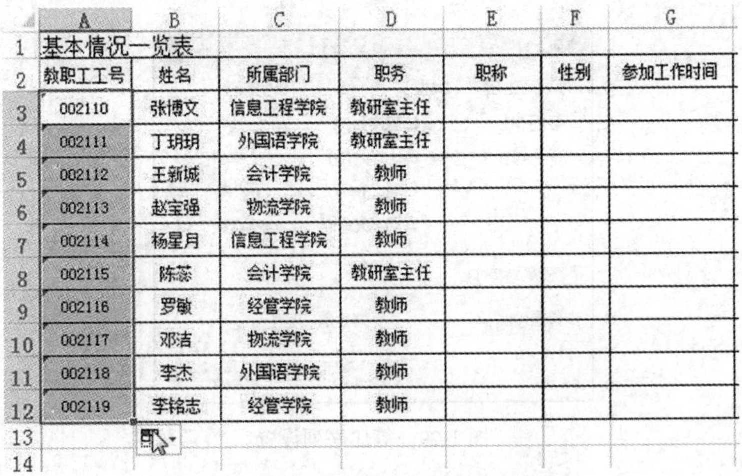

图 1-27　使用“自动填充”功能填充数据

(2)使用填充柄填充等比序列。

除了用鼠标左键拖动填充柄填充数据外，还可以用鼠标右键拖动填充数据。这时 Excel会根据初始单元格中的数据类型提供多种选择。初始数据可以只有一项。

下面在新建工作簿中 A1 到 G1 单元格区域中填充等比序列 2、4、8、16、32、64、128。方法及步骤如下：

第一步：打开新工作簿，在 A1 中输入 2。

第二步：选中 A1 单元格，鼠标移动到 A1 的填充柄上，按住鼠标右键向右拖动到 G1 后放开鼠标，这时会弹出一个快捷菜单，如图 1-28 所示。

第三步：单击快捷菜单中的“序列”选项，在弹出“序列”对话框中选择“类型”为“等

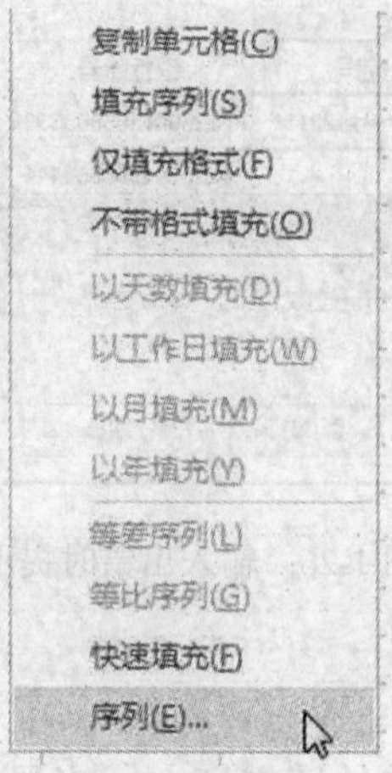

图 1-28　快捷菜单

比序列”，“步长”设置为 2，单击【确定】，如图 1-29 所示。返回工作表，如图 1-30 所示。

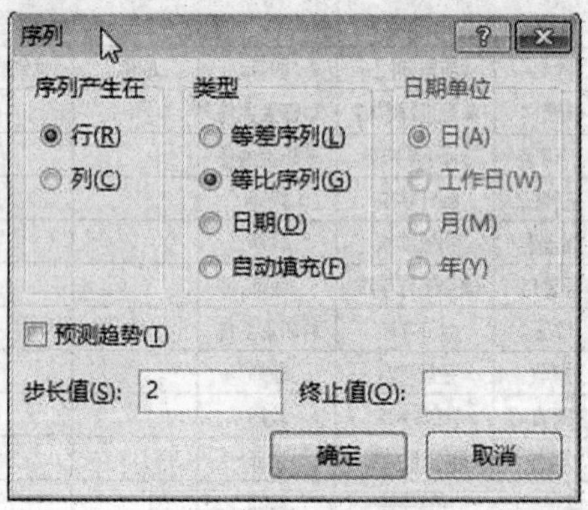

图 1-29　等比序列设置

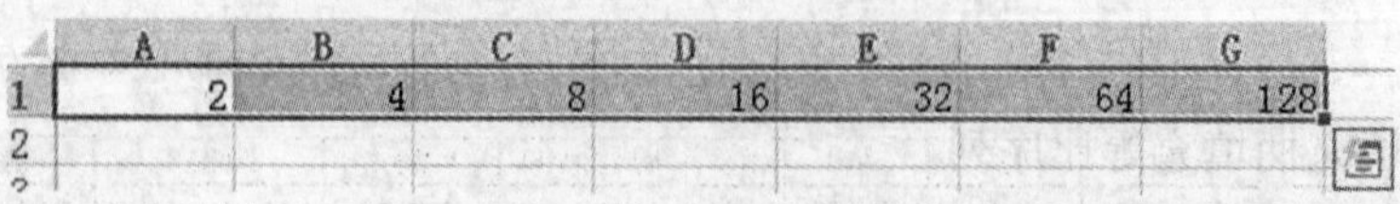

图 1-30　等比序列的输入

5. 修改数据

数据输入过程中，如果发现错误，可以在选中单元格后使用 Back Space 键或者 Delete 键删除错误的内容，然后重新输入。

数据输入完成后，如果发现错误，可以使用整体覆盖和部分修改方法进行修改。

整体覆盖：选中有错误的单元格，直接输入正确的内容。

部分修改：选中有错误的单元格，单击编辑栏，将编辑栏中有错误的地方删除，再输入正确的内容。

全部数据输入完成后，将工作表 Shee1 重命名为“教职工基本情况表”，将工作簿 Book1 以“Excel 基本操作系统 . xlsx”保存，如图 1-31 所示。

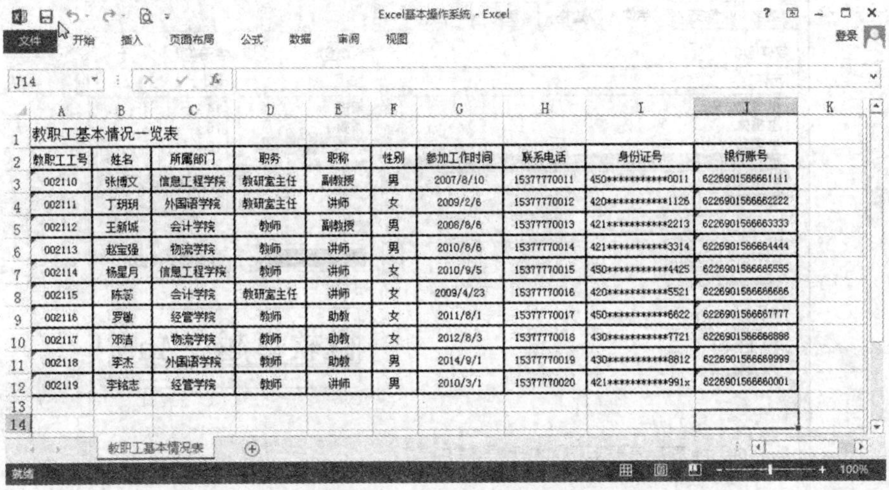

教职工基本情况一览表									
教职工工号	姓名	所属部门	职务	职称	性别	参加工作时间	联系电话	身份证号	银行账号
002110	张博文	信息工程学院	教研室主任	副教授	男	2007/8/10	15377770011	450***********0011	6226901566661111
002111	丁玥玥	外国语学院	教研室主任	讲师	女	2009/2/6	15377770012	420***********1126	6226901566662222
002112	王新城	会计学院	教师	副教授	男	2006/8/6	15377770013	421***********2213	6226901566663333
002113	赵宝强	物流学院	教师	讲师	男	2010/8/6	15377770014	421***********3314	6226901566664444
002114	杨星月	信息工程学院	教师	讲师	女	2010/9/5	15377770015	450***********4425	6226901566665555
002115	陈蕊	会计学院	教研室主任	讲师	女	2009/4/23	15377770016	420***********5521	6226901566666666
002116	罗敏	经管学院	教师	助教	女	2011/8/1	15377770017	450***********6622	6226901566667777
002117	邓洁	物流学院	教师	助教	女	2012/8/3	15377770018	430***********7721	6226901566668888
002118	李杰	外国语学院	教师	助教	男	2014/9/1	15377770019	430***********8812	6226901566669999
002119	李铭志	经管学院	教师	讲师	男	2010/3/1	15377770020	421***********991x	6226901566660001

图 1-31 教职工基本情况表

6. 工作表的美化

为了使工作表中的数据整齐醒目，提高工作表的可视性，我们需要对工作表进行美化。其中包括文字字体、字号、对齐方式、表格行高、列宽、表格边框底纹等。

打开工作簿“Excel 基本操作系统 . xlsx”，使“教职工基本情况表”为当前工作表。

(1)合并单元格。

选中 A1：J1 单元格区域，单击工具栏上“合并及居中”按钮，A1～J1 这十个单元格就被合并成一个大单元格，原 A1 单元格中的内容显示在合并后的大单元格的中部，如图 1-32 所示。

教职工基本情况一览表									
教职工工号	姓名	所属部门	职务	职称	性别	参加工作时间	联系电话	身份证号	银行账号
002110	张博文	信息工程学院	教研室主任	副教授	男	2007/8/10	15377770011	450***********0011	6226901566661111
002111	丁玥玥	外国语学院	教研室主任	讲师	女	2009/2/6	15377770012	420***********1126	6226901566662222
002112	王新城	会计学院	教师	副教授	男	2006/8/6	15377770013	421***********2213	6226901566663333
002113	赵宝强	物流学院	教师	讲师	男	2010/8/6	15377770014	421***********3314	6226901566664444

图 1-32 单元格合并及居中

(2)设置字体、字号及文字颜色。

选中 A1 单元格，单击【开始】菜单栏，在【单元格】选项组，找到【格式】，打开“单元格格式”对话框。或者选中 A1 单元格时单击鼠标右键，选择“设置单元格格式”也可打开

“单元格格式”对话框，然后单击“字体”选项卡。在“字体”、“字型”、“字号”、“颜色”列表中选择所需要的，单击【确定】完成设置。如图 1-33 所示。也可以用同样的方法设置区域内数据的字体、字号及文字颜色。

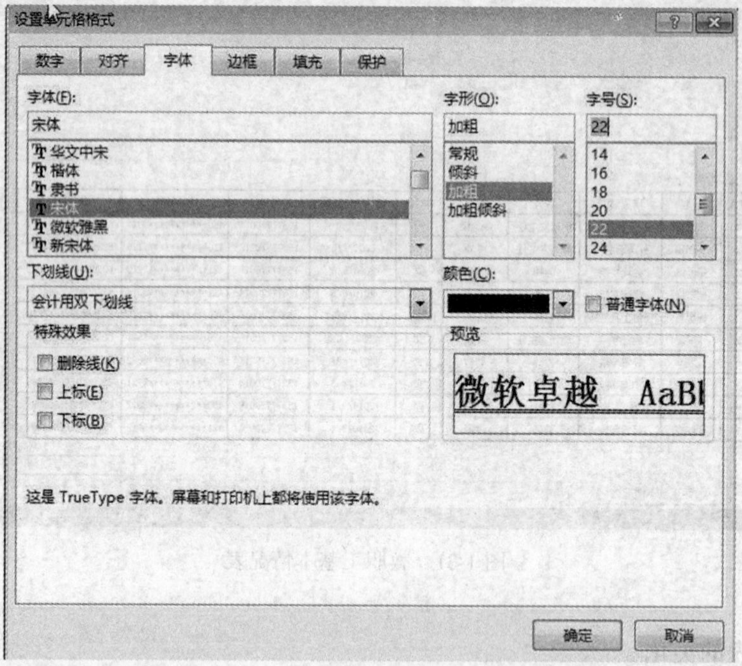

图 1-33 单元格格式字体的设置

注意：标题下面设置的下画线为“会计用双下画线”。

(3)设置对齐方式。

选中 A2：J12 单元区域，打开“单元格格式”对话框，单击“对齐”选项卡，在“水平对齐”下拉列表中选择“居中”，“垂直对齐”下拉列表中选择“居中”，单击【确定】完成设置。如图 1-34 所示。

(4)设置边框与底纹。

选中 A2：J12 单元格区域，打开“单元格格式”对话框，单击“边框 ”选项卡，在“线条”样式中选择第二列第五个样式，“颜色”选择“自动”，单击“预设”中的“外边框”；用同样的操作方法设置“内部”边框，单击【确定】完成。如图 1-35 所示。

单元格的背景又称底纹。默认情况下底纹是白色的，如需要给某些单元格填充不同颜色底纹，可以使这些单元格中的内容显得更醒目。

选中 A1 单元格，打开“单元格格式”对话框，单击“填充”选项卡，在“图案颜色”中单击一种颜色，如“浅蓝色”；单击“图案样式”右端的下拉列表，选择一种图案效果，选择的图案会叠加到浅蓝色背景上，单击【确定】完成设置。如图 1-36 所示。

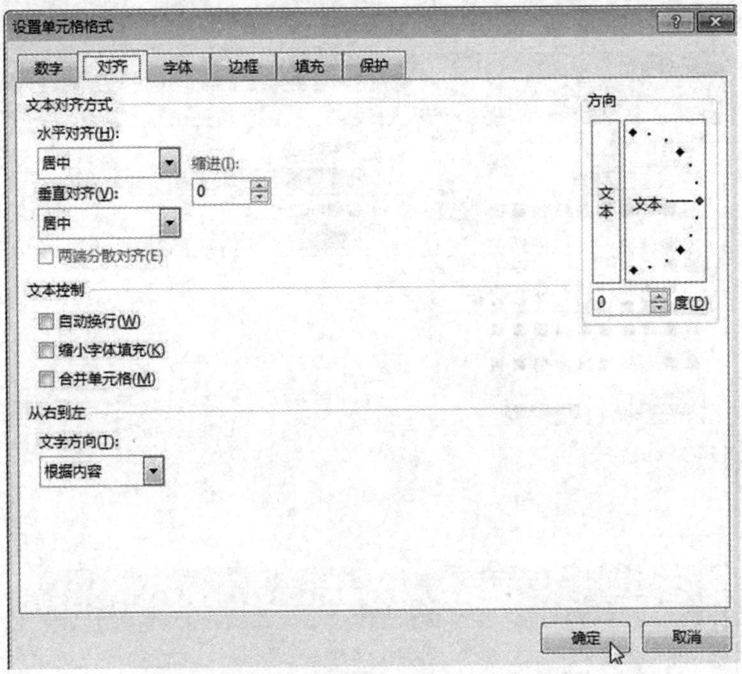

图 1-34 单元格格式对齐方式设置

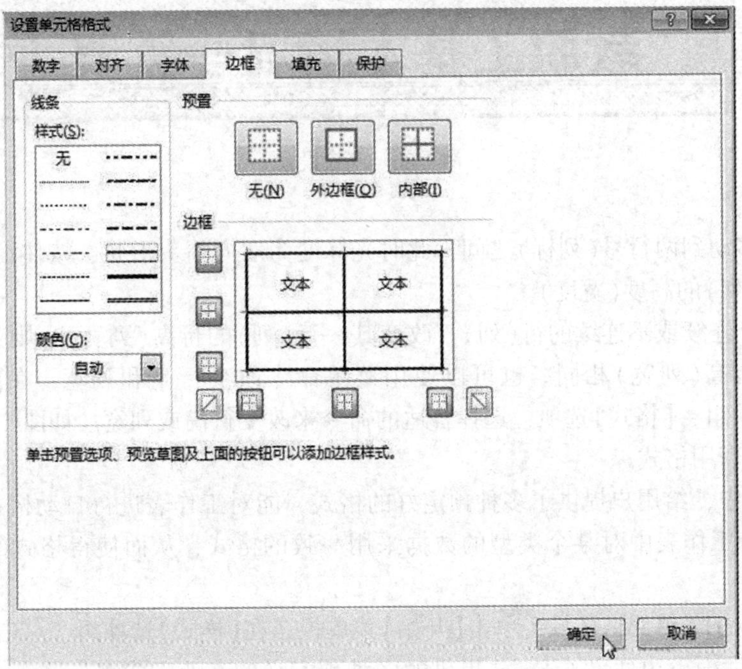

图 1-35 工作表边框设置

(5)工作表表格行高、列宽设置。

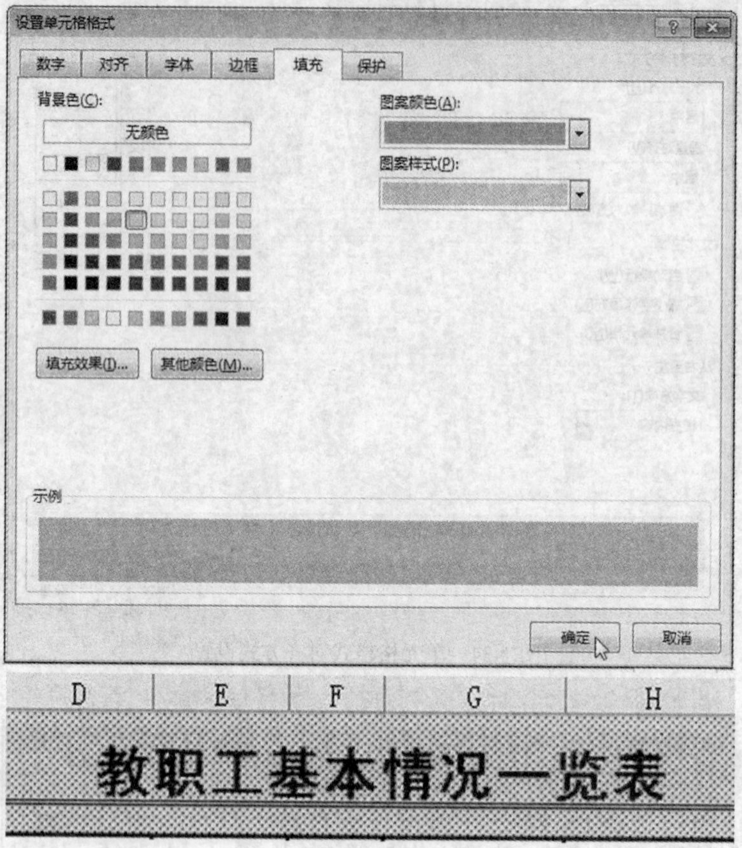

图 1-36　底纹设置

将光标移动到两行号(列标)之间，此时光标变为双向箭头形状，按住鼠标左键拖动，即可改变行(列)的高度(宽度)。

选择多个连续或不连续的行(列)，改变其一行(列)的行高(列宽)，则其他被选中的行(列)与该行高(列宽)相同。也可以使用菜单命令改变行高和列宽，在【开始】菜单，【单元格】选项组，【格式】选项，选择合适的命令来改变行高或列宽。如图 1-37 所示。

(6)自动套用格式。

在 Excel 中，给用户提供了多种预定好的格式，能对工作表进行自动格式设置，这样很容易在整个工作表中对某个类型的数据采用一致的格式，从而使得格式的修改变得简便。

选中 A1：J12 单元格区域；单击【开始】菜单栏，在【样式】选项组，点击【套用表格格式】选项；对话框下边列出了 Excel 提供的多种预定义的专业工作表格式，用户可以单击选择其中之一，单击【确定】完成。如图 1-38 所示。

图 1-37　设置行高和列宽

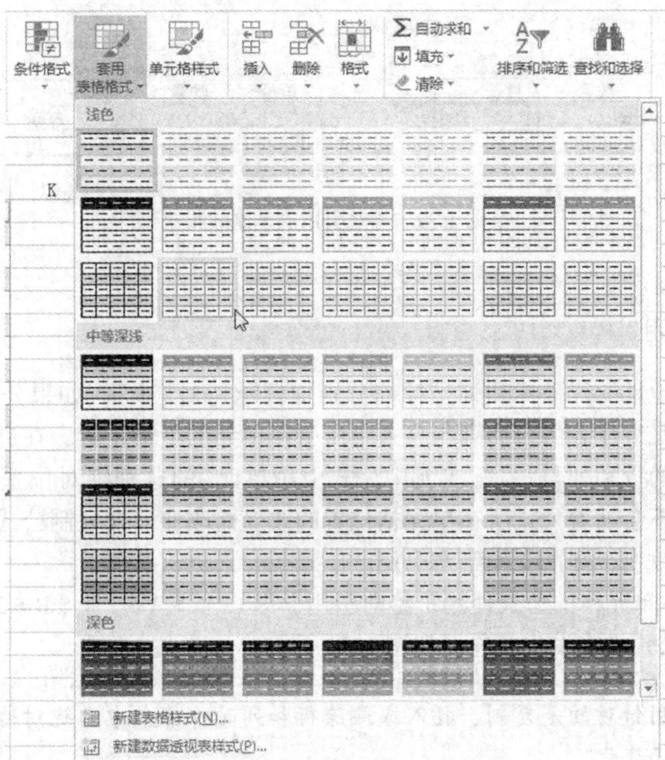

图 1-38　套用表格格式设置

任务二 Excel 中单元格的引用与数据链接的方法

子任务一 单元格的引用

在 Excel 中，单元格地址有相对地址和绝对地址之分，相对地址是以某一特定单元为基准来对其他的单元格进行定位。绝对地址则是指某一单元格在工作表中的确切位置。例如，第一列第一行的单元格，其相对地址为 A1，其绝对地址则为 $ A $ 1。

通过对单元格地址的引用，可以在单元格之间进行非常复杂的运算。单元格的引用方式有三种：相对引用、绝对引用和混合引用。

(一) 相对引用

相对引用的标志是所引用单元地址的行坐标和列坐标前不加任何符号。如果公式采用的是相对引用，则公式记忆源公式所在单元与源公式引用单元的相对位置，当复制使用相对引用的公式时，粘贴公式中的引用将被更新，并指向与当前公式位置相对应的单元格。

例如，若 C2 单元格的公式使用了相对引用，即 C2 = A2 * B2，当将公式复制到 D3 单元格时，公式变为“ = B3 * C3”，如图 1-39 所示。

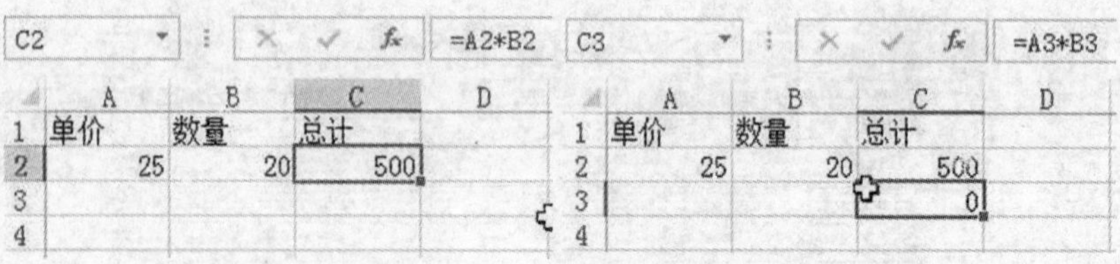

图 1-39 相对引用的复制效果

(二) 绝对引用

在引用单元地址的行坐标和列坐标前分别加标示符号“ $ ”。如果公式采用的是绝对引用，则公式记忆工作表的行和列与公式中所引用单元的绝对位置，在进行复制或填充等操作时，工作表的行和列与“目标单元中公式引用单元”的这种绝对位置保持不变，即公式中的绝对引用不会随着公式所在单元格位置的改变而改变。在复制公式或计算时，如果不希望引用发生改变，则需要用绝对引用。

例如，若 C2 单元格的公式使用了绝对引用，即 C2 = $ A $ 2 * $ B $ 2，当将公式复制到 D3 单元时，公式没有发生变化，如图 1-40 所示。

注意：绝对引用针对的是复制，插入或删除行和列时，公式中的绝对地址会自动随着行与列的变化而变化。

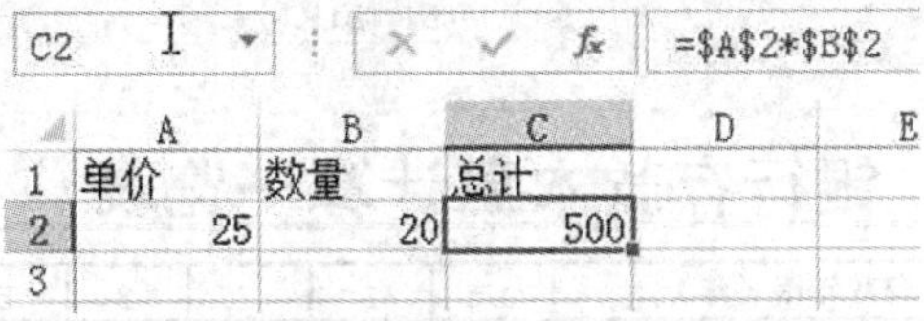

图 1-40　绝对引用的复制效果

(三) 混合引用

在引用单元地址的行号和列标前，一部分加标示符号“ $ ”，一部分不加标示符号“ $ ”，属于一种半相对半绝对的引用方式。混合引用往往是为了固定行引用而改变列引用，或是固定列引用而改变行引用。

例如，我们以“银行存款本息计算一览表”为例。根据我们前面所讲的知识，完成以下内容。打开工作簿“Excel 基本操作系统 . xlsx”，在 Sheet2 中完成任务，并重命名为“本息计算表”。如图 1-41 所示。

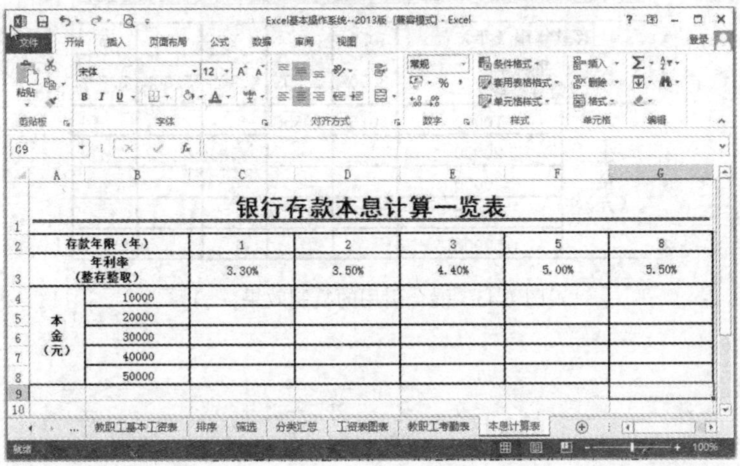

图 1-41　本息计算表

现在我们要在“本息计算表”中的 C4：G8 的单元区域中计算出相对应的本息。在 C4 单元格中输入混合引用公式“= $ B4+ $ B4 * C $ 2 * C $ 3”，按 Enter 确认将在 C4 单元格中自动计算出 10000 元整存半年的本息。如图 1-42 所示。

当将公式复制到 D4 单元格时，公式变为“= $ B4+ $ B4 * D $ 2 * D $ 3”，如图 1-43 所示。当将公式复制到 C5 单元格时，公式变为“= $ B5+ $ B5 * C $ 2 * C $ 3”，如图 1-44 所示。

我们也可以用自动填充来完成复制的效果，如图 1-45 和图 1-46 所示。完成后对格式进行适当的设置并保存退出。

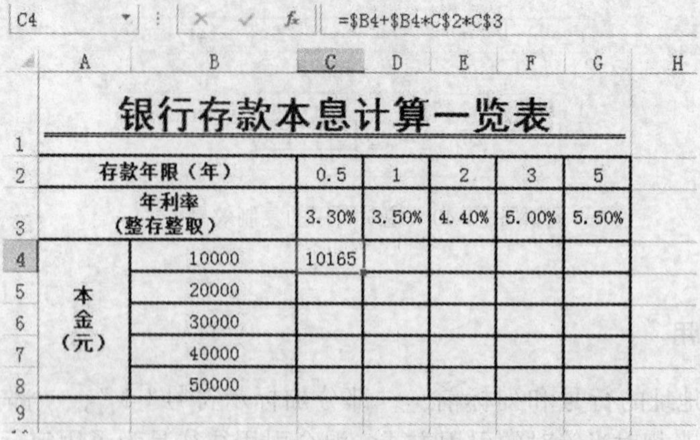

图 1-42 混合引用

图 1-43 混合引用的复制效果(一)

图 1-44 混合引用的复制效果(二)

C4　=$B4+$B4*C$2*C$3

银行存款本息计算一览表

存款年限（年）		0.5	1	2	3	5
年利率（整存整取）		3.30%	3.50%	4.40%	5.00%	5.50%
本金（元）	10000	10165	10350	10880	11500	12750
	20000					
	30000					
	40000					
	50000					

图 1-45　向右自动填充

C4　=$B4+$B4*C$2*C$3

银行存款本息计算一览表

存款年限（年）		0.5	1	2	3	5
年利率（整存整取）		3.30%	3.50%	4.40%	5.00%	5.50%
本金（元）	10000	10165	10350	10880	11500	12750
	20000	20330	20700	21760	23000	25500
	30000	30495	31050	32640	34500	38250
	40000	40660	41400	43520	46000	51000
	50000	50825	51750	54400	57500	63750

图 1-46　向下自动填充

提示：在混合引用中，可按 F4 键对绝对地址与相对地址引用进行快速切换。

子任务二　单元格数据链接的方法

一、单元格数据链接的意义

当我们处理工作表中的数据时，有时要用到的数据不在本工作表中，这些数据可能在同一工作簿其他工作表中，也有可能在其他工作簿的某张工作表中，我们应该如何将这些数据链接起来？这就得用单元格数据链接的方法。

链接就是在不同的单元格之间建立引用关系，即可以是同一工作表内的不同单元格之间的链接，也可以是同一工作簿里的不同工作表的单元格之间的链接，还可以是不同工作簿的不同工作表的单元格的链接。链接保证了数据处理结果与数据来源的协调一致。

二、链接的操作应用

同一工作表的单元格之间的链接可以在公式中直接指定，不同工作表的链接方法是在单元名称前指定该单元所在的工作表名称，并在工作表名称与单元名称之间加上“！”这个标示符号。

（一）同一工作簿的不同工作表间的链接

打开“Excel 基本操作系统”工作簿，插入一新工作表并命名为“教职工基本工资表”。

在“教职工基本工资表”中完成内容输入，如图 1-47 所示。

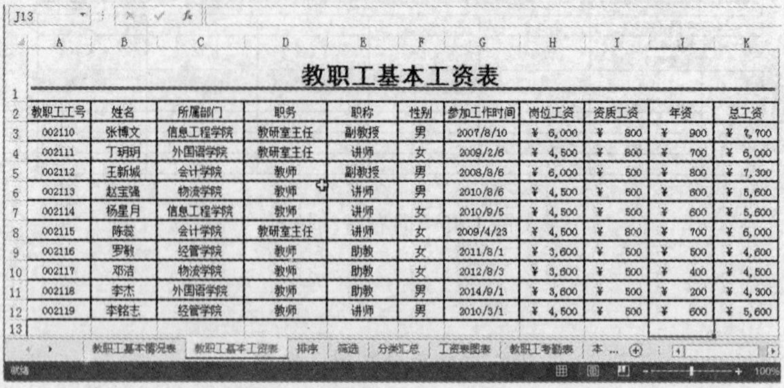

教职工基本工资表

教职工工号	姓名	所属部门	职务	职称	性别	参加工作时间	岗位工资	资质工资	年资	总工资
002110	张博文	信息工程学院	教研室主任	副教授	男	2007/8/10	¥ 6,000	¥ 800	¥ 900	¥ 7,700
002111	丁玥玥	外国语学院	教研室主任	讲师	女	2009/2/6	¥ 4,500	¥ 800	¥ 700	¥ 6,000
002112	王新城	会计学院	教师	副教授	男	2008/8/6	¥ 6,000	¥ 500	¥ 800	¥ 7,300
002113	赵宝强	物流学院	教师	讲师	男	2010/8/6	¥ 4,500	¥ 500	¥ 600	¥ 5,600
002114	杨星月	信息工程学院	教师	讲师	女	2010/9/5	¥ 4,500	¥ 500	¥ 600	¥ 5,600
002115	陈蕊	会计学院	教研室主任	讲师	女	2009/4/23	¥ 4,500	¥ 800	¥ 700	¥ 6,000
002116	罗敏	经管学院	教师	助教	女	2011/8/1	¥ 3,600	¥ 500	¥ 500	¥ 4,600
002117	邓洁	物流学院	教师	助教	女	2012/8/3	¥ 3,600	¥ 500	¥ 400	¥ 4,500
002118	李杰	外国语学院	教师	助教	男	2014/9/1	¥ 3,600	¥ 500	¥ 200	¥ 4,300
002119	李铭志	经管学院	教师	讲师	男	2010/3/1	¥ 4,500	¥ 500	¥ 600	¥ 5,600

图 1-47　教职工基本工资表

我们发现，“教职工基本工资表”中 A2：G12 中的内容与“教职工基本情况表”中 A2：G12 中的内容一致，这就可以用单元格数据链接方法，操作步骤如下：

第一步：在“教职工基本工资表”中 A1 单元格内输入“教职工基本工资表”，并合并居中 A1：K1。

第二步：在 A2 单元格中输入公式：=教职工基本情况表！A2，按 Enter 键确认结束引用。或是选中 A2 单元格，先输入“=”，用鼠标单击“教职工基本情况表”，再单击“教职工基本情况表”中 A2 单元格，如图 1-48 所示。按 Enter 键确认结束引用，如图 1-49 所示。

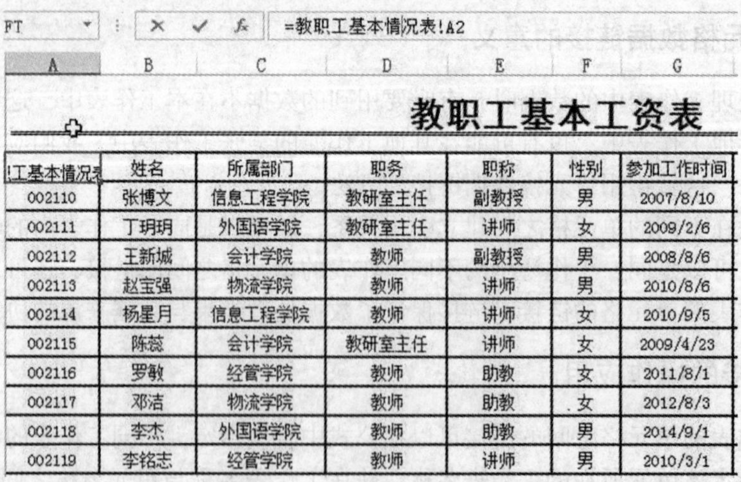

=教职工基本情况表!A2

教职工基本工资表

!工基本情况表	姓名	所属部门	职务	职称	性别	参加工作时间
002110	张博文	信息工程学院	教研室主任	副教授	男	2007/8/10
002111	丁玥玥	外国语学院	教研室主任	讲师	女	2009/2/6
002112	王新城	会计学院	教师	副教授	男	2008/8/6
002113	赵宝强	物流学院	教师	讲师	男	2010/8/6
002114	杨星月	信息工程学院	教师	讲师	女	2010/9/5
002115	陈蕊	会计学院	教研室主任	讲师	女	2009/4/23
002116	罗敏	经管学院	教师	助教	女	2011/8/1
002117	邓洁	物流学院	教师	助教	女	2012/8/3
002118	李杰	外国语学院	教师	助教	男	2014/9/1
002119	李铭志	经管学院	教师	讲师	男	2010/3/1

图 1-48　单元格数据引用操作过程

第三步：用自动填充方法完成“教职工基本工资表”中 B2：G2 和 A3：G12 单元区域的内容，如图 1-50 所示。

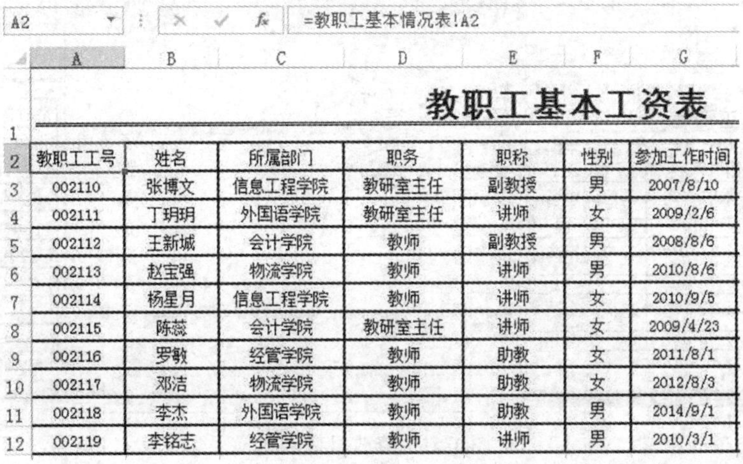

A2 =教职工基本情况表!A2

教职工基本工资表

教职工工号	姓名	所属部门	职务	职称	性别	参加工作时间
002110	张博文	信息工程学院	教研室主任	副教授	男	2007/8/10
002111	丁玥玥	外国语学院	教研室主任	讲师	女	2009/2/6
002112	王新城	会计学院	教师	副教授	男	2008/8/6
002113	赵宝强	物流学院	教师	讲师	男	2010/8/6
002114	杨星月	信息工程学院	教师	讲师	女	2010/9/5
002115	陈蕊	会计学院	教研室主任	讲师	女	2009/4/23
002116	罗敏	经管学院	教师	助教	女	2011/8/1
002117	邓洁	物流学院	教师	助教	女	2012/8/3
002118	李杰	外国语学院	教师	助教	男	2014/9/1
002119	李铭志	经管学院	教师	讲师	男	2010/3/1

图 1-49 确定结束引用效果

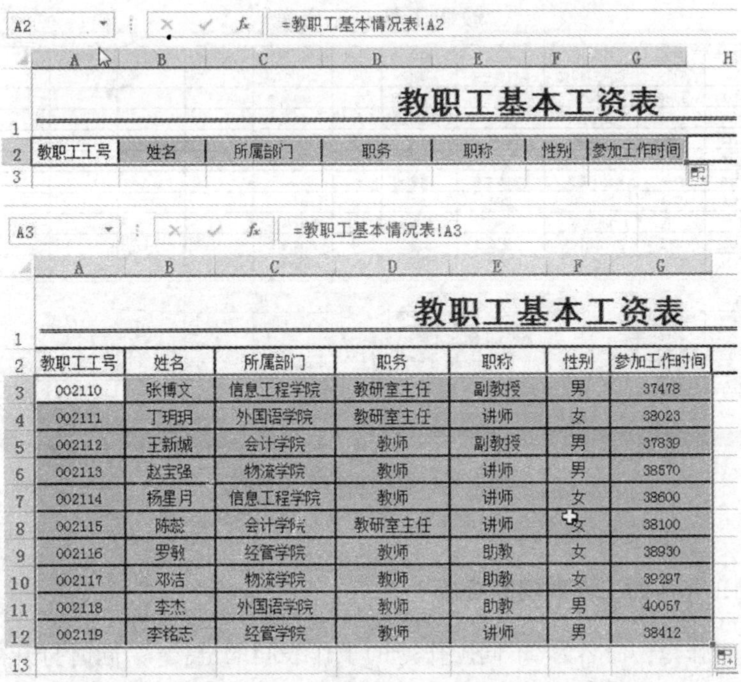

A2 =教职工基本情况表!A2

教职工基本工资表

教职工工号	姓名	所属部门	职务	职称	性别	参加工作时间

A3 =教职工基本情况表!A3

教职工基本工资表

教职工工号	姓名	所属部门	职务	职称	性别	参加工作时间
002110	张博文	信息工程学院	教研室主任	副教授	男	37478
002111	丁玥玥	外国语学院	教研室主任	讲师	女	38023
002112	王新城	会计学院	教师	副教授	男	37839
002113	赵宝强	物流学院	教师	讲师	男	38570
002114	杨星月	信息工程学院	教师	讲师	女	38600
002115	陈蕊	会计学院	教研室主任	讲师	女	38100
002116	罗敏	经管学院	教师	助教	女	38930
002117	邓洁	物流学院	教师	助教	女	39297
002118	李杰	外国语学院	教师	助教	男	40057
002119	李铭志	经管学院	教师	讲师	男	38412

图 1-50 自动填充完成单元格数据链接

第四步：选中“参加工作时间”列 G3：G12 单元区域，打开“单元格格式”设置窗口，如图 1-51 所示。

第五步：完成其他内容输入，并设置相应的格式，如图 1-52 所示。保存退出。

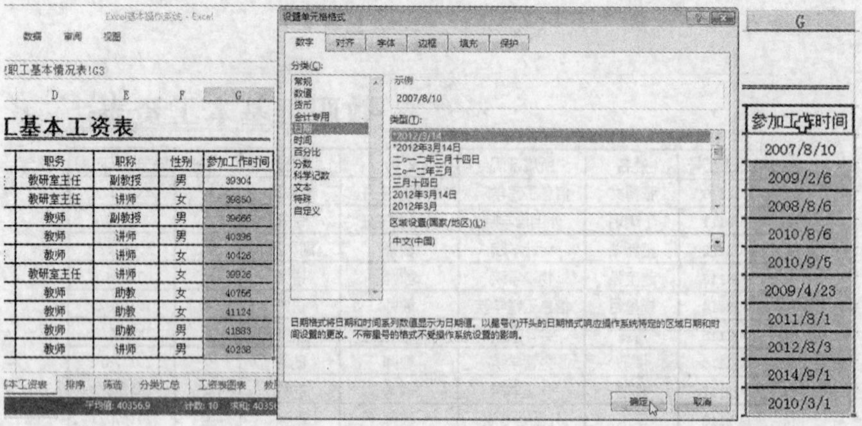

图 1-51　修改日期格式

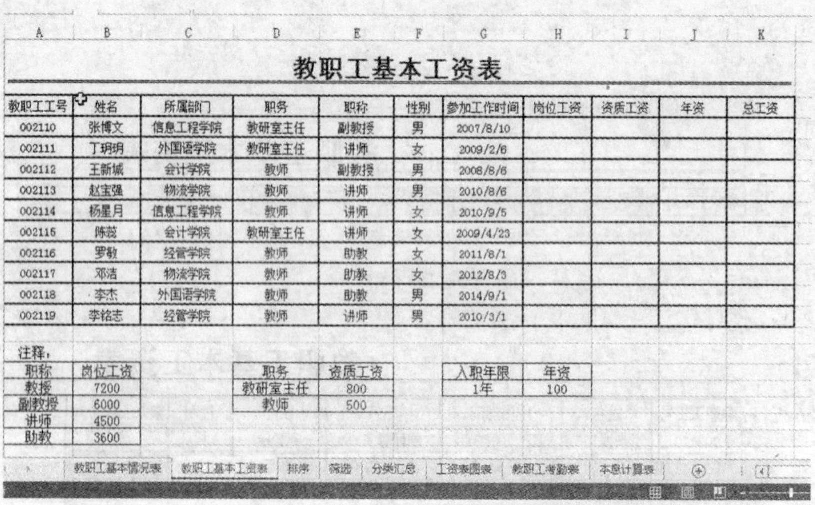

教职工基本工资表

教职工工号	姓名	所属部门	职务	职称	性别	参加工作时间	岗位工资	资质工资	年资	总工资
002110	张博文	信息工程学院	教研室主任	副教授	男	2007/8/10				
002111	丁玥玥	外国语学院	教研室主任	讲师	女	2009/2/6				
002112	王新城	会计学院	教师	副教授	男	2008/8/6				
002113	赵宝强	物流学院	教师	讲师	男	2010/8/6				
002114	杨星月	信息工程学院	教师	讲师	女	2010/9/5				
002115	陈燚	会计学院	教研室主任	讲师	女	2009/4/23				
002116	罗敏	经管学院	教师	助教	女	2011/8/1				
002117	邓洁	物流学院	教师	助教	女	2012/8/3				
002118	李杰	外国语学院	教师	助教	男	2014/9/1				
002119	李铭志	经管学院	教师	讲师	男	2010/3/1				

注释：

职称	岗位工资
教授	7200
副教授	6000
讲师	4500
助教	3600

职务	资质工资
教研室主任	800
教师	500

入职年限	年资
1年	100

图 1-52　教职工基本工资表

(二)不同工作簿的工作表间的链接

新建一个工作簿，命名为“不同工作簿的工作表间的链接”，同时打开需要引用的数据来源工作簿“Excel 基本操作系统”中的“教职工基本情况表”，在“不同工作簿的工作表间的链接”Sheet1 中的 B3 单元格输入“=”，然后用鼠标单击“Excel 基本操作系统”中的“教职工基本情况表”，选中 B3 单元格，如图 1-53 所示。按 Enter 键确认，如图 1-54 所示。

如果数据来源工作簿未被打开，则应说明被引用工作簿存放的路径。例如工作簿“Excel 基本操作系统”存放在“D：\ 案例”文件夹下，那么在引用时的公式显示为：='D：\ 案例 \ [Excel 基本操作系统 . xlsx] 教职工基本情况表'！$B$3。

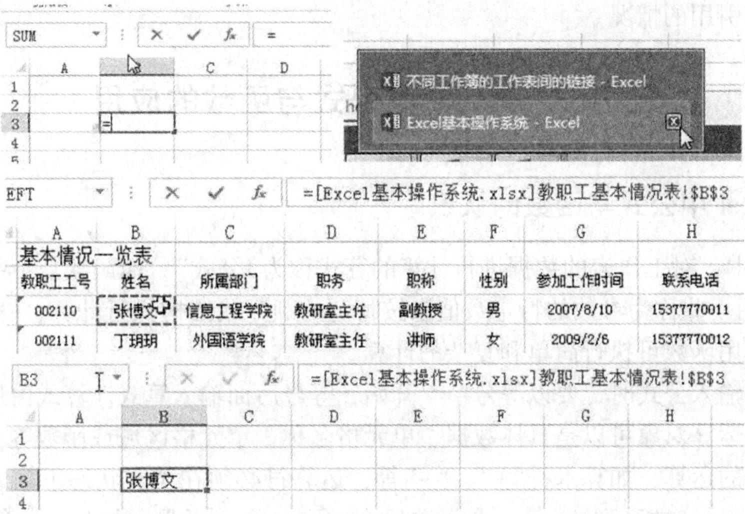

图 1-53　不同工作簿的工作表间的链接过程

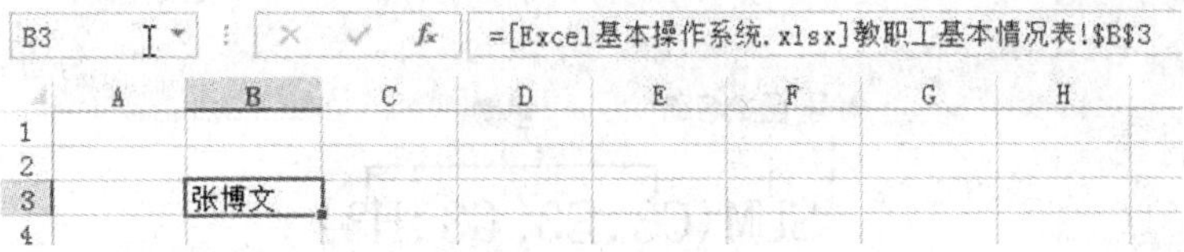

图 1-54　按 Enter 键结束引用

如果在定义不同工作簿间的引用公式时，被引用的工作簿是打开的，现在关闭被引用工作簿，则 Excel 会自动在原引用公式中加入被引用工作簿的路径，如图 1-55 所示。

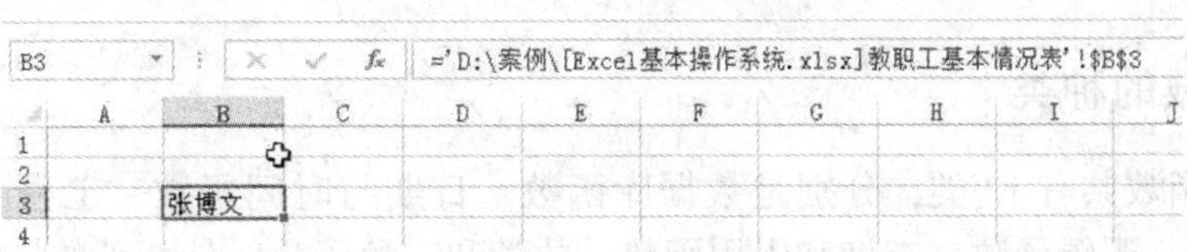

图 1-55　被引用的工作簿关闭后显示效果

(三)链接操作

由以上内容可知，单元格数据链接可以由表间引用公式通过键盘录入完成，也可以通过鼠标操作来完成。使用前者录入公式的方法容易出错，也显得麻烦，因此我们尽可能使用鼠标操作的方法，这样比较方便快捷。

同时，在单元格引用时值得我们注意的是：第一，如果实际情况许可，要尽可能地把将要链接的表安排在同一工作簿中，少用工作簿间之间的引用。第二，如果面临多个工作表之间的链接问题，应当有一个合理的安排，数据的流向要尽可能地简洁、科学，不允许出现循环链接引用的情况。

任务三　Excel 中公式与函数的应用

一、Excel 中公式与函数的认识

在 Excel 中，对工作表的数据进行计算的算式称为“公式”。而函数是一些预定义的公式，通过使用一些称为参数的特定数值来按特定的顺序或结构执行计算。Excel 中包含众多的函数，利用函数可执行简单和复杂的计算。

在单元格输入公式时，要以等号“=”开始，等号后面输入算式。算式由运算对象和运算符号组成。运算对象可以是具体数据、单元格名称、单元格区域或函数等，运算符表示进行某种特定的运算，如算术符“+”、“-”等，运算符必须在英文状态下输入。函数有基本格式：函数名(参数系列)，每一个函数后一定有一个小括号，括号内一般有一个或多个参数，这些参数多以逗号分开。函数都在公式中出现，公式都以等号开始，如图 1-56 所示。

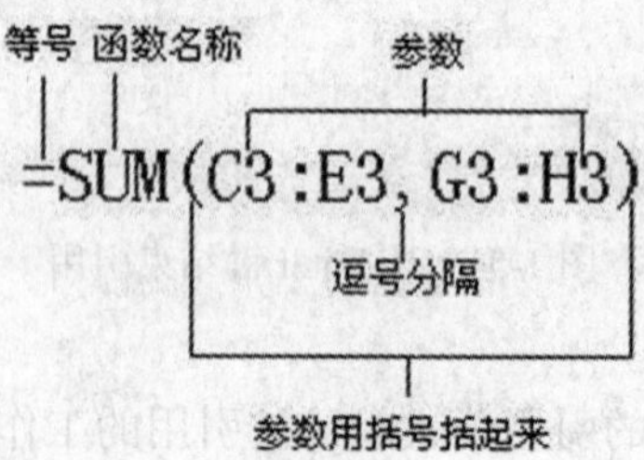

图 1-56　函数的格式

二、函数的种类

Excel 的函数共有 12 类，分别是数据库函数、日期与时间函数、工程函数、财务函数、信息函数、逻辑函数、查询和引用函数、数学和三角函数、外部函数、统计函数、文本和数据函数以及用户自定义函数。Excel 中常用的基本函数有以下几种，如图 1-57 所示。

三、公式与函数的使用

打开“Excel 基本操作系统”工作簿，选择“教职工基本工资表”为当前工作表，如图 1-58 所示。用函数方法得出“岗位工资”、“资质工资”、“年资”和“总工资”。

(一) IF 函数的使用

IF 函数是执行真假值判断，根据逻辑计算的真假值，返回不同结果。可以使用函数

函　数	功　能
SUM	计算指定区域内所有数值的总和
AVERAGE	计算指定区域内所有数值的平均值
COUNT	计算指定区域内数字的个数
COUNTA	计算指定区域内数值个数及非空单元格数目
MAX	求指定区域内所有单元格中的最大数值
MIN	求指定区域内所有单元格中的最小数值
RANK	求某个数字在指定区域的数值中相对于其他数值的大小的排位
IF	判断一个条件是否满足，如果满足返回一个值，如果不满足返回另一个值
COUNIF	计算指定区域中满足给定条件的单元格数目

图 1-57　常用的几种基本函数

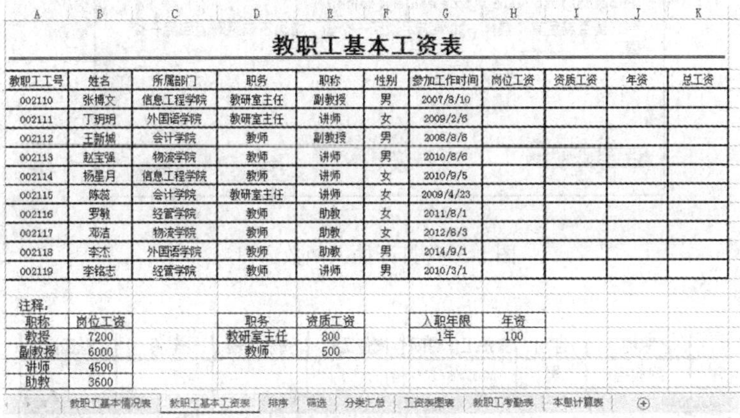

教职工基本工资表

教职工工号	姓名	所属部门	职务	职称	性别	参加工作时间	岗位工资	资质工资	年资	总工资
002110	张博文	信息工程学院	教研室主任	副教授	男	2007/8/10				
002111	丁玥玥	外国语学院	教研室主任	讲师	女	2009/2/6				
002112	王新城	会计学院	教师	副教授	男	2008/8/6				
002113	赵宝强	物流学院	教师	讲师	男	2010/8/6				
002114	杨星月	信息工程学院	教师	讲师	女	2010/9/5				
002115	陈蕊	会计学院	教研室主任	讲师	女	2009/4/23				
002116	罗敏	经管学院	教师	助教	女	2011/8/1				
002117	邓洁	物流学院	教师	助教	女	2012/8/3				
002118	李杰	外国语学院	教师	助教	男	2014/9/1				
002119	李铭志	经管学院	教师	讲师	男	2010/3/1				

注释：

职称	岗位工资
教授	7200
副教授	6000
讲师	4500
助教	3600

职务	资质工资
教研室主任	800
教师	500

入职年限	年资
1年	100

图 1-58　教职工基本工资表

IF 对数值和公式进行条件检测。

函数语法：IF(logical_test，value_if_true，value_if_false)

参数说明：

Logical_test：表示计算结果为 TRUE 或 FALSE 的任意值或表达式。

Value_if_true：logical_test 为 TRUE 时返回的值。

Value_if_false：logical_test 为 FALSE 时返回的值。

例如，由四种职称来评定岗位工资的多少。职称是教授的，岗位工资为 7 200；职称是副教授的，岗位工资为 6 000；职称是讲师的，岗位工资为 4 500；职称是助教的，岗位工资为 3 600。操作方法如下：

第一步：选中 H3 单元格，单击 按钮，打开“插入函数”对话框，或是单击【公式】|【函数库】单击“插入函数”按钮，此时 H3 单元格自动会输入一个等号“=”，进入函数计算。如图 1-59 所示。

第二步：选择“常用函数”中的 IF 函数，打开“函数参数”对话框，如图 1-60 所示。

第三步：设置 IF 函数参数，这里有四种职称的判断，所以我们在判断条件的时候需

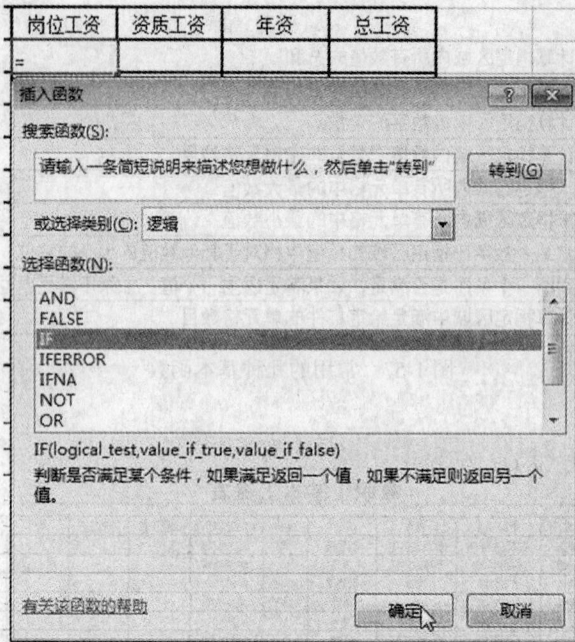

图 1-59 打开插入函数窗口

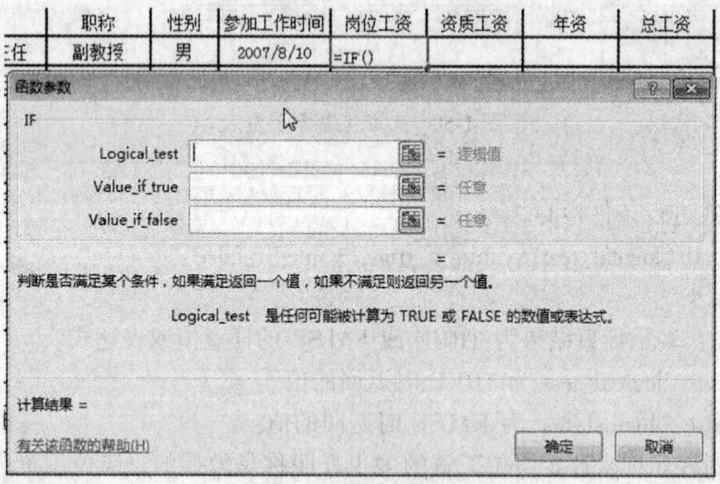

图 1-60 IF 函数参数窗口

要再嵌套两个 IF 函数，先在 Logical_test 栏输入“E3 = "教授"”，在 Value_if_true 栏输入“7200”，然后把鼠标光标定位于 Value_if_false 栏处，如图 1-61 所示。

第四步：嵌套一个 IF 函数，单击名称框右边小三角按钮，选择 IF 函数，如图 1-62 所示，打开一个新的“函数参数”窗口，设置参数条件如图 1-63 所示。

第五步：再次嵌套一个 IF 函数，设置参数如图 1-64 所示，单击【确定】，则 H3 单元

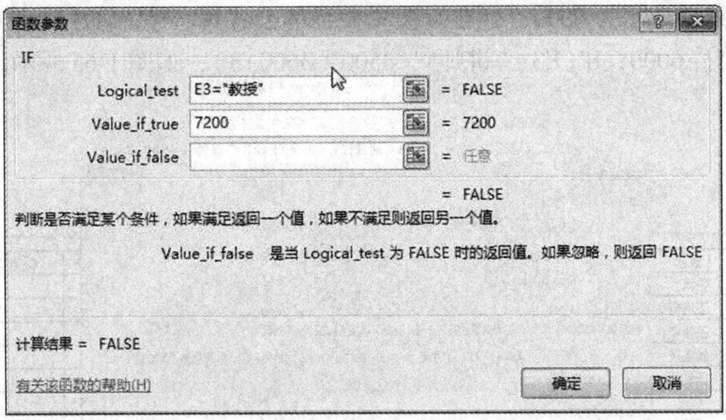

图 1-61　IF 函数参数设置对话框

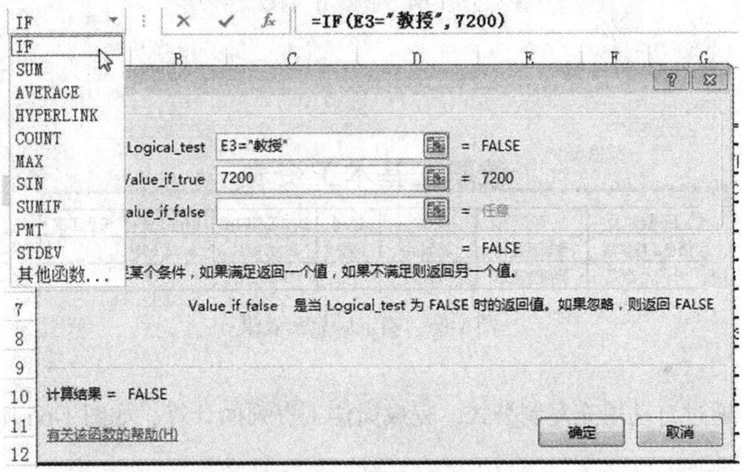

图 1-62　嵌套函数

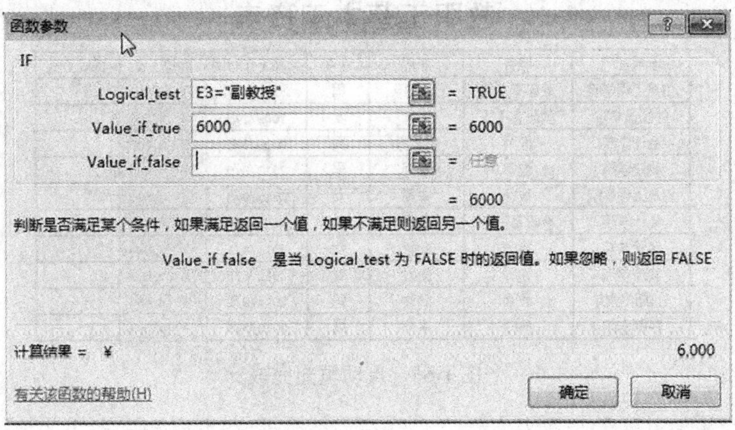

图 1-63　设置参数

格自动计算出结果显示为6000，即在编辑栏显示的公式为：=IF(E3="教授"，7200，IF(E3="副教授"，6000，IF(E3="讲师"，4500，3600)))，如图1-65所示。

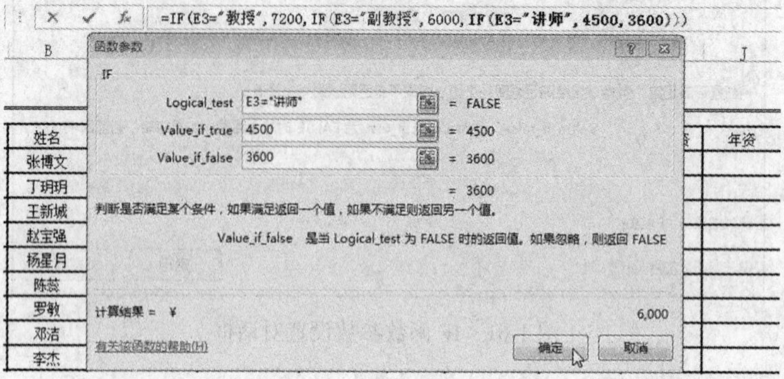

图1-64 嵌套IF函数

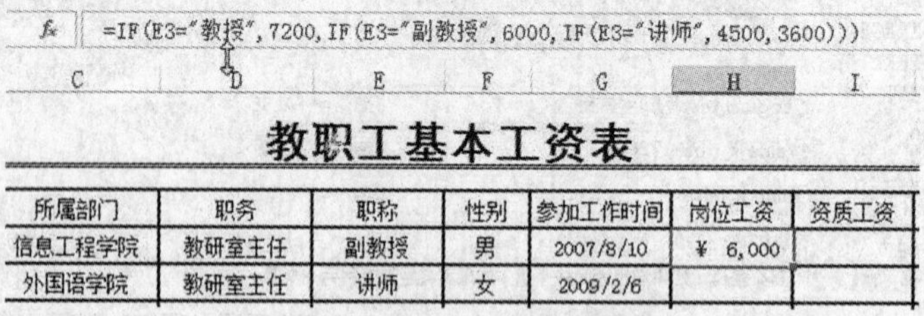
=IF(E3="教授",7200,IF(E3="副教授",6000,IF(E3="讲师",4500,3600)))

教职工基本工资表

所属部门	职务	职称	性别	参加工作时间	岗位工资	资质工资
信息工程学院	教研室主任	副教授	男	2007/8/10	¥ 6,000	
外国语学院	教研室主任	讲师	女	2009/2/6		

图1-65 确定后显示效果

第六步：通过自动填充复制公式，完成岗位工资列的计算，如图1-66所示。

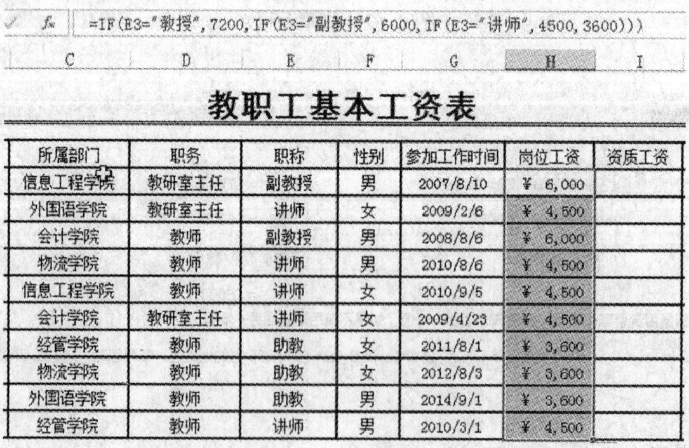
=IF(E3="教授",7200,IF(E3="副教授",6000,IF(E3="讲师",4500,3600)))

教职工基本工资表

所属部门	职务	职称	性别	参加工作时间	岗位工资	资质工资
信息工程学院	教研室主任	副教授	男	2007/8/10	¥ 6,000	
外国语学院	教研室主任	讲师	女	2009/2/6	¥ 4,500	
会计学院	教师	副教授	男	2008/8/6	¥ 6,000	
物流学院	教师	讲师	男	2010/8/6	¥ 4,500	
信息工程学院	教师	讲师	女	2010/9/5	¥ 4,500	
会计学院	教研室主任	讲师	女	2009/4/23	¥ 4,500	
经管学院	教师	助教	女	2011/8/1	¥ 3,600	
物流学院	教师	助教	女	2012/8/3	¥ 3,600	
外国语学院	教师	助教	男	2014/9/1	¥ 3,600	
经管学院	教师	讲师	男	2010/3/1	¥ 4,500	

图1-66 自动填充完成

注意：公式中的标点符号均为英文标点符号。

同样，资质工资也可以用 IF 函数完成，即编辑栏公式为：=IF(D3="教研室主任"，800，500)如图 1-67 所示。

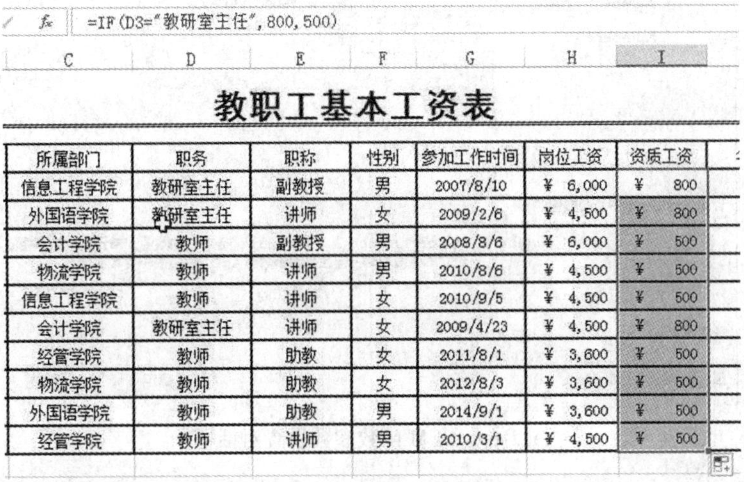
=IF(D3="教研室主任",800,500)

教职工基本工资表

所属部门	职务	职称	性别	参加工作时间	岗位工资	资质工资
信息工程学院	教研室主任	副教授	男	2007/8/10	¥ 6,000	¥ 800
外国语学院	教研室主任	讲师	女	2009/2/6	¥ 4,500	¥ 800
会计学院	教师	副教授	男	2008/8/6	¥ 6,000	¥ 500
物流学院	教师	讲师	男	2010/8/6	¥ 4,500	¥ 500
信息工程学院	教师	讲师	女	2010/9/5	¥ 4,500	¥ 500
会计学院	教研室主任	讲师	女	2009/4/23	¥ 4,500	¥ 800
经管学院	教师	助教	女	2011/8/1	¥ 3,600	¥ 500
物流学院	教师	助教	女	2012/8/3	¥ 3,600	¥ 500
外国语学院	教师	助教	男	2014/9/1	¥ 3,600	¥ 500
经管学院	教师	讲师	男	2010/3/1	¥ 4,500	¥ 500

图 1-67　用 IF 函数计算资质工资

(二)SUM 函数的使用

SUM 函数是返回某一单元格区域中所有数字之和。

函数语法：SUM(number1，number2，…)

参数说明：

Number1，number2，…　　为 1　到 30　个需要求和的参数。

在"教职工基本工资表"工作表中用 SUM 函数计算出总工资。

单击 K3 单元格，单击【公式】|【函数库】，单击插入函数，打开"插入函数"对话框，选择 SUM 函数，打开"函数参数"对话框，如图 1-68 所示。在"函数参数"对话框中单击"Number1"右边按钮，然后在工作表中选取正确的单元格区域；如果是两个不连续的区域求和，需要在"Number2"中设置第二个区域的单元格地址，单击【确定】即可完成计算。使用自动填充完成总工资计算。

如果是连续的区域求和运算，我们可以选中 K3 单元格，直接单击【公式】|【函数库】"自动求和"按钮，将自动显示求和公式，单击【确定】输入✓按钮或是按 Enter 完成计算，即公式为"=SUM(H3：J3)"。再使用自动填充完成所有总工资计算。如图 1-69 所示。

(三)COUNT 与 COUNTA 函数的使用

COUNT 函数是返回包含数字以及包含参数列表中的数字的单元格的个数。利用函数 COUNT 可以计算单元格区域或数字数组中数字字段的输入项个数。

函数语法：COUNT(value1，value2，…)

参数说明：

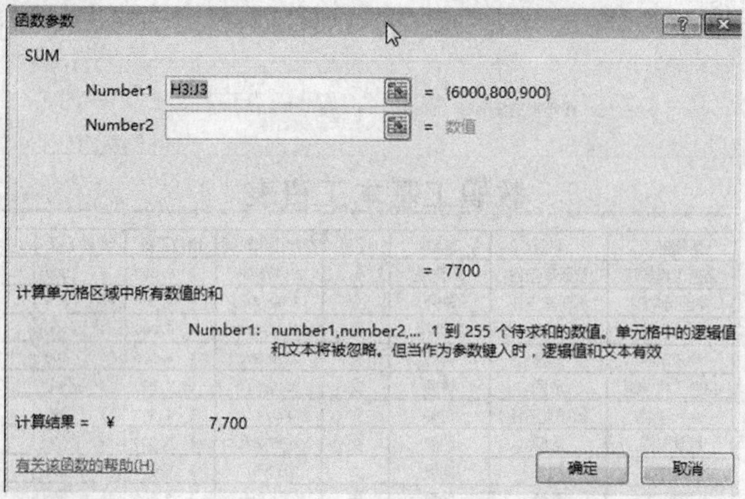

图 1-68　SUM 函数参数设置对话框

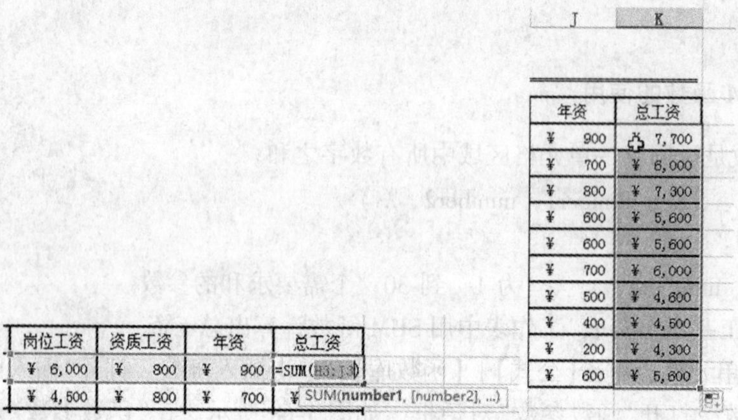

图 1-69　直接单击自动求和按钮计算

Value1，value2，…：为包含或引用各种类型数据的参数(1 到 30 个)，但只有数字类型的数据才被计算。

COUNTA 函数是返回参数列表中非空值的单元格个数。利用函数 COUNTA 可以计算单元格区域或数组中包含数据的单元格个数。

函数语法：COUNTA(value1，value2，…)

参数说明：

Value1，value2，…：为所要计算的值，参数个数为 1 到 30 个。在这种情况下，参数值可以是任何类型，它们可以包括空字符（""），但不包括空白单元格。如果参数是数组或单元格引用，则数组或引用中的空白单元格将被忽略。如果不需要统计逻辑值、文字或错误值，请使用函数 COUNT。

例如需要在“教职工基本工资表”工作表中 B13 单元格中求总人数。单击 B13 单元格，单击【公式】|【函数库】，单击“插入函数”打开“插入函数”对话框，选择 COUNT 函数，打开“函数参数”对话框，如图 1-70 所示。在“Value1”中设置单元格区域为 B3：B12，单击【确定】，此时，发现在 B13 中显示出来的结果是 0。如图 1-71 所示，这是因为 COUNT 函数只能对数字型数据进行计数，不能对文本及文本型数据进行计数，因此我们应该使用另一个计数函数 COUNTA 函数。

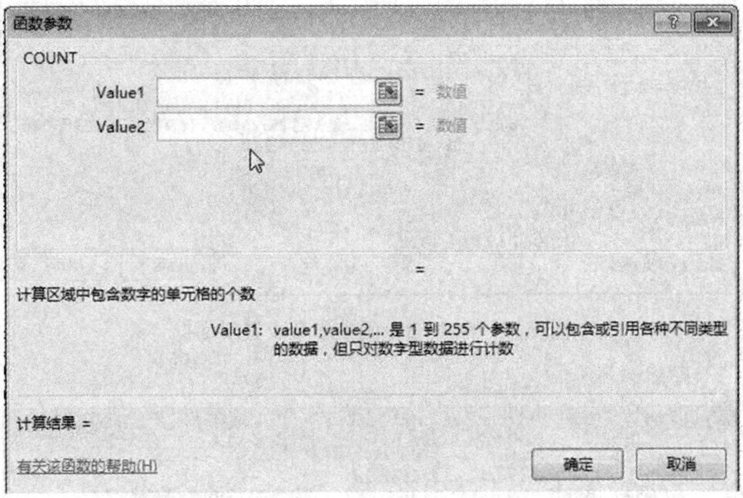

图 1-70　COUNT 函数参数设置对话框

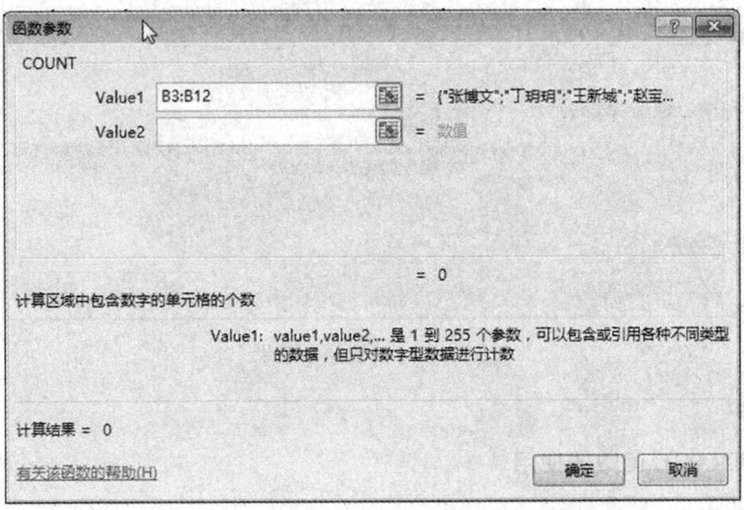

图 1-71　错误显示效果

下面用 COUNTA 函数来计算人数。用同样的方法打开“插入函数”对话框，选择 COUNTA 函数，打开“函数参数”对话框，如图 1-72 所示。在“Value1”中设置单元格区域为B3：B12，单击【确定】即可完成计算，此时，B13单元格显示为10。如图1-73所示。

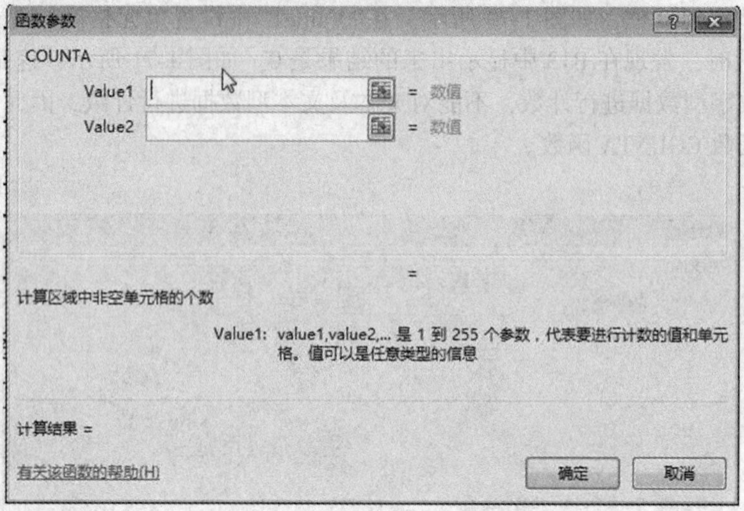

图1-72　COUNTA函数参数设置对话框

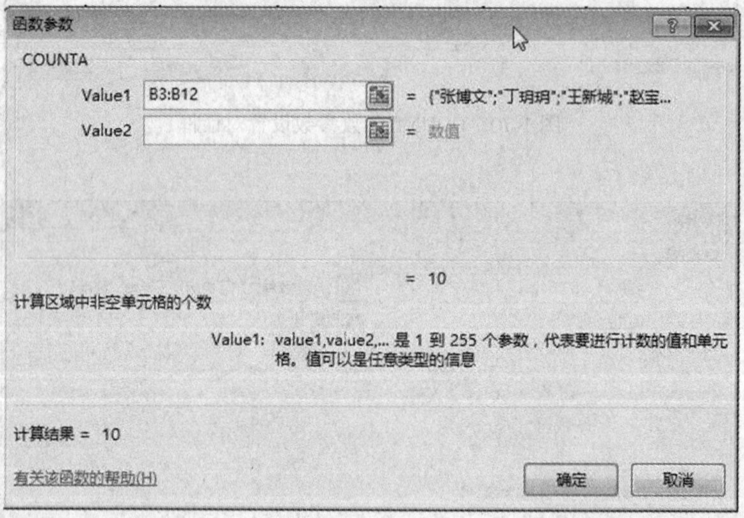

图1-73　正确显示效果

(四) AVERAGE函数的使用

AVERAGE是返回参数的平均值(算术平均值)。

函数语法：AVERAGE(number1，number2，…)

参数说明：

Number1，number2，…：为需要计算平均值的1到30个参数。

例如需要在"教职工基本工资表"工作表中K13单元格中求总工资的平均值。选择

K13 单元格，单击【公式】|【函数库】，单击“插入函数”，打开“插入函数”对话框，选择 AVERAGE 函数，打开“函数参数”对话框，在“Number1”中设置单元格区域为 K3：K12，即编辑栏显示公式为“=AVERAGE(K3：K12)”，单击【确定】，即可完成计算。如图 1-74 所示。

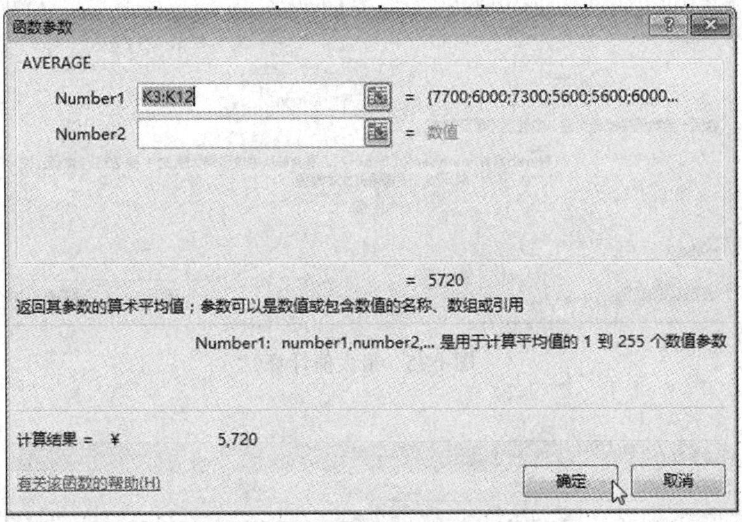

图 1-74　AVERAGE 函数参数设置对话框

(五) MAX 与 MIN 函数的使用

MAX 函数是返回一组值中的最大值。

函数语法：MAX(number1，number2，…)

参数说明：

Number1，number2，…：是要从中找出最大值的 1 到 30 个数字参数。

MIN 函数是返回一组值中的最小值。

函数语法：MIN(number1，number2，…)

参数说明：

Number1，number2，…：是要从中找出最小值的 1 到 30 个数字参数。

例如需要在“教职工基本工资表”工作表中 J13 单元格中计算年资的最大值，在 J14 单元格中计算年资的最小值。选择 J13 单元格，单击【公式】|【函数库】，单击“插入函数”，打开“插入函数”对话框，选择 MAX 函数，打开“函数参数”对话框，在“Number1”中设置单元格区域为 J3：J12，即编辑栏显示公式为“=MAX(J3：J12)”，单击【确定】，即可完成计算。如图 1-75 所示，选择 J14 单元格，单击【公式】|【函数库】，单击“插入函数”，打开“插入函数”对话框，选择 MIN 函数，打开“函数参数”对话框，在“Number1”中设置单元格区域为 J3：J12，即编辑栏显示公式为“=MIN(J3：J12)”，单击【确定】，即可完成计算。如图 1-76 所示。

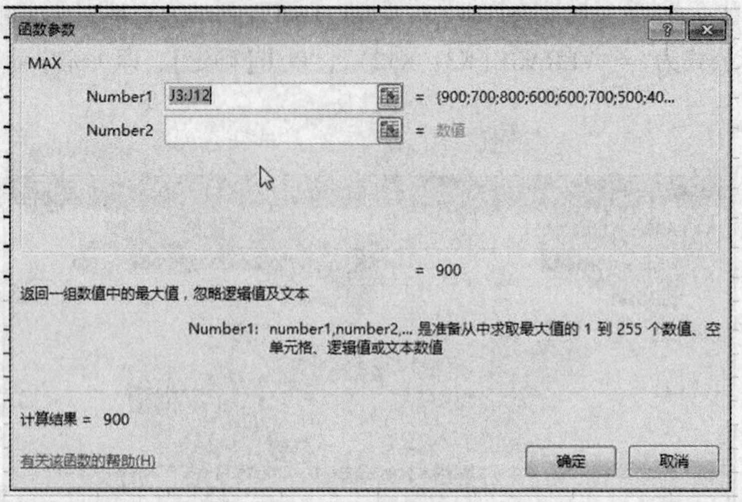

图 1-75 最大值计算

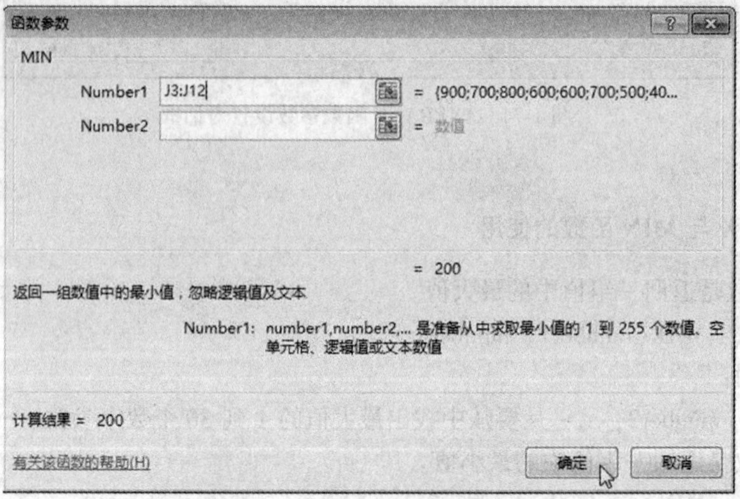

图 1-76 最小值计算

选中 H3：K12 单元格区域，单击鼠标右键打开设置单元格格式快捷菜单，单击“数字”中的“会计专用”货币符号选“￥”，保留小数设置为“0”，单击【确定】，如图 1-77 所示。按照图 1-78 所示完成教职工基本工资表，保存并退出。

注意：表中“年资”的计算公式为“=(YEAR(TODAY())-YEAR(G3))＊100”。

(六) COUNTIF 函数的使用

COUNTIF 函数是计算区域中满足给定条件的单元格的个数。

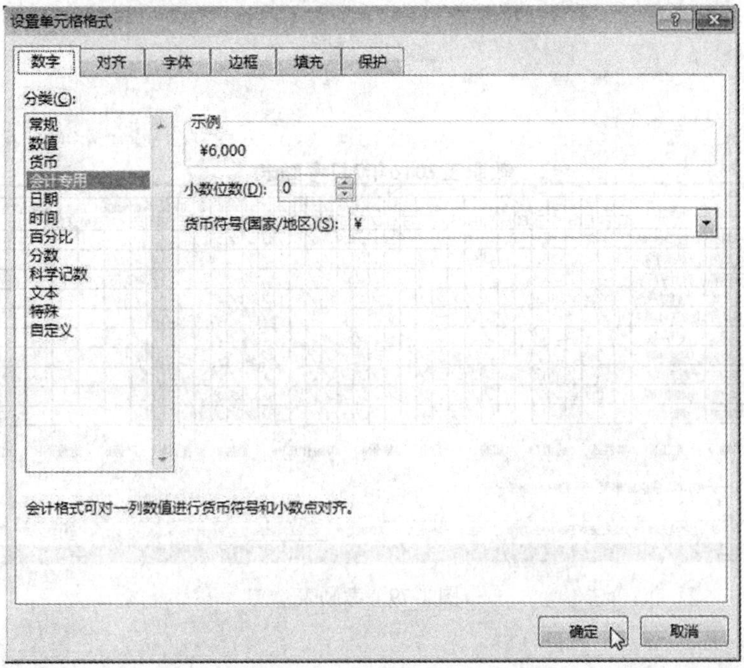

图 1-77　设置会计专用货币符号

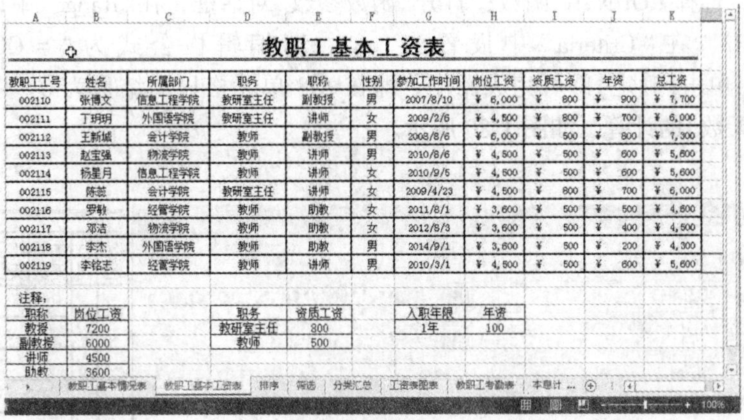

教职工基本工资表

教职工工号	姓名	所属部门	职务	职称	性别	参加工作时间	岗位工资	资质工资	年资	总工资
002110	张博文	信息工程学院	教研室主任	副教授	男	2007/8/10	¥ 6,000	¥ 800	¥ 900	¥ 7,700
002111	丁玥玥	外国语学院	教研室主任	讲师	女	2009/2/6	¥ 4,500	¥ 800	¥ 700	¥ 6,000
002112	王新城	会计学院	教师	副教授	男	2008/8/6	¥ 6,000	¥ 500	¥ 800	¥ 7,300
002113	赵宝强	物流学院	教师	讲师	男	2010/8/6	¥ 4,500	¥ 500	¥ 600	¥ 5,600
002114	杨星月	信息工程学院	教师	讲师	女	2010/9/5	¥ 4,500	¥ 500	¥ 600	¥ 5,600
002115	陈蕊	会计学院	教研室主任	讲师	女	2009/4/23	¥ 4,500	¥ 800	¥ 700	¥ 6,000
002116	罗敏	经管学院	教师	助教	女	2011/8/1	¥ 3,600	¥ 500	¥ 500	¥ 4,600
002117	邓洁	物流学院	教师	助教	女	2012/8/3	¥ 3,600	¥ 500	¥ 400	¥ 4,500
002118	李杰	外国语学院	教师	助教	男	2014/9/1	¥ 3,600	¥ 500	¥ 200	¥ 4,300
002119	李铭志	经管学院	教师	讲师	男	2010/3/1	¥ 4,500	¥ 500	¥ 600	¥ 5,600

注释：

职称	岗位工资
教授	7200
副教授	6000
讲师	4500
助教	3600

职务	资质工资
教研室主任	800
教师	500

入职年限	年资
1年	100

图 1-78　完成教职工基本工资表

函数语法：COUNTIF(range，criteria)

参数说明：

Range：为需要计算其中满足条件的单元格数目的单元格区域。

Criteria：为确定哪些单元格将被计算在内的条件，其形式可以为数字、表达式或文本。

打开工作簿“Excel 基本操作系统 . xlsx”，插入一个新工作表，并重命名为“教职工考勤表”，在“教职工考勤表”中建立“教职工 2016 年 7 月考勤表”。如图 1-79 所示。

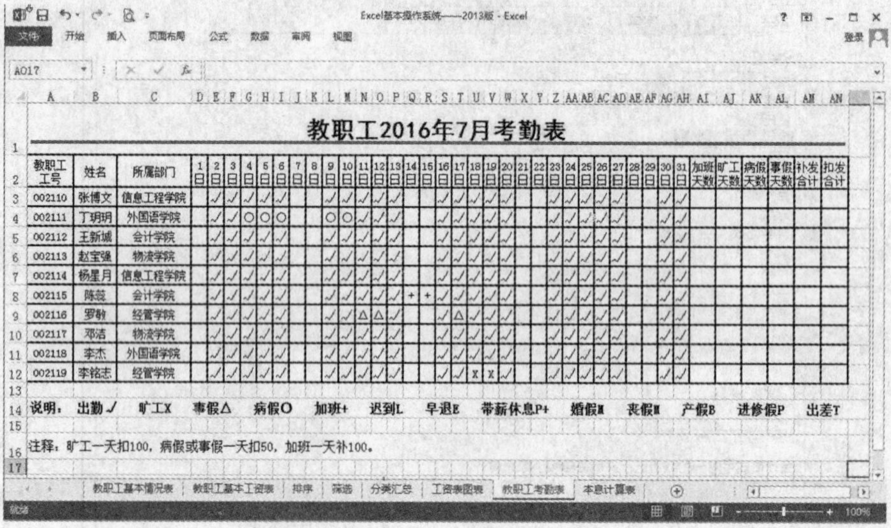

图 1-79　考勤表

现在我们要求利用 COUNTIF 函数计算出“加班天数”、“旷工天数”、“病假天数”和“事假天数”。选择 AI3 单元格，单击【公式】|【函数库】，单击“插入函数”，打开“插入函数”对话框，选择 COUNTIF 函数，打开“函数参数”对话框，在“Range”中设置单元格区域为 D3：AH3，在“Criteria”中设置为"+"，即编辑栏公式为“= COUNTIF（D3：AH3,"+"）”，单击【确定】即可完成操作。即在 AI3 单元格显示结果为 0。用自动填充方法完成“加班天数”的计算。如图 1-80 所示。

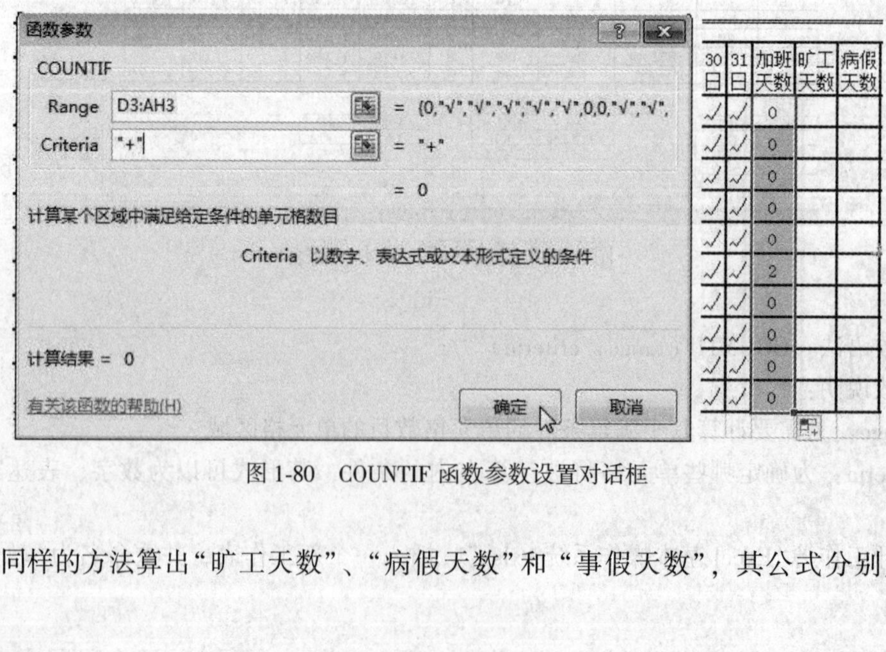

图 1-80　COUNTIF 函数参数设置对话框

用同样的方法算出“旷工天数”、“病假天数”和“事假天数”，其公式分别为：“=

COUNTIF(D3：AH3,"X")”、“=COUNTIF(D3：AH3,"○")”和“=COUNTIF(D3：AH3,"△")”。“补发合计”和“扣发合计”的计算公式分别为：“=100＊AI3”和“=100＊AJ3+50＊(AK3+AL3)”。完成后如图 1-81 所示。保存并退出。

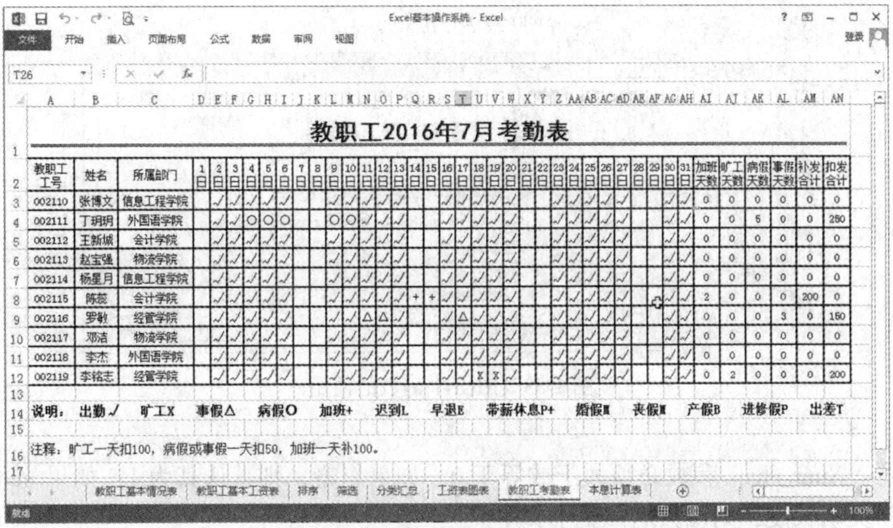

图 1-81　教职工考勤表完成效果

(七) LEN 函数的使用

LEN 函数是统计文本字符串中字符数目。

函数语法：LEN(text)

参数说明：text 表示要统计的文本字符串

假定 A1 单元格中保存了“武汉商贸职业学院”的字符串，我们在 B1 单元格中输入公式：=LEN(A1)，确认后即显示出统计结果“8”。如图 1-82 所示。

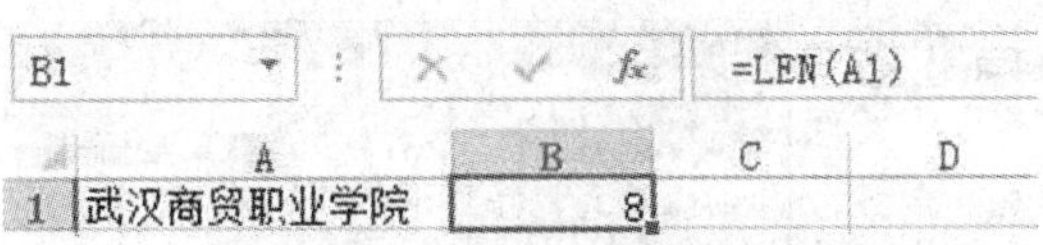

图 1-82　LEN 函数的使用

注意：LEN 要统计时，无论是全角字符，还是半角字符，每个字符均计为“1”；与之相对应的一个函数——LENB，在统计时半角字符计为“1”，全角字符计为“2”。

(八) RIGHT 函数的使用

RIGHT 函数是从一个文本字符串的最后一个字符开始，截取指定数目的字符。

函数语法：RIGHT(text，num_chars)

参数说明：text 代表要截字符的字符串；num_chars 代表给定的截取数目。

假定 A1 单元格中保存了“武汉商贸职业学院”的字符串，我们在 B1 单元格中输入公式：=RIGHT(A1，6)，确认后即显示出“商贸职业学院”的字符。如图 1-83 所示。

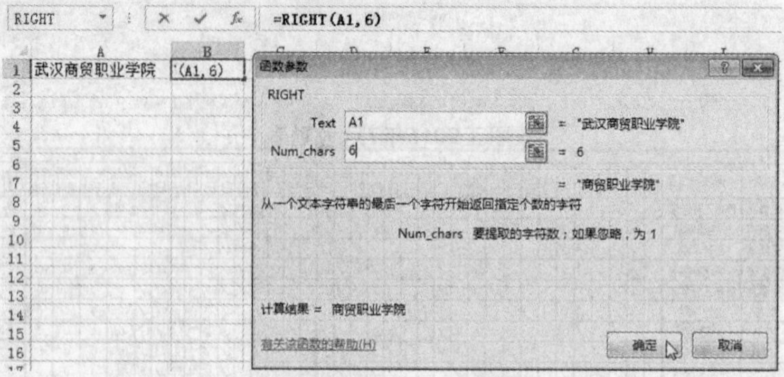

图 1-83 RIGHT 函数的使用

注意：Num_chars 参数必须大于或等于 0，如果忽略，则默认其为 1；如果 num_chars 参数大于文本长度，则函数返回整个文本。

(九)MID 函数的使用

MID 函数是用于返回文本字符串中从指定位置开始的指定数目的字符。

函数语法：MID(text，start_num，num_chars)

参数说明：text 代表一个文本字符串；start_num 表示指定的起始位置；num_chars 表示要截取的数目。

假定 A1 单元格中保存了“武汉商贸职业学院”的字符串，我们在 B1 单元格中输入公式：=MID(A1，3，2)，确认后即显示出统计结果“商贸”。如图 1-84 所示。

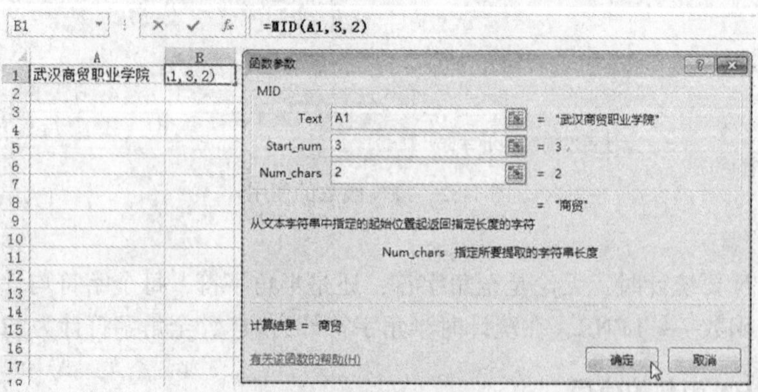

图 1-84 MID 函数的使用

(十)LEFT 函数的使用

LEFT 函数是从一个文本字符串的第一个字符开始，截取指定数目的字符。

函数语法：LEFT(text，num_chars)

参数说明：text 代表要截字符的字符串；num_chars 代表给定的截取数目。

假定 A1 单元格中保存了“武汉商贸职业学院”的字符串，我们在 B1 单元格中输入公式：=LEFT(A1，4)，确认后即显示出统计结果“商贸”。如图 1-85 所示。

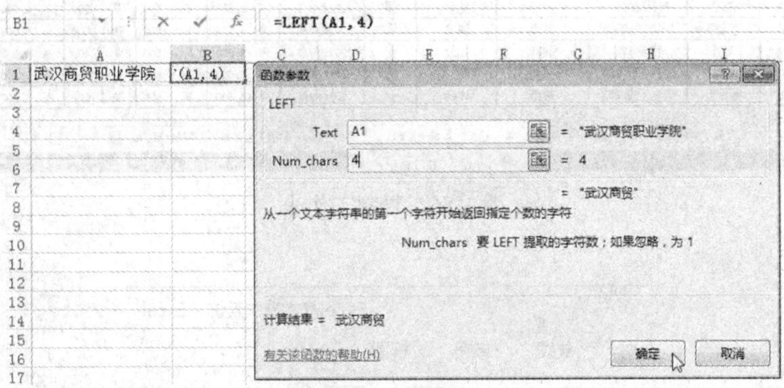

图 1-85 LEFT 函数的使用

任务四 Excel 中数据的处理

子任务一 学会数据排序的基本方法

对数据排序作用在于快速规范、按顺序将数据排列显示，从而直观地找到数据中的最大、最小记录等。

打开“Excel 基本操作系统 . xlsx”工作簿，在本工作簿中用复制工作表方法把“教职工基本工资表”复制一份，并重命名为“排序”，然后注释“按照所属部门为主要关键字的升序，总工资降序排列”，如图 1-86 所示。

选中 A2：K12 单元格区域，单击【数据】菜单下的【排序】命令，如图 1-87 所示。

按要求设置“主要关键字”为“所属部门”，升序，添加条件，设置“次要关键字”为“总工资”，降序，“数据包含标题”如图 1-88 所示。

单击【确定】后，表中的所有数据就会根据如此设置排列，完成保存。如图 1-89 所示。

子任务二 学会数据筛选的基本方法

在工作表中，一行有数据的单元格称为一个数据行。利用 Excel 中的“筛选”和“高级筛选”功能可以只显示工作表中符合条件的数据行。“筛选”通常用于简单的筛选条件，使用简便；“高级筛选”针对更复杂的筛选条件，功能更强大。无论使用哪一种功能，都要

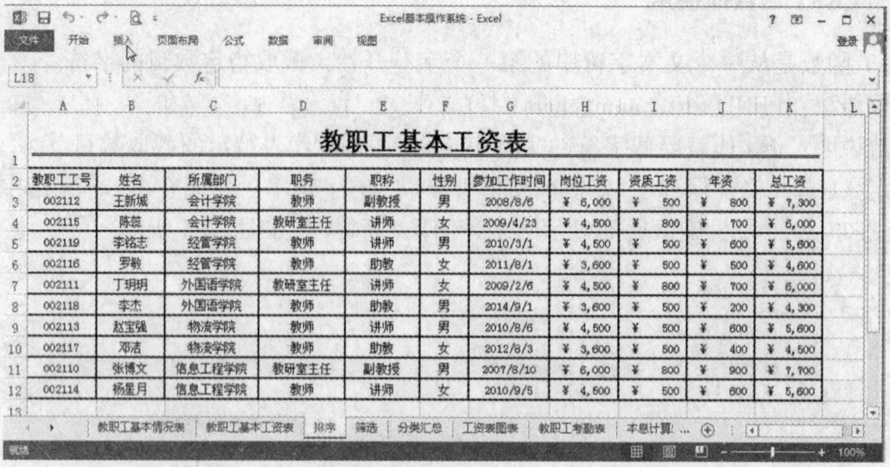

图 1-86　复制工作表

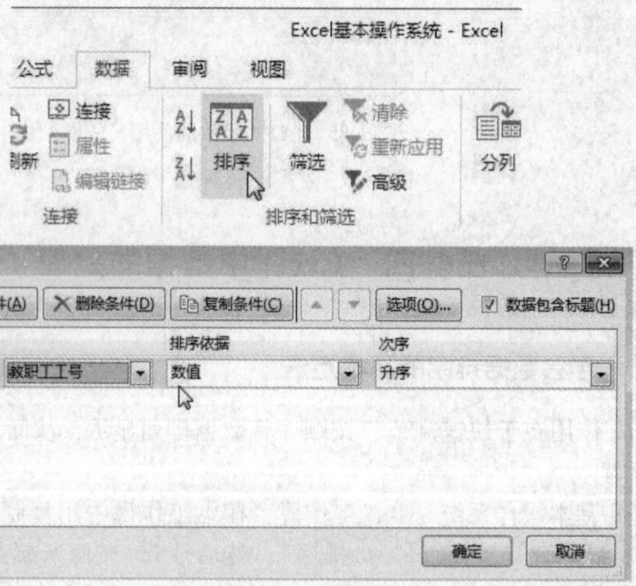

图 1-87　排序设置对话框

清楚多个筛选条件之间的逻辑关系。

在“Excel 基本操作系统 . xlsx”工作簿中复制一份“教职工基本工资表”，并重命名为“筛选”，然后注释“利用筛选筛选出会计学院的讲师人员。利用高级筛选筛选出在 2010 年前参加工作的，且总工资在 6 000 元以上的职工”，如图 1-90 所示。

1. 利用筛选筛选出会计学院的讲师人员

选择数据清单中的任意一个单元格，单击【数据】菜单中的【筛选】命令，如图 1-91 所示。得到带有自动筛选的数据清单，如图 1-92 所示。

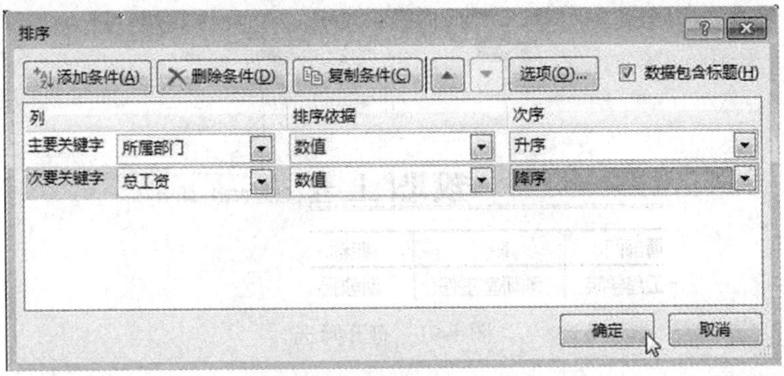

图 1-88　设置排序关键字

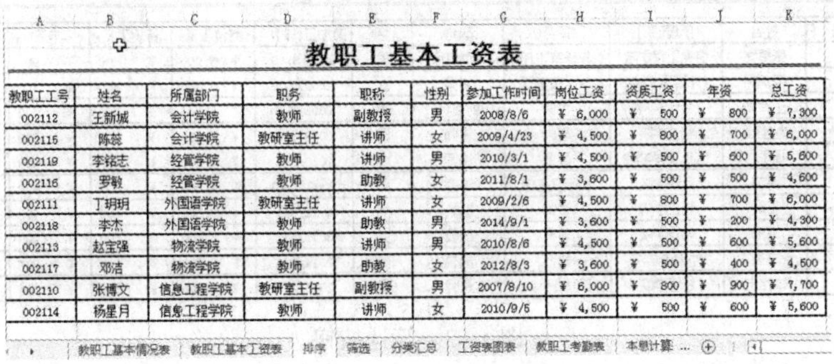

教职工工号	姓名	所属部门	职务	职称	性别	参加工作时间	岗位工资	资质工资	年资	总工资
002112	王新城	会计学院	教师	副教授	男	2008/8/6	¥ 6,000	¥ 500	¥ 800	¥ 7,300
002115	陈蕊	会计学院	教研室主任	讲师	女	2009/4/23	¥ 4,500	¥ 800	¥ 700	¥ 6,000
002119	李铭志	经管学院	教师	讲师	男	2010/3/1	¥ 4,500	¥ 500	¥ 600	¥ 5,600
002116	罗敏	经管学院	教师	助教	女	2011/8/1	¥ 3,600	¥ 500	¥ 500	¥ 4,600
002111	丁玥玥	外国语学院	教研室主任	讲师	女	2009/2/6	¥ 4,500	¥ 800	¥ 700	¥ 6,000
002118	李杰	外国语学院	教师	助教	男	2014/9/1	¥ 3,600	¥ 500	¥ 200	¥ 4,300
002113	赵宝强	物流学院	教师	讲师	男	2010/8/6	¥ 4,500	¥ 500	¥ 600	¥ 5,600
002117	邓洁	物流学院	教师	助教	女	2012/8/3	¥ 3,600	¥ 500	¥ 400	¥ 4,500
002110	张博文	信息工程学院	教研室主任	副教授	男	2007/8/10	¥ 6,000	¥ 800	¥ 900	¥ 7,700
002114	杨星月	信息工程学院	教师	讲师	女	2010/9/5	¥ 4,500	¥ 500	¥ 600	¥ 5,600

图 1-89　完成效果显示

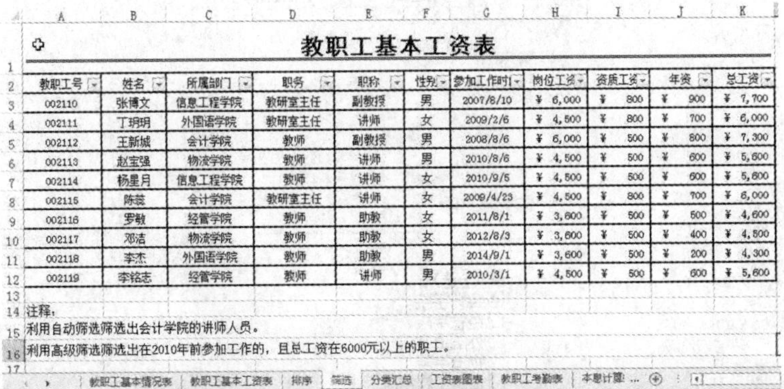

教职工号	姓名	所属部门	职务	职称	性别	参加工作时间	岗位工资	资质工资	年资	总工资
002110	张博文	信息工程学院	教研室主任	副教授	男	2007/8/10	¥ 6,000	¥ 800	¥ 900	¥ 7,700
002111	丁玥玥	外国语学院	教研室主任	讲师	女	2009/2/6	¥ 4,500	¥ 800	¥ 700	¥ 6,000
002112	王新城	会计学院	教师	副教授	男	2008/8/6	¥ 6,000	¥ 500	¥ 800	¥ 7,300
002113	赵宝强	物流学院	教师	讲师	男	2010/8/6	¥ 4,500	¥ 500	¥ 600	¥ 5,600
002114	杨星月	信息工程学院	教师	讲师	女	2010/9/5	¥ 4,500	¥ 500	¥ 600	¥ 5,600
002115	陈蕊	会计学院	教研室主任	讲师	女	2009/4/23	¥ 4,500	¥ 800	¥ 700	¥ 6,000
002116	罗敏	经管学院	教师	助教	女	2011/8/1	¥ 3,600	¥ 500	¥ 500	¥ 4,600
002117	邓洁	物流学院	教师	助教	女	2012/8/3	¥ 3,600	¥ 500	¥ 400	¥ 4,500
002118	李杰	外国语学院	教师	助教	男	2014/9/1	¥ 3,600	¥ 500	¥ 200	¥ 4,300
002119	李铭志	经管学院	教师	讲师	男	2010/3/1	¥ 4,500	¥ 500	¥ 600	¥ 5,600

图 1-90　复制工作表

单击“所属部门”右下拉箭头，弹出列表框，如图 1-93 所示。列表框中列出了全部、前 10 个、自定义以及该字段中出现的所有数据，选择“会计学院”。在“职称”列右下拉箭头弹出列表框中选择“讲师”，如图 1-94 所示。

注意：设置了筛选条件的列标题名右侧的数据筛选箭头按钮会不一样，表示 Excel 根

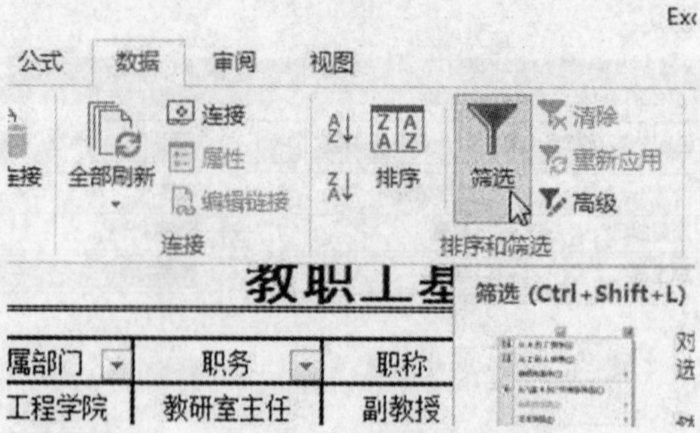

图 1-91　打开筛选

教职工基本工资表

教职工号	姓名	所属部门	职务	职称	性别	参加工作时间	岗位工资	资质工资	年资	总工资
002110	张博文	信息工程学院	教研室主任	副教授	男	2007/8/10	¥ 6,000	¥ 800	¥ 900	¥ 7,700
002111	丁玥玥	外国语学院	教研室主任	讲师	女	2009/2/6	¥ 4,500	¥ 800	¥ 700	¥ 6,000
002112	王新城	会计学院	教师	副教授	男	2008/8/6	¥ 6,000	¥ 500	¥ 800	¥ 7,300
002113	赵宝强	物流学院	教师	讲师	男	2010/8/6	¥ 4,500	¥ 500	¥ 600	¥ 5,600
002114	杨星月	信息工程学院	教师	讲师	女	2010/9/5	¥ 4,500	¥ 500	¥ 600	¥ 5,600
002115	陈蕊	会计学院	教研室主任	讲师	女	2009/4/23	¥ 4,500	¥ 800	¥ 700	¥ 6,000
002116	罗敏	经管学院	教师	助教	女	2011/8/1	¥ 3,600	¥ 500	¥ 500	¥ 4,600
002117	邓洁	物流学院	教师	助教	女	2012/8/3	¥ 3,600	¥ 500	¥ 400	¥ 4,500
002118	李杰	外国语学院	教师	助教	男	2014/9/1	¥ 3,600	¥ 500	¥ 200	¥ 4,300
002119	李铭志	经管学院	教师	讲师	男	2010/3/1	¥ 4,500	¥ 500	¥ 600	¥ 5,600

图 1-92　筛选按钮

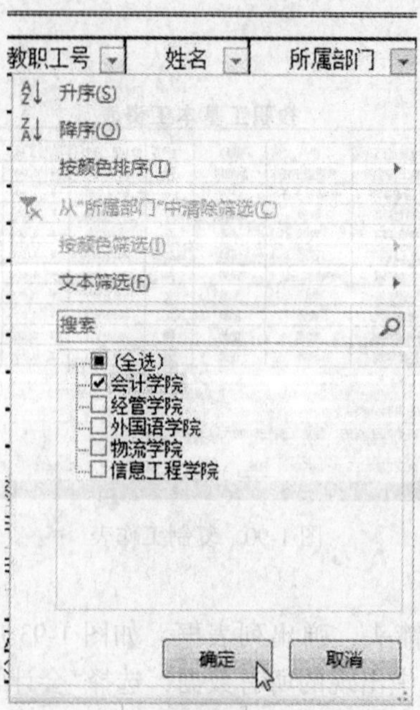

图 1-93　筛选 1—部门

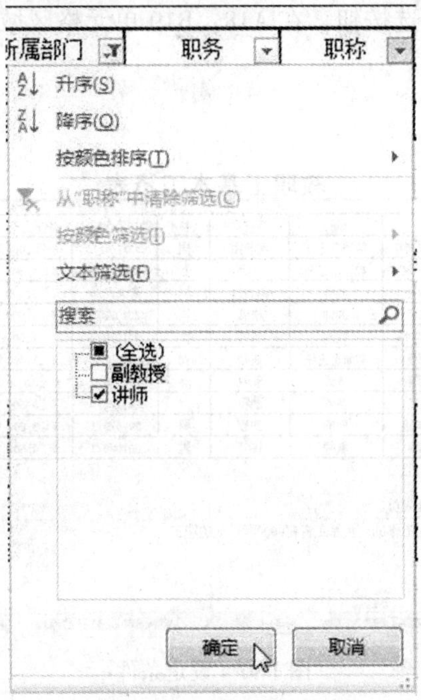

图 1-94　筛选 2—职称

据这一列中的数据进行了筛选。如图 1-95 所示。

图 1-95　自动筛选后显示效果

从下拉列表框中选择“全部”，则所有的记录都显示出来；如果需要取消列标的下拉箭头，则单击【排序和筛选】选项组中“清除”以使其取消。如图 1-96 所示。

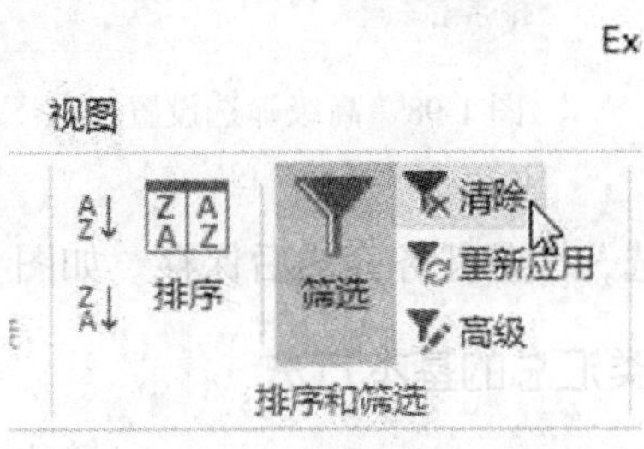

图 1-96　打开高级筛选

2. 利用高级筛选筛选出在 2010 年前参加工作的，且总工资在 6 000 元以上的职工单击【数据】菜单中的筛选按钮，在 A18：B19 单元格区域中设置条件区域，如图 1-97 所示。

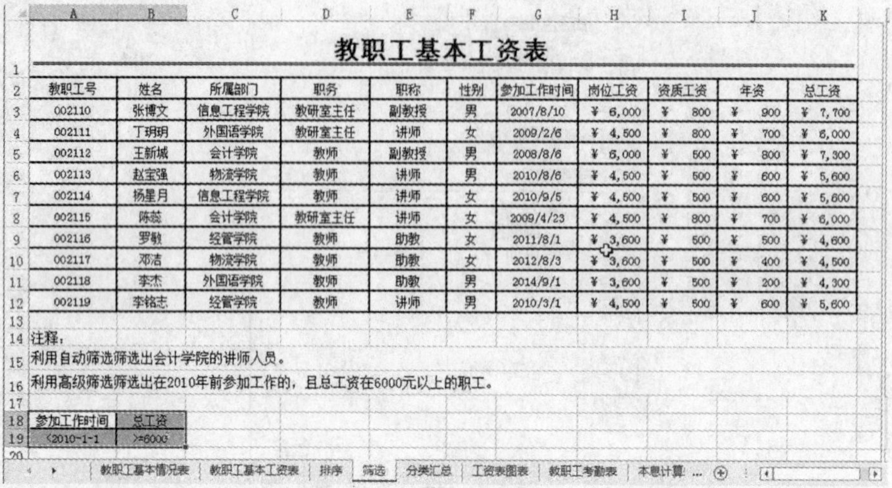

教职工号	姓名	所属部门	职务	职称	性别	参加工作时间	岗位工资	资质工资	年资	总工资
002110	张博文	信息工程学院	教研室主任	副教授	男	2007/8/10	¥ 6,000	¥ 800	¥ 900	¥ 7,700
002111	丁玥玥	外国语学院	教研室主任	讲师	女	2009/2/6	¥ 4,500	¥ 800	¥ 700	¥ 6,000
002112	王新城	会计学院	教师	副教授	男	2008/8/6	¥ 6,000	¥ 500	¥ 800	¥ 7,300
002113	赵宝强	物流学院	教师	讲师	男	2010/8/6	¥ 4,500	¥ 500	¥ 600	¥ 5,600
002114	杨星月	信息工程学院	教师	讲师	女	2010/9/5	¥ 4,500	¥ 500	¥ 600	¥ 5,600
002115	陈蕊	会计学院	教研室主任	讲师	女	2009/4/23	¥ 4,500	¥ 800	¥ 700	¥ 6,000
002116	罗敏	经管学院	教师	助教	女	2011/8/1	¥ 3,600	¥ 500	¥ 500	¥ 4,600
002117	邓洁	物流学院	教师	助教	女	2012/8/3	¥ 3,600	¥ 500	¥ 400	¥ 4,500
002118	李杰	外国语学院	教师	助教	男	2014/9/1	¥ 3,600	¥ 500	¥ 200	¥ 4,300
002119	李铭志	经管学院	教师	讲师	男	2010/3/1	¥ 4,500	¥ 500	¥ 600	¥ 5,600

图 1-97 设定条件

启动高级筛选，并设置高级筛选的“方式”、“列表区域”、“条件区域”和位置，如图 1-98 所示。

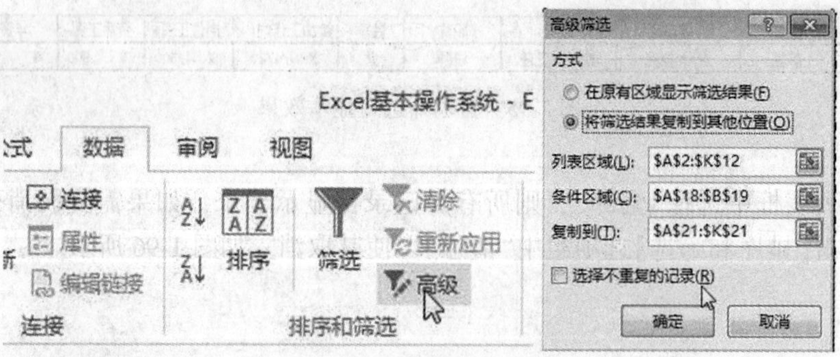

图 1-98 高级筛选设置

单击【确定】完成高级筛选，全部任务完成后保存。如图 1-99 所示。

子任务三 掌握数据分类汇总的基本方法

分类汇总是数据分析的一种手段，就是将同类逐句放在一起，再进行数量的求和、计数、求平均值之类的汇总运算。分类汇总有三个基本要素：

分类字段：选定要进行分类的汇总的列，对数据表按这个列进行排序。

汇总方式：利用“平均”、“最大值”、“求和”、“计数”等汇总函数，实现对分类字段

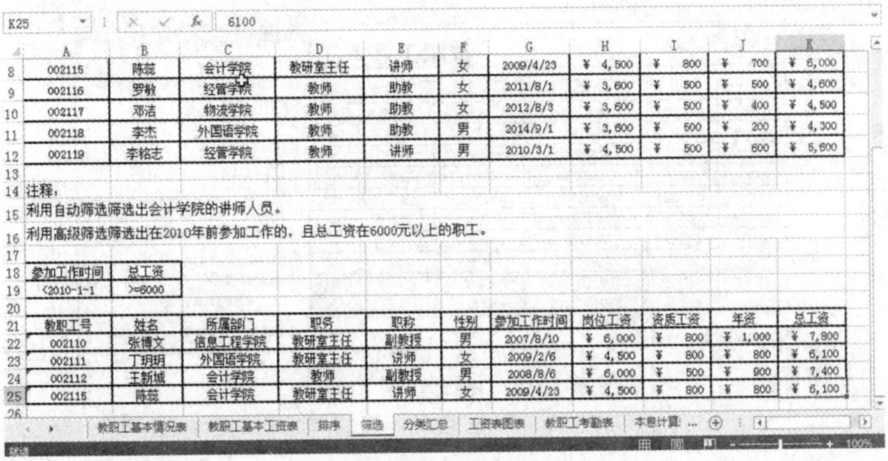

图 1-99　高级筛选后显示效果

的计算。

汇总项：可以选择多个字段进行汇总。

在“Excel 基本操作系统”工作簿中复制一份“教职工基本工资表”，并重命名为“分类汇总”。在此需要汇总每个部门的总工资的总和。

第一步：按照需要分类汇总的列进行排序，此处的分类字段为“所属部门”，即主要关键字为“所属部门”，升序与降序可任意选择，单击【确定】完成。如图 1-100 所示。

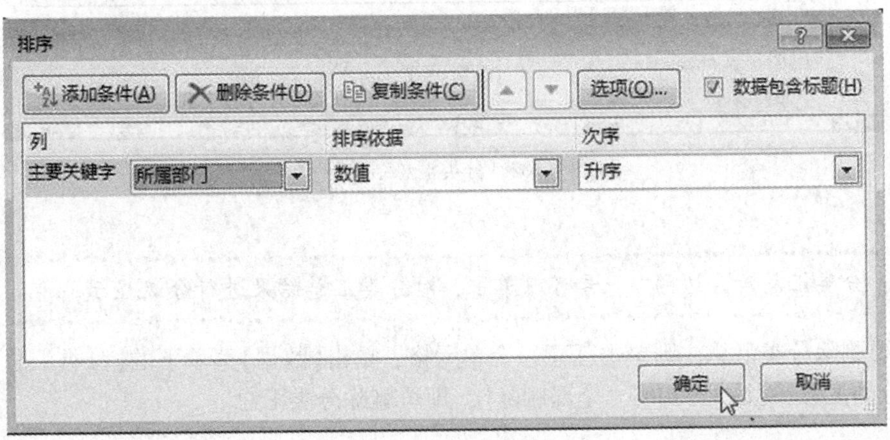

图 1-100　按分类字段排序

第二步：选择单元格区域，单击【数据】|【分类汇总】，打开“分类汇总”对话框，设定分类汇总选项，如图 1-101 所示。

第三步：单击【确定】完成，并保存。如图 1-102 所示。

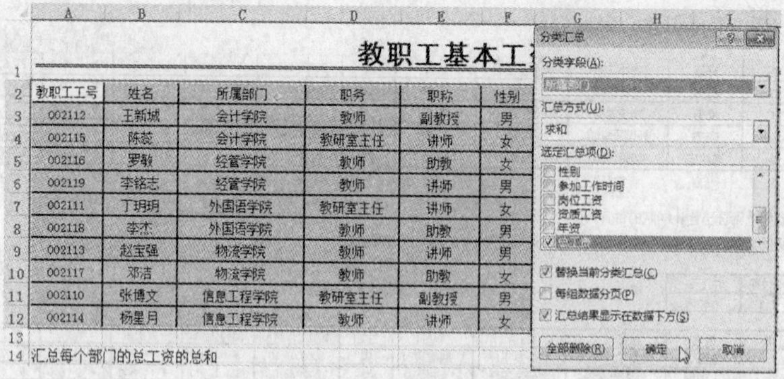

图 1-101　设定分类汇总选项

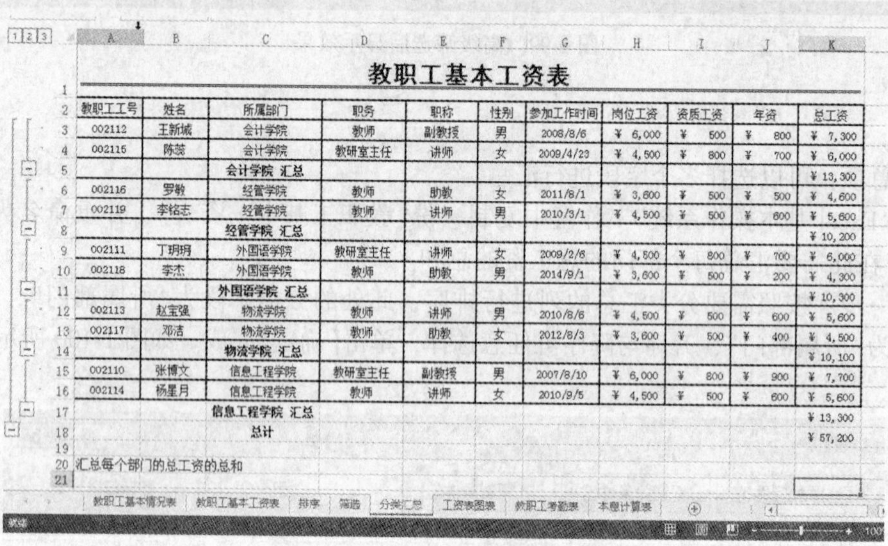

图 1-102　分类汇总结果显示

注意：分类汇总后左边的“-”号可以单击，对分类汇总结果进行分级显示。

如要删除分类汇总，则单击任意一个单元格，单击【数据】菜单下的【分类汇总】命令，打开“分类汇总”对话框，单击“全部删除”，即可删除分类汇总。

子任务四　学会利用图表表达数据

在实际工作中有时需要直观地显示数据的处理结果，这时需要 Excel 的图表功能。数据以图表的形式显示，具有良好的视觉效果，会更清楚和易于理解，同时图表还能帮助用户查看数据的差异、走势和预测发展趋势。

选择“教职工基本工资表”作为当前工作表。

单击【插入】选项卡下面的【图表】选项组中的“插入柱形图”按钮，“图表类型”选择

“簇状柱形图”，选择“簇状柱形图”，单击插入，如图 1-103 所示。

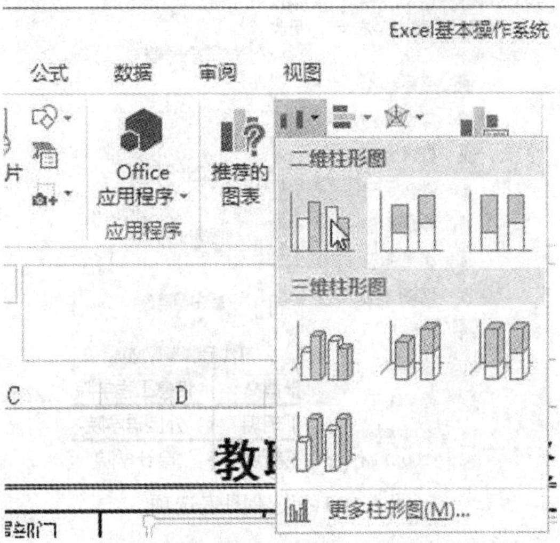

图 1-103　插入图表选择图表类型

打开“图表工具”选择“设计”，点击“选择数据”，打开“选择数据源”对话框，图表数据区域选择为 B2：B12，H2：H12，K2：K12 不连续单元格区域，单击“确定”，如图 1-104 所示。

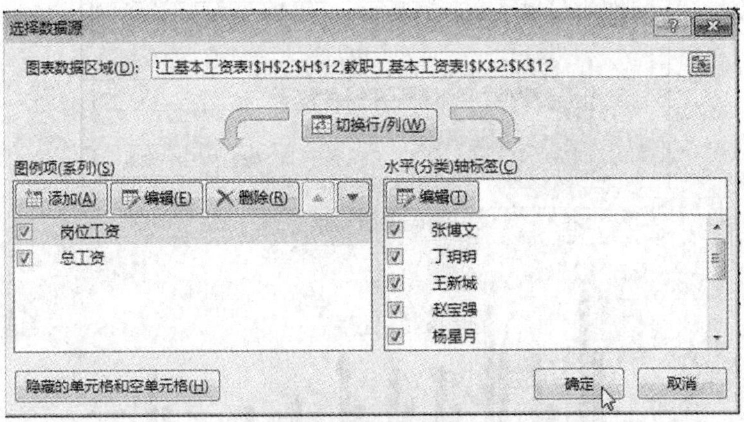

图 1-104　选择数据区域

打开“图表工具”选择“设计”，单击添加图表元素，设置“图表标题”为“教职工基本工资图表”，设置“轴标题”下面的“主要横坐标轴”，“主要纵坐标轴”等，如图 1-105 所示。

在打开“图表向导-4 步骤之 4”对话框中，单击“作为新工作表插入”单选按钮，单击“完成”，在其表前自动插入一个名称为“Chart1”的表，如图 1-106 所示。

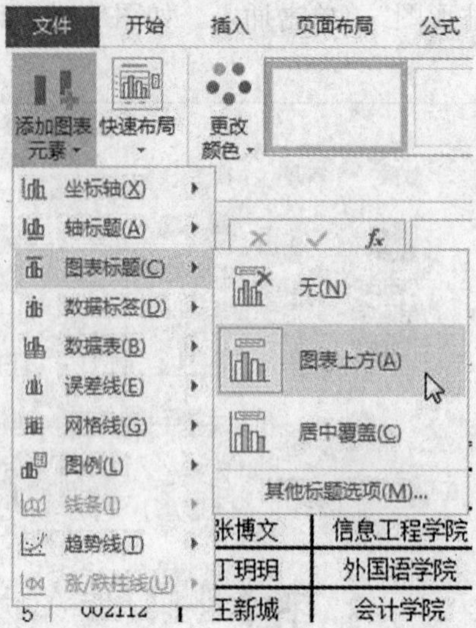

图 1-105　设置图表选项

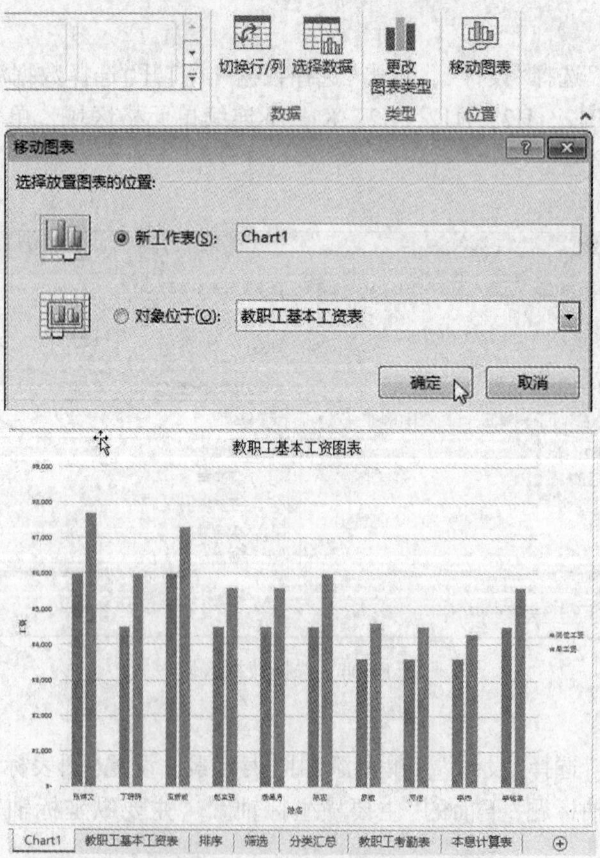

图 1-106　完成效果

分别对“图表标题格式”、“坐标轴格式”、“绘图区格式”、“图表区格式”进行设置，如图 1-107 所示。完成后对表 Chart1 重命名为“工资表图表”，保存并退出。

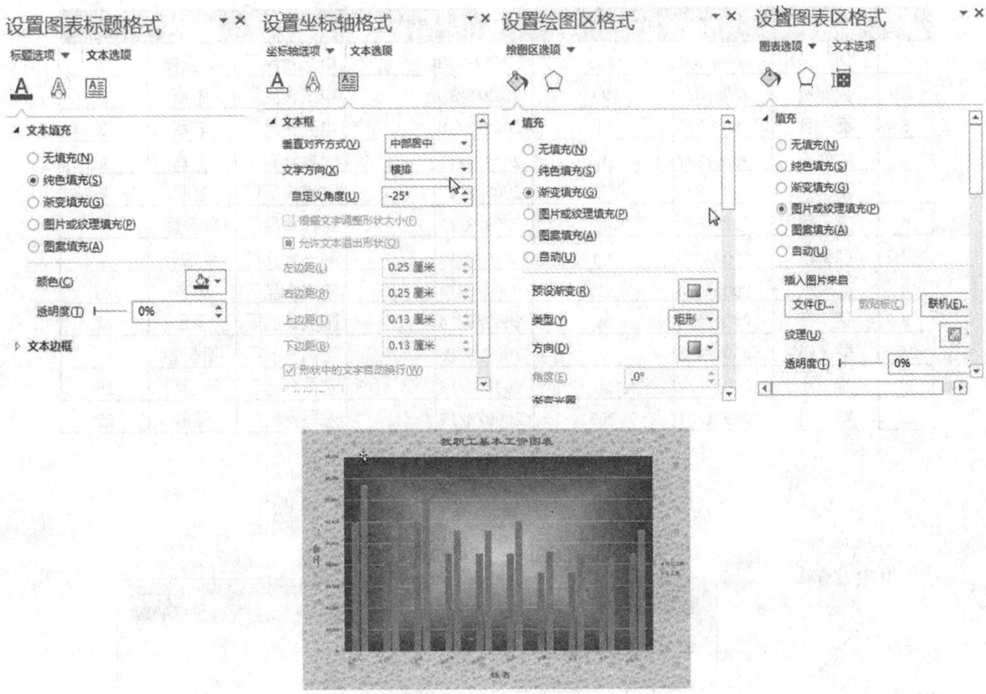

图 1-107　设置后图表效果

子任务五　掌握数据透视表工具的基本应用方法

在 Excel 中，实现数据透视分析的工具是数据透视表和数据透视图，其中，数据透视表是一种对大量数据快速汇总和建立交叉列表的动态工作表，使用数据透视表可以汇总、分析、浏览和提供摘要数据。数据透视表可以把很多行和列数据快速转化为有意义的信息，节省很多烦琐的公式计算，并能生成一个基于 Excel 数据表甚至外部数据库的动态总结报告。

例如给出“食品保质期检验结果统计表”，如图 1-108 所示。利用数据透视表统计出“各产品厂家”的“检验结果”为“不合格”和“合格”的食品种类，数据透视表的位置为当前工作表的开始的 D16 单元格中，设置数据透视表的自动套用格式为“表 1”。

通过【插入】菜单下【表格】选项组里，单击“数据透视表”，打开“创建数据透视表”窗口，如图 1-109 所示。

在“创建数据透视表”对话框中设定数据源区域及数据透视表的位置，如图 1-110 所示。

单击【完成】后，显示透视表设计界面，如图 1-111 所示。

将相应项目拖至透视表对应字段中，如图 1-112 所示。

A	B	C	D	E	F	G	H	I
食品保质期检验结果统计表								
序号	食品名	生产日期	保质期（天）	检验日期	检验结果	产品厂家	检验员	工号
1	饼	2009/5/1	180	2009/8/9		中兴食品厂	李玉祥	2
2	火腿肠	2009/3/2	90	2009/8/10		中兴食品厂	张连	6
3	面 包	2009/3/3	30	2009/8/10		中兴食品厂	李军	8
4	方便面	2009/8/7	180	2009/8/11		财鑫食品厂	王鑫	9
5	瓜 子	2009/8/8	180	2009/8/12		财鑫食品厂	赵明	7
6	雪 碧	2009/6/8	360	2009/8/12		财鑫食品厂	刘良辉	10
7	口香糖	2009/9/9	90	2009/8/13		阳光食品厂	陈细利	5
8	矿泉水	2009/6/4	360	2009/8/14		阳光食品厂	张去	25
9	话 梅	2009/5/9	60	2009/8/14		阳光食品厂	丁云	37
10	酸 奶	2009/4/3	7	2009/8/15		宏磊食品厂	谢长春	13
11	果 汁	2009/9/2	90	2009/8/16		宏磊食品厂	罗明明	16
12	啤 酒	2009/1/31	360	2009/8/17		宏磊食品厂	邓娜	22

图 1-108 食品保质期检验结果统计表

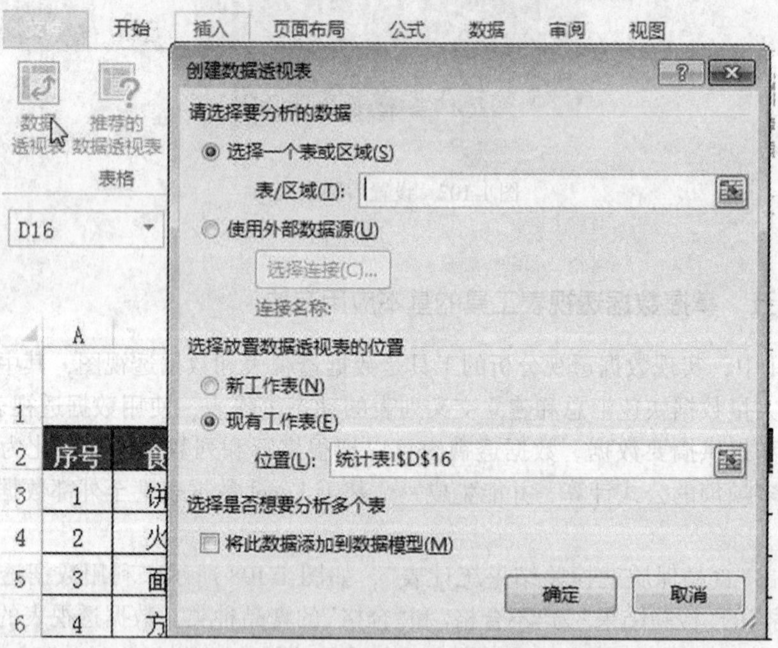

图 1-109 通过【插入】菜单打开透视表

用鼠标右键“计数项”，可以打开“值字段设置”对话框，如图 1-113 所示。

打开“数据透视表工具”菜单下的设计菜单，在“数据透视表样式”选项组里单击需要的样式，如图 1-114 所示。

为了避免操作者不小心移动或损坏页面工作表中的各个图形按钮及他人任意更改页面

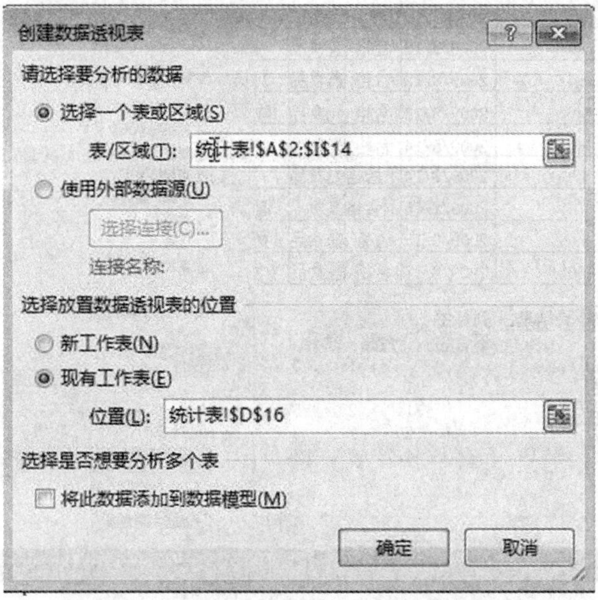

图 1-110　设定数据源区域及数据表显示位置

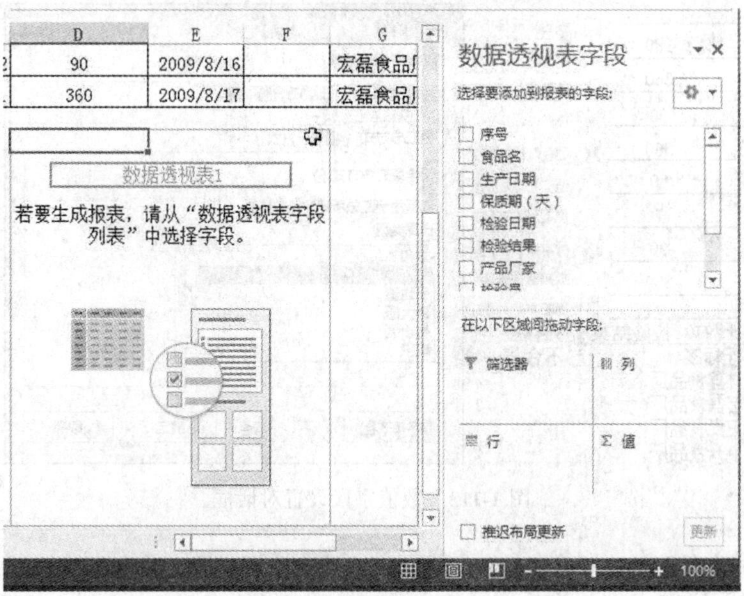

图 1-111　透视表设计界面

结构，应该对工作表进行保护，具体操作如下：

(1)单击菜单【审阅】工具栏，【更改】选项组，打开【保护工作表】对话框。如图 1-115 所示。

(2)在“取消工作表保护时使用的密码”文字框中输入工作表保护密码，单击【确定】

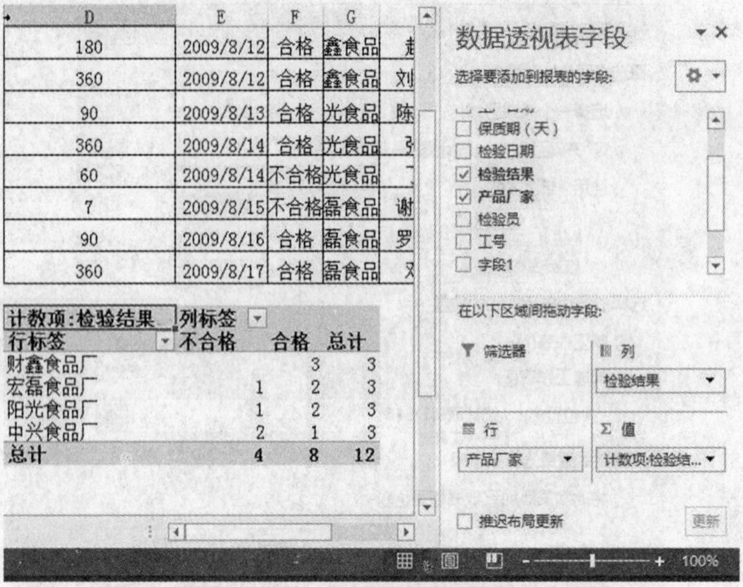

图 1-112　设置数据透视表

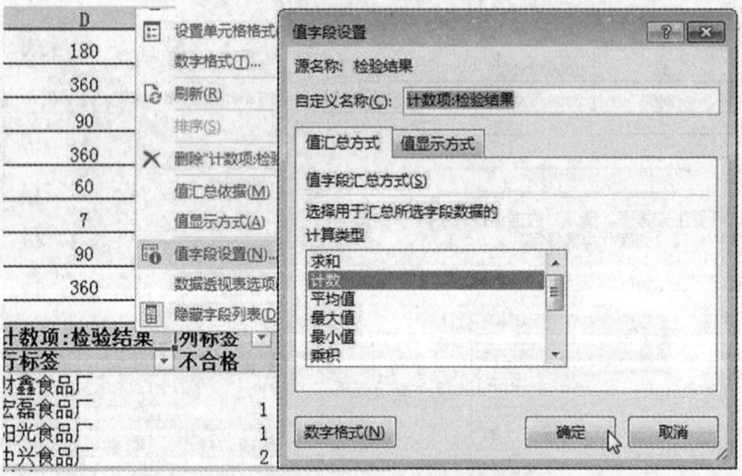

图 1-113　数值字段设置对话框

按钮。

(3)在弹出的【确认密码】对话框中再次输入密码。单击【确定】按钮。退出【确认密码】对话框，再单击【确定】按钮，关闭【保护工作表】对话框。如图 1-116 所示。

注意：工作表保护密码应该记牢，可以记录在本讲义上，以防忘记。如果忘记了保护密码，就无法取消对工作表的保护，并无法再对工作表进行修改。保护工作簿操作与保护工作表操作类似。

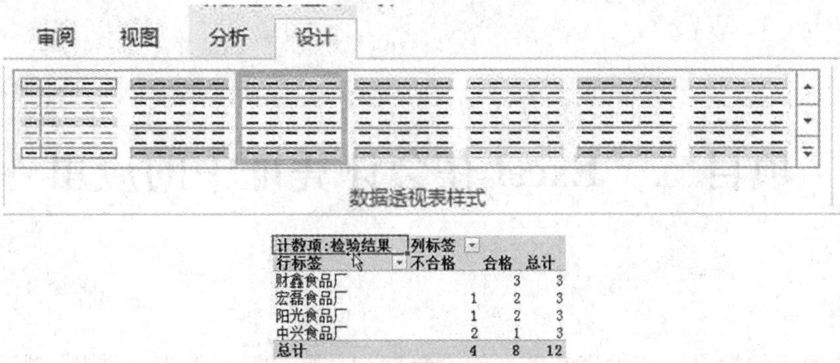

图 1-114　数据透视表样式设置过程

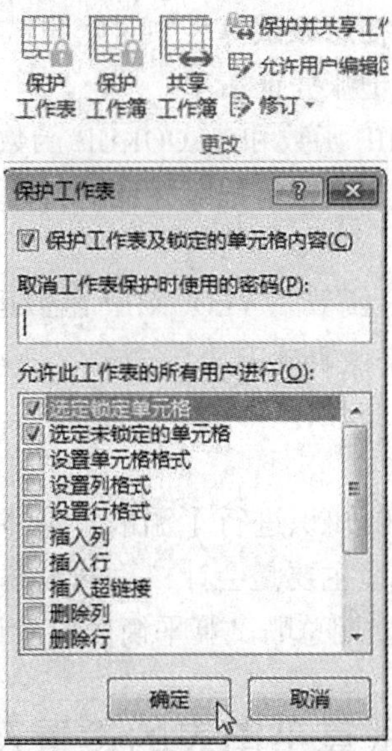

图 1-115　保护工作表

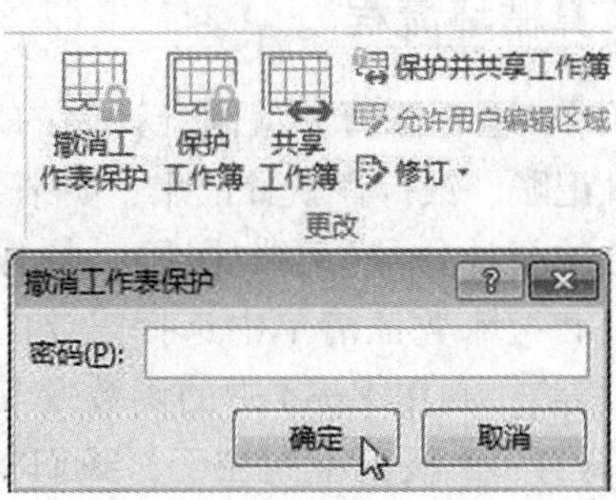

图 1-116　设置保护密码

项目二　Excel 在会计凭证中的应用

【学习任务】

通过本情境的学习，使学生掌握如何设置期初总账试算平衡表；掌握记账凭证清单的建立及编制方法；利用 Excel 函数功能完成指定记账凭证的打印设置。

【技能目标】

1. 学会利用 Excel 函数对期初总账试算表中对账户试算平衡进行检查。
2. 学会利用 Excel 函数建立记账凭证清单。
3. 掌握 Excel 工作表中 SUMIF 函数和 VLOOKUP 函数的应用方法。
4. 了解运用 Excel 函数功能完成指定记账凭证的打印设置。

【知识目标】

1. Excel 工作表函数—SUMIF 函数和 VLOOKUP 函数运用方法。
2. Excel 进行期初总账试算平衡表的方法。
3. Excel 建立记账凭证清单的方法。

【情境导入】

学习情境一主要对 Excel 基础知识进行了温故。从本情境开始，我们将接触到 Excel 在会计核算中的应用。本学习情境主要是会计核算的最基础的工作，即根据模拟企业的资料运用 Excel 工作表，设置和建立期总账试算平衡表以及记账凭证清单等内容。

任务一　完成期初总账试算平衡表的设置及对账户试算平衡的检验

一、Excel 进行会计核算循环流程

使用 Excel 进行会计核算时，登记账簿和编制会计表的工作可以通过 Excel 函数功能予以实现。需要登记的现金日记账、银行存款日记账、明细分类账及总账，其信息来源于记账凭证清单中各项经济业务的会计分录(记账凭证)。操作者应根据你所登记的账簿的性质，在期初总账试算平衡表和记账凭证清单中选择需要的信息(会计科目、科目名称、年、月、日、凭证编号、金额等)，利用 Excel 中的函数及其他的功能命名完成账簿中各项的填充。Excel 进行会计核算与手工核算不同在于，我们将大量的数据检索和编辑任务交给了计算机。由于计算机远高于人的数据处理速度，因此检索和编辑的时间急速缩减，从而能快速得获得各种账簿和会计报表；另一方面由于计算机不会发生遗漏、重复及计算错误，因此有些手工方式下的核对等环节也省掉了。使用 Excel 进行会计核算的过程如图

2-1 所示。

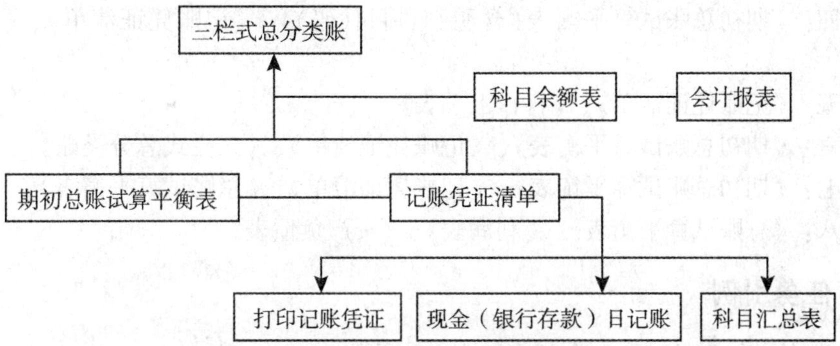

图 2-1　Excel 进行会计核算的相关表格的生成程序

从图 2-1 Excel 进行会计核算的相关表格的生成程序可以看出，利用 Excel 记账会计循环包括以下几个过程：

(1)建立期初总账试算平衡表及对账户进行试算平衡检查

根据企业上月末的总账试算平衡表，并运用 Excel 中的 SUMIF 和 IF 函数进行期初试算平衡的检查。

(2)编制记账凭证清单

根据本月实际发生的经济业务并利用 Excel 中的定义名称功能及 VLOOKUP 函数编制生成记账凭证清单，并对会计分录进行试算平衡检查。

(3)打印指定记账凭证

利用 Excel 中的查找引用函数和记账凭证清单中凭证编号等信息，完成打印指定记账凭证的设置。

(4)生成日记账

利用 Excel 中的数据筛选功能完成日记账的显示。

(5)生成科目汇总表

利用 Excel 中数据透视表及记账凭证清单中的经济业务信息，生成科目汇总表。

(6)生成三栏式总分类账

利用 Excel 中数据透视表、vlookup 函数和 if 函数，依据期初总账试算平衡表和记账凭证清单建立和编制三栏式总账。

(7)生成科目余额表

利用 Excel 中 if 函数、sumif 函数和 abs 函数，依据期初总账试算平衡表和记账凭证清单建立和编制总账试算平衡表。

(8)生成会计报表(资产负债表及利润表)

利用 Excel 的数据链接，依据总账试算平衡表的信息完成会计报表的编制。

以上过程中涉及的表格详见《学习情境二 A 公司账簿》. xlsx 文件。

过程一：《期初总账试算平衡表》

过程二:《期初总账试算平衡表》、《科目代码查询表》、《记账凭证清单》

过程三:《记账凭证清单》、《打印指定凭证》

过程四:《期初总账试算平衡表(含明细科目代码)》、《记账凭证清单》、《银行存款日记账》

过程五:《记账凭证清单》、《科目汇总表》

过程六:《期初总账试算平衡表》、《记账凭证清单》、《三栏式总分类账》

过程七:《期初总账试算平衡表》、《记账凭证清单》、《总账试算平衡表》

过程八:《总账试算平衡表》、《利润表》、《资产负债表》

二、任务引例

A 公司 2017 年 1 月初期初余额表如表 2-1 所示。

表 2-1 **2017 年 1 月期初科目余额表**

科目代码	科目名称	期初借方余额	期初贷方余额
1001	库存现金	800.00	
1002	银行存款	923 000.00	
1009	其他货币资金	80 000.00	
1101	交易性金融资产	120 000.00	
1121	应收票据	145 000.00	
1122	应收账款	420 000.00	
1241	坏账准备		1 260.00
1231	其他应收款	731 800.00	
1403	原材料		
1406	库存商品	60 800.00	
1412	包装物及低值易耗品	484 300.00	
1123	预付账款	40 000.00	
1524	长期股权投资	300 000.00	
1601	固定资产	1 620 000.00	
1602	累计折旧		209 440.00
1606	固定资产清理		
1604	在建工程	222 000.00	
1701	无形资产	210 000.00	
1801	长期待摊费用	53 000.00	
2001	短期借款		400 000.00

续表

科目代码	科目名称	期初借方余额	期初贷方余额
2201	应付票据		184 000.00
2202	应付账款		603 000.00
2211	应付职工薪酬		
2221	应交税费		33 000.00
2241	其他应付款		20 000.00
2601	长期借款		900 000.00
4001	实收资本		3 000 000.00
4002	资本公积		20 000.00
4101	盈余公积		40 000.00
4103	本年利润		
4104	利润分配		
5001	生产成本		
5101	制造费用		
6001	主营业务收入		
6051	其他业务收入		
6111	投资收益		
6301	营业外收入		
6401	主营业务成本		
6402	其他业务成本		
6403	营业税金及附加		
6601	销售费用		
6602	管理费用		
6603	财务费用		
6711	营业外支出		
6801	所得税费用		

A 公司 2017 年 1 月期初各明细账账户期初余额如下：

银行存款——工行存款　　借：892 000

　　　　　　建行存款　　借：31 000

应交税费——应交增值税

　　　　——应交增值税(进项税)

　　　　——应交增值税(已交税金)

——应交增值税(销项税)　　　　　　　　　　　　　　贷：33 000

管理费用——工资

——折旧费

——办公费

1. 期初总账试算平衡表的建立

根据表 2-1 公司 2017 年 1 月初总账试算平衡表在 Excel 工作表中建立期初总账试算平衡表。

①新建一个空白 Excel 工作簿，并命名为【A 公司账簿】。在 Sheet1 工作表中建立期初总账试算平衡表，并将工作表重命名为“期初总账试算平衡表”，表头由科目代码、科目名称、期初借方余额、期初贷方余额组成，其格式设置如图 2-2 所示。

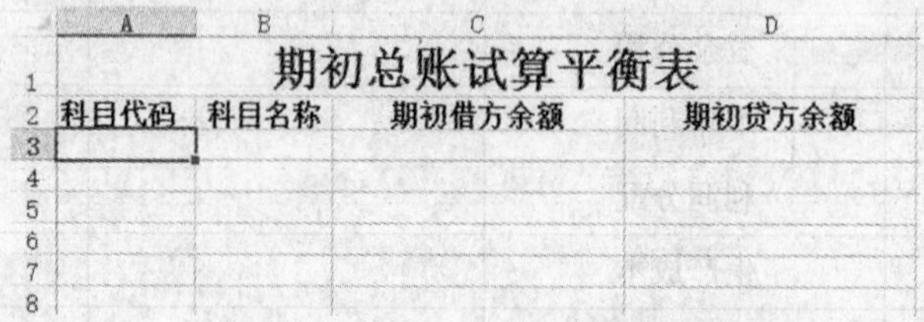

图 2-2　期初总账试算平衡表表头

②运用记录单功能完成期初总账试算平衡表的数据录入。选中 A2、B2、C2、D2 单元格后单击【数据】|【记录单】命令，在记录单对话框中的【科目代码】、【科目名称】、【借方余额】文本框中分别输入 1001、库存现金、800，如图 2-3 所示；然后单击【新建】按钮，逐个进行记录添加。完成记录添加后，单击【关闭】按钮，完成期初总账试算平衡表数据录入，并适当调整列宽后如图 2-4 所示。

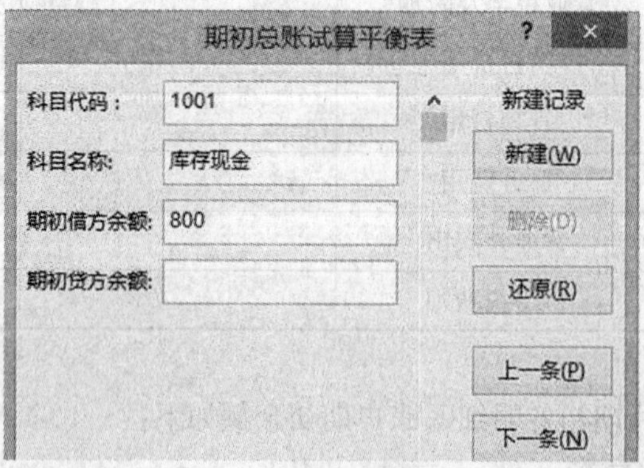

图 2-3　数据记录单命令

【补充】记录的修改方式：

修改方式一：直接在录入时修改。

	A	B	C	D
1	**期初总账试算平衡表**			
2	**科目代码**	**科目名称**	**期初借方余额**	**期初贷方余额**
3	1001	库存现金	800.00	
4	1002	银行存款	923,000.00	
5	1009	其他货币资金	80,000.00	
6	1101	交易性金融资产	120,000.00	
7	1121	应收票据	145,000.00	
8	1122	应收账款	420,000.00	
9	1241	坏账准备		1,260.00
10	1231	其他应收款	731,800.00	
11	1403	原材料		
12	1406	库存商品	60,800.00	
13	1412	包装物及低值易耗品	484,300.00	
14	1123	预付账款	40,000.00	
15	1524	长期股权投资	300,000.00	
16	1601	固定资产	1,620,000.00	
17	1602	累计折旧		209,440.00
18	1606	固定资产清理		
19	1604	在建工程	222,000.00	
20	1701	无形资产	210,000.00	
21	1801	长期待摊费用	53,000.00	
22	2001	短期借款		400,000.00
23	2201	应付票据		184,000.00

期初总账试算平衡表

图 2-4　期初总账试算平衡表

修改方式二：单击要修改的任意单元格，单击【数据】|【记录单】命令，单击【下一条】按钮找到需要修改的记录，完成修改后单击【关闭】按钮。

2. 根据期初总账试算平衡表数据对账户进行试算平衡检查

(1)借贷平衡检查。

根据会计制度规定，借方期初余额的合计数和贷方期初余额的合计数应相等，因此，需要计算所有一级科目借方期初余额的合计数和贷方期初余额的合计数，并将其分别填列到合计行的借方期初余额和贷方期初余额栏中，如图 2-5 所示。如果借贷期初余额合计数不相等，则需详细检查输入的余额，直至调整平衡为止。

①为了方便查看文件，可以通过冻结窗格以便在滚动时保持行标签和列标签可见，此处需要冻结行，选中第三行，单击【视图】|【冻结窗格】，选择冻结拆分窗格。

②在 C48 和 D48 单元格中定义如下公式：

C48＝SUM（C3：C47）

D48＝SUM（D3：D47）

(2)余额会计等式平衡检查。

根据会计如下等式进行试算平衡检查：

资产类期初余额＝借方期初余额合计数－贷方期初余额合计数

负债类期初余额＝贷方期初余额合计数－借方期初余额合计数

权益类期初余额＝贷方期初余额合计数－借方期初余额合计数

成本类期初余额＝借方期初余额合计数－贷方期初余额合计数

	A	B	C	D
1	期初总账试算平衡表			
2	科目代码	科目名称	期初借方余额	期初贷方余额
30	4002	资本公积		20,000.00
31	4101	盈余公积		40,000.00
32	4103	本年利润		
33	4104	利润分配		
34	5001	生产成本		
35	5101	制造费用		
36	6001	主营业务收入		
37	6051	其他业务收入		
38	6111	投资收益		
39	6301	营业外收入		
40	6401	主营业务成本		
41	6402	其他业务成本		
42	6403	营业税金及附加		
43	6601	销售费用		
44	6602	管理费用		
45	6603	财务费用		
46	6711	营业外支出		
47	6801	所得税费用		
48		合计	5,410,700.00	5,410,700.00

图 2-5 借贷平衡

损益类期初余额=贷方期初余额合计数-借方期初余额合计数

要求满足下列关系：

资产+成本=负债+权益+损益

①在期初总账试算平衡表下方建立期初试算平衡检查表格，由于损益类科目上年全部已经结转，因此此处无需考虑损益，因此试算平衡公式：资产+成本=负债+权益

如图 2-6 所示。

48		合计	5,410,700.00
49			
50		期初余额试算平衡检查	
51		资产	
52		负债	
53		所有者权益	
54		成本	
55		资产+成本	
56		负债+所有者权益	
57		试算结果	

图 2-6 余额试算平衡检查

②下一步进行函数计算前需将科目代码列格式转换为文本格式，选中数据区域 A3：A47，单击【数据】|【分列】命令，弹出文本分列向导对话框，连续两次单击【下一步】进入第 3 步，将列数据格式由“数据”调整为“文本”，如图 2-7 所示。

③利用 SUMIF 函数分别计算各类会计要素期初余额，SUMIF 函数如图 2-8 所示，所有函数设置如图 2-9 所示，完成设置后结果如图 2-10 所示。

C51=SUMIF（A3：A47,"1＊"，C3：C47）-SUMIF（A3：A47,"1＊"，D3：D47）

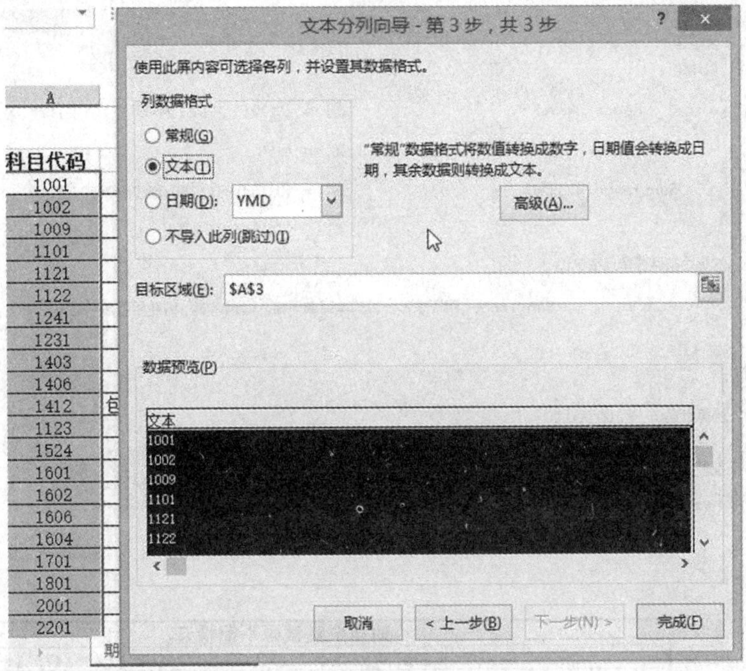

图 2-7　常规与文本格式的转换

C52=SUMIF（A3：A47,"2＊"，D3：D47)-SUMIF（A3：A47,"2＊"，C3：C47)

C53=SUMIF（A3：A47,"4＊"，D3：D47)-SUMIF（A3：A47,"4＊"，C3：C47)

C54=SUMIF（A3：A47,"5＊"，C3：C47)-SUMIF（A3：A47,"5＊"，D3：D47)

C55=C51+C54

C56=C52+C53

C57= IF(C55=C56,"平衡","不平衡")

特别提醒：C52、C53、C54 单元格中的公式可以通过复制粘贴 D61 的公式，只需作简单更改就可快速完成。

【函数说明】数学与三角函数 SUMIF 介绍：

函数功能：对满足条件的单元格进行求和

函数语法：SUMIF（range，criteria，sum range）

SUMIF(条件区域，条件表达式，求和区域)

参数说明：

range 为用于条件判断的单元格区域。

criteria 为确定哪些单元格将被相加求和的条件，其形式可以为数字、表达式、文本或单元格内容。例如，条件可以表示为 32、"32"、">32"、"apples" 或 A1。条件还可以使用通配符：问号（?）和星号（＊），如需要求和的条件为第二个数字为 2 的，可表示为

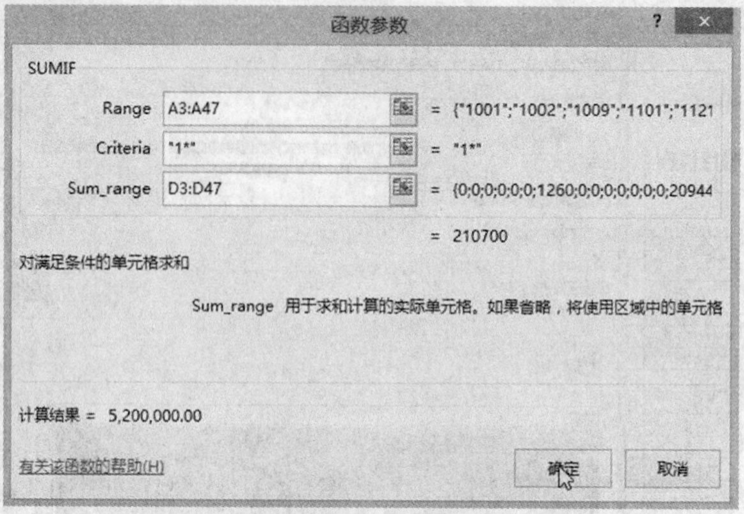

图 2-8　SUMIF 函数

	期初余额试算平衡检查	
50	期初余额试算平衡检查	
51	资产	=SUMIF(A3:A47,"1*",C3:C47)-SUMIF(A3:A47,"1*",D3:D47)
52	负债	=SUMIF(A3:A47,"2*",D3:D47)-SUMIF(A3:A47,"2*",C3:C47)
53	所有者权益	=SUMIF(A3:A47,"4*",D3:D47)-SUMIF(A3:A47,"4*",C3:C47)
54	成本	=SUMIF(A3:A47,"5*",C3:C47)-SUMIF(A3:A47,"5*",D3:D47)
55	资产+成本	=C51+C54
56	负债+所有者权益	=C52+C53
57	试算结果	=IF(C55=C56,"平衡","不平衡")

图 2-9　期初余额试算平衡公式

	A	B	C	D
1	期初总账试算平衡表			
2	科目代码	科目名称	期初借方余额	期初贷方余额
45	6603	财务费用		
46	6711	营业外支出		
47	6801	所得税费用		
48		合计	5, 410, 700. 00	5, 410, 700. 00
49				
50		期初余额试算平衡检查		
51		资产	5, 200, 000. 00	
52		负债	2, 140, 000. 00	
53		所有者权益	3, 060, 000. 00	
54		成本	0. 00	
55		资产+成本	5, 200, 000. 00	
56		负债+所有者权益	5, 200, 000. 00	
57		试算结果	平衡	

图 2-10　期初余额试算平衡结果

"？2＊"，从而简化公式设置。问号匹配任意单个字符；星号匹配任意一串字符。如表 2-2 所示。

表 2-2　　**Excel 里的通配符**

请使用	若要查找	举　例
?（问号）	任意单个字符	“王???”表示姓王的而且是四个字的人
*（星号）	任意字符数	“王 * ”表示凡是姓王的所有人，不论是两个字、三个字、四个字的

下面是以函数 count 计做的验证，如图 2-11 所示。

	A	B	C
1	**姓名**	**不同公式下的结果**	**相对应的公式**
2	王一	2	=COUNTIF(A3:A6,"王?")
3	王二	1	=COUNTIF(A3:A6,"王??")
4	王三王	1	=COUNTIF(A3:A6,"王???")
5	王一二三	4	=COUNTIF(A3:A6,"王*")

图 2-11　通配符的验证

可以使用通配符的函数还有 sumif、vlookup、lookup、match 等

思考：试算平衡检查中 SUMIF 函数的条件可以用通配符“ * ”吗？

sum range 是需要求和的实际单元格。只有在区域中相应的单元格符合条件的情况下，sum range 中的单元格才求和。如果忽略了 sum range，则对 range 区域中的单元格求和。

与其他函数的联系如表 2-3 所示。

表 2-3　　**与其他函数的联系**

函数名称	函数定义	参数比较		
COUNTIF	条件计数	条件区域	条件表达式	无
SUMIF	条件求和	条件区域	条件表达式	求和范围

任务二　建立记账凭证清单

利用 Excel 进行会计核算最关键的就是根据经济业务建立记账凭证清单，记账凭证是登记账簿的依据，是账务处理系统的唯一数据来源。填制记账凭证是日常账务处理工作的起点，是最基础的会计核算工作。一张凭证至少有两行记录，一借多贷或一贷多借的凭证就有多行记录。接下来，介绍 Excel 如何根据期初总账试算平衡表和企业发生的经济业务建立和编制记账凭证清单。

一、填制记账凭证清单流程

①录入凭证日期包括月日，序号；

②生成凭证编号：由凭证日期+凭证序号组成；

③录入摘要；

④会计科目：会计科目代码、会计科目名称；

⑤确定方向与金额；

⑥设置平衡检查公式根据“有借必有贷，借贷必相等”的记账规则，输入经济业务记录时，必须有借方和贷方会计科目，同时借方金额合计数和贷方金额合计数也必须相等，即借贷平衡，否则要求进行改正直至平衡为止。

二、接任务一的任务引例

A 公司 2017 年 1 月份发生以下业务：

(1)5 日，销售给大华公司产成品 60 件，每件售价 800 元，货已发出货款尚未收到。适用增值税税率为 17%。

(2)10 日，将短期债券兑现款存入工行存款，其中面值 120 000 元，利息 12 000 元。

(3)10 日，支付现金 900 元已用于报销办公用品费。

(4)12 日，工行通知收到商业承兑汇票款 120 000 元。

(5)15 日，以工行存款购买原材料 400 吨，单价 600 元/吨，适用增值税税率为 17%。

(6)18 日，以工行存款购入生产用电子设备一台，价款 12 100 元。

(7)20 日，企业将一台报废电子设备转入清理，其原价款为 22 000 元，已提折旧 20 000元。

(8)20 日，收到报废电子设备变价收入 900 元。

(9)20 日，结转清理净损失 1 100 元。

(10)21 日，销售给三合公司产成品 500 件，每件售价 800 元，货已发出，货款存入工行存款，适用增值税税率为 17%。

(11)22 日，以工行存款支付产品广告费 20 000 元。

(12)22 日，分配并结转工资，生产产品直接人工费为 320 000 元，生产车间人工费为 110 000 元，管理部门为 70 000 元。

(13)25 日，从工行提现金 500 000 元备发工资。

(14)25 日，发放职工工资 500 000 元。

(15)25 日，计提固定资产折旧费 81 605 元。其中生产用设备 66 605 元，办公用设备 15 000 元，其他设备 5 000 元。

(16)25 日，结转本期产品销售成本 37 100 元。

(17)25 日，制造费用转入生产成本 176 605 元。

(18)25 日，结转本年收益 448 000 元。

(19)25 日，结转成本费用 144 100 元。

(20)25 日，结转本年利润。

三、编制记账凭证清单

操作步骤如下：

1. 记账凭证清单格式设置

①打开“A 公司账簿 . xlsx”工作簿，建立一个新的工作表为“记账凭证清单”。

②在 A1 单元格，输入“A 公司记账凭证清单”。

③分别选择 A2 至 L2 单元格，输入“年、月、日、序号、凭证编号、摘要、科目代码、科目名称、借方金额、贷方金额、制单人、审核人”形成记账凭证清单的基本格式。

④记账凭证清单单元格格式设置，A1：L1 单元格跨列居中；“年、月、日、序号、摘要、科目代码”六列设置“文本”类型；借方余额”和“贷方余额”两列设置为“会计专用”类型，小数位数为 2 位，货币符号为“人民币”，设置完成后如图 2-12 所示。

	A	B	C	D	E	F	G	H	I	J	K	L
1	A公司记账凭证清单											
2	年	月	日	序号	凭证编号	摘要	科目代码	科目名称	借方金额	贷方金额	制单人	审核人
3												
4												
5												
6												
7												
8												
9												
10												

期初总账试算平衡表　记账凭证清单

图 2-12　记账凭证清单表头设置

> **特别提醒**：请勿在上述格式设置中将 E、H 列单元格也设置成“文本”格式，必须是在常规格式下才能实现公式与函数的计算。

2. 以第一笔经济业务为例录入会计分录

根据经济业务(1)：5 日，销售给大华公司产成品 60 件，每件售价 800 元，货已发出货款尚未收到，适用增值税税率为 17%。会计分录如下：

借：应收账款　　　　56 160. 00

　贷：主营业务收入　　　　48 000. 00

　　　应交税费——应交增值税(销项税)　　　　8 160. 00

①录入日期及序号，如图 2-13 所示。

	A	B	C	D	E	F	G	H	I	J	K	L
1	A公司记账凭证清单											
2	年	月	日	序号	凭证编号	摘要	科目代码	科目名称	借方金额	贷方金额	制单人	审核人
3	2017	01	05	01								
4	2017	01	05	01								
5	2017	01	05	01								
6												
7												
8												

图 2-13　日期及序号

②自动生成凭证编号，利用 concatenate( ) 函数或“&”符号均可以按照“月+日+序号”自动生成唯一的记账凭证编号，方法如下：

a. 方法一，直接利用连接符“&”实现，在 E3 单元格中定义公式：“=A3&B3&C&D3”。

完成后 E3 单元格如图 2-14 所示。

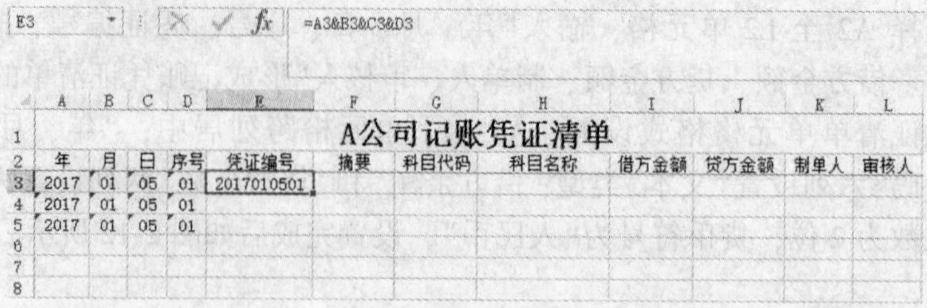

图 2-14　凭证编号样式

b. 方法二，利用文本函数 CONCATENATE 实现，在 E3 单元格中设置文本函数："=CONCATENATE(A3, B3, C3, D3)"，CONCATENATE 函数设置如图 2-15 所示。

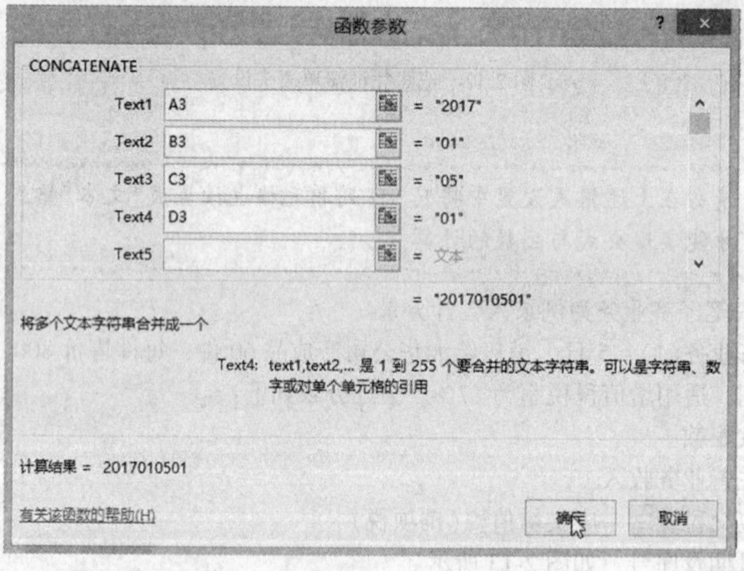

图 2-15　文本函数 CONCATENATE

附文本函数 CONCATENATE 介绍：

函数功能：将多个字符文本或单元格中的数据连接在一起，显示在一个单元格中。

函数语法：CONCATENATE(Text1, Text……)

参数说明：Text1、Text2……为需要连接的字符文本或引用的单元格。

特别提醒：参数只能引用单个单元格，不能为单元格区域；如果参数不是引用的单元格，且为文本格式的，请给参数加上英文状态下的双引号。

③在 F3、F4、F5 录入摘要"销售产品"。

④设置科目代码，一般来说企业设置的科目较多，录入人员不一定记得所有科目代

码。最好的方法就是能够直接提供下拉式列表，录入人员可从下拉列表中达到快速查找和使用的效果。

a. 选中 G3 单元格，单击【数据】|【数据验证】命令，弹出“数据验证”对话框，点击【设置】，验证条件“允许”下拉列表中选择“序列”，在“来源”文本框中切换到“期初总账试算平衡表”中选择所有科目代码，如图 2-16 所示。

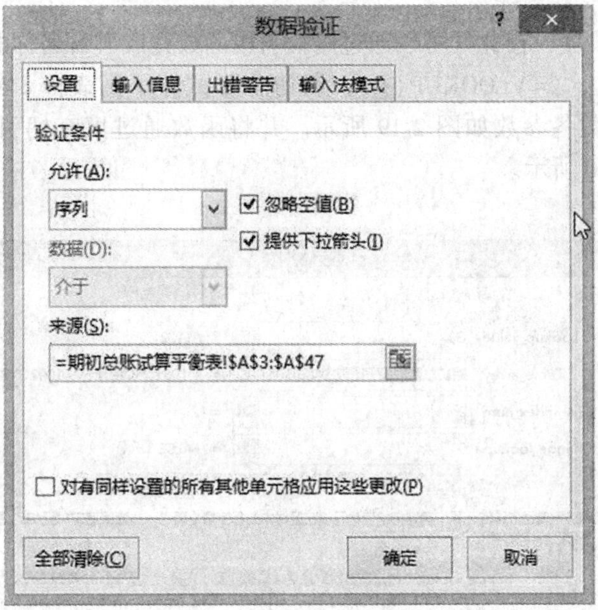

图 2-16　数据验证对话框

b. 单击【确定】按钮，此时单元格 G3 的右侧就会显示一个下拉按钮，单击可以展开科目代码的下拉列表，如图 2-17 所示。

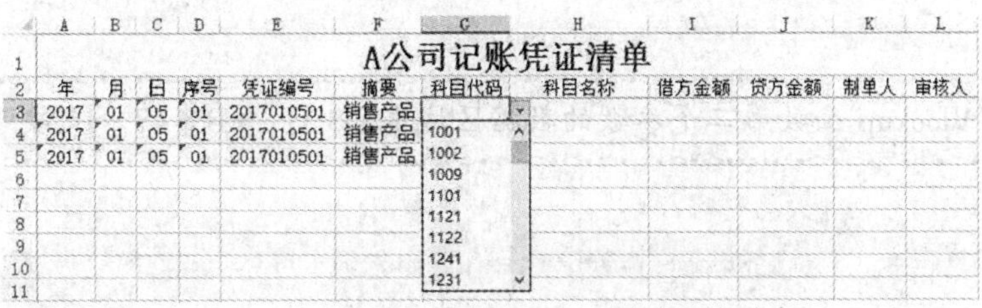

图 2-17　“科目代码”下拉列表

c. 选择以下要填制分录的所有单元格，通过填充柄快速复制完成其他单元格的设置。

d. 次在 G3、G4、G5 选中“1122”、“6001”、“2221”，完成第一笔业务科目代码的录入，如图 2-18 所示。

⑤科目名称的自动显示设置，由于科目名称与科目代码是一一对应的，而在期初总账

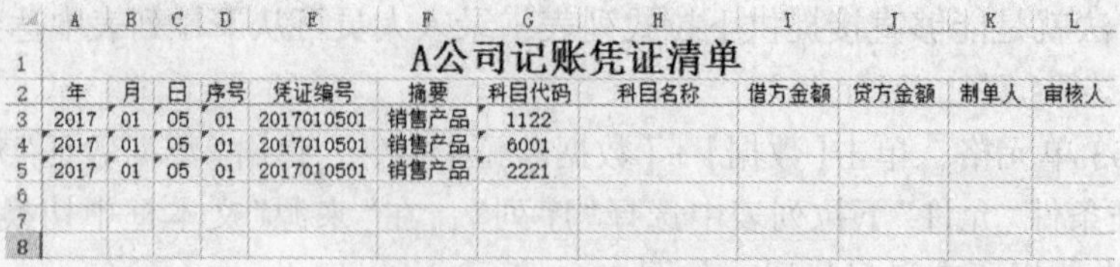

	A	B	C	D	E	F	G	H	I	J	K	L
1	A公司记账凭证清单											
2	年	月	日	序号	凭证编号	摘要	科目代码	科目名称	借方金额	贷方金额	制单人	审核人
3	2017	01	05	01	2017010501	销售产品	1122					
4	2017	01	05	01	2017010501	销售产品	6001					
5	2017	01	05	01	2017010501	销售产品	2221					
6												
7												
8												

图 2-18 科目代码的录入结果

试算平衡表中已经设置，在此处可以通过查找引用函数完成科目名称的自动显示，在单元格在 I3 中定义公式：“=VLOOKUP(G3，期初总账试算平衡表！$A$3：$B$47，2，0)”，VLOOKUP 函数各参数如图 2-19 所示。并将函数通过填充柄引用到该列其他单元格，完成后如图 2-20 所示。

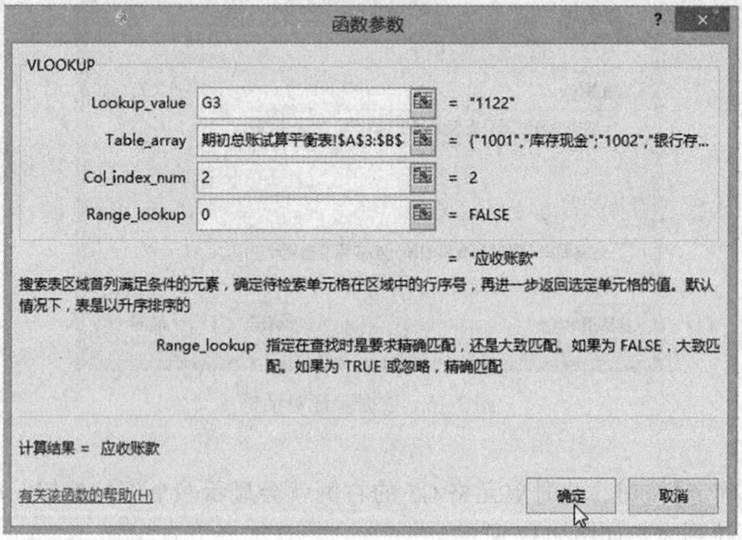

图 2-19 查找应用函数 VLOOKUP

特别提醒：Vlookup 函数第二个参数的数据区域 $A$3：$B$47 一定要绝对引用。

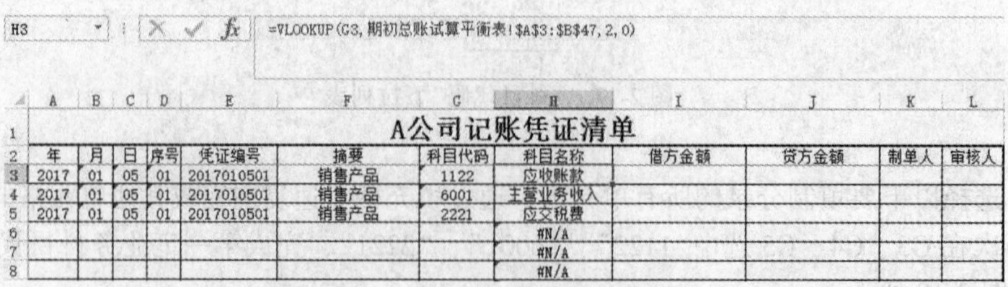

	A	B	C	D	E	F	G	H	I	J	K	L
1	A公司记账凭证清单											
2	年	月	日	序号	凭证编号	摘要	科目代码	科目名称	借方金额	贷方金额	制单人	审核人
3	2017	01	05	01	2017010501	销售产品	1122	应收账款				
4	2017	01	05	01	2017010501	销售产品	6001	主营业务收入				
5	2017	01	05	01	2017010501	销售产品	2221	应交税费				
6								#N/A				
7								#N/A				
8								#N/A				

图 2-20 科目名称的自动显示

由于 G6、G7、G8……单元格中的科目代码还未录入，因此 H6、H7、H8……单元格显示“#N/A”，可以通过 IF 函数使“科目代码”列中无信息时，打印记账凭证无“#N/A”显示，B2 单元格公式更改为：“ = IF(G3 = "","", VLOOKUP(G3，期初总账试算平衡表! $A$3：$B$47，2，0))”，更改后如图 2-21 所示。

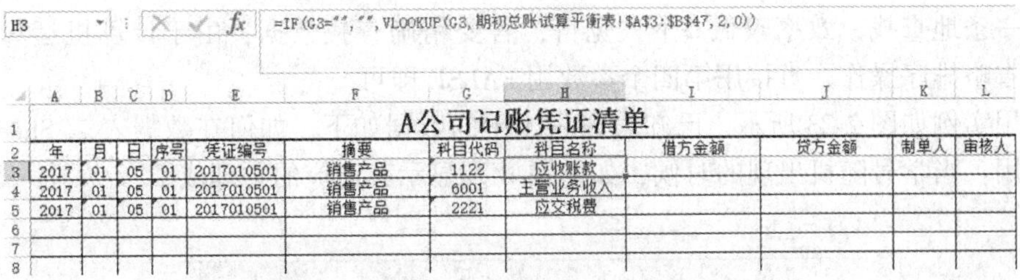

H3　=IF(G3="","",VLOOKUP(G3,期初总账试算平衡表!$A$3:$B$47,2,0))

A公司记账凭证清单

年	月	日	序号	凭证编号	摘要	科目代码	科目名称	借方金额	贷方金额	制单人	审核人
2017	01	05	01	2017010501	销售产品	1122	应收账款				
2017	01	05	01	2017010501	销售产品	6001	主营业务收入				
2017	01	05	01	2017010501	销售产品	2221	应交税费				

图 2-21　插入 IF 函数后科目名称的自动显示

⑥根据会计分录录入借方金额和贷方金额数据，完成后如图 2-22 所示。

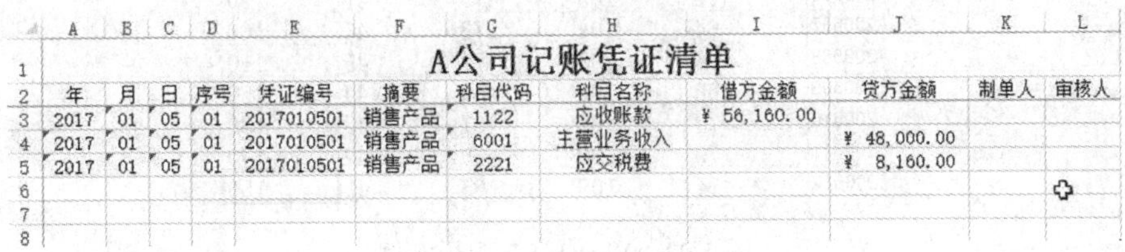

A公司记账凭证清单

年	月	日	序号	凭证编号	摘要	科目代码	科目名称	借方金额	贷方金额	制单人	审核人
2017	01	05	01	2017010501	销售产品	1122	应收账款	¥ 56,160.00			
2017	01	05	01	2017010501	销售产品	6001	主营业务收入		¥ 48,000.00		
2017	01	05	01	2017010501	销售产品	2221	应交税费		¥ 8,160.00		

图 2-22　第一笔业务录入完成结果

【函数说明】函数 VLOOKUP 介绍：

函数功能：在表格或数值数组的首列查找指定的数值，并由此返回表格或数组当前行中指定列处的数值。

函数语法：LOOKUP（lookup_value，table_array，row_index_num，range_lookup）

参数说明：

Lookup_value 参数说明

Lookup_value 为需要在数据表第一列中进行查找的数值。Lookup_value 可以为数值、引用或文本字符串。

Table array 参数说明

Table array 为需要在其中查找数据的数据表。使用对区域或区域名称的引用。

Row_index_num 参数说明

Row_index_num 为 table_array 中待返回的匹配值的行序号。Row_index_num 为 1 时，返回 tablc_array 第一列的数值，row_indcx_num 为 2 时，返回 table_array 第二列的数值，以此类推。如果 row_index_num 小于 1，函数 VLOOKUP 返回错误值 #VALUE!；如果 row_index_num 大于 table_array 的列数，函数 VLOOKUP 返回错误值#REF!。

Range_lookup 参数说明

Range_lookup 为一逻辑值，指明函数 VLOOKUP 查找时是精确匹配，还是近似匹配。

如果为 TRUE、1 或省略，则返回近似匹配值。也就是说，如果找不到精确匹配值，则返回小于 lookup_value 的最大数值。如果 lookup_value 为 FALSE 或 0，函数 VLOOKUP 将查找精确匹配值，如果找不到，则返回错误值 #N/A。

说明：当第一列已排序，第四个参数用 TRUE（或缺省，默认），Excel 会很轻松地找到数据，效率较高。但是如果当第一列没有排序，第四个参数用 FALSE，Excel 会从上到下一条一条地查找，效率较低。个人觉得，若要精确查找数据，由于计算机运算速度很快，可省略排序操作，直接用第四个参数用 FALSE 即可。

应用实例如图 2-23 所示，已知表 Sheet1 中的数据如下，如何在数据表二 Sheet2 中作如下引用：当学号随机出现的时候，如何在 B 列显示其对应的物理成绩？

	A	B	C	D	E	F
1	学号	专业	语文	数学	英语	物理
2	200601	52	98	85	52	40
3	200602	54	99	83	51	50
4	200603	56	100	81	50	60
5	200604	58	101	79	49	70
6	200605	60	102	77	48	80
7	200606	62	103	75	47	90
8	200607	64	104	73	46	100
9	200608	66	105	71	45	110
10	200609	68	106	69	44	120
11	200610	70	107	67	43	130
12	200611	72	108	65	42	140
13	200612	74	109	63	41	150

图 2-23 VLOOKUP 应用实例

根据问题的需求，这个公式应该是：= vlookup（A2，sheet1！a2：$F$100，6，true），如图 2-24 所示。

B2 =VLOOKUP(A2,Sheet1!$A$2:$F$100,6,TRUE)

	A	B	C	D	E	F	G
1	学号	物理					
2	200601	40					
3	200607	100					
4	200605	80					
5	200603	60					
6	200604	70					
7	200606	90					
8	200602	50					
9	200609	120					
10	200608	110					
11	200612	150					
12	200611	140					
13	200610	130					

图 2-24 VLOOKUP 应用实例

详细说明一下此处 vlookup 函数中各个参数的使用说明：

①vlookup 是垂直方向的判断，如果是水平方向的判断可使用 Hookup 函数。

②A2 是判断的条件，也就是说如果 sheet2 表中 A 列对应的数据和 Sheet1 表中的数据相同方能引用。

③sheet1！＄A＄2：＄F＄100 是数据跟踪的区域，因为需要引用的数据在 F 列，所以跟踪的区域至少在 f 列，＄是绝对引用。

④6 这是返回什么数的列数，如图 2-22 的物理是第 6 列，所以应该是 6，如果要求英语的数值，那么此处应该是 5。

⑤是否近似匹配，如果是就输入 true ，如果不是近似即可满足条件，那么输入 false（近似值主要用于带小数点的财务、运算等）。

与其他函数的联系如表 2-4 所示。

表 2-4　**VLOOKUP 与相关函数比较**

函数名称	参数比较			
LOOKUP	查找值	查找值所在的单行或单列（升序排列）	返回值在的单行或单列	只能模糊查找
VLOOKUP	查找值	查找区域（查找值在第一列）	返回值在查找区域中的列序号	0（模糊查找）1 或忽略（精确查找
HLOOKUP	查找值	查找区域（查找值在第一行）	返回值在查找区域中的行序号	0（模糊查找）1 或忽略（精确查找）

3. 将该公司 2017 年 1 月份发生的所有经济业务编制会计分录后录入到记账凭证清单中，并插入制单人："张三"，所有经济业务会计分录如下：

【1】借：应收账款　56 160. 00
　　贷：主营业务收入　48 000. 00
　　　　应交税费——应交增值税（销项税）　8 160. 00

【2】借：银行存款——工行存款　132 000. 00
　　贷：交易性金融资产　12 000. 00
　　　　投资收益　120 000. 00

【3】借：管理费用——办公费　900. 00
　　贷：库存现金　900. 00

【4】借：银行存款——工行存款　120 000. 00
　　贷：应收票据　120 000. 00

【5】借：原材料　240 000. 00
　　　　应交税费——应交增值税（进项税）　40 800. 00
　　贷：银行存款——工行存款　280 800. 00

【6】借：固定资产　12 100. 00
　　贷：银行存款——工行存款　12 100. 00

【7】借：固定资产清理　　2 000.00
　　　　累计折旧　　20 000.00
　　贷：固定资产　　22 000.00
【8】借：库存现金　　900.00
　　贷：固定资产清理　　900.00
【9】借：营业外支出　　1 100.00
　　贷：固定资产清理　　1 100.00
【10】借：银行存款——工行存款　　468 000.00
　　贷：主营业务收入　　400 000.00
　　　　应交税费——应交增值税(销项税)　　68 000.00
【11】借：销售费用　　20 000.00
　　贷：银行存款——工行存款　　20 000.00
【12】借：生产成本　　320 000.00
　　　　制造费用　　110 000.00
　　　　管理费用——工资　　70 000.00
　　贷：应付职工薪酬　　500 000.00
【13】借：库存现金　　500 000.00
　　贷：银行存款——工行存款　　500 000.00
【14】借：应付职工薪酬　　500 000.00
　　贷：库存现金　　500 000.00
【15】借：制造费用　　66 605.00
　　　　管理费用——折旧费　　15 000.00
　　贷：累计折旧　　81 605.00
【16】借：主营业务成本　　37 100.00
　　贷：库存商品　　37 100.00
【17】借：生产成本　　176 605.00
　　贷：制造费用　　176 605.00
【18】借：主营业务收入　　448 000.00
　　　　投资收益　　12 000.00
　　贷：本年利润　　46 000.00
【19】借：本年利润　　144 100.00
　　贷：销售费用　　20 000.00
　　　　管理费用——工资　　70 000.00
　　　　管理费用——折旧费　　15 000.00
　　　　管理费用——办公费　　900.00
　　　　主用业务成本　　37 100.00
　　　　营业外支出　　1 100.00

【20】借：本年利润　　315 900.00

　　贷：利润分配　　315 900.00

4. 借贷平衡检查

选中工 H55 单元格输入“合计”，在 I55 单元格定义公式“=SUM(I4：I54)”，J55 单元格定义公式“=SUM(J4：J54)”。

5. 录入制单人“张三”，审核人“李四”，完成以上操作后如图 2-25 所示。

	A	B	C	D	E	F	G	H	I	J	K	L
1	A公司记账凭证清单											
2	年	月	日	序号	凭证编号	摘要	科目代码	科目名称	借方金额	贷方金额	制单人	审核人
40	2017	01	25	15	2017012515	计提折旧	1602	累计折旧		81,605.00	张三	李四
41	2017	01	25	16	2017012516	结转产品销售成本	6401	主营业务成本	37,100.00		张三	李四
42	2017	01	25	16	2017012516	结转产品销售成本	1406	库存商品		37,100.00	张三	李四
43	2017	01	25	17	2017012517	结转制造费用	5001	生产成本	176,605.00		张三	李四
44	2017	01	25	17	2017012517	结转制造费用	5101	制造费用		176,605.00	张三	李四
45	2017	01	25	18	2017012518	结转本年收益	6001	主营业务收入	448,000.00		张三	李四
46	2017	01	25	18	2017012518	结转本年收益	6111	投资收益	12,000.00		张三	李四
47	2017	01	25	18	2017012518	结转本年收益	4103	本年利润		460,000.00	张三	李四
48	2017	01	25	19	2017012519	结转成本费用	4103	本年利润	144,100.00		张三	李四
49	2017	01	25	19	2017012519	结转成本费用	6601	销售费用		20,000.00	张三	李四
50	2017	01	25	19	2017012519	结转成本费用	6602	管理费用		85,900.00	张三	李四
51	2017	01	25	19	2017012519	结转成本费用	6401	主营业务成本		37,100.00	张三	李四
52	2017	01	25	19	2017012519	结转成本费用	6711	营业外支出		1,100.00	张三	李四
53	2017	01	25	20	2017012520	结转本年利润	4103	本年利润	315,900.00		张三	李四
54	2017	01	25	20	2017012520	结转本年利润	4104	利润分配		315,900.00	张三	李四
55								合计	¥3,829,270.00	¥3,829,270.00		

图 2-25　记账凭证清单

任务三　指定记账凭证的打印设置

根据任务二建立的记账凭证清单设置打印指定记账凭证，在记账凭证模板中设置完成后可以通过输入“凭证序号”自动返回凭证的相关数据。自动生成内容包括“日期”、“摘要”、“会计科目”、“借方金额”、“贷方金额”。

一、任务引例

1. A 公司 2017 年记账凭证清单如图 2-26 所示。

2. 创建记账凭证通用格式，打开“A 公司账簿 .xlsx”工作簿，新建工作表并重命名为“打印指定记账凭证”，如图 2-27 所示。

> **特别提醒：** F2 单元格的格式设置成“文本”，保证与【记账凭证清单】中的【序号】列的格式一致。

3. 根据“凭证序号 F2 单元格”自动生成日期。主要利用查找引用函数中的 INDEX 函数和 MATTCH 函数嵌套完成。

①“凭证存在行号”名称定义，单击【公式】|【定义名称】|命令，弹出“定义名称”对话框，名称输入“凭证存在行号”，在引用位置，输入“=MATCH(打印指定记账凭证！$F$2，记账凭证清单！$D：$D，0)”，如图 2-28 所示，单击【添加】|【关闭】按钮完成“凭证存在行号”名称的定义。

A公司记账凭证清单

年	月	日	序号	凭证编号	摘要	科目代码	科目名称	借方金额	贷方金额	制单人	审核人
2017	01	05	01	2017010501	销售产品	1122	应收账款	¥ 56,160.00		张三	李四
2017	01	05	01	2017010501	销售产品	6001	主营业务收入		¥ 48,000.00	张三	李四
2017	01	05	01	2017010501	销售产品	2221	应交税费		¥ 8,160.00	张三	李四
2017	01	10	02	2017011002	处置交易性金融资产	1002	银行存款	132,000.00		张三	李四
2017	01	10	02	2017011002	处置交易性金融资产	1101	交易性金融资产		120,000.00	张三	李四
2017	01	10	02	2017011002	处置交易性金融资产	6111	投资收益		12,000.00	张三	李四
2017	01	10	03	2017011003	支付办公费	6602	管理费用	900.00		张三	李四
2017	01	10	03	2017011003	支付办公费	1001	库存现金		900.00	张三	李四
2017	01	12	04	2017011204	承兑汇票	1002	银行存款	120,000.00		张三	李四
2017	01	12	04	2017011204	承兑汇票	1121	应收票据		120,000.00	张三	李四
2017	01	15	05	2017011505	购买原材料	1403	原材料	240,000.00		张三	李四
2017	01	15	05	2017011505	购买原材料	2221	应交税费	40,800.00		张三	李四
2017	01	15	05	2017011505	购买原材料	1002	银行存款		280,800.00	张三	李四
2017	01	18	06	2017011806	购入固定资产	1601	固定资产	12,100.00		张三	李四
2017	01	18	06	2017011806	购入固定资产	1002	银行存款		12,100.00	张三	李四
2017	01	20	07	2017012007	固定资产清理	1606	固定资产清理	2,000.00		张三	李四
2017	01	20	07	2017012007	固定资产清理	1602	累计折旧	20,000.00		张三	李四
2017	01	20	07	2017012007	固定资产清理	1601	固定资产		22,000.00	张三	李四
2017	01	20	08	2017012008	清理收入	1001	库存现金	900.00		张三	李四
2017	01	20	08	2017012008	清理收入	1606	固定资产清理		900.00	张三	李四
2017	01	20	09	2017012009	结转清理损失	6711	营业外支出	1,100.00		张三	李四
2017	01	20	09	2017012009	结转清理损失	1606	固定资产清理		1,100.00	张三	李四
2017	01	21	10	2017012110	销售产品	1002	银行存款	468,000.00		张三	李四
2017	01	21	10	2017012110	销售产品	6001	主营业务收入		400,000.00	张三	李四
2017	01	21	10	2017012110	销售产品	2221	应交税费		68,000.00	张三	李四
2017	01	22	11	2017012211	支付广告费	6601	销售费用	20,000.00		张三	李四
2017	01	22	11	2017012211	支付广告费	1002	银行存款		20,000.00	张三	李四
2017	01	22	12	2017012212	分配并结转应付工资	5001	生产成本	320,000.00		张三	李四
2017	01	22	12	2017012212	分配并结转应付工资	5101	制造费用	110,000.00		张三	李四
2017	01	22	12	2017012212	分配并结转应付工资	6602	管理费用	70,000.00		张三	李四
2017	01	22	12	2017012212	分配并结转应付工资	2211	应付职工薪酬		500,000.00	张三	李四
2017	01	25	13	2017012513	提现	1001	库存现金	500,000.00		张三	李四
2017	01	25	13	2017012513	提现	1002	银行存款		500,000.00	张三	李四
2017	01	25	14	2017012514	发放工资	2211	应付职工薪酬	500,000.00		张三	李四
2017	01	25	14	2017012514	发放工资	1001	库存现金		500,000.00	张三	李四
2017	01	25	15	2017012515	计提折旧	5101	制造费用	66,605.00		张三	李四
2017	01	25	15	2017012515	计提折旧	6602	管理费用	15,000.00		张三	李四
2017	01	25	15	2017012515	计提折旧	1602	累计折旧		81,605.00	张三	李四
2017	01	25	16	2017012516	结转产品销售成本	6401	主营业务成本	37,100.00		张三	李四
2017	01	25	16	2017012516	结转产品销售成本	1406	库存商品		37,100.00	张三	李四
2017	01	25	17	2017012517	结转制造费用	5001	生产成本	176,605.00		张三	李四
2017	01	25	17	2017012517	结转制造费用	5101	制造费用		176,605.00	张三	李四
2017	01	25	18	2017012518	结转本年收益	6001	主营业务收入	448,000.00		张三	李四
2017	01	25	18	2017012518	结转本年收益	6111	投资收益	12,000.00		张三	李四
2017	01	25	18	2017012518	结转本年收益	4103	本年利润		460,000.00	张三	李四
2017	01	25	19	2017012519	结转成本费用	4103	本年利润	144,100.00		张三	李四
2017	01	25	19	2017012519	结转成本费用	6601	销售费用		20,000.00	张三	李四
2017	01	25	19	2017012519	结转成本费用	6602	管理费用		85,900.00	张三	李四
2017	01	25	19	2017012519	结转成本费用	6401	主营业务成本		37,100.00	张三	李四
2017	01	25	19	2017012519	结转成本费用	6711	营业外支出		1,100.00	张三	李四
2017	01	25	20	2017012520	结转本年利润	4103	本年利润	315,900.00		张三	李四
2017	01	25	20	2017012520	结转本年利润	4104	利润分配		315,900.00	张三	李四
							合计	¥3,829,270.00	¥3,829,270.00		

图 2-26 A 公司记账凭证清单

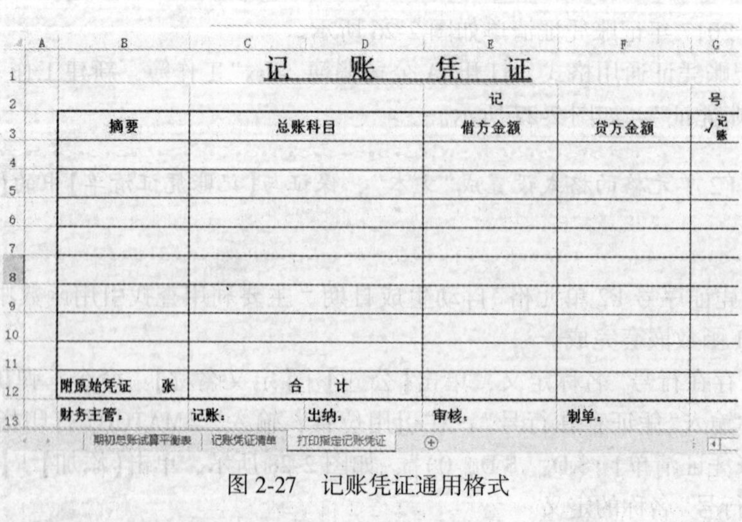

图 2-27 记账凭证通用格式

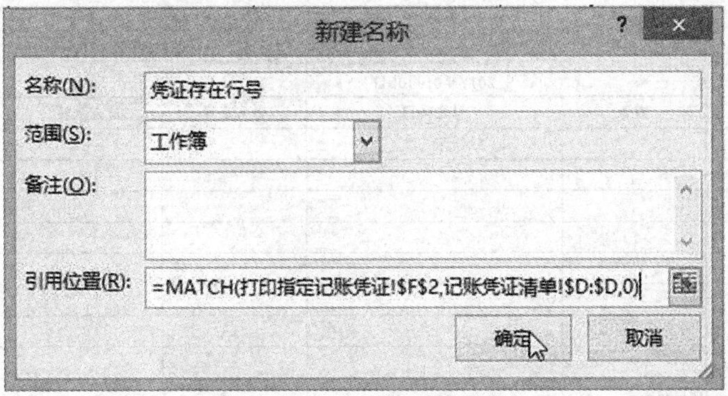

图 2-28　定义名称

②在 C2 单元格定义公式：“=IF(F2="","",INDEX(记账凭证清单！A：C，凭证存在行号，1)&"年"&INDEX(记账凭证清单！A：C，凭证存在行号，2)&"月"&INDEX(记账凭证清单！A：C，凭证存在行号，3)&"日")”，如图 2-29 所示。

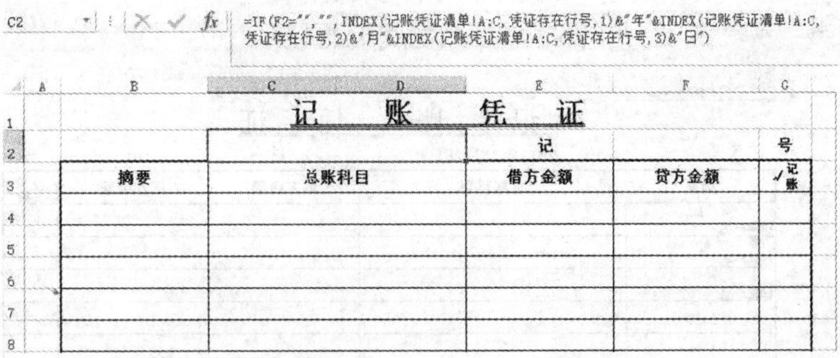

图 2-29　返回日期的公式

输入在 F2 单元格中输入“01”检验日期自动显示效果如图 2-30 所示。

③摘要自动显示设置。

由于每一张凭证我们无法确定数据有多少行，例如“01”号凭证有三行数据，而“19”号凭证有五行数据，这样一来，我们在设置“摘要”自动显示时不能简单的套用设置“日期”自动显示的公式，首先要判断多少行数据，因此可以利用 F2 单元格的“序号”来确定该凭证存在的行数。同时为了方便其他单元格公式的快捷输入，利用嵌套 OFFSET 函数达到其他单元格的公式向下填充和向右复制粘贴公式即可完成。通过分析后我们得到 B4 单元格的公式为：

方法一：B4=IF(COUNTIF(记账凭证清单！$D：$D，$F$2)-ROW(A1)>=0，OFFSET(INDEX(记账凭证清单！$F：$F，凭证存在行号)，ROW(A1)-1，0)，"")

方法二：B4=IF(COUNTIF(记账凭证清单！$D：$D，$F$2)-ROW(A1)>=0，OFFSET(INDEX(记账凭证清单！$F：$J，凭证存在行号，1)，ROW(A1)-1，0)，"")

图 2-30　输入凭证序号“01”时的日期显示

输入完成后通过填充柄的功能快速复制公式至 B11 单元格结束，完成后输入“01”号和“19”号凭证检验摘要的自动显示效果，如图 2-31 和图 2-32 所示。

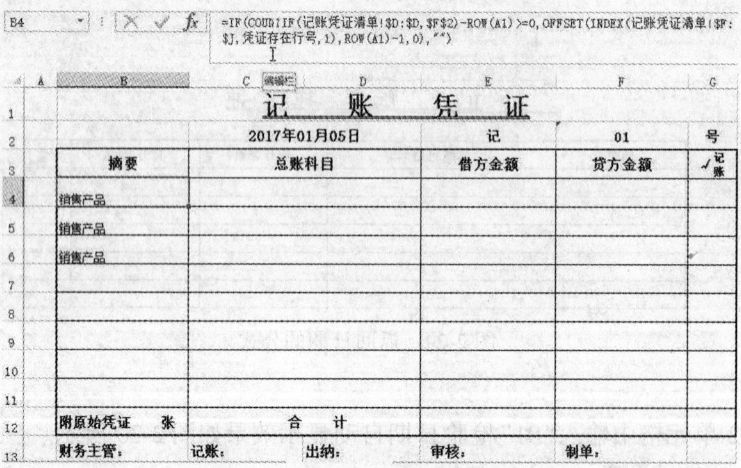

图 2-31　“01”号凭证摘要自动显示

④“会计科目”、“借方金额”和“贷方金额”自动显示设置。

方法一：与设置“摘要”公式方法一相同的方法来完成，公式分别如下：

C4=IF(COUNTIF(记账凭证清单！$D：$D，$F$2)-ROW(A1)>=0，OFFSET(INDEX(记账凭证清单！$H：$H，凭证存在行号)，ROW(A1)-1，0),"")

E4=IF(COUNTIF(记账凭证清单！$D：$D，$F$2)-ROW(A1)>=0，OFFSET(INDEX(记账凭证清单！$I：$I，凭证存在行号)，ROW(A1)-1，0),"")

F4=IF(COUNTIF(记账凭证清单！$D：$D，$F$2)-ROW(A1)>=0，OFFSET(INDEX(记账凭证清单！$J：$J，凭证存在行号)，ROW(A1)-1，0),"")

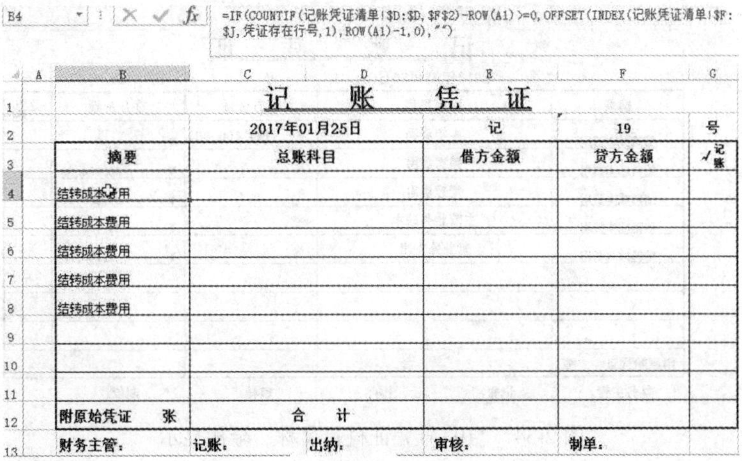

图 2-32　“19”号凭证摘要自动显示

方法二：由于设置“摘要”自动显示时嵌套了 OFFSET 函数，因此可以采用复制粘贴设置“摘要”自动显示方法二的公式更改函数 OFFSET 的第三个参数即可，公式定义如下：

C4=IF(COUNTIF(记账凭证清单！$D：$D，$F$2)-ROW(A1)>=0，OFFSET(INDEX(记账凭证清单！$F：$J，凭证存在行号，3)，ROW(A1)-1，0)，"")

E4=IF(COUNTIF(记账凭证清单！$D：$D，$F$2)-ROW(A1)>=0，OFFSET(INDEX(记账凭证清单！$F：$J，凭证存在行号，4)，ROW(A1)-1，0)，"")

F4=IF(COUNTIF(记账凭证清单！$D：$D，$F$2)-ROW(A1)>=0，OFFSET(INDEX(记账凭证清单！$F：$J，凭证存在行号，5)，ROW(A1)-1，0)，"")

并通过填充柄功能快速将 C4、E4、F4 单元格的公式拖动复制到其他单元格。完成后输入“01”号和“19”号凭证检验效果，如图 2-33 和图 2-34 所示。

图 2-33　“01”号凭证科目名称、金额显示

记账凭证				
2017年01月25日		记	19	号
摘要	总账科目	借方金额	贷方金额	√记账
结转成本费用	本年利润	¥ 144,100.00	¥ -	
结转成本费用	销售费用	¥ -	¥ 20,000.00	
结转成本费用	管理费用	¥ -	¥ 85,900.00	
结转成本费用	主营业务成本	¥ -	¥ 37,100.00	
结转成本费用	营业外支出	¥ -	¥ 1,100.00	
附原始凭证　张	合　计			
财务主管：	记账：　出纳：	审核：	制单：	

图 2-34　“19”号凭证科目名称、金额显示

⑤“借方金额”和“贷方金额”合计。

通过在合计行显示“借方金额”和“贷方金额”的合计值，可以再次检查记账凭证清单中会计分录是否正确。即 E12 单元格中定义公式“=SUM(E4：E11)”，在 F12 单元格中定义公式“=SUM(F4：F11)”，完成后输入“01”，“19”号凭证检验效果。分别如图 2-35 和图 2-36 所示。

记账凭证				
2017年01月05日		记	01	号
摘要	总账科目	借方金额	贷方金额	√记账
销售产品	应收账款	¥ 56,160.00	¥ -	
销售产品	主营业务收入	¥ -	¥ 48,000.00	
销售产品	应交税费	¥ -	¥ 8,160.00	
附原始凭证　张	合　计	¥ 56,160.00	¥ 56,160.00	
财务主管：	记账：　出纳：	审核：	制单：	

图 2-35　“01”号凭证

二、函数说明

1. ROW 函数

函数功能：返回给定引用的行号。

函数语法：ROW(reference)。

参数说明：

Reference 为需要得到其行号的单元格或单元格区域。

记　账　凭　证

	2017年01月25日	记	19	号
摘要	总账科目	借方金额	贷方金额	√记账
结转成本费用	本年利润	¥ 144,100.00	¥ -	
结转成本费用	销售费用	¥ -	¥ 20,000.00	
结转成本费用	管理费用	¥ -	¥ 85,900.00	
结转成本费用	主营业务成本	¥ -	¥ 37,100.00	
结转成本费用	营业外支出	¥ -	¥ 1,100.00	
附原始凭证　张	合　计	¥ 144,100.00	¥ 144,100.00	
财务主管：	记账：　出纳：	审核：	制单：	

图 2-36　“19”号凭证

应用实例：公式“=ROW(A6)”返回 6，如果在 C5 单元格中输入公式“=ROW()”，其计算结果为 5。

2. INDEX 函数

函数功能：返回表格或区域中的数值或对数值的引用。函数 INDEX()有两种形式：数组和引用。数组形式通常返回数值或数值数组；引用形式通常返回引用。

函数语法：

a. INDEX(array，row_num，column_num)——返回数组中指定的单元格或单元格数组的数值。

INDEX(单元格区域，行号，列号)

b. INDEX(reference，row_num，column_num，area_num)——返回引用中指定单元格或单元格区域的引用。

参数说明：

Array 为单元格区域或数组常数；Row_num 为数组中某行的行序号，函数从该行返回数值。如果省略 row_num，则必须有 column_num；Column_num 是数组中某列的列序号，函数从该列返回数值。如果省略 column_num，则必须有 row_num。Reference 是对一个或多个单元格区域的引用，如果为引用输入一个不连续的选定区域，必须用括号括起来。Area_num 是选择引用中的一个区域，并返回该区域中 row_num 和 column_num 的交叉区域。选中或输入的第一个区域序号为 1，第二个为 2，以此类推。如果省略 area_num，则 INDEX 函数使用区域 1。

应用实例如图 2-37 所示。

=INDEX(A1：C6，2，3)，意思就是返回 A1：C6 数组中第 2 行与第 3 列交叉处的数值，即 C2 单元格的值，为 84。

3. MATCH

函数功能：返回在指定方式下与指定数值匹配的数组中元素的相应位置。如果需要找出匹配元素的位置而不是匹配元素本身，则应该使用 MATCH 函数。

	A	B	C	D
1	78	87	76	
2	80	97	84	
3	91	75	64	
4	88	86	68	
5	93	99	83	
6	89	69	79	
7				
8	结果		公式	
9	84		=INDEX(A1:C6,2,3)	

图 2-37　INDEX 应用实例

函数语法：MATCH(lookup_value，lookup array，match type)

MATCH(查找值，查找区域，查找模式)

参数说明：Lookup_value 为需要在数据表中查找的数值，它可以是数值(或数字、文本或逻辑值)、对数字、文本或逻辑值的单元格引用。Lookup array 是可能包含所要查找的数值的连续单元格区域，Lookup array 可以是数组或数组引用；Match type 为数字-1、0或1，它说明 Excel 如何在 lookup array 中查找 lookup_value。如果 match type 为 1，函数 MATCH 查找小于或等于 lookup_value 的最大数值。如果 match type 为 0，函数 MATCH 查找等于 lookup_value 的第一个数值。如果 match type 为-1，函数 MATCH 查找大于或等于 lookup_value 的最小数值。

注意：MATCH 函数返回 lookup array 中目标值的位置，而不是数值本身。如果 match type 为 0 且 lookup_value 为文本，lookup_value 可以包含通配符(“＊”和“?”)。星号可以匹配任何字符序列，问号可以匹配单个字符。

说明：MATCH 函数也是一个查找函数。MATCH 函数会返回匹配值的位置而不是匹配值本身。在使用时，MATCH 函数在众多的数字中只查找第一次出现的，后来出现的它返回的也是第一次出现的位置。

应用实例如图 2-38 所示。

	A	B
1	**Product**	**Count**
2	Bananas	25
3	Oranges	38
4	Apples	40
5	Pears	41

图 2-38　MATCH 应用实例

=MATCH(41，B2：B5，0)，得到结果为 4，返回数据区域 B2：B5 中 41 的位置。

=MATCH(39，B2：B5，1)，得到结果为 2，由于此处无正确匹配，所以返回数据区域 B2：B5 中(38) 的位置。注：匹配的查找值，MATCH 函数会查找小于或等于(39)的最大值。

=MATCH(40，B2：B5，-1)，得到结果为#N/A，由于数据区域 B2：B5 不是按降序排列，所以返回错误值。

如果 match type 为 1，函数 MATCH 查找小于或等于 lookup_value 的最大数值。Lookup array 必须按升序排列：…，-2，-1，0，1，2，…，A-Z，FALSE、TRUE。

如果 match type 为 0，函数 MATCH 查找等于 lookup_value 的第一个数值。Lookup array 可以按任何顺序排列。

如果 match type 为 -1，函数 MATCH 查找大于或等于 lookup_value 的最小数值。Lookup array 必须按降序排列：TRUE，FALSE，Z-A，…，2，1，0，-1，-2，…。

4. INDEX 函数嵌套 MATCH 函数应用案例介绍

由于 MATCH 函数返回值“行号”“列号”刚好是 INDEX 函数中的第 2、3 个参数，因此 MATCH 函数往往作为 INDEX 函数的一个参数嵌套使用。

图 2-39 工作表所示的是一个产品的型号和规格的价格明细表。通过这个表的数据，在查询设置工作表中进行一些对应的查询操作。

	D	E	F	G
3	规格 / 型号	101	201	301
4	A0110	78	87	76
5	A0111	80	97	84
6	A0112	91	75	64
7	A0113	88	86	68
8	A0114	93	99	83
9	B1120	89	69	79
10	B1121	91	70	69
11	B1122	77	91	81
12	B1123	98	75	74

图 2-39　INDEX 函数嵌套 MATCH 函数应用案例 1

(1)单击 B5 单元格下拉按钮，选择型号，然后在 B6 单元格完成型号所在行号的查询。如图 2-40 所示。

	A	B	C
5	查询型号		
6	型号所在行号		

图 2-40　INDEX 函数嵌套 MATCH 函数应用案例 2

随意选择一个型号，比如 A0110，然后在 B6 单元格输入公式：=MATCH($B$5，$D$4：$D$12，0)，得到结果“1”。

公式解释：用 MATCH 函数查找 B5 单元格这个型号在 D4：D12 区域中对应的位置。其中的 0 参数可以省略不写。MATCH 函数中 0 代表精确查找，1 是模糊查找。

(2)单击 B9 单元格下拉按钮，选择规格，然后在 B10 单元格完成规格所在列号的查询。如图 2-41 所示。

图 2-41 INDEX 函数嵌套 MATCH 函数应用案例 3

随意选择一个规格，比如 101，然后在 B10 单元格输入公式：=MATCH(B9，E3：G3，0)，得到结果“1”。

(3)查询上述工作表中 B6 和 B10 单元格所对应的价格。

价格的查询，可以使用 index 函数完成，在 B11 单元格定义公式：B11=INDEX(E4：G12，B6，B10)可以得到结果为“78”。嵌套上面的 match 函数，可以将公式定义为：=INDEX(E4：G12，MATCH(B5，D4：D12，0)，MATCH(B9，E3：G3，0))，同样可以得到结果为“78”。大家可以变化 B5 和 B9 中的型号和规格来看看结果是否正确。

5. OFFSET 函数

函数功能：以指定的引用为参照系，通过给定偏移量得到新的引用。返回的引用可以是一个单元格或单元格区域，并可以指定返回的行数或列数。

函数语法：OFFSET(reference，rows，cols，height，width)

OFFSET(基点单元格，移动的行数，移动的列数，所要引用的高度，所要引用的宽度)

如表 2-5 所示。

表 2-5 **OFFSET 函数参数说明**

参 数	说 明	备 注
reference	作为偏移量参照系的引用区域。	参数 reference 必须为对单元格或相邻单元格区域的引用；否则，OFFSET 会返回错误值 #VALUE!。
rows	相对于偏移量参照系的左上角单元格，上(下)偏移的行数。如果使用 5 作为参数 Rows，则说明目标引用区域的左上角单元格比 reference 低 5 行。	行数可为正数(代表在起始引用的下方)或负数(代表在起始引用的上方)。
cols	相对于偏移量参照系的左上角单元格，左(右)偏移的列数。如果使用 5 作为参数 cols，则说明目标引用区域的左上角的单元格比 reference 靠右 5 列。	参数 cols 可为正数(代表在起始引用的右边)或负数(代表在起始引用的左边)。

续表

参　数	说　明	备　注
height	高度，即所要返回的引用区域的行数。	参数 *height* 必须为正数。 如果省略 *height*，则假设其高度与 reference 相同。
width	宽度，即所要返回的引用区域的列数。	参数 *width* 必须为正数。 如果省略 *width*，则假设其宽度与 reference 相同。

应用实例：1. OFFSET 函数最简单的应用，即函数参数中第四、五个参数“height”与“width”省略。如图 2-42 所示。

F3 =OFFSET(B3,3,2)

	A	B	C	D	E	F
1		某月产品订单情况表（一）				
2	行号	某类产品(1列)	总订单额(2列)	订单数(3列)	平均订单额(4列)	
3	1	102	228,763.06	34	2106.33	70
4	2	103	149,150.09	52	1724.91	
5	3	104	144,496.10	54	1570.42	
6	4	106	137,921.82	70	1545.70	
7	5	107	109,929.25	89	1529.66	
8	6	108	93,309.31	91	1515.62	
9	7	109	93,145.04	100	1491.50	
10	8	110	71,615.37	100	1444.96	
11	9	111	58,933.86	148	1133.34	
12	10	总计	1,087,263.90	738	14062.45	

图 2-42　OFFSET 函数应用实例 1

在 F3 单元格，输入公式：“=OFFSET(B3，3，2)”，得到结果为 70。这个公式的意思就是计算 B2 单元格往下移动 3 行并向右移动 2 列得到的新的单元格 D6 单元格。

2. OFFSET 函数与其他函数嵌套使用，OFFSET 函数通常与其他函数来嵌套使用。

从图 2-43 来认识一下 Excel 中 OFFSET 函数的用法。

在 C7 单元格，输入公式：“=SUM(OFFSET(C2，1，2，3，1))”，得到结果为 18。这个公式是的意思就是计算 C2 单元格靠下 1 行并靠右 2 列的 3 行 1 列的区域的和。

可以在公式编辑栏，选中 OFFSET(C2，1，2，3，1) 部分，按 F9 键抹黑，得到运算结果为：{3；8；7}，此时公式变为：=SUM({3；8；7})。从图 2-42 可以得知，就是利用 OFFSET 函数来得到一个新的区域，然后使用 SUM 函数求出这个新区域的和。

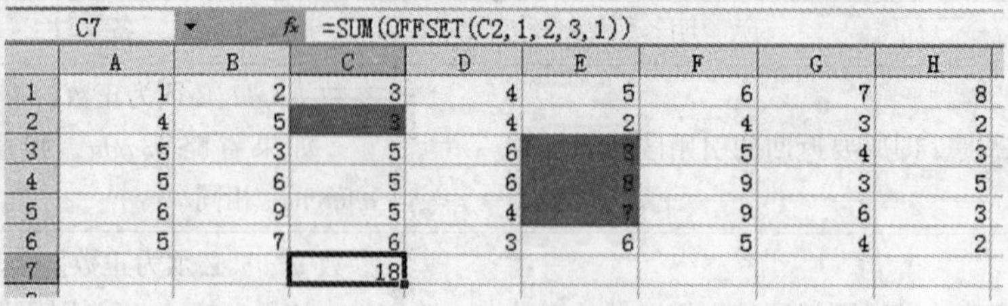

图 2-43　OFFSET 函数应用实例 2

三、工作表和工作簿的保护

1. 工作表的保护

如果希望编辑好的 Excel 工作表不被用户修改，可以对工作表进行保护。只有锁定的单元格才能被设置保护，默认 Excel 工作表中的所有单元格都是锁定的。要知道单元格是否被锁定，可以通过右击单元格，选择【设置单元格格式】，在弹出对话框的【保护】选项卡中查看。如图 2-44 所示。

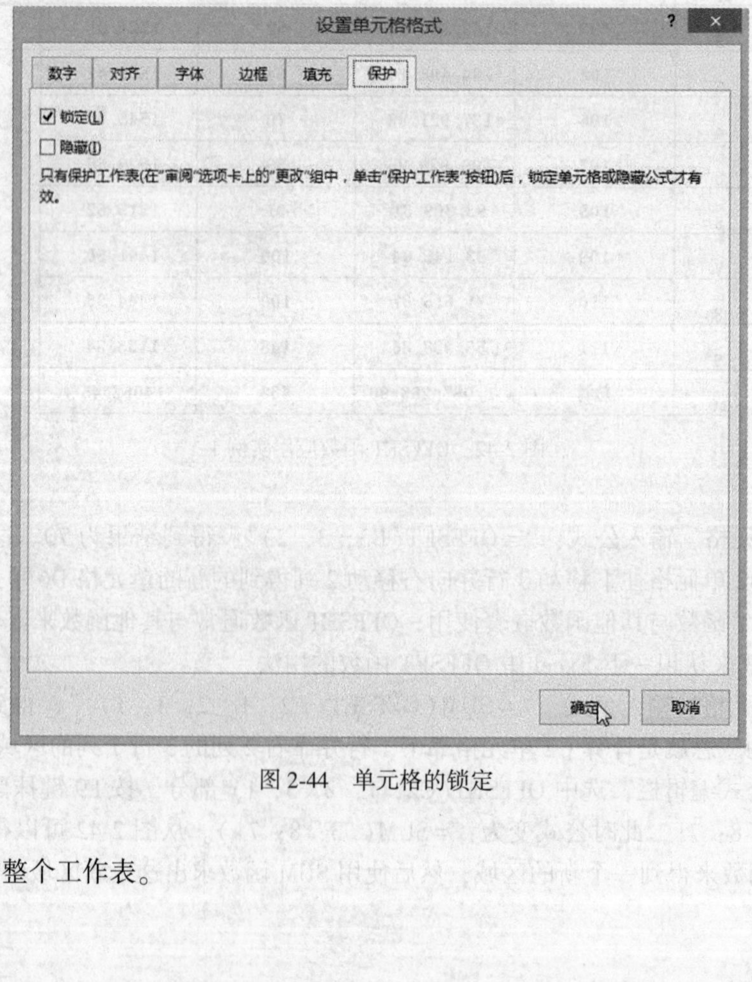

图 2-44　单元格的锁定

(1)保护整个工作表。

在 Excel 2013 中，选择某个需要保护的工作表，单击菜单【审阅】|【保护工作表】，打开【保护工作表】对话框，如图 2-45 所示，在对话框中根据需要选择某个选项，如选择“插入行”后，即表示允许用户在受保护的工作表中插入行。在文本框中输入密码，单击“确定”按钮完成工作表的保护。也可不设置密码，这样在解除工作表保护时就不必输入密码了。

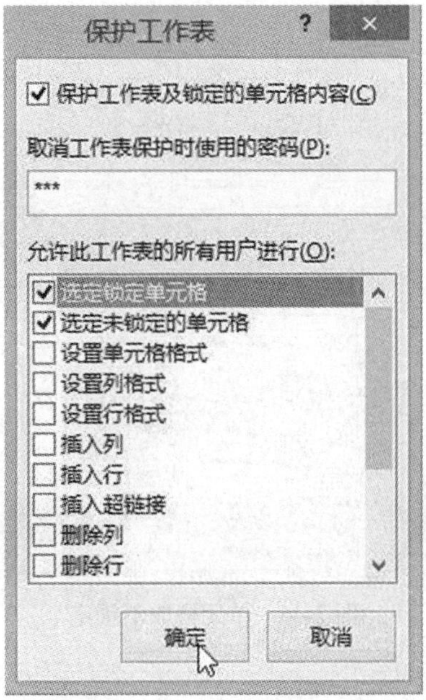

图 2-45 整个工作表的保护

(2)保护工作表的部分区域。

如果既要保护工作表，又要允许用户对某个区域进行编辑，这时可以对需要编辑的区域取消锁定。例如仅保护工作表中所有包含公式的单元格，步骤如下：

①选择工作表中所有包含数据的区域，或者按 Ctrl+A 选择工作表中的所有单元格。右键【设置单元格格式】，打开【设置单元格格式】对话框，选择【保护】选项卡，取消选择“锁定”选项，如图 2-46 所示，单击“确定”退出【设置单元格格式】对话框。

② 单击菜单【开始】|【查找和选择】|【定位条件】命令，可以按 F5 或 Ctrl+G，打开【定位条件】对话框。选择“公式”选项，如图 2-47 所示，单击“确定”，即可选择工作表中所有包含公式的单元格。

③ 单击菜单【开始】|【格式】|【设置单元格格式】，打开【设置单元格格式】对话框，在【保护】选项卡中勾选【锁定】选项，单击【确定】。如果此处还勾选了“隐藏”选项，如图 2-48 所示，则保护工作表后，选择包含公式的单元格时就不会在编辑栏中显示公式。

④用前面所述方法对工作表进行保护。这样，所有包含公式的单元格都被设置了保护，用户不能对其进行编辑，而其他单元格则能进行编辑。

(3)撤销工作表保护

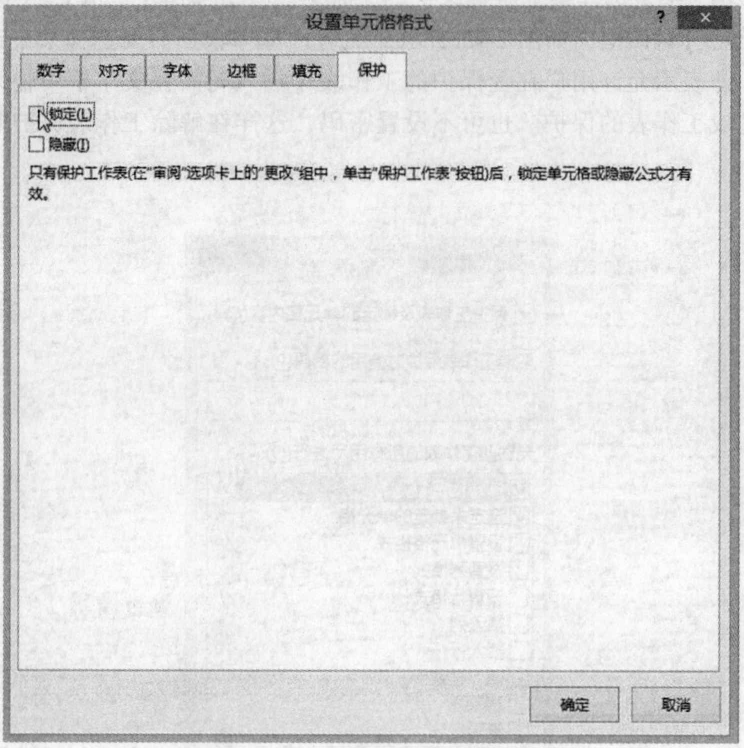

图 2-46　单元格取消锁定

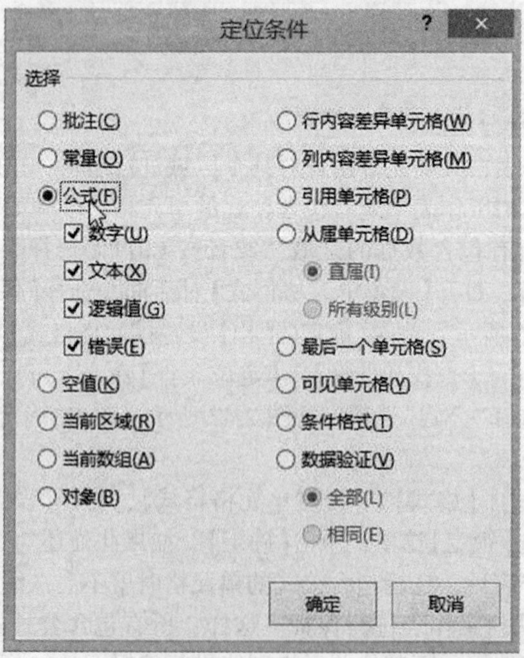

图 2-47　定位条件

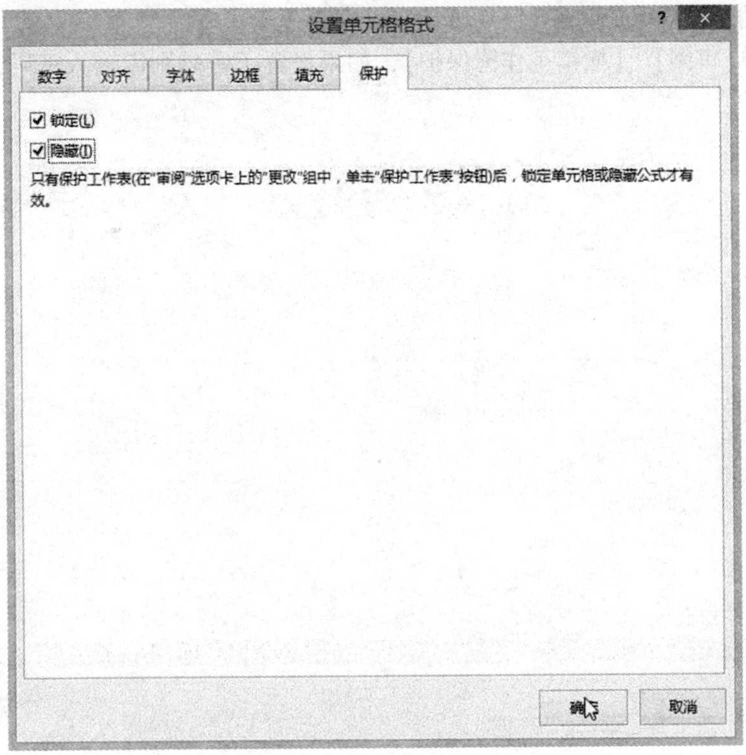

图 2-48 公式的保护和隐藏

单击菜单【审阅】|【撤销工作表保护】，如果设置了密码则需输入密码，即可解除对工作表的保护。

2. 工作簿的保护

(1)工作簿进行安全保护。

与工作表一样，如果希望编辑好的 Excel 工作簿不被用户删除，可以对工作簿进行保护。

单击【审阅】|【保护工作簿】输入密码，如图 2-49 所示。

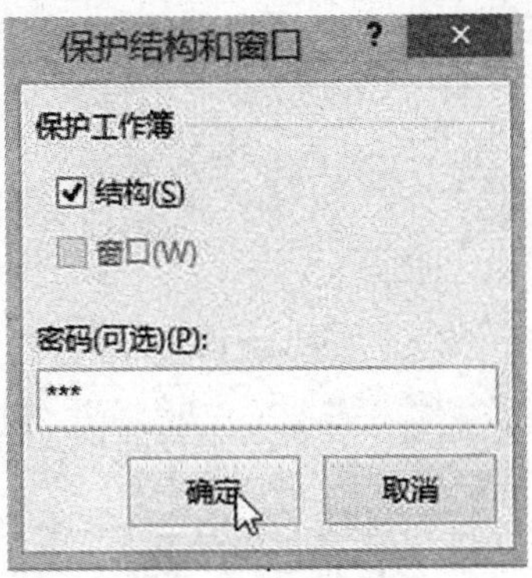

图 2-49 工作簿的保护

(2)撤销工作簿保护。

单击菜单【审阅】|【撤销工作簿保护】，如果设置了密码则需输入密码，即可解除对工作簿的保护。

项目三　Excel 在会计账簿中的应用

【学习任务】

通过本情境的学习，使学生了解常用会计账簿的种类，熟悉 Excel 中表格处理函数和数据透视表功能，掌握这些函数和数据透视表功能的使用技巧，学会使用 Excel 编制常用的会计账簿。

【技能目标】

1. 熟悉 Excel 中表格处理函数和数据透视表功能的使用方法。
2. 掌握这些函数和功能的使用技巧。
3. 学会使用 Excel 编制常用的会计账簿。

【知识目标】

1. 常用会计账簿的种类。
2. 基本函数和数据透视表。
3. Excel 在会计账簿中的应用。

【情境导入】

在会计核算基础工作中，设置和登记会计账簿，是连接会计凭证和会计报表的中间环节，做好这项工作，对于加强经济管理具有十分重要的意义。而合理应用 Excel 编制一些会计账表，可以极大的减少会计人员的工作量，提高办公效率。

任务一　科目汇总表及总分类账的编制

由于 Excel 提供了强大的表格处理函数和功能，借此可以编制各种类型的报表。本任务主要介绍利用 Excel 编制科目汇总表和总分类账，其流程如图 3-1 所示。

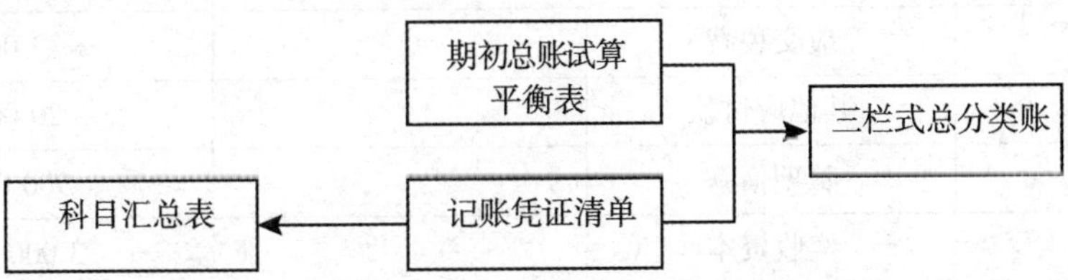

图 3-1　编制科目汇总表及总分类账的流程图

【任务引例】

A公司2017年1月期初总账试算平衡表和记账凭证清单数据如表3-1和表3-2所示。

表3-1 期初总账试算平衡表

科目代码	科目名称	期初借方余额	期初贷方余额
1001	库存现金	800.00	
1002	银行存款	923 000.00	
1009	其他货币资金	80 000.00	
1101	交易性金融资产	120 000.00	
1121	应收票据	145 000.00	
1122	应收账款	420 000.00	
1241	坏账准备		1 260.00
1231	其他应收款	731 800.00	
1403	原材料		
1406	库存商品	60 800.00	
1412	包装物及低值易耗品	484 300.00	
1123	预付账款	40 000.00	
1524	长期股权投资	300 000.00	
1601	固定资产	1 620 000.00	
1602	累计折旧		209 440.00
1606	固定资产清理		
1604	在建工程	222 000.00	
1701	无形资产	210 000.00	
1801	长期待摊费用	53 000.00	
2001	短期借款		400 000.00
2201	应付票据		184 000.00
2202	应付账款		603 000.00
2211	应付职工薪酬		
2221	应交税费		33 000.00
2241	其他应付款		20 000.00
2601	长期借款		900 000.00
4001	实收资本		3 000 000.00
4002	资本公积		20 000.00

续表

科目代码	科目名称	期初借方余额	期初贷方余额
4101	盈余公积		40 000.00
4103	本年利润		
4104	利润分配		
5001	生产成本		
5101	制造费用		
6001	主营业务收入		
6051	其他业务收入		
6111	投资收益		
6301	营业外收入		
6401	主营业务成本		
6402	其他业务成本		
6403	营业税金及附加		
6601	销售费用		
6602	管理费用		
6603	财务费用		
6711	营业外支出		
6801	所得税费用		

表 3-2 **记账凭证清单**

年	月	日	序号	凭证编号	摘要	科目代码	科目名称	借方金额	贷方金额
2017	01	05	01	2017010501	销售产品	1122	应收账款	56 160	
2017	01	05	01	2017010501	销售产品	6001	主营业务收入		48 000
2017	01	05	01	2017010501	销售产品	2221	应交税费		8 160
2017	01	10	02	2017011002	处置交易性金融资产	1002	银行存款	132 000	
2017	01	10	02	2017011002	处置交易性金融资产	1101	交易性金融资产		120 000
2017	01	10	02	2017011002	处置交易性金融资产	6111	投资收益		12 000
2017	01	10	03	2017011003	支付办公费	6602	管理费用	900	
2017	01	10	03	2017011003	支付办公费	1001	库存现金		900
2017	01	12	04	2017011204	承兑汇票	1002	银行存款	120 000	
2017	01	12	04	2017011204	承兑汇票	1121	应收票据		120 000

续表

年	月	日	序号	凭证编号	摘要	科目代码	科目名称	借方金额	贷方金额
2017	01	15	05	2017011505	购买原材料	1403	原材料	240 000	
2017	01	15	05	2017011505	购买原材料	2221	应交税费	40 800	
2017	01	15	05	2017011505	购买原材料	1002	银行存款		280 800
2017	01	18	06	2017011806	购入固定资产	1601	固定资产	12 100	
2017	01	18	06	2017011806	购入固定资产	1002	银行存款		12 100
2017	01	20	07	2017012007	固定资产清理	1606	固定资产清理	2 000	
2017	01	20	07	2017012007	固定资产清理	1602	累计折旧	20 000	
2017	01	20	07	2017012007	固定资产清理	1601	固定资产		22 000
2017	01	20	08	2017012008	清理收入	1001	库存现金	900	
2017	01	20	08	2017012008	清理收入	1606	固定资产清理		900
2017	01	20	09	2017012009	结转清理损失	6711	营业外支出	1 100	
2017	01	20	09	2017012009	结转清理损失	1606	固定资产清理		1 100
2017	01	21	10	2017012110	销售产品	1002	银行存款	468 000	
2017	01	21	10	2017012110	销售产品	6001	主营业务收入		400 000
2017	01	21	10	2017012110	销售产品	2221	应交税费		68 000
2017	01	22	11	2017012211	支付广告费	6601	销售费用	20 000	
2017	01	22	11	2017012211	支付广告费	1002	银行存款		20 000
2017	01	22	12	2017012212	分配并结转应付工资	5001	生产成本	320 000	
2017	01	22	12	2017012212	分配并结转应付工资	5101	制造费用	110 000	
2017	01	22	12	2017012212	分配并结转应付工资	6602	管理费用	70 000	
2017	01	22	12	2017012212	分配并结转应付工资	2211	应付职工薪酬		500 000
2017	01	25	13	2017012513	提现	1001	库存现金	500 000	
2017	01	25	13	2017012513	提现	1002	银行存款		500 000
2017	01	25	14	2017012514	发放工资	2211	应付职工薪酬	500 000	
2017	01	25	14	2017012514	发放工资	1001	库存现金		500 000
2017	01	25	15	2017012515	计提折旧	5101	制造费用	66 605	
2017	01	25	15	2017012515	计提折旧	6602	管理费用	15 000	
2017	01	25	15	2017012515	计提折旧	1602	累计折旧		81 605
2017	01	25	16	2017012516	结转产品销售成本	6401	主营业务成本	37 100	

续表

年	月	日	序号	凭证编号	摘要	科目代码	科目名称	借方金额	贷方金额
2017	01	25	16	2017012516	结转产品销售成本	1406	库存商品		37 100
2017	01	25	17	2017012517	结转制造费用	5001	生产成本	176 605	
2017	01	25	17	2017012517	结转制造费用	5101	制造费用		176 605
2017	01	25	18	2017012518	结转本年收益	6001	主营业务收入	448 000	
2017	01	25	18	2017012518	结转本年收益	6111	投资收益	12 000	
2017	01	25	18	2017012518	结转本年收益	4103	本年利润		460 000
2017	01	25	19	2017012519	结转成本费用	4103	本年利润	144 100	
2017	01	25	19	2017012519	结转成本费用	6601	销售费用		20 000
2017	01	25	19	2017012519	结转成本费用	6602	管理费用		85 900
2017	01	25	19	2017012519	结转成本费用	6401	主营业务成本		37 100
2017	01	25	19	2017012519	结转成本费用	6711	营业外支出		1 100
2017	01	25	20	2017012520	结转本年利润	4103	本年利润	315 900	
2017	01	25	20	2017012520	结转本年利润	4104	利润分配		315 900

子任务一　科目汇总表的编制

科目汇总表也称为记账凭证汇总表或账户汇总表，它是将一定期间内的所有经济业务，根据相同的会计科目进行归类，定期汇总出每一个会计科目的本期借方发生额合计数和贷方发生额合计数的一种表格。

科目汇总表的编制是科目汇总表核算程序的一项重要工作，它是根据一定时期内的全部记账凭证，按科目作为归类标志进行编制的。我们可以利用 Excel 中的数据透视表功能将已形成的记账凭证清单生成科目汇总表数据。

例 3-1　要求根据【任务引例】中的记账凭证清单，利用 Excel 进行科目汇总表的编制。

操作步骤如下：

(1)打开学习情景二中的“A 公司账簿 . xlsx”工作簿，建立一个新工作表为“科目汇总表”。

(2)打开“记账凭证清单”工作表，执行【插入】|【数据透视表】命令，打开【创建数据透视表】对话框，选择一个表或区域为“记账凭证清单！ $A$2：$J$54”，选择放置数据透视表的位置为“现有工作表：科目汇总表！ $A$1”如图 3-2 所示。

(3)单击【确定】按钮，在“科目汇总表”的右侧自动打开【数据透视表字段】窗口。将“年”“月”拖动到“筛选器”区域，“科目代码”“科目名称”拖动到“行”区域，“借方金额”“贷方金额”拖动到“值”区域，如图 3-3 所示。

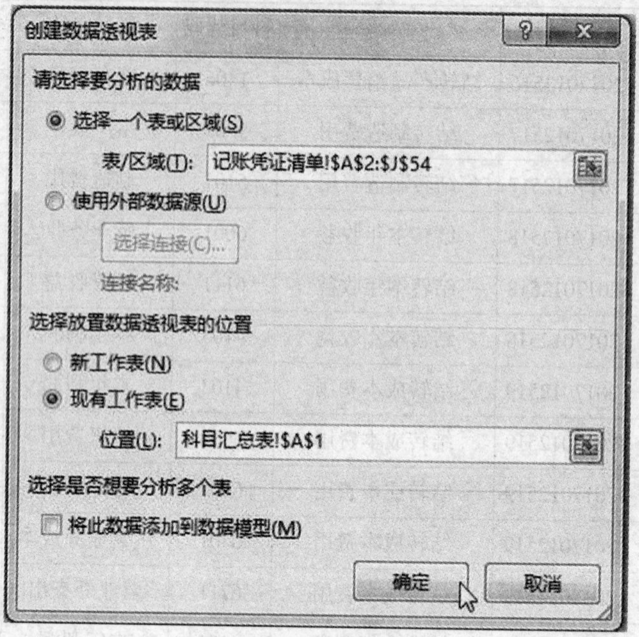

图 3-2　创建数据透视表

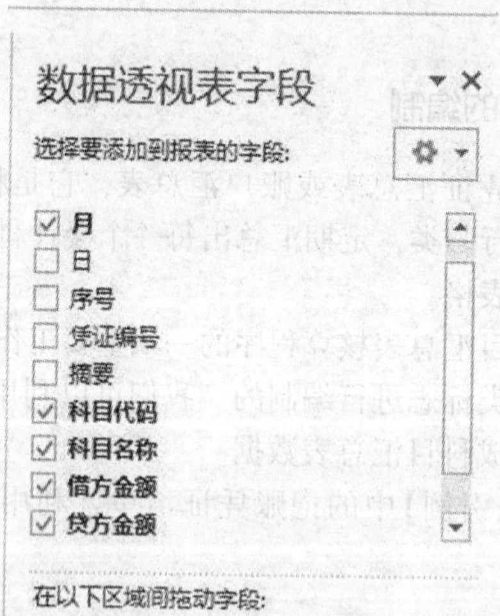

图 3-3　数据透视表字段设置

(4)在“值”区域单击“计数项：借方金额”右侧的下三角，在打开的列表中选择“值字段设置”。打开【值字段设置】对话框，选择“值汇总方式”为“求和”。单击【数字格式】按钮，打开【设置单元格格式】对话框，选择格式为“会计专用”，“小数点位数”为“2”，“货币符号”为“无”，如图 3-4 所示。

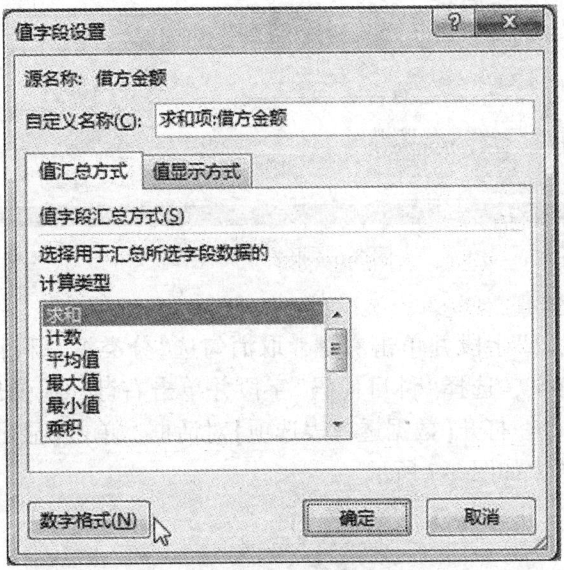

图 3-4　值字段设置

(5)同理，设置“计数项：贷方金额”。设置完成后生成科目汇总数据，如图 3-5 所示。

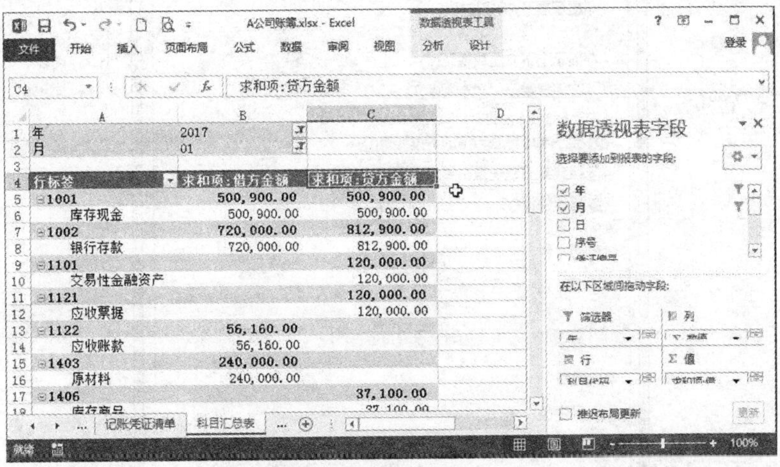

图 3-5　科目汇总表

(6)单击数据透视表中任一单元格，执行【数据透视表工具】|【设计】|【报表布局】命令，选择“以表格形式显示”，如图 3-6 所示。

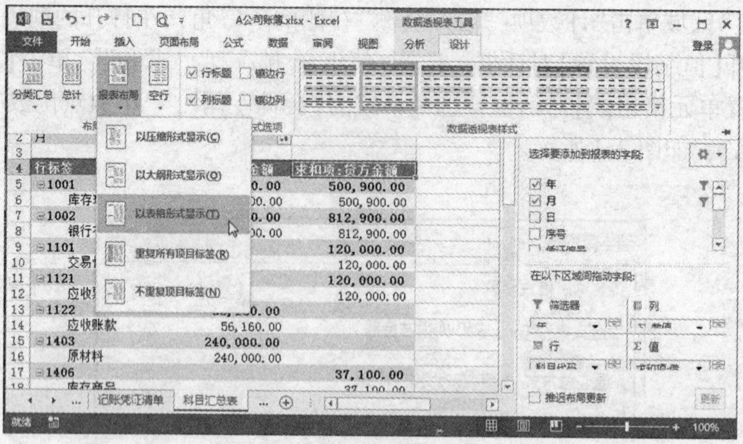

图 3-6　报表布局设置

(7)选择“科目代码”字段并单击右键，取消勾选“分类汇总科目代码”。因“科目代码”列的折叠按钮无意义，选择“科目代码”字段并单击右键，在弹出的快捷菜单中选择“数据透视表选项”命令。打开【数据透视表选项】对话框，单击【显示】选项卡，取消勾选“显示展开/折叠按钮”，如图 3-7 所示。

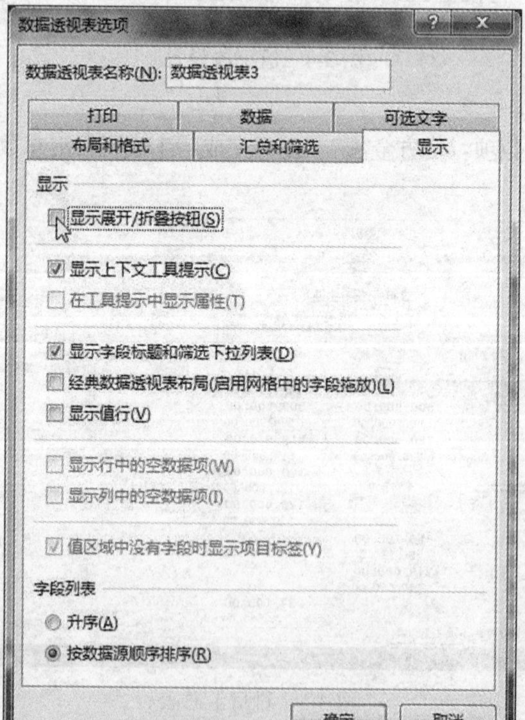

图 3-7　数据透视表选项设置

(8)在“科目汇总表”中插入标题行为“科目汇总表”，并进行相应的格式设置。选择“年”为“2017”，“月”为“01”，完成科目汇总表的建立，如图 3-8 所示。

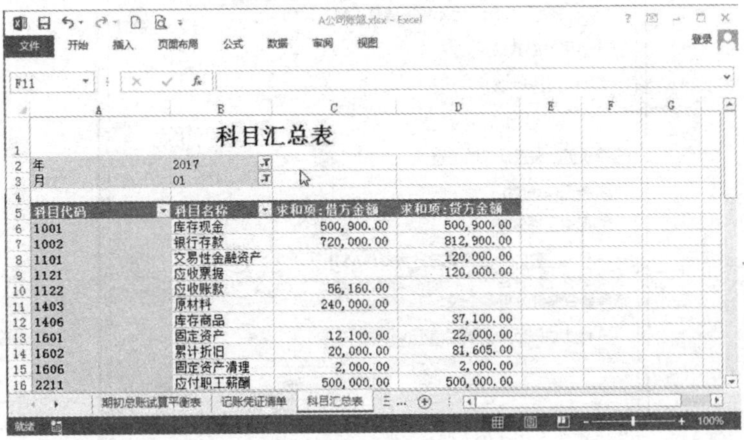

图 3-8　科目汇总表

子任务二　总分类账的编制

总分类账，又称总账，它是一种会计核算账簿，按照经济业务发生的时间顺序，逐笔录入的一种总括类的账簿。每个会计科目都有一个相应的总分类账，比如银行存款总分类账，库存现金总分类账等。根据公司业务量的多少，以及业务发生时涉及的会计科目，设定相应的总分类账。总账是每个公司必不可少的一种账簿，是会计编制财务报表的依据。

总分类账一般采用订本式账簿，也可以将它看成明显账的一种。总分类账的帐页格式，一般采用三栏式，包括：“借方”、“贷方”、“余额”。下面我们以编制三栏式总分类账为例。

例 3-2　要求根据【任务引例】中的科目余额表和记账凭证清单，利用 Excel 进行三栏式总分类账的编制。

操作步骤如下：

(1)在“A 公司账簿 . xlsx”的工作簿中新建工作表为“三栏式总分类账”。

(2)打开“记账凭证清单”工作表，执行【插入】|【数据透视表】命令，打开【创建数据透视表】对话框，选择一个表或区域为“记账凭证清单！$A$2：$J$54”，选择放置数据透视表的位置为“现有工作表：三栏式总分类账！$A$1”如图 3-9 所示。

(3)单击【确定】按钮，在“科目汇总表”的右侧自动打开【数据透视表字段】窗口。将“科目名称”拖动到“筛选器”区域，“年”“月”“日”“凭证编号”“摘要”拖动到“行”区域，“借方金额”“贷方金额”拖动到“值”区域，如图 3-10 所示。

(4)在“值”区域单击“计数项：借方金额”右侧的下三角，在打开的列表中选择“值字段设置”。打开【值字段设置】对话框，选择“值汇总方式”为“求和”。单击【数字格式】按钮，打开【设置单元格格式】对话框，选择格式为“数值”，“小数点位数”为“0”。同理，

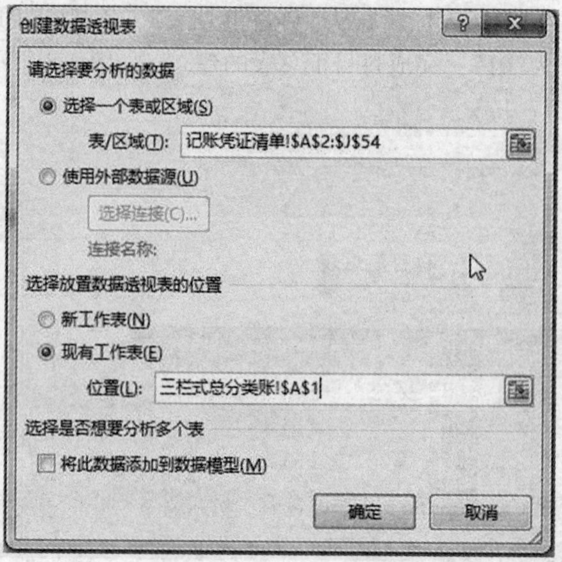

图 3-9　创建数据透视表

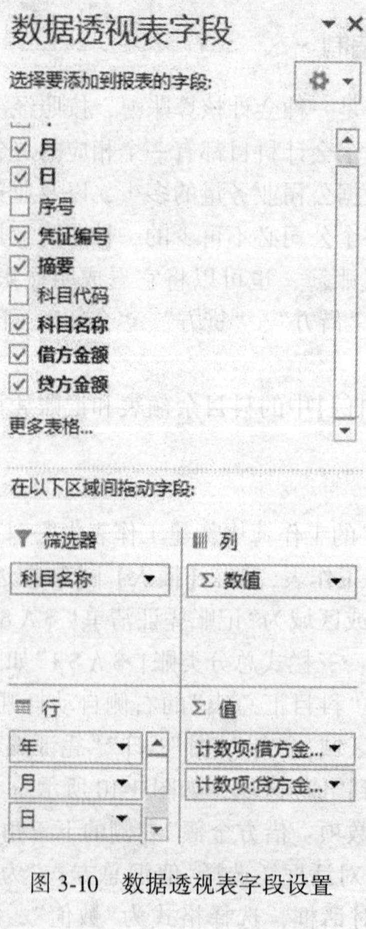

图 3-10　数据透视表字段设置

设置“计数项：贷方金额”，生成三栏式总分类账数据，如图 3-11 所示。

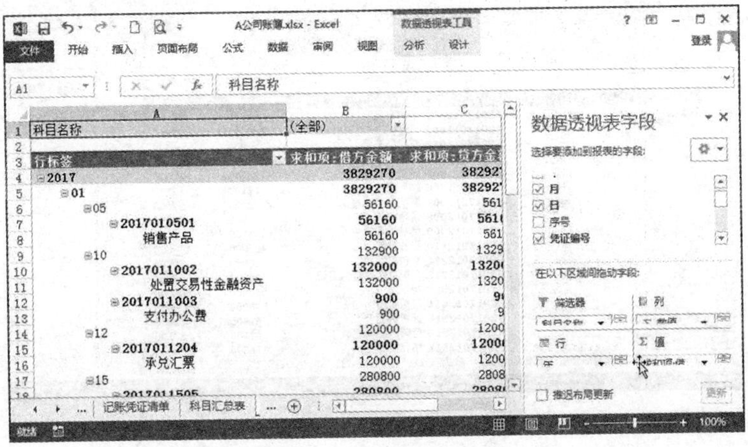

图 3-11　值字段设置

(5)单击数据透视表中任一单元格，执行【数据透视表工具】|【设计】|【报表布局】命令，选择“以表格形式显示”。

(6)选择“年”字段并单击右键，取消勾选“分类汇总年”。同理，取消勾选字段“月”“日”“凭证编号”的“分类汇总”，如图 3-12 所示。

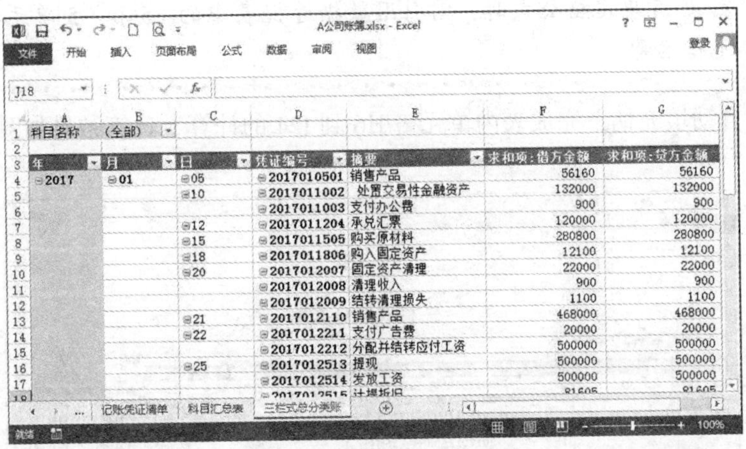

图 3-12　取消字段分类汇总

(7)插入标题行为“三栏式总分类账”，并进行相应的格式设置。将 F4 单元格“求和项：借方金额”和 G4 单元格“求和项：贷方金额”更改为“借方发生额”和“贷方发生额”。在 H3 单元格和 I3 单元格中依次录入“方向”和“余额”，并设置“余额”列格式为“数值”且负数显示为红色，如图 3-13 所示。

(8)定义有关公式如下：

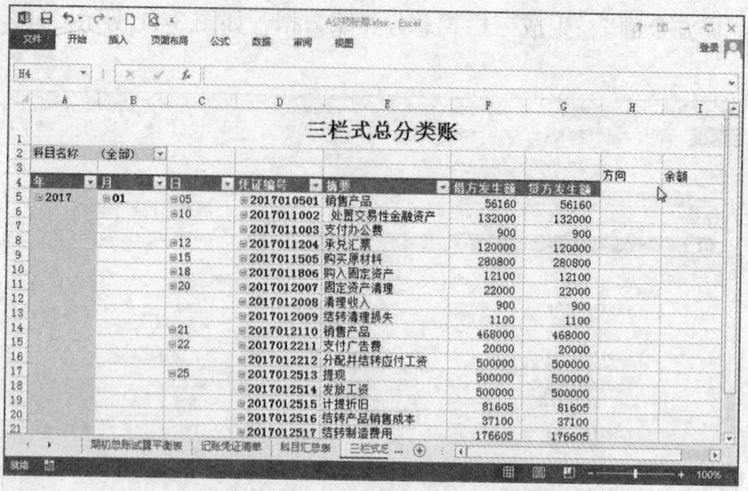

图 3-13 设置“三栏式总分类账”格式

I4=IF(B2="(全部)","请选择总账科目!", VLOOKUP(B2, 期初总账试算平衡表! B3: D47, 2, 0)-VLOOKUP(B2, 期初总账试算平衡表! B3: D47, 3, 0))

H4=IF(I4="请选择总账科目!","", IF(I4=0,"平", IF(I4>0,"借","贷")))

I5=IF(E5="","", I4+F5-G5)

H6=IF(I5="","", IF(I5=0,"平", IF(I5>0,"借","贷")))

特别提醒：定义 I5 单元格公式时，需引用数据透视表中的 F5 和 G5 单元格数据，应直接输入单元格名称。

(9)利用自动填充柄，完成表内单元格 H6 到 I24 的计算，计算结果如图 3-14 所示。

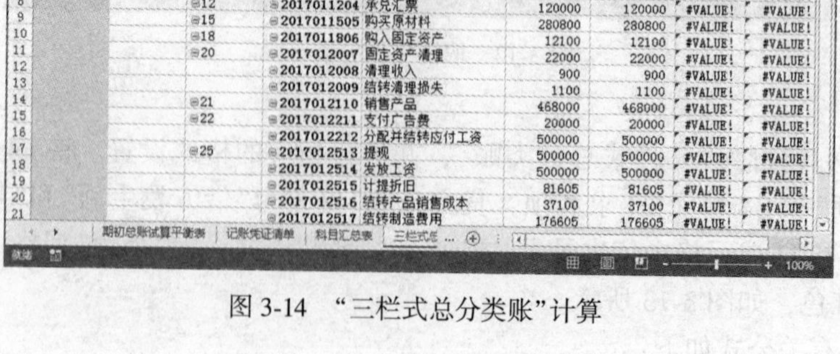

图 3-14 “三栏式总分类账”计算

特别提醒：当“总账科目”显示某一具体科目时，则会显示该科目的总分类账。

任务二　银行存款日记账及总账试算平衡表的编制

子任务一　银行存款日记账的编制

银行存款日记账是由出纳人员按照银行存款的收、付款记账凭证逐日逐笔顺序登记，用以记录和反映银行存款收支及结存情况的一种特种日记账。银行存款日记账必须采用订本式账簿，其账页格式一般采用“借方”、“贷方”和“余额”三栏式，分别反映银行存款收入、支出和结存情况，以便检查监督各项收入和支出款项，避免坐支现金的出现，并便于定期同银行送来的对账单核对。本任务主要介绍在三栏式总分类账的基础上，利用 Excel 编制银行存款日记账。

例 3-3　要求根据【任务一】中的三栏式总分类账，利用 Excel 进行银行存款日记账的编制。

操作步骤如下：

(1) 在“A 公司账簿 . xlsx”的工作簿中打开工作表“三栏式总分类账”，利用“移动或复制工作表”的功能复制该表，并重命名为“银行存款日记账”，如图 3-15 所示。

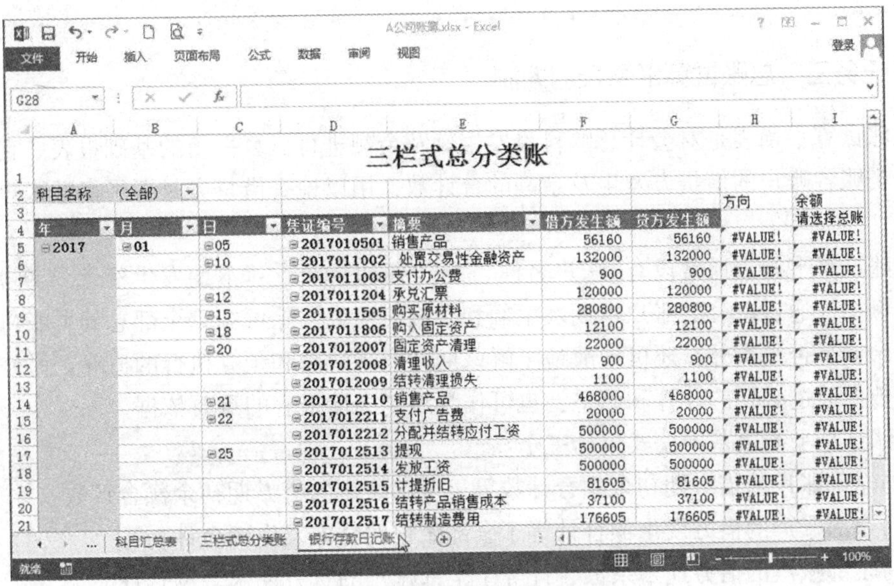

图 3-15　复制“银行存款日记账”

(2) 修改标题为“银行存款日记账”，并选择“总账科目”为“银行存款”，相关的数据自动更新，如图 3-16 所示。

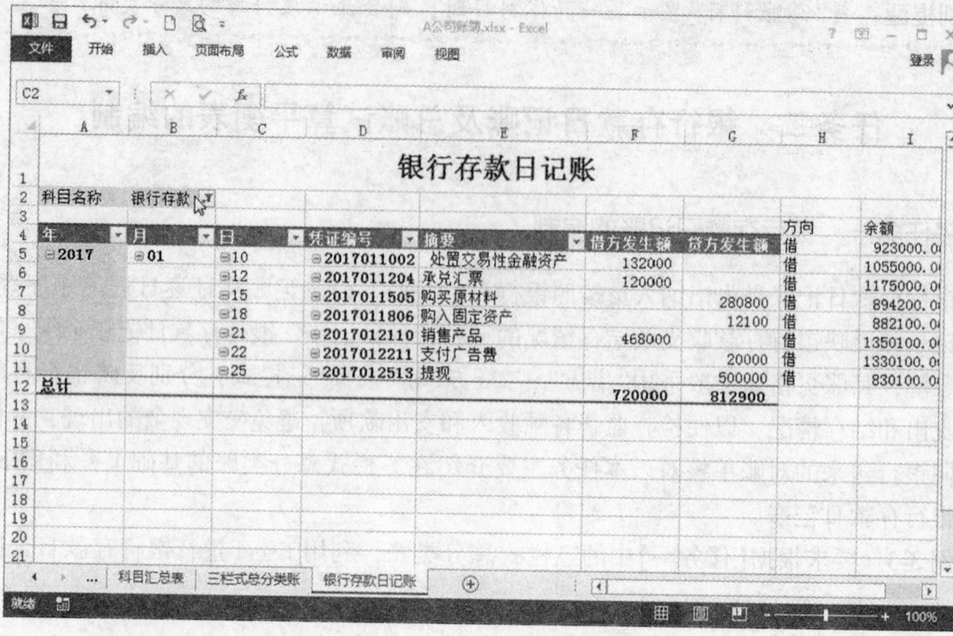

	A	B	C	D	E	F	G	H	I
1				银行存款日记账					
2	科目名称	银行存款							
3									
4	年	月	日	凭证编号	摘要	借方发生额	贷方发生额	方向	余额
5	2017	01	10	2017011002	处置交易性金融资产	132000		借	923000.0
6			12	2017011204	承兑汇票	120000		借	1055000.0
7			15	2017011505	购买原材料		280800	借	1175000.0
8			18	2017011806	购入固定资产		12100	借	894200.0
9			21	2017012110	销售产品	468000		借	882100.0
10			22	2017012211	支付广告费		20000	借	1350100.0
11			25	2017012513	提现		500000	借	1330100.0
12	总计					720000	812900	借	830100.0

图 3-16　银行存款日记账

思考： 要求根据【任务一】中的数据，进行现金日记账的编制？

子任务二　总账试算平衡表的编制

总账试算平衡表是对会计总账科目发生额及余额进行试算平衡的基础报表。它定期地加计分类账各账户的借贷方发生及余额的合计数，用以检查借贷方是否平衡暨账户记录有无错误。

总账试算平衡表通常设有“账户名称”栏和“期初余额”、“本期发生额”、“期末余额”三个金额栏。通过总分类账户本期发生额和余额对照表，除可验算全部总分类账户发生额及期末余额是否平衡外，还可一般地了解该期间经济活动和预算执行的概况；另外，该表提供的数据通过必要的计算和调整，也可作为编制会计报表的重要依据。

总账试算平衡表基本公式包括三个：

(1)全部账户的借方期初余额合计数等于全部账户的贷方期初余额合计数；

(2)全部账户的借方发生额合计等于全部账户的贷方发生额合计；

(3)全部账户的借方期末余额合计等于全部账户的贷方期末余额合计。

本任务主要介绍利用 Excel 编制总账试算平衡表。

例 3-4　要求根据【任务引例】中的数据，利用 Excel 进行总账试算平衡表的编制。

操作步骤如下：

(1)在“A 公司账簿 . xlsx”的工作簿中新建工作表为“总账试算平衡表”，其格式设计如图 3-17 所示。

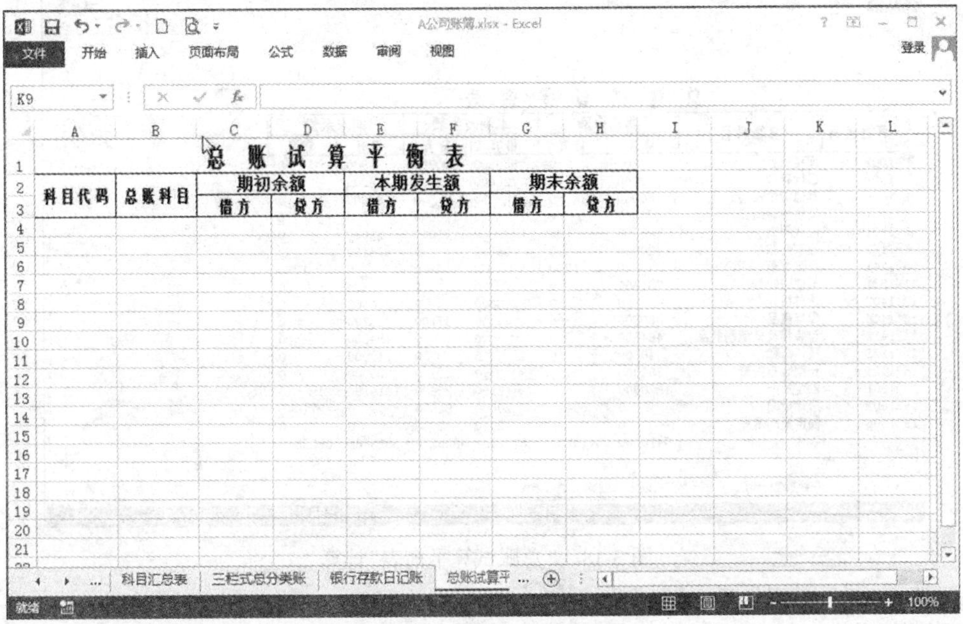

图 3-17　“总账试算平衡表”格式

(2)由于，期末余额=期初借方余额-期初贷方余额+本期借方发生额-本期贷方发生额。当期末余额大于 0，则直接填入期末借方余额，期末贷方余额为 0；当期末余额小于 0，则对其取绝对值填入期末贷方余额，期末借方余额为 0。

(3)定义有关公式如下：

A4=期初总账试算平衡表！A3

B4=期初总账试算平衡表！B3

C4=期初总账试算平衡表！C3

D4=期初总账试算平衡表！D3

E4=SUMIF(记账凭证清单！$H：$H，$B4，记账凭证清单！$I：$I)

F4=SUMIF(记账凭证清单！$H：$H，$B4，记账凭证清单！$J：$J)

G4=IF(((C4-D4)+(E4-F4))>=0，(C4-D4)+(E4-F4)，0)

H4=IF(((C4-D4)+(E4-F4))<0，ABS((C4-D4)+(E4-F4))，0)

C49=SUM(C4：C48)

(4)利用自动填充柄，完成表内单元格 A5 到 H48 和 D49 到 H49 的计算，计算结果如图 3-18 所示。

思考：在 H4 单元格中，为什么要使用 ABS 函数？

(5)根据图 3-18 中生成的总账试算平衡表，可以看到 C49=D49、E49=F49、G49=

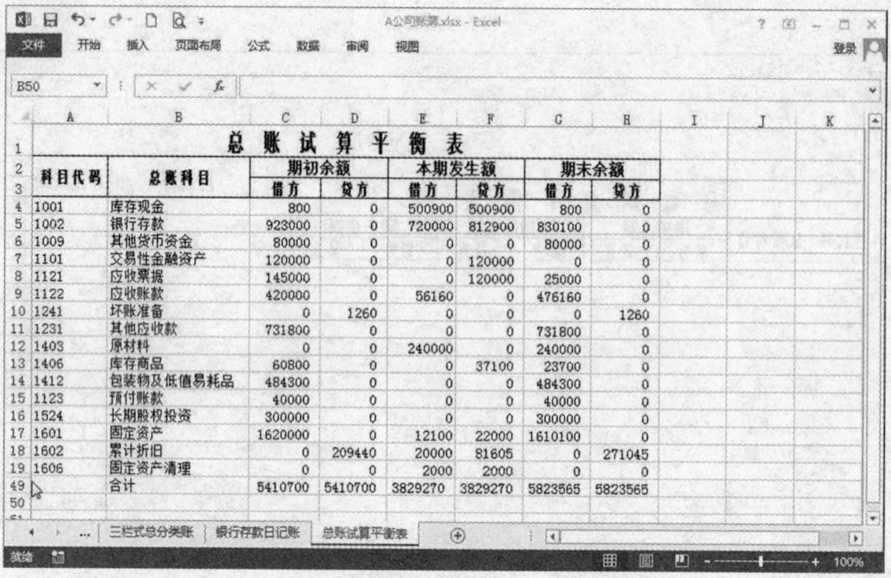

总账试算平衡表

科目代码	总账科目	期初余额 借方	期初余额 贷方	本期发生额 借方	本期发生额 贷方	期末余额 借方	期末余额 贷方
1001	库存现金	800	0	500900	500900	800	0
1002	银行存款	923000	0	720000	812900	830100	0
1009	其他货币资金	80000	0	0	0	80000	0
1101	交易性金融资产	120000	0	0	120000	0	0
1121	应收票据	145000	0	0	120000	25000	0
1122	应收账款	420000	0	56160	0	476160	0
1241	坏账准备	0	1260	0	0	0	1260
1231	其他应收款	731800	0	0	0	731800	0
1403	原材料	0	0	240000	0	240000	0
1406	库存商品	60800	0	0	37100	23700	0
1412	包装物及低值易耗品	484300	0	0	0	484300	0
1123	预付账款	40000	0	0	0	40000	0
1524	长期股权投资	300000	0	0	0	300000	0
1601	固定资产	1620000	0	12100	22000	1610100	0
1602	累计折旧	0	209440	20000	81605	0	271045
1606	固定资产清理	0	0	2000	2000	0	0
	合计	5410700	5410700	3829270	3829270	5823565	5823565

图 3-18 “总账试算平衡表”计算

H49，则可知全部账户的借方期初余额合计数等于全部账户的贷方期初余额合计数、全部账户的借方发生额合计等于全部账户的贷方发生额合计、全部账户的借方期末余额合计等于全部账户的贷方期末余额合计，即全部账户的借贷方均平衡。

项目四　Excel 在会计报表中的应用

【学习任务】

通过本情境的学习，使学生掌握如何从总账试算平衡表中提取数据完成企业财务报表的编制工作；掌握利用 Excel 函数功能和工作表之间的数据链接功能实现财务报表编制的思路。

【技能目标】

1. 掌握在 Excel 中一个工作表的数据可以被不同工作表所引用的方法。
2. 掌握 Excel 函数及数据链接的方法完成资产负债表的编制。
3. 掌握 Excel 函数及数据链接的方法完成利润表的编制。

【知识目标】

1. 本情境中所用到的 Excel 工作表函数—SUMIF、VLOOKUP、DATE 等函数。
2. 熟悉 Excel 编制资产负债表的方法。
3. 熟悉 Excel 编制利润表的方法。

【情境导入】

在前面情境的学习中，我们已经学习了以记账凭证汇总表数据为依据，利用 Excel 的函数功能生成总账试算平衡表，以及利用数据透视功能分别生成了科目汇总表和三栏式总分类账，接下来我们将要学习以总账试算平衡表的数据为依据，利用 Excel 的函数功能和数据链接方法实现企业财务报表的编制工作。

任务一　资产负债表编制思路及方法

财务报表是根据记账凭证信息汇总整理之后，对公司的经营成果和财务状况进行综合反映的一种书面文件。企业日常发生的会计事项，按照一定的会计处理程序和方法，已经在有关凭证、账簿中进行了全面、连续、系统地记录和反映。但这些日常记录所提供的日常资料是比较分散的，不能集中而概括地说明企业经济活动的全貌。所以，系统地整理这些资料，并据此编制财务报表，才能向有关方面提供有用的决策信息。

财务报表包括资产负债表、利润表、现金流量表三大财务主表，这三大财务主表的编制，都可通过 Excel 公式设置及对其他工作表单元格数据的引用来完成。

一、资产负债表的编制思路

资产负债表根据“资产=负债+所有者权益(股东权益)”这一会计等式进行编制，属于静态报表，反映的是企业在某一特定日期(一般指月末或年末)的财务状况。

对于企业的管理部门、上级主管部门及投资者而言，资产负债表具有重要的作用，其中各项目期末数据的来源，主要可以通过以下几种方式取得：

(1)直接根据总账科目的余额填列，如“交易性金融资产”、“交易性金融负债”、“短期借款”、“实收资本”等项目，直接根据有关总账科目的期末余额分析填列。

(2)根据明细科目的余额编制，如“应收账款”项目，需要根据“应收账款”和“预收账款”科目的有关明细科目的期末借方余额计算填列；“应付账款”项目，需要根据“应付账款”和“预付账款”科目的有关明细科目的期末贷方余额计算填列；“未分配利润”项目，应根据“利润分配”科目中所属的“未分配利润”明细科目期末余额填列。

(3)根据几个总账科目的期末余额合计数编制，如“货币资金”项目，根据“现金”、“银行存款”、“其他货币资金”科目的期末总账科目余额计算编制。

(4)根据有关科目余额减去其备抵科目余额后的净额分析计算填列。“固定资产”、“无形资产”项目，应根据相关科目的期末余额扣减相关的累计折旧(或摊销)填列，已计提减值准备的，还应扣除相应的减值准备。

(5)根据总账科目和明细账科目余额分析计算填列。“长期借款”项目，应根据“长期借款”总账科目余额扣除“长期借款”科目所属的明细科目中将在资产负债表日起一年内到期，且企业不能自主地将清偿义务展期的长期借款后的金额计算填列。“长期待摊费用”项目，应根据“长期待摊费用”科目的期末余额减去将于一年内(含一年)摊销的数额后的金额填列；“其他非流动负债”项目，应根据有关科目的期末余额减去将于一年内(含一年)到期偿还数后的金额填列。

(6)综合运用上述填列方法分析填列。主要包括：“应收票据”、“应收利息”、“应收股利”、“其他应收款”项目，应根据相关科目的期末余额，减去“坏账准备”科目中有关坏账准备期末余额后的金额填列；“应收账款”项目，应根据“应收账款”和“预收账款”科目所属各明细科目的期末借方余额合计数，减去“坏账准备”科目中有关应收账款计提的坏账准备期末余额后的金额填列；“存货“项目，应根据“材料采购”、“原材料”、“发出商品”、“库存商品”、“周转材料”、“委托加工物资”、“生产成本”、“受托代销商品”等科目的期末余额合计，减去“存货跌价准备”科目期末余额后的金额填列，材料采用计划成本核算，以及库存商品采用计划成本核算或售价核算的企业，还应按加或减材料成本差异、商品进销差价后的金额填列。

资产负债表“年初余额”栏内各项数字，应根据上年末资产负债表“期末余额”栏内所列数字填列。如果上年度资产负债表规定的各个项目的名称和内容同本年度不相一致，应对上年末资产负债表各项目的名称和数字按照本年度的规定进行调整，填入本表“年初余额”栏内。

二、任务引例

在【A 公司账簿】中，根据资产负债表的编制思路，通过公式的设置，引用“总账试算平衡表”工作表的相关单元格数据，完成资产负债表的编制。

1. A 公司 2017 年 1 月的总账试算平衡表

如图 4-1 所示。

总账试算平衡表

科目代码	总账科目	期初余额		本期发生额		期末余额	
		借方	贷方	借方	贷方	借方	贷方
1001	库存现金	800	0	500900	500900	800	0
1002	银行存款	923000	0	720000	812900	830100	0
1009	其他货币资金	80000	0	0	0	80000	0
1101	交易性金融资产	120000	0	0	120000	0	0
1121	应收票据	145000	0	0	120000	25000	0
1122	应收账款	420000	0	56160	0	476160	0
1241	坏账准备	0	1260	0	0	0	1260
1231	其他应收款	731800	0	0	0	731800	0
1403	原材料	0	0	240000	0	240000	0
1406	库存商品	60800	0	0	37100	23700	0
1412	包装物及低值易耗品	484300	0	0	0	484300	0
1123	预付账款	40000	0	0	0	40000	0
1524	长期股权投资	300000	0	0	0	300000	0
1601	固定资产	1620000	0	12100	22000	1610100	0
1602	累计折旧	0	209440	20000	81605	0	271045
1606	固定资产清理	0	0	2000	2000	0	0
1604	在建工程	222000	0	0	0	222000	0
1701	无形资产	210000	0	0	0	210000	0
1801	长期待摊费用	53000	0	0	0	53000	0
2001	短期借款	0	400000	0	0	0	400000
2201	应付票据	0	184000	0	0	0	184000
2202	应付账款	0	603000	0	0	0	603000
	合计	5410700	5410700	3829270	3829270	5823565	5823565

/科目代码查询表/记账凭证汇总表/打印记账凭证/科目汇总表/三栏式总分类账\总账试算平衡表/

图 4-1　总账试算平衡表

2. 资产负债表的编制

(1)设置资产负债表格式。

《企业会计准则》应用指南的一般企业资产负债表的格式和内容，如图 4-2 所示。

资产负债表

会企01表

编制单位：××单位　　××××年××月××日　　单位：元

资 产	行次	期末余额	年初余额	负债和所有者权益（或股东权益）	行次	期末余额	年初余额
流动资产：	1			流动负债：	1		
货币资金	2			短期借款	2		
交易性金融资产	3			交易性金融负债	3		
应收票据	4			应付票据	4		
应收账款	5			应付账款	5		
预付款项	6			预收款项	6		
应收利息	7			应付职工薪酬	7		
应收股利	8			应交税费	8		
其他应收款	9			应付利息	9		
存货	10			应付股利	10		
一年内非到期的流动资产	11			其他应付款	11		
其他流动资产	12			一年内到期的非流动负债	12		
流动资产合计	13			其他流动负债	13		
非流动资产：	14			**流动负债合计**	**14**		
可供出售金融资产	15			非流动负债：	15		
持有至到期投资	16			长期借款	16		
长期应收款	17			应付债券	17		
长期股权投资	18			长期应付款	18		
投资性房地产	19			专项应付款	19		
固定资产	20			预计负债	20		
在建工程	21			递延所得税负债	21		
工程物资	22			其他非流动负债	22		
固定资产清理	23			**非流动负债合计**	**23**		
生产性生物资产	24			**负债合计**	**24**		
油气资产	25			所有者权益（或股东权益）：	25		
无形资产	26			实收资本（或股本）	26		
开发支出	27			资本公积	27		
商誉	28			减：库存股	28		
长期待摊费用	29			盈余公积	29		
递延所得税资产	30			未分配利润	30		
其他非流动资产	31			**所有者权益（或股东权益）合计**	**31**		
非流动资产合计	32				32		
资产总计	**33**			**负债和所有者权益（或股东权益）总计**	**33**		

图 4-2　资产负债表样表

根据样表，可以通过学习情境一所学的技能要点，新建工作表，设置工作表格式等操作步骤完成资产负债表的格式设置。

(2)资产负债表中添加日期。

企业资产负债表是针对企业经营过程中的某个时间点的财务状况进行分析，通常资产负债表的分析均在某一个会计期末进行，如果需要对某个月的数据进行资产负债分析，则时间应该是该月的最后一天。所以在资产负债表中日期的设置可以借助 Excel 的公式来实现。实现过程如下。

步骤 1：首先在资产负债表工作表中的某一个单元格区域输入分析当年的 1 月至 12 月，并将格式设置为“×年×月”，如图 4-3 所示。

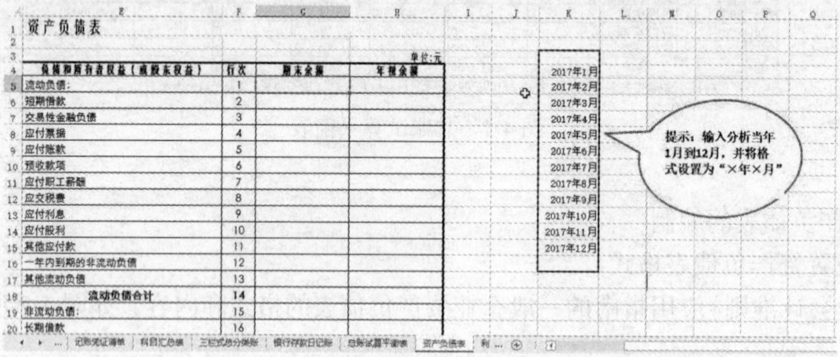

图 4-3　单元格区域中输入选择月份

步骤 2：将单元格区域命名为“选择分析的月份”。具体操作为：选择单元格区域 K4：K15，单击菜单栏中的【公式】|【定义名称】命令，弹出【新建名称】对话框，在该对话框中的【名称】文本框中输入【选择分析的月份】，在【引用位置】文本框中检查单元格区域是否正确或者直接在文本框中输入公式：=资产负债表！＄K＄4：＄K＄15，如图 4-4 所示。

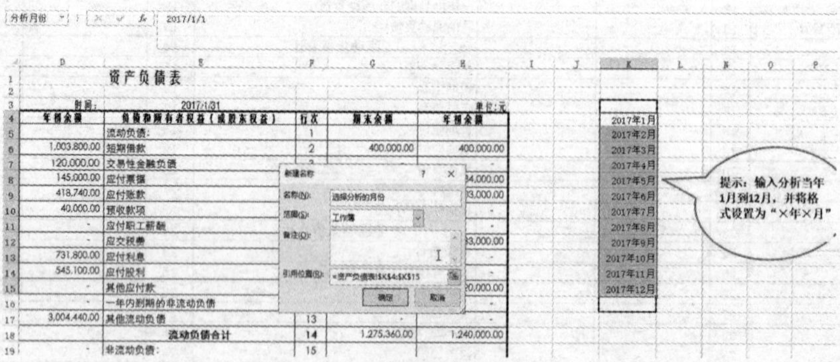

图 4-4　定义数据区域名称

步骤 3：将 K 列进行隐藏，因为 K 列是用于设置数据下拉列表的数据源，作为辅助列往往需要进行隐藏，但不可删除。具体操作：选定 K 列，右击弹出相应的快捷菜单，在菜单中选择【隐藏】命令，如图 4-5 所示。

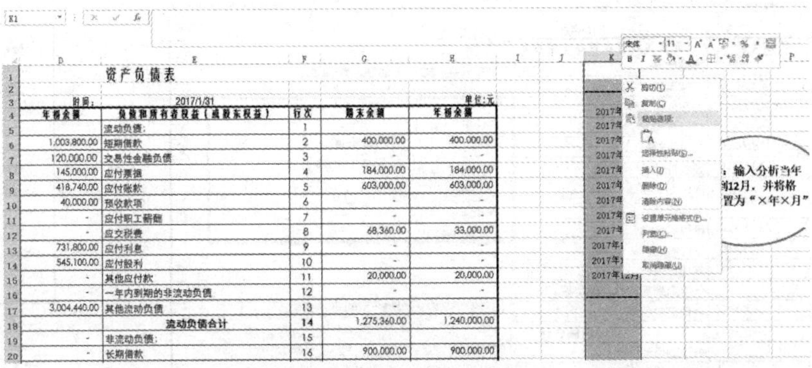

图 4-5　将辅助列进行隐藏设置

步骤 4：设置输入“分析月份”的单元格。具体步骤：可以选择在单元格“单位：元”的上方即选择单元格 H2，然后单击菜单栏中的【数据】|【数据验证】命令，如图 4-6 所示。

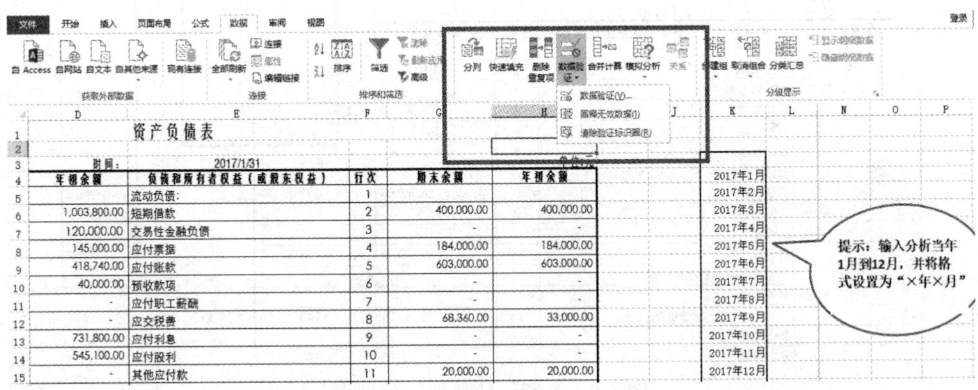

图 4-6　设置数据下拉列表

步骤 5：在弹出【数据验证】对话框中，设置数据有效性的条件。在这里我们需要设置数据的下拉列表，因此在【数据验证】区域中的【允许】下拉列表中选择【序列】，并在【来源】文本框中输入“=选择分析月份”，如图 4-7 所示。

步骤 6：通过以上的设置，这时选定单元格 H2 时，单元格中将会显示一个下拉按钮，单击此下拉按钮会弹出如图 4-8 所示的下拉列表。

步骤 7：设置好“选择分析月份”后，接下来我们需要将“分析月份”转换成该月的最后一天。通常，资产负债表的分析均在某一个会计期末，如果需要对某个月的数据进行资产负债分析，则时间应该是该月的最后一天。因此需要在单元格 E3 中输入公式：

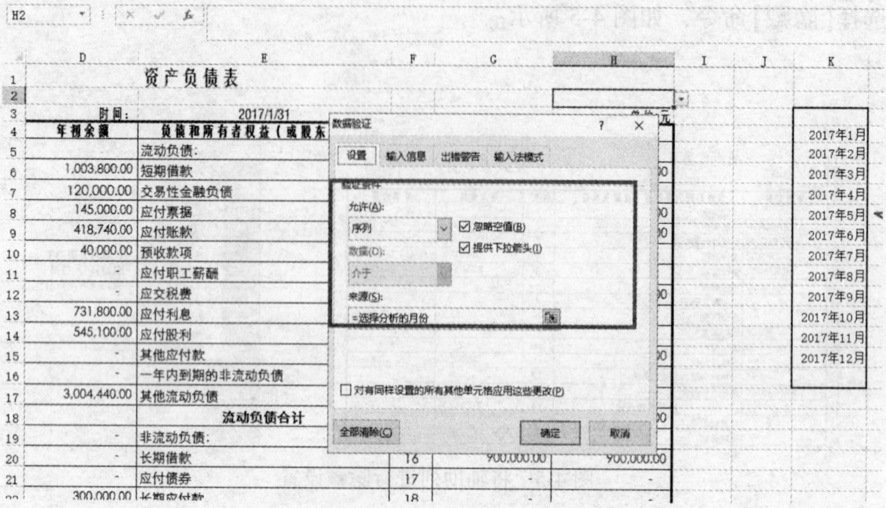

图 4-7　数据有效性的有效性条件设置

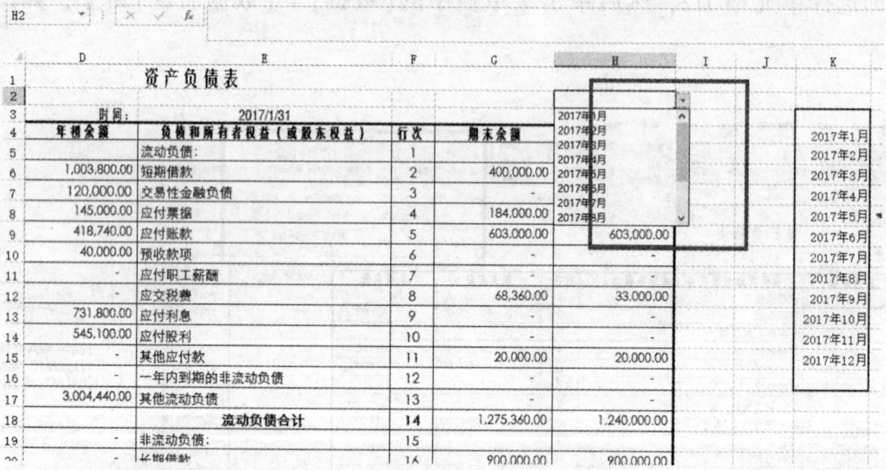

图 4-8　设置好的数据下拉列表

=DATE(YEAR(H2)，MONTH(H2)+1，0)

如图 4-9 所示。

【函数说明】

1. DATE 函数

DATE(year，month，day)返回代表特定日期的序列号。如果在输入函数前，单元格格式为“常规”，则结果将设为日期格式。函数 DATE 在年、月、日为变量的公式中非常有用。

Year 参数可以为一到四位数字。Microsoft Excel 将根据所使用的日期系统来解释 year 参数。默认情况下，Microsoft Excel for Windows 将使用 1900 日期系统。

E3 =DATE(YEAR(H2),MONTH(H2)+1,0)

计算指定月份的最后一天

D	E	F	G	H
	资产负债表			
				2017年1月
时间:	2017/1/31			单位:元
年初余额	负债和所有者权益（或股东权益）	行次	期末余额	年初余额
	流动负债:	1		
1,003,800.00	短期借款	2	400,000.00	400,000.00
120,000.00	交易性金融负债	3	-	-
145,000.00	应付票据	4	184,000.00	184,000.00
418,740.00	应付账款	5	603,000.00	603,000.00
40,000.00	预收款项	6	-	-
-	应付职工薪酬	7	-	-
-	应交税费	8	68,360.00	33,000.00
731,800.00	应付利息	9	-	-
545,100.00	应付股利	10	-	-
-	其他应付款	11	20,000.00	20,000.00
-	一年内到期的非流动负债	12	-	-
3,004,440.00	其他流动负债	13	-	-
	流动负债合计	14	1,275,360.00	1,240,000.00

图 4-9　计算资产负债表的时间

对于 1900 年日期系统

(1)如果 year 位于 0(零)到 1899(包含)之间，则 Excel 会将该值加上 1900，再计算年份。例如：DATE(108，1，2) 将返回 2008 年 1 月 2 日(1900+108)。

(2)如果 year 位于 1900 到 9999(包含)之间，则 Excel 将使用该数值作为年份。例如：DATE(2008，1，2)将返回 2008 年 1 月 2 日。

(3)如果 year 小于 0 或大于等于 10000，则 Excel 将返回错误值#NUM!。

对于 1904 年日期系统

(1)如果 year 位于 4 到 1899(含)之间，则 Excel 会将该值加上 1900，再计算年份。例如：DATE(108，1，2)将返回 2008 年 1 月 2 日(1900+108)。

(2)如果 year 位于 1904 到 9999(含)之间，则 Excel 将使用该数值作为年份。例如：DATE(2008，1，2) 将返回 2008 年 1 月 2 日。

(3)如果 year 小于 4 或大于等于 10000，或者位于 1900 到 1903(含)之间，则 Excel 将返回错误值#NUM!。

Month 参数代表每年中月份的数字。如果所输入的月份大于 12，将从指定年份的一月份开始往上加算。例如：DATE(2008，14，2) 返回代表 2009 年 2 月 2 日的序列号。

Day 参数代表在该月份中第几天的数字。如果 day 大于该月份的最大天数，则将从指定月份的第一天开始往上累加。例如，DATE(2008，1，35) 返回代表 2008 年 2 月 4 日的序列号。

Microsoft Excel 可将日期存储为可用于计算的序列号。默认情况下，1900 年 1 月 1 日的序列号是 1 而 2008 年 1 月 1 日的序列号是 39448，这是因为它距 1900 年 1 月 1 日有 39448 天。

2. YEAR 函数

YEAR(serial_number)返回某日期对应的年份。返回值为 1900 到 9999 之间的整数。

参数 Serial_number 为一个日期值，其中包含要查找年份的日期。

3. MONTH 函数

MONTH(serial_number)返回以序列号表示的日期中的月份。月份是介于 1(一月)到 12(十二月)之间的整数。

参数 Serial_number 表示一个日期值，其中包含要查找的月份。

思考：为何在公式=DATE(YEAR(H2)，MONTH(H2)+1，0)中，需要在月份上附加一个增量 1，并且天的值使用 0?

解析：下个月的第 0 天即是当前月的最后一天。

三、资产负债表的数据填列

在填列资产负债表的相关数据之前，我们需要了解资产负债表中各个项目的计算规则，也就是资产负债表中各项目之间以及项目和会计科目之间的数据勾稽关系。

首先需要将文本类型的“科目代码”转换成数据类型的“科目代码”，为后续公式的使用做好准备。具体步骤如下：

【函数说明】

VALUE 函数：将代表数字的文本字符串转换成数字。

VALUE(text)，其中参数 Text 为带引号的文本，或对需要进行文本转换的单元格的引用。

步骤 1：切换到“总账试算平衡表”中，在“科目代码”列的右侧插入新列，输入列标题为“科目代码”，并在单元格 B4 中输入公式：=VALUE(A4)，将科目代码转换为数值型。如图 4-10 所示。否则在函数 SUMIF 中无法搜索到符合条件的数据。

步骤 2：将辅助列 B 列进行“隐藏”。

在填列资产负债表的数据时，有两种方法：

方法一：直接通过工作表之间链接引用的方法，分别引用“总账试算平衡表”工作表【期初数】和【期末数】的相关单元格数据，进行一定的计算完成资产负债表【年初余额】和【期末余额】的公式设置。

方法二：利用函数 SUMIF 进行公式的设置。

下面将针对资产负债表中典型的项目进行分析，并按照两种思路进行公式的设置，以拓展公式设置的思路。

方法一：

典型项目 1：货币资金=库存现金+银行存款+其他货币资金

引用“总账试算平衡表”中“库存现金”、“银行存款”、“其他货币资金”科目的数据，并进行求和计算，如图 4-11 所示。

公式设置：

货币资金期末余额 C6=总账试算平衡表！H4+总账试算平衡表！H5+总账试算平衡表！H6

B4　=VALUE(A4)

总账试算平衡表

科目代码	科目代码	总账科目	期初余额		本期发生额		期末余额	
			借方	贷方	借方	贷方	借方	贷方
1001	1001	库存现金	800	0	500900	500900	800	0
1002	1002	银行存款	923000	0	720000	812900	830100	0
1009	1009	其他货币资金	80000	0	0	0	80000	0
1101	1101	交易性金融资产	120000	0	0	120000	0	0
1121	1121	应收票据	145000	0	0	120000	25000	0
1122	1122	应收账款	420000	0	56160	0	476160	0
1241	1241	坏账准备	0	1260	0	0	0	1260
1231	1231	其他应收款	731800	0	0	0	731800	0
1403	1403	原材料	0	0	240000	0	240000	0
1406	1406	库存商品	60800	0	0	37100	23700	0
1412	1412	包装物及低值易耗品	484300	0	0	0	484300	0
1123	1123	预付账款	40000	0	0	0	40000	0
1524	1524	长期股权投资	300000	0	0	0	300000	0
1601	1601	固定资产	1620000	0	12100	22000	1610100	0
1602	1602	累计折旧	0	209440	20000	81605	0	271045
1606	1606	固定资产清理	0	0	2000	2000	0	0
1604	1604	在建工程	222000	0	0	0	222000	0

图 4-10　转换科目代码为数值型

C6　=总账试算平衡表!H4+总账试算平衡表!H5+总账试算平衡表!H6

资产负债表

编制单位:××单位　　时间:　2017/1/31　　单位:元

资产	行次	期末余额	年初余额	负债和所有者权益（或股东权益）	行次	期末余额	年初余额
流动资产:	1			流动负债:	1		
货币资金	2	910,900.00	1,003,800.00	短期借款	2		
交易性金融资产	3			交易性金融负债	3		
应收票据	4			应付票据	4		
应收账款	5			应付账款	5		
预付款项	6			预收款项	6		
应收利息	7			应付职工薪酬	7		

图 4-11　用直接引用的思路计算货币资金期末余额

货币资金年初余额 D6＝总账试算平衡表！D4+总账试算平衡表！D5+总账试算平衡表！D6

将单元格 C6 中的公式复制到单元格 D6 中，只需要将其公式修改为“总账试算平衡表”中年初余额所对应的的单元格，如图 4-12 所示。

D6　=总账试算平衡表!D4+总账试算平衡表!D5+总账试算平衡表!D6

提示：手工修改公式

资产负债表

编制单位:××单位　　时间:　2017/1/31　　单位:元

资产	行次	期末余额	年初余额	负债和所有者权益（或股东权益）	行次	期末余额	年初余额
流动资产:	1			流动负债:	1		
货币资金	2	830,900.00	1,003,800.00	短期借款	2		
交易性金融资产	3			交易性金融负债	3		
应收票据	4			应付票据	4		
应收账款	5			应付账款	5		
预付款项	6			预收款项	6		
应收利息	7			应付职工薪酬	7		

图 4-12　用直接引用的思路计算货币资金年初余额

典型项目 2：应收账款净额=应收账款-坏账准备

引用“总账平衡表”中“应收账款”、“坏账准备”科目的数据，并进行相减计算。

公式设置：

应收账款期末余额 C8=总账试算平衡表！H9-总账试算平衡表！I10，如图 4-13 所示。

C9　=总账试算平衡表!H9-总账试算平衡表!I10

资产负债表

编制单位:××单位　时间:　2017/1/31　单位:元

资产	行次	期末余额	年初余额	负债和所有者权益（或股东权益）	行次	期末余额	年初余额
流动资产:	1			流动负债:	1		
货币资金	2	910,900.00	1,003,800.00	短期借款	2		
交易性金融资产	3	-	120,000.00	交易性金融负债	3		
应收票据	4	25,000.00	145,000.00	应付票据	4		
应收账款	5	474,900.00		应付账款	5		
预付款项	6			预收款项	6		
应收利息	7			应付职工薪酬	7		

图 4-13　用直接引用的思路计算应收账款期末余额

应收账款年初余额 D8=总账试算平衡表！D9-总账试算平衡表！E10，如图 4-14 所示。

D9　=总账试算平衡表!D9-总账试算平衡表!E10

资产负债表

编制单位:××单位　时间:　2017/1/31　单位:元

资产	行次	期末余额	年初余额	负债和所有者权益（或股东权益）	行次	期末余额	年初余额
流动资产:	1			流动负债:	1		
货币资金	2	910,900.00	1,003,800.00	短期借款	2		
交易性金融资产	3	-	120,000.00	交易性金融负债	3		
应收票据	4	25,000.00	145,000.00	应付票据	4		
应收账款	5	474,900.00	418,740.00	应付账款	5		
预付款项	6			预收款项	6		
应收利息	7			应付职工薪酬	7		

图 4-14　用直接引用的思路计算应收账款年初余额

典型项目 3：存货=原材料+库存商品+包装物及低值易耗品+生产成本

引用“总账平衡表”中“原材料”、“库存商品”、“包装物及低值易耗品”、“生产成本”等科目的数据，并进行求和计算。

公式设置：

存货期末余额 C14=总账试算平衡表！H12+总账试算平衡表！H13+总账试算平衡表！H14+总账试算平衡表！H35，如图 4-15 所示。

存货年初余额 D14=总账试算平衡表！D12+总账试算平衡表！D13+总账试算平衡表！D14+总账试算平衡表！D35，如图 4-16 所示。

典型项目 4：固定资产净值=固定资产-累计折旧

引用“总账平衡表”中“固定资产”、“累计折旧”科目的数据，并进行相减计算。

公式设置：

固定资产期末余额 C24=总账试算平衡表！H17-总账试算平衡表！I18，如图 4-17 所示。

C14 =总账试算平衡表!H12+总账试算平衡表!H13+总账试算平衡表!H14+总账试算平衡表!H35

资产负债表

编制单位:××单位　　时间: 2017/1/31　　单位:元

资 产	行次	期末余额	年初余额	负债和所有者权益(或股东权益)	行次	期末余额	年初余额
流动资产:	1			流动负债:	1		
货币资金	2	910,900.00	1,003,800.00	短期借款	2		
交易性金融资产	3	-	120,000.00	交易性金融负债	3		
应收票据	4	25,000.00	145,000.00	应付票据	4		
应收账款	5	474,900.00	418,740.00	应付账款	5		
预付款项	6	40,000.00	40,000.00	预收款项	6		
应收利息	7	-	-	应付职工薪酬	7		
应收股利	8	-	-	应交税费	8		
其他应收款	9	731,800.00	731,800.00	应付利息	9		
存货	10	1,244,605.00		应付股利	10		
一年内非到期的流动资产	11			其他应付款	11		
其他流动资产	12			一年内到期的非流动负债	12		

图 4-15 用直接引用的思路计算存货期末余额

D14 =总账试算平衡表!D12+总账试算平衡表!D13+总账试算平衡表!D14+总账试算平衡表!D35

资产负债表

编制单位:××单位　　时间: 2017/1/31　　单位:元

资 产	行次	期末余额	年初余额	负债和所有者权益(或股东权益)	行次	期末余额	年初余额
流动资产:	1			流动负债:	1		
货币资金	2	910,900.00	1,003,800.00	短期借款	2		
交易性金融资产	3	-	120,000.00	交易性金融负债	3		
应收票据	4	25,000.00	145,000.00	应付票据	4		
应收账款	5	474,900.00	418,740.00	应付账款	5		
预付款项	6	40,000.00	40,000.00	预收款项	6		
应收利息	7	-	-	应付职工薪酬	7		
应收股利	8	-	-	应交税费	8		
其他应收款	9	731,800.00	731,800.00	应付利息	9		
存货	10	1,244,605.00	545,100.00	应付股利	10		
一年内非到期的流动资产	11			其他应付款	11		
其他流动资产	12			一年内到期的非流动负债	12		
流动资产合计	13			其他流动负债	13		

图 4-16 用直接引用的思路计算存货年初余额

C24 =总账试算平衡表!H17-总账试算平衡表!I18

A	B	C	D	E	F	G	H
预付款项	6	40,000.00	40,000.00	预收款项	6		
应收利息	7	-	-	应付职工薪酬	7		
应收股利	8	-	-	应交税费	8		
其他应收款	9	731,800.00	731,800.00	应付利息	9		
存货	10	1,244,605.00	545,100.00	应付股利	10		
一年内非到期的流动资产	11			其他应付款	11		
其他流动资产	12			一年内到期的非流动负债	12		
流动资产合计	13	3,427,205.00	3,004,440.00	其他流动负债	13		
非流动资产:	14			流动负债合计	14		
可供出售金融资产	15	-	-	非流动负债:	15		
持有至到期投资	16	-	-	长期借款	16		
长期应收款	17	-	-	应付债券	17		
长期股权投资	18	300,000.00	300,000.00	长期应付款	18		
投资性房地产	19	-	-	专项应付款	19		
固定资产	20	1,339,055.00		预计负债	20		
在建工程	21			递延所得税负债	21		

图 4-17 用直接引用的思路计算固定资产期末余额

固定资产年初余额 D24＝总账试算平衡表！D17－总账试算平衡表！E18，如图 4-18 所示。

典型项目 5：流动资产合计＝货币资金+交易性金融资产+应收票据+应收账款等科目公式设置：

D24　=总账试算平衡表!D17-总账试算平衡表!E18

	A	B	C	D	E	F	G	H
10	预付款项	6	40,000.00	40,000.00	预收款项	6		
11	应收利息	7	-	-	应付职工薪酬	7		
12	应收股利	8	-	-	应交税费	8		
13	其他应收款	9	731,800.00	731,800.00	应付利息	9		
14	存货	10	1,244,605.00	545,100.00	应付股利	10		
15	一年内非到期的流动资产	11			其他应付款	11		
16	其他流动资产	12			一年内到期的非流动负债	12		
17	流动资产合计	13	3,427,205.00	3,004,440.00	其他流动负债	13		
18	非流动资产:	14			流动负债合计	14		
19	可供出售金融资产	15	-	-	非流动负债:	15		
20	持有至到期投资	16	-	-	长期借款	16		
21	长期应收款	17	-	-	应付债券	17		
22	长期股权投资	18	300,000.00	300,000.00	长期应付款	18		
23	投资性房地产	19	-	-	专项应付款	19		
24	固定资产	20	1,339,055.00	1,410,560.00	预计负债	20		
25	在建工程	21			递延所得税负债	21		
26	工程物资	22			其他非流动负债	22		

图 4-18　用直接引用的思路计算固定资产年初余额

流动资产合计 C17=SUM(C6：C16)，如图 4-19 所示。

C17　=SUM(C6:C16)

资产负债表

	A	B	C	D	E	F	G	H
2								2017年1月
3	编制单位:××单位			时间:	2017/1/31			单位:元
4	资产	行次	期末余额	年初余额	负债和所有者权益（或股东权益）	行次	期末余额	年初余额
5	流动资产:	1			流动负债:	1		
6	货币资金	2	910,900.00	1,003,800.00	短期借款	2	400,000.00	400,000.00
7	交易性金融资产	3	-	120,000.00	交易性金融负债	3	-	-
8	应收票据	4	25,000.00	145,000.00	应付票据	4	184,000.00	184,000.00
9	应收账款	5	474,900.00	418,740.00	应付账款	5	603,000.00	603,000.00
10	预付款项	6	40,000.00	40,000.00	预收款项	6	-	-
11	应收利息	7	-	-	应付职工薪酬	7	-	-
12	应收股利	8	-	-	应交税费	8	68,360.00	33,000.00
13	其他应收款	9	731,800.00	731,800.00	应付利息	9	-	-
14	存货	10	1,244,605.00	545,100.00	应付股利	10	-	-
15	一年内非到期的流动资产	11	-	-	其他应付款	11	20,000.00	20,000.00
16	其他流动资产	12	-	-	一年内到期的非流动负债	12	-	-
17	流动资产合计	13	3,427,205.00	3,004,440.00	其他流动负债	13	-	-

图 4-19　流动资产合计的公式设置

典型项目 6：未分配利润=利润表中的“净利润”项目金额

公式设置：

未分配利润期末余额 G34=利润表！D20，如图 4-20 所示。这个数据来源的会计原理是指在计算利润表中的净利润的金额以后，根据结转本年利润的会计处理步骤，将“本年利润”转入“利润分配-未分配利润”中。

除了以上列举的典型项目外，其他资产负债表的项目都可以参照这两种思路进行取数和计算，在此就不再一一列举了，同学们可以自行完成其他资产负债表项目的公式设置。设置完成后检查资产负债表中资产合计是否和负债及所有者权益合计相等。如果相等说明公式的计算是正确的，如图 4-21 所示。

方法二：利用函数 SUMIF 进行公式的设置。

典型项目 1：货币资金=库存现金+银行存款+其他货币资金

由于货币资金项目包括“库存现金”、“银行存款”、“其他货币资金”三个科目，所对应的科目代码是“1001”、“1002”、“1009”，所以在函数 SUMIF 中用条件“<1010”来搜索

G34　=利润表!D20

	D	E	F	G	H
19	-	非流动负债:	15		
20	-	长期借款	16	900,000.00	900,000.00
21	-	应付债券	17	-	-
22	300,000.00	长期应付款	18	-	-
23	-	专项应付款	19	-	-
24	1,410,560.00	预计负债	20	-	-
25	222,000.00	递延所得税负债	21	-	-
26	-	其他非流动负债	22	-	-
27	-	**非流动负债合计**	**23**	900,000.00	900,000.00
28	-	**负债合计**	**24**	2,175,360.00	2,140,000.00
29	-	所有者权益（或股东权益）:	25		
30	210,000.00	实收资本（或股本）	26	3,000,000.00	3,000,000.00
31	-	资本公积	27	20,000.00	20,000.00
32	-	减：库存股	28	-	-
33	53,000.00	盈余公积	29	40,000.00	40,000.00
34	-	未分配利润	30	315,900.00	-
35	-	**所有者权益（或股东权益）合计**	**31**	3,375,900.00	3,060,000.00
36	2,195,560.00		32		
37	**5,200,000.00**	**负债和所有者权益（或股东权益）总计**	**33**	**5,551,260.00**	**5,200,000.00**

图 4-20　未分配利润的公式设置

资产负债表

编制单位:××单位　　时间:　2017/1/31　　单位:元

资产	行次	期末余额	年初余额	负债和所有者权益（或股东权益）	行次	期末余额	年初余额
流动资产:	1			流动负债:	1		
货币资金	2	910,900.00	1,003,800.00	短期借款	2	400,000.00	400,000.00
交易性金融资产	3	-	120,000.00	交易性金融负债	3	-	-
应收票据	4	25,000.00	145,000.00	应付票据	4	184,000.00	184,000.00
应收账款	5	474,900.00	418,740.00	应付账款	5	603,000.00	603,000.00
预付款项	6	40,000.00	40,000.00	预收款项	6	-	-
应收利息	7	-	-	应付职工薪酬	7	-	-
应收股利	8	-	-	应交税费	8	68,360.00	33,000.00
其他应收款	9	731,800.00	731,800.00	应付利息	9	-	-
存货	10	1,244,605.00	545,100.00	应付股利	10	-	-
一年内非到期的流动资产	11	-	-	其他应付款	11	20,000.00	20,000.00
其他流动资产	12	-	-	一年内到期的非流动负债	12	-	-
流动资产合计	13	3,427,205.00	3,004,440.00	其他流动负债	13	-	-
非流动资产:	14			**流动负债合计**	14	1,275,360.00	1,240,000.00
可供出售金融资产	15	-	-	非流动负债:	15		
持有至到期投资	16	-	-	长期借款	16	900,000.00	900,000.00
长期应收款	17	-	-	应付债券	17	-	-
长期股权投资	18	300,000.00	300,000.00	长期应付款	18	-	-
投资性房地产	19	-	-	专项应付款	19	-	-
固定资产	20	1,339,055.00	1,410,560.00	预计负债	20	-	-
在建工程	21	222,000.00	222,000.00	递延所得税负债	21	-	-
工程物资	22	-	-	其他非流动负债	22	-	-
固定资产清理	23	-	-	**非流动负债合计**	23	900,000.00	900,000.00
生产性生物资产	24	-	-	**负债合计**	24	2,175,360.00	2,140,000.00
油气资产	25	-	-	所有者权益（或股东权益）:	25		
无形资产	26	210,000.00	210,000.00	实收资本（或股本）	26	3,000,000.00	3,000,000.00
开发支出	27	-	-	资本公积	27	20,000.00	20,000.00
商誉	28	-	-	减：库存股	28	-	-
长期待摊费用	29	53,000.00	53,000.00	盈余公积	29	40,000.00	40,000.00
递延所得税资产	30	-	-	未分配利润	30	315,900.00	-
其他非流动资产	31	-	-	所有者权益（或股东权益）合计	31	3,375,900.00	3,060,000.00
非流动资产合计	32	2,124,055.00	2,195,560.00		32		
资产总计	33	5,551,260.00	5,200,000.00	负债和所有者权益（或股东权益）总计	33	5,551,260.00	5,200,000.00

图 4-21　完成后资产负债表的效果

需要的数据，如图 4-22 所示。

公式设置：

货币资金期末余额 C6=SUMIF(总账试算平衡表！$B：$B,"<1010"，总账试算平衡表！$H：$H)

C6 =SUMIF(总账试算平衡表!$B:$B,"<1010",总账试算平衡表!$H:$H)

资产负债表

编制单位:××单位　时间：2017/1/31　单位:元

资产	行次	期末余额	年初余额	负债和所有者权益（或股东权益）	行次	期末余额	年初余额
流动资产:	1			流动负债:	1		
货币资金	2	910,900.00		短期借款	2		
交易性金融资产	3			交易性金融负债	3		
应收票据	4			应付票据	4		
应收账款	5			应付账款	5		
预付款项	6			预收款项	6		
应收利息	7			应付职工薪酬	7		
应收股利	8			应交税费	8		
其他应收款	9			应付利息	9		
存货	10			应付股利	10		
一年内非到期的流动资产	11			其他应付款	11		
其他流动资产	12			一年内到期的非流动负债	12		
流动资产合计	13			其他流动负债	13		

图 4-22 用函数 SUMIF 的思路计算货币资金期末余额

D6=SUMIF(总账试算平衡表！$B：$B,"<1010"，总账试算平衡表！$D：$D)

同样将单元格 C6 中的公式复制到单元格 D6 中，只需要将其公式中条件求和区域“总账平衡表！$H：$H”修改为“总账试算平衡表！$D：$D”，如图 4-23 所示。

D6 =SUMIF(总账试算平衡表!$B:$B,"<1010",总账试算平衡表!$D:$D)

资产负债表

编制单位:××单位　时间：2017/1/31　单位:元

资产	行次	期末余额	年初余额	负债和所有者权益（或股东权益）	行次	期末余额	年初余额
流动资产:	1			流动负债:	1		
货币资金	2	910,900.00	1,003,800.00	短期借款	2		
交易性金融资产	3			交易性金融负债	3		
应收票据	4			应付票据	4		
应收账款	5			应付账款	5		
预付款项	6			预收款项	6		
应收利息	7			应付职工薪酬	7		
应收股利	8			应交税费	8		
其他应收款	9			应付利息	9		
存货	10			应付股利	10		
一年内非到期的流动资产	11			其他应付款	11		
其他流动资产	12			一年内到期的非流动负债	12		
流动资产合计	13			其他流动负债	13		

图 4-23 用函数 SUMIF 的思路计算货币资金年初余额

典型项目 2：应收账款净额=应收账款-坏账准备

“应收账款”的科目代码为“1122”，“坏账准备”的科目代码为“1241”，所以在函数 SUMIF 中分别用条件“=1122”和“=1241 来搜索“应收账款”和“坏账准备”的数据。

公式设置：

应收账款期末余额 C9= SUMIF(总账试算平衡表！$B：$B,"=1122"，总账试算平衡表！$H：$H)-SUMIF(总账试算平衡表！$B：$B,"=1241"，总账试算平衡表！$I：$I)，如图 4-24 所示。

图 4-24　用函数 SUMIF 的思路计算应收账款期末余额

应收账款年初余额 D9＝SUMIF(总账试算平衡表！$B：$B,"＝1122"，总账试算平衡表！$D：$D)－SUMIF(总账试算平衡表！$B：$B,"＝1241"，总账试算平衡表！$E：$E)，如图 4-25 所示。

图 4-25　用函数 SUMIF 的思路计算应收账款年初余额

典型项目 3：存货＝原材料+库存商品+包装物及低值易耗品+生产成本

"原材料"的科目代码为"1403"、"库存商品"的科目代码为"1406"、"包装物及低值易耗品"的科目代码为"1412"、"生产成本"的科目代码为"5001"，所以在函数 SUMIF 中分别用条件"＝1403"、"＝1406"、"＝1412"和"＝5001"来搜索"原材料"、"库存商品"、"包装物及低值易耗品"和"生产成本"的数据。

公式设置：

存货期末余额 C14＝SUMIF(总账试算平衡表！$B：$B,"＝1403"，总账试算平衡表！$H：$H)+SUMIF(总账试算平衡表！$B：$B,"＝1406"，总账试算平衡表！$H：$H)+SUMIF(总账试算平衡表！$B：$B,"＝1412"，总账试算平衡表！$H：$H)+

SUMIF(总账试算平衡表！＄B：＄B,"＝5001"，总账试算平衡表！＄H：＄H)，如图4-26所示。

C14　=SUMIF(总账试算平衡表!$B:$B,"=1403",总账试算平衡表!$H:$H)+SUMIF(总账试算平衡表!$B:$B,"=1406",总账试算平衡表!$H:$H)+SUMIF(总账试算平衡表!$B:$B,"=1412",总账试算平衡表!$H:$H)+SUMIF(总账试算平衡表!$B:$B,"=5001",总账试算平衡表!$H:$H)

	A	B	C	D	E	F	G	H
4	资产	行次	期末余额	年初余额	负债和所有者权益（或股东权益）	行次	期末余额	年初余额
5	流动资产:	1			流动负债:	1		
6	货币资金	2	910,900.00	1,003,800.00	短期借款	2		
7	交易性金融资产	3	-	120,000.00	交易性金融负债	3		
8	应收票据	4	25,000.00	145,000.00	应付票据	4		
9	应收账款	5	474,900.00	418,740.00	应付账款	5		
10	预付款项	6	40,000.00	40,000.00	预收款项	6		
11	应收利息	7	-	-	应付职工薪酬	7		
12	应收股利	8	-	-	应交税费	8		
13	其他应收款	9	731,800.00	731,800.00	应付利息	9		
14	存货	10	1,244,605.00	545,100.00	应付股利	10		
15	一年内非到期的流动资产	11	-	-	其他应付款	11		
16	其他流动资产	12	-	-	一年内到期的非流动负债	12		
17	流动资产合计	13	3,427,205.00	3,004,440.00	其他流动负债	13		

图 4-26　用函数 SUMIF 的思路计算存货期末余额

存货年初余额 D14＝SUMIF(总账试算平衡表！＄B：＄B,"＝1403"，总账试算平衡表！＄D：＄D)+SUMIF(总账试算平衡表！＄B：＄B,"＝1406"，总账试算平衡表！＄D：＄D)+SUMIF(总账试算平衡表！＄B：＄B,"＝1412"，总账试算平衡表！＄D：＄D)+SUMIF(总账试算平衡表！＄B：＄B,"＝5001"，总账试算平衡表！＄D：＄D)，如图4-27所示。

D14　=SUMIF(总账试算平衡表!$B:$B,"=1403",总账试算平衡表!$D:$D)+SUMIF(总账试算平衡表!$B:$B,"=1406",总账试算平衡表!$D:$D)+SUMIF(总账试算平衡表!$B:$B,"=1412",总账试算平衡表!$D:$D)+SUMIF(总账试算平衡表!$B:$B,"=5001",总账试算平衡表!$D:$D)

	A	B	C	D	E	F	G	H
4	资产	行次	期末余额	年初余额	负债和所有者权益（或股东权益）	行次	期末余额	年初余额
5	流动资产:	1			流动负债:	1		
6	货币资金	2	910,900.00	1,003,800.00	短期借款	2		
7	交易性金融资产	3	-	120,000.00	交易性金融负债	3		
8	应收票据	4	25,000.00	145,000.00	应付票据	4		
9	应收账款	5	474,900.00	418,740.00	应付账款	5		
10	预付款项	6	40,000.00	40,000.00	预收款项	6		
11	应收利息	7	-	-	应付职工薪酬	7		
12	应收股利	8	-	-	应交税费	8		
13	其他应收款	9	731,800.00	731,800.00	应付利息	9		
14	存货	10	1,244,605.00	545,100.00	应付股利	10		
15	一年内非到期的流动资产	11	-	-	其他应付款	11		
16	其他流动资产	12	-	-	一年内到期的非流动负债	12		
17	流动资产合计	13	3,427,205.00	3,004,440.00	其他流动负债	13		

图 4-27　用函数 SUMIF 的思路计算存货年初余额

典型项目 4：固定资产净值＝固定资产－累计折旧

“固定资产”的科目代码为“1601”，“累计折旧”的科目代码为“1602”，所以在函数SUMIF 中分别用条件“＝1601”和“＝1602”来搜索“固定资产”和“累计折旧”的数据。

公式设置：

固定资产期末余额 C24＝SUMIF(总账试算平衡表！＄B：＄B,"＝1601"，总账试算平衡表！＄H：＄H)－SUMIF(总账试算平衡表！＄B：＄B,"＝1602"，总账试算平衡表！＄I：＄I) 如图 4-28 所示。

固定资产年初余额 D24＝SUMIF(总账试算平衡表！＄B：＄B,"＝1601"，总账试算平

C24　=SUMIF(总账试算平衡表!$B:$B,"=1601",总账试算平衡表!$H:$H)-SUMIF(总账试算平衡表!$B:$B,"=1602",总账试算平衡表!$I:$I)

	A	B	C	D	E	F	G	H
5	流动资产:	1			流动负债:	1		
6	货币资金	2	910,900.00	1,003,800.00	短期借款	2		
7	交易性金融资产	3	-	120,000.00	交易性金融负债	3		
8	应收票据	4	25,000.00	145,000.00	应付票据	4		
9	应收账款	5	474,900.00	418,740.00	应付账款	5		
10	预付款项	6	40,000.00	40,000.00	预收款项	6		
11	应收利息	7	-	-	应付职工薪酬	7		
12	应收股利	8	-	-	应交税费	8		
13	其他应收款	9	731,800.00	731,800.00	应付利息	9		
14	存货	10	1,244,605.00	545,100.00	应付股利	10		
15	一年内非到期的流动资产	11	-	-	其他应付款	11		
16	其他流动资产	12	-	-	一年内到期的非流动负债	12		
17	**流动资产合计**	13	3,427,205.00	3,004,440.00	其他流动负债	13		
18	非流动资产:	14			**流动负债合计**	**14**		
19	可供出售金融资产	15	-	-	非流动负债:	15		
20	持有至到期投资	16	-	-	长期借款	16		
21	长期应收款	17	-	-	应付债券	17		
22	长期股权投资	18	300,000.00	300,000.00	长期应付款	18		
23	投资性房地产	19	-	-	专项应付款	19		
24	固定资产	20	1,339,055.00	1,410,560.00	预计负债	20		
25	在建工程	21			递延所得税负债	21		

图 4-28　用函数 SUMIF 的思路计算固定资产期末余额

衡表！$D：$D)-SUMIF(总账试算平衡表！$B：$B,"=1602"，总账试算平衡表！$E：$E)，如图 4-29 所示。

D24　=SUMIF(总账试算平衡表!$B:$B,"=1601",总账试算平衡表!$D:$D)-SUMIF(总账试算平衡表!$B:$B,"=1602",总账试算平衡表!$E:$E)

	A	B	C	D	E	F	G	H
7	交易性金融资产	3	-	120,000.00	交易性金融负债	3		
8	应收票据	4	25,000.00	145,000.00	应付票据	4		
9	应收账款	5	474,900.00	418,740.00	应付账款	5		
10	预付款项	6	40,000.00	40,000.00	预收款项	6		
11	应收利息	7	-	-	应付职工薪酬	7		
12	应收股利	8	-	-	应交税费	8		
13	其他应收款	9	731,800.00	731,800.00	应付利息	9		
14	存货	10	1,244,605.00	545,100.00	应付股利	10		
15	一年内非到期的流动资产	11	-	-	其他应付款	11		
16	其他流动资产	12	-	-	一年内到期的非流动负债	12		
17	**流动资产合计**	13	3,427,205.00	3,004,440.00	其他流动负债	13		
18	非流动资产:	14			**流动负债合计**	**14**		
19	可供出售金融资产	15	-	-	非流动负债:	15		
20	持有至到期投资	16	-	-	长期借款	16		
21	长期应收款	17	-	-	应付债券	17		
22	长期股权投资	18	300,000.00	300,000.00	长期应付款	18		
23	投资性房地产	19	-	-	专项应付款	19		
24	固定资产	20	1,339,055.00	1,410,560.00	预计负债	20		
25	在建工程	21			递延所得税负债	21		
26	工程物资	22			其他非流动负债	22		
27	固定资产清理	23			**非流动负债合计**	**23**		

图 4-29　用函数 SUMIF 的思路计算存货期末固定资产年初余额

任务二　利润表编制思路及方法

一、利润表的格式和内容

利润表是反映企业在一定会计期间的经营成果的会计报表。利润表的列报必须充分反映企业经营业绩的主要来源和构成，有助于使用者判断净利润的质量及其风险，有助于使用者预测净利润的持续性，从而做出正确的决策。

由于不同的国家和地区对会计信息要求不完全相同，利润表的结构也不完全相同。但目前比较普遍的利润表的结构有单步式和多步式两种。我国一般采用多步式利润表格，《企业会计准则》应用指南规定的一般企业利润表的格式和内容如图 4-30 所示。

利润表

会企02表

编制单位:××单位　　2017年1月　　单位：元

项目		行次	本期金额	上期金额
一、	营业收入	1		
减：	营业成本	2		
	营业税金及附加	3		
	销售费用	4		
	管理费用	5		
	财务费用	6		
	资产减值损失	7		
加：	公允价值变动净收益（损失以“-”填列）	8		
	投资收益（损失以“-”填列）	9		
二、	营业利润（亏损以“-”填列）	10		
加：	营业外收入	11		
减：	营业外支出	12		
其中：	非流动资产处置净损失	13		
三、	利润总额（亏损总额以“-”填列）	14		
减：	所得税费用	15		
四、	净利润（亏损以“-”填列）	16		

图 4-30　利润表样表

利润表主要反映以下几方面的内容：

(1)营业利润，即企业日常经营活动中收入减去费用的业绩。

(2)利润总额，即企业日常经营活动以加上或者减去直接计入当期利润的利得或者损失，即反映企业非日常活动经营业绩的营业外收入和营业外支出。

(3)净利润，是指利润总额减去所得税费用之后的可以用以分配的利润。即：

此外，为了使报表使用者通过比较不同期间利润的实现情况，判断企业经营成果的未来发展趋势，企业需要提供比较利润表，利润表需要就各项目分为“本期金额”和“上期金额”两栏分别填列。

二、利润表的编制方法

利润表中的栏目分为“本期金额”和“上期金额”栏。其中当期利润表中的“上期金额”的数据来源为上期利润表中的“本期金额”。当期利润表中的“本期金额”栏的数据填列分为两种：一种是根据当期本科目的发生额分析填列；如“营业收入”、“营业成本”、“营业税金及附加”、“销售费用”、“管理费用”、“财务费用”、“资产减值损失”，“营业外收入”，“营业外支出”，“所得税费用”。另外一种是根据利润表中的相关项目计算填列，如

“营业利润”、“利润总额”、“净利润”项目。

三、利润表的数据填列

(一)利润表中添加日期

前面在资产负债表中已经将分析当年的 1 月至 12 月定义为以“选择分析月份”为名称的数据区域，在利润表中可以直接以该数据区域为数据源将日期设置为数据下拉列表。具体步骤略。

(二)直接引用法下利润表项目的数据填列

利润表的数据填列和资产负债表的数据填列思路基本一样，无论采用哪种思路，在计算前，也需要了解利润表中各个项目的计算规则，也就是利润表中各项目之间以及项目和会计科目之间的数据勾稽关系。

1. 营业收入

根据营业收入=主营业务收入+其他业务收入，引用“总账试算平衡表”中“主营业务收入”和“其他业务收入”科目的贷方发生额数据，并进行求和计算。如图 4-31 所示。

公式设置：

营业收入 D5=总账试算平衡表！G37+总账试算平衡表！G38

D5　=总账试算平衡表!G37+总账试算平衡表!G38

	A	B	C	D	E
1		利润表			
2					会企02表
3	编制单位:××单位		2017年1月		单位：元
4		项目	行次	本期金额	上期金额
5	一、	营业收入	1	448,000.00	
6	减:	营业成本	2		
7		营业税金及附加	3		
8		销售费用	4		
9		管理费用	5		
10		财务费用	6		
11		资产减值损失	7		
12	加:	公允价值变动净收益（损失以“-”填列）	8		
13		投资收益（损失以“-”填列）	9		
14	二、	营业利润（亏损以“-”填列）	10		

图 4-31　用直接引用的思路计算营业收入本期金额

2. 营业成本

根据营业成本=主营业务成本+其他业务成本，引用“总账试算平衡表”中“主营业务成本”和“其他业务成本”科日的借方发生额数据，并进行求和计算。如图 4-32 所示。

公式设置：

营业成本=总账试算平衡表！F41+总账试算平衡表！F42

3. 营业税金及附加

引用“总账试算平衡表”中“营业税金及附加”科目的借方发生额数据。如图 4-33 所示。

D6　=总账试算平衡表!F41+总账试算平衡表!F42

	A	B	C	D	E
1		利润表			
2					会企02表
3	编制单位:××单位		2017年1月		单位：元
4		项目	行次	本期金额	上期金额
5	一、	营业收入	1	448,000.00	
6	减:	营业成本	2	37,100.00	
7		营业税金及附加	3		
8		销售费用	4		
9		管理费用	5		
10		财务费用	6		
11		资产减值损失	7		
12	加:	公允价值变动净收益（损失以"-"填列）	8		
13		投资收益（损失以"-"填列）	9		
14	二、	营业利润（亏损以"-"填列）	10		

图 4-32　用直接引用的思路计算营业成本本期金额

公式设置：

营业税金及附加 D7=总账试算平衡表！F43

D7　=总账试算平衡表!F43

	A	B	C	D	E
1		利润表			
2					会企02表
3	编制单位:××单位		2017年1月		单位：元
4		项目	行次	本期金额	上期金额
5	一、	营业收入	1	448,000.00	
6	减:	营业成本	2	37,100.00	
7		营业税金及附加	3	-	
8		销售费用	4		
9		管理费用	5		
10		财务费用	6		
11		资产减值损失	7		
12	加:	公允价值变动净收益（损失以"-"填列）	8		
13		投资收益（损失以"-"填列）	9		
14	二、	营业利润（亏损以"-"填列）	10		

图 4-33　用直接引用的思路计算营业税金及附加本期金额

根据同样的方法将利润表中的"销售费用"、"管理费用"、"财务费用"以及"资产减值损失"、"公允价值变动损益"、"投资收益"逐一进行填列。

4. 营业利润

根据会计科目的勾稽关系：营业利润=营业收入-营业成本 -税金及附加-期间费用-资产减值损失+公允价值变动收益(-公允价值变动损失)+投资收益(-投资损失)的计算填列。如图 4-34 所示。

根据同样的方法以及会计原理：利润总额=营业利润+营业外收入-营业外支出；所得税费用=利润总额＊25%；净利润=利润总额-所得税费用对利润表剩余项目进行填列，最后得到的利润表效果如图 4-35 所示。

D14　=D5-D6-D7-D8-D9-D10-D11+D12+D13

	A	B	C	D	E
1		利润表			
2					会企02表
3	编制单位:××单位		2017年1月		单位：元
4		项目	行次	本期金额	上期金额
5	一、	营业收入	1	448,000.00	
6	减:	营业成本	2	37,100.00	
7		营业税金及附加	3	-	
8		销售费用	4	20,000.00	
9		管理费用	5	85,900.00	
10		财务费用	6	-	
11		资产减值损失	7	-	
12	加:	公允价值变动净收益（损失以“-”填列）	8	-	
13		投资收益（损失以“-”填列）	9	12,000.00	
14	二、	营业利润（亏损以“-”填列）	10	317,000.00	

图 4-34　根据会计科目勾稽关系计算营业利润本期金额

	A	B	C	D	E
1		利润表			
2					会企02表
3	编制单位:××单位		2017年1月		单位：元
4		项目	行次	本期金额	上期金额
5	一、	营业收入	1	448,000.00	
6	减:	营业成本	2	37,100.00	
7		营业税金及附加	3	-	
8		销售费用	4	20,000.00	
9		管理费用	5	85,900.00	
10		财务费用	6	-	
11		资产减值损失	7	-	
12	加:	公允价值变动净收益（损失以“-”填列）	8	-	
13		投资收益（损失以“-”填列）	9	12,000.00	
14	二、	营业利润（亏损以“-”填列）	10	317,000.00	
15	加:	营业外收入	11	-	
16	减:	营业外支出	12	1,100.00	
17	其中:	非流动资产处置净损失	13	-	
18	三、	利润总额（亏损总额以“-”填列）	14	315,900.00	
19	减:	所得税费用	15	78,975.00	
20	四、	净利润（亏损以“-”填列）	16	236,925.00	

图 4-35　完成后利润表的效果

(三)SUMIF 函数下利润表项目的数据填列

1. 营业收入

由于营业收入项目包括“主营业务收入”、“其他业务收入”两个科目，所对应的科目代码是“6001”、“6051”，所以在函数 SUMIF 中用条件“=6001”和“=6051”来搜索需要的数据，如图 4-36 所示。

公式设置：

营业收入 D5= SUMIF(总账试算平衡表！＄B：＄B,"=6001"，总账试算平衡表！＄G：＄G)+SUMIF(总账试算平衡表！＄B：＄B,"=6051"，总账试算平衡表！＄G：＄G)

2. 营业成本

D5 = SUMIF(总账试算平衡表!$B:$B,"=6001",总账试算平衡表!$G:$G)

	A	B	C	D	E
1	利润表				
2					会企02表
3	编制单位:××单位		2017年1月		单位：元
4	项目		行次	本期金额	上期金额
5	一、	营业收入	1	448,000.00	
6	减:	营业成本	2		
7		营业税金及附加	3		
8		销售费用	4		
9		管理费用	5		
10		财务费用	6		
11		资产减值损失	7		
12	加:	公允价值变动净收益（损失以“-”填列）	8		
13		投资收益（损失以“-”填列）	9		
14	二、	营业利润（亏损以“-”填列）	10		

图 4-36 用 SUMIF 的思路计算营业收入本期金额

由于营业成本项目包括“主营业务成本”、“其他业务成本”两个科目，所对应的科目代码是“6401”、“6402”，所以在函数 SUMIF 中用条件“=6401”和“=6402”来搜索需要的数据，如图 4-37 所示。

D6 =SUMIF(总账试算平衡表!$B:$B,"=6401",总账试算平衡表!$F:$F)

	A	B	C	D	E
1	利润表				
2					会企02表
3	编制单位:××单位		2017年1月		单位：元
4	项目		行次	本期金额	上期金额
5	一、	营业收入	1	448,000.00	
6	减:	营业成本	2	37,100.00	
7		营业税金及附加	3		
8		销售费用	4		
9		管理费用	5		
10		财务费用	6		
11		资产减值损失	7		
12	加:	公允价值变动净收益（损失以“-”填列）	8		
13		投资收益（损失以“-”填列）	9		
14	二、	营业利润（亏损以“-”填列）	10		

图 4-37 用 SUMIF 的思路计算营业成本本期金额

公式设置：

营业成本=SUMIF(总账试算平衡表！$B：$B,"=6401"，总账试算平衡表！$F：$F)+SUMIF(总账试算平衡表！$B：$B,"=6402"，总账试算平衡表！$F：$F)

3. 营业税金及附加

由于营业税金及附加项目包括“营业税金及附加“这个科目，所对应的科目代码是“6403”，所以在函数 SUMIF 中用条件“=6403”来搜索需要的数据，如图 4-38 所示。

营业税金及附加 D7=SUMIF(总账试算平衡表！$B：$B,"=6403"，总账试算平衡表！$F：$F)

D7　=SUMIF(总账试算平衡表!$B:$B,"=6403",总账试算平衡表!$F:$F)

	A	B	C	D	E
1		利润表			
2					会企02表
3	编制单位:××单位		2017年1月		单位：元
4		项目	行次	本期金额	上期金额
5	一、	营业收入	1	448,000.00	
6	减:	营业成本	2	37,100.00	
7		营业税金及附加	3	-	
8		销售费用	4		
9		管理费用	5		
10		财务费用	6		
11		资产减值损失	7		
12	加:	公允价值变动净收益（损失以"-"填列）	8		
13		投资收益（损失以"-"填列）	9		
14	二、	营业利润（亏损以"-"填列）	10		

图 4-38　用 SUMIF 的思路计算营业税金及附加本期金额

利润表中的其他项目均可以参照以上的分析进行公式的设置，但要格外注意收入类科目和费用类科目的借贷方向相反，在 SUMIF( ) 函数中的求和区域不一致。

项目五　Excel 在薪资管理中的应用

【学习任务】

通过本情境的学习，根据学习情境一所设计的薪资管理的基本表格来创建员工薪资表和生成工资条以及薪资情况分析。并从中学习掌握 Excel 有关函数的应用，数据名称的定义方法，数据分类汇总功能和数据透视表透视图功能的基本操作方法。

【技能目标】

1. 熟练操作不同工作表中数据的链接。
2. 熟练掌握 Excel 有关函数的应用。
3. 熟练应用薪资管理基本表格创建薪资表。
4. 掌握至少一种工资条的生成方法。
5. 能利用 Excel 数据处理功能完成常见的工资分析。

【知识目标】

1. 本情境中所用到的 Excel 工作表函数—IF 函数和 VLOOKUP 函数。
2. 运用 Excel 创建薪资管理表。
3. 运用 Excel 生成工资条。
4. 利用 Excel 数据处理进行薪资管理情况的分析。

【情境导入】

在薪酬管理工作中，目前，大部分企事业单位工资核算利用工资管理系统软件来实现，比较简单方便，但在实际应用时有很大的局限性。一是由于企事业的工资项目名目繁多经常增减项目，常出现工资管理系统软件解决不了的问题。二是由于工资管理系统软件的查询统计条件设置不灵活，功能有限，不能满足企事业各种报表的要求。三是由于工资管理系统使用的数据库一般只存有工资性数据，不存放人员的基本信息，工资变动时只能逐个逐项地录入数据，实际上有些数据可根据人员的基本信息计算替换得来。因此，编者认为 Excel 仍然是大多数薪酬专业人员在薪酬数据统计、报表制作、数据分析和报告呈送时首选的办公软件，他能很好地实现了工资的核算和管理，不仅提高了效率，还能满足不同单位的个性化需求，适用于大部分会计专业和非计算机专业人员使用。而且 Excel 强大功能制作的报表简洁清晰，让即使对于薪酬管理并不内行的高管人员也能一目了然，使您对于高层决策产生更大影响力。

任务一　创建薪资管理表

一、薪酬管理系统介绍

本学习情境主要根据学习情境一创建的薪酬管理基本表格采用 Excel 的函数和数据处理功能完成薪酬管理表和工资条的生成，再根据薪酬管理表进行简单的薪酬管理分析。学习情境一为薪酬管理系统提供了一系列基本表格，包括“职工基本情况表”、“职工基本工资表”、“职工考勤表”，另外根据学习情境一“职工基本情况表”提供的基本信息完成“职工福利表”、“职工社会保险表”两个基本表格。根据前面五个基础表格和个人所得税标准建立薪资管理表、工资条以及薪酬管理分析构成了一个普通企事业单位的简单薪酬管理系统。整个系统结构如图 5-1 所示。

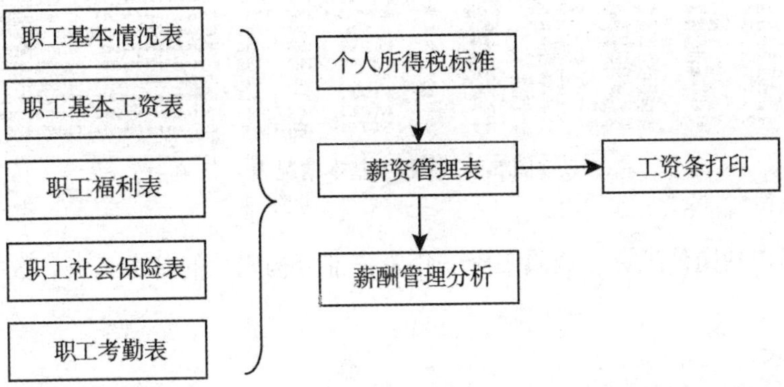

图 5-1　薪酬管理系统

二、薪酬管理基本表格引入

新建工作簿【教职工薪资管理系统 . xlsx】，利用不同工作簿之间的数据链接方式将学习情境一中【Excel 基本操作系统 . xlsx】中的三个基本表格“教职工基本情况表”、“教职工基本工资表”、“教职工考勤表”链接到工作簿【教职工薪资管理系统 . xlsx】中。

(1)教职工基本情况表的引入，该表由人力资源管理部门在员工入职时根据员工的简历建立员工基本信息汇总表，包括每个员工的工号、姓名、所属部门、职务、职称、性别、参加工作时间、联系电话、身份证号、银行账号等信息构成。新员工入职后进行增加同时员工离职要及时删除，因此该表格应随时更新。建立表头，A2 单元格的数据链接如图 5-2 所示。所有数据链接完成如图 5-3 所示。

特别提醒：不同工作簿之间的数据链接默认单元格的引用为绝对引用，为了方便其他单元格数据能快速填充，需将链接公式中的绝对引用调整为相对引用。

(2)教职工基本工资表，员工的基本工资由企事业单位自行确定，在该案例中，教职

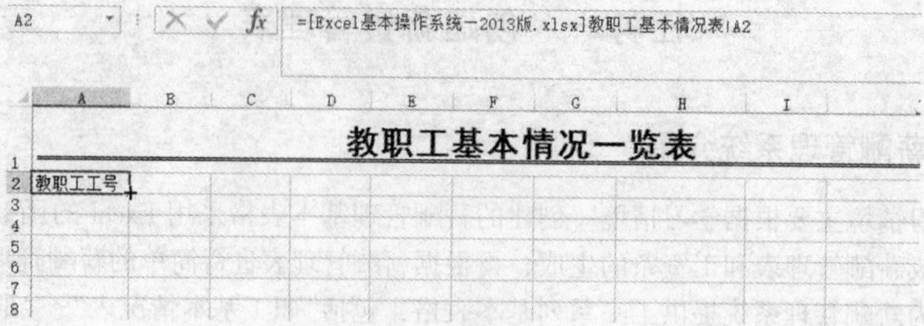

图 5-2　数据链接公式

教职工基本情况一览表

教职工工号	姓名	所属部门	职务	职称	性别	参加工作时间	联系电话	身份证号	银行账号
002110	张博文	信息工程学院	教研室主任	副教授	男	2007/8/10	15377770011	450***********0011	6226901566661111
002111	丁玥玥	外国语学院	教研室主任	讲师	女	2009/2/6	15377770012	420***********1126	6226901566662222
002112	王新城	会计学院	教师	副教授	男	2008/8/6	15377770013	421***********2213	6226901566663333
002113	赵宝强	物流学院	教师	讲师	男	2010/8/6	15377770014	421***********3314	6226901566664444
002114	杨星月	信息工程学院	教师	讲师	女	2010/9/5	15377770015	450***********4425	6226901566665555
002115	陈蕊	会计学院	教研室主任	讲师	女	2009/4/23	15377770016	420***********5521	6226901566666666
002116	罗敏	经管学院	教师	助教	女	2011/8/1	15377770017	450***********6622	6226901566667777
002117	邓洁	物流学院	教师	助教	女	2012/8/3	15377770018	430***********7721	6226901566668888
002118	李杰	外国语学院	教师	助教	男	2014/9/1	15377770019	430***********8812	6226901566669999
002119	李铭志	经管学院	教师	讲师	男	2010/3/1	15377770020	421***********991x	6226901566660001

图 5-3　教职工基本情况表

工的基本工资包括岗位工资、资质工资、年资三部分构成总的基本工资。数据链接结果如图 5-4 所示。

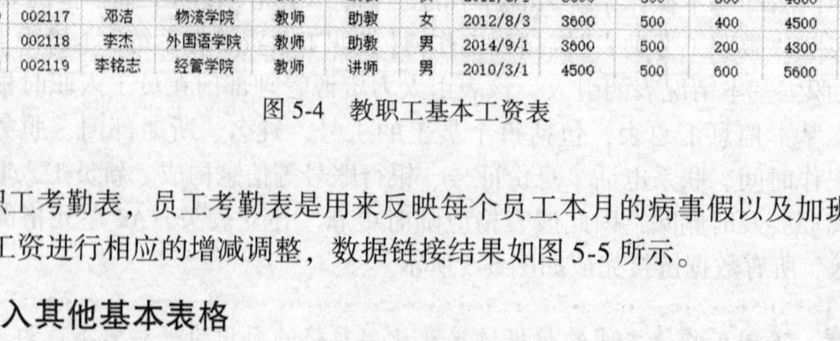

教职工基本工资表

教职工工号	姓名	所属部门	职务	职称	性别	参加工作时间	岗位工资	资质工资	年资	总工资
002110	张博文	信息工程学院	教研室主任	副教授	男	2007/8/10	6000	800	900	7700
002111	丁玥玥	外国语学院	教研室主任	讲师	女	2009/2/6	4500	800	700	6000
002112	王新城	会计学院	教师	副教授	男	2008/8/6	6000	500	800	7300
002113	赵宝强	物流学院	教师	讲师	男	2010/8/6	4500	500	600	5600
002114	杨星月	信息工程学院	教师	讲师	女	2010/9/5	4500	500	600	5600
002115	陈蕊	会计学院	教研室主任	讲师	女	2009/4/23	4500	800	700	6000
002116	罗敏	经管学院	教师	助教	女	2011/8/1	3600	500	500	4600
002117	邓洁	物流学院	教师	助教	女	2012/8/3	3600	500	400	4500
002118	李杰	外国语学院	教师	助教	男	2014/9/1	3600	500	200	4300
002119	李铭志	经管学院	教师	讲师	男	2010/3/1	4500	500	600	5600

图 5-4　教职工基本工资表

(3)教职工考勤表，员工考勤表是用来反映每个员工本月的病事假以及加班情况，以便对员工的工资进行相应的增减调整，数据链接结果如图 5-5 所示。

三、引入其他基本表格

(1)教职工福利表，该表由各企事业单位自行制定，种类非常多。在该案例中，教职工的福利包含住房补贴、伙食补贴、话费补贴三部分构成。按照学习情境一中介绍的方法

教职工2016年7月考勤表

教职工工号	姓名	所属部门	1日	2日	3日	4日	5日	6日	7日	8日	9日	10日	11日	12日	13日	14日	15日	16日	17日	18日	19日	20日	21日	22日	23日	24日	25日	26日	27日	28日	29日	30日	31日	加班天数	旷工天数	病假天数	事假天数	补发合计	扣发合计
002110	张博文	信息工程学院	0	√	√	√	√	√	0	0	√	√	√	√	√	0	0	√	√	√	√	√	0	0	√	√	√	√	√	0	0	√	√	0	0	0	0	0	0
002111	丁玥玥	外国语学院	0	√	√	○	○	○	0	0	○	○	√	√	√	0	0	√	√	√	√	√	0	0	√	√	√	√	√	0	0	√	√	0	0	5	0	0	250
002112	王新城	会计学院	0	√	√	√	√	√	0	0	√	√	√	√	√	0	0	√	√	√	√	√	0	0	√	√	√	√	√	0	0	√	√	0	0	0	0	0	0
002113	赵宝强	物流学院	0	√	√	√	√	√	0	0	√	√	√	√	√	0	0	√	√	√	√	√	0	0	√	√	√	√	√	0	0	√	√	0	0	0	0	0	0
002114	杨星月	信息工程学院	0	√	√	√	√	√	0	0	√	√	√	√	√	0	0	√	√	√	√	√	0	0	√	√	√	√	√	0	0	√	√	0	0	0	0	0	0
002115	陈蕊	会计学院	0	√	√	√	√	√	0	0	√	√	√	√	√	+	+	√	√	√	√	√	0	0	√	√	√	√	√	0	0	√	√	2	0	0	0	200	0
002116	罗敏	经管学院	0	√	√	√	√	√	0	0	√	√	△	△	√	0	0	√	△	√	√	√	0	0	√	√	√	√	√	0	0	√	√	0	0	0	3	0	150
002117	邓洁	物流学院	0	√	√	√	√	√	0	0	√	√	√	√	√	0	0	√	√	√	√	√	0	0	√	√	√	√	√	0	0	√	√	0	0	0	0	0	0
002118	李杰	外国语学院	0	√	√	√	√	√	0	0	√	√	√	√	√	0	0	√	√	√	√	√	0	0	√	√	√	√	√	0	0	√	√	0	0	0	0	0	0
002119	李铭志	经管学院	0	√	√	√	√	√	0	0	√	√	√	√	√	0	0	√	√	X	X	√	0	0	√	√	√	√	√	0	0	√	√	0	2	0	0	0	200

图 5-5 教职工考勤表

制作“教职工福利表”，如图 5-6 所示。

教职工福利表

教职工工号	姓名	所属部门	职称	住房补贴	伙食补贴	话费补贴	合计
002110	张博文	信息工程学院	副教授	250	300	100	650
002111	丁玥玥	外国语学院	讲师	200	300	100	600
002112	王新城	会计学院	副教授	250	300	100	650
002113	赵宝强	物流学院	讲师	200	300	100	600
002114	杨星月	信息工程学院	讲师	200	300	100	600
002115	陈蕊	会计学院	讲师	200	300	100	600
002116	罗敏	经管学院	助教	150	300	100	550
002117	邓洁	物流学院	助教	150	300	100	550
002118	李杰	外国语学院	助教	150	300	100	550
002119	李铭志	经管学院	讲师	200	300	100	600

图 5-6 教职工福利表

备注：住房补贴与职称挂钩；

伙食补贴按每月 300 元/人发放；

话费补贴每月按 100 元/人发放，如图 5-7 所示。

注释：			
职称	住房补贴		伙食补贴标准：每人每月300元
教授	300		
副教授	250		话费补贴标准：每人每月100元
讲师	200		
助教	150		

图 5-7 福利标准

(2)教职工社会保险表，员工保险由国家制定要求单位执行，但是不同单位可能根据自身情况在国家制定的可调整范围内进行确定，一般单位按照国际规定的最低标准缴纳，例如根据武汉市规定，住房公积金缴纳比例在 8%~12%，大部分单位都只按照 8%缴纳，通常所说的福利“五险一金”由于工伤保险和生育保险全部由单位缴纳，因此在该案例中，个人所缴纳的部分包括养老保险、失业保险、医疗保险、住房公积金四部分构成。缴纳基数在此案例中为了简化以员工基本工资作为缴纳基数。按照学习情境一中介绍的方法制作如图 5-8 所示“教职工社会保险缴纳一览表”。个人缴纳部分如图 5-9 所示。

教职工社会保险缴纳一览表							
教职工工号	姓名	所属部门	养老保险	失业保险	医疗保险	住房公积金	合计
002110	张博文	信息工程学院	616	38.5	154	616	1424.5
002111	丁玥玥	外国语学院	480	30	120	480	1110
002112	王新城	会计学院	584	36.5	146	584	1350.5
002113	赵宝强	物流学院	448	28	112	448	1036
002114	杨星月	信息工程学院	448	28	112	448	1036
002115	陈蕊	会计学院	480	30	120	480	1110
002116	罗敏	经管学院	368	23	92	368	851
002117	邓洁	物流学院	360	22.5	90	360	832.5
002118	李杰	外国语学院	344	21.5	86	344	795.5
002119	李铭志	经管学院	448	28	112	448	1036

图 5-8　教职工社会保险表

注释：	
	上缴比率
住房公积金	8.00%
养老保险	8.00%
医疗保险	2.00%
失业保险	0.50%

图 5-9　各项福利标准

(3)个人所得税标准表，个人所得税是调整征税机关与自然人(居民、非居民人)之间在个人所得税的征纳与管理过程中所发生的社会关系的法律规范的总称。凡在中国境内有住所，或者无住所而在中国境内居住满一年的个人，从中国境内和境外取得所得的，以及在中国境内无住所又不居住或者无住所而在境内居住不满一年的个人，从中国境内取得所得的，均为个人所得税的纳税人。2011 年 9 月 1 日实施，中国内地个税免征额调至 3500 元。“个人所得税标准表”如图 5-10 所示。

个人所得税计算标准表			
级数	全月应纳税所得额	税率（%）	速算扣除数
1	不超过1500元	3	0
2	超过1500－4500元的部分	10	105
3	超过4500－9000元的部分	20	555
4	超过9000－35000元的部分	25	1005
5	超过35000－55000元的部分	30	2755
6	超过55000－80000元的部分	35	5505
7	超过80000元的部分	45	13505

图 5-10　个人所得税标准表

特别提醒：“个人所得税标准表”中的速算扣除数的计算公式：
本级速算扣除额=上一级最高所得额＊(本级税率-上一级税率)+上一级速算扣除数

四、创建“薪资管理表”

薪资管理表是由“职工基本情况表”、“职工基本工资表”、“职工福利表”、“职工社会保险”、“职工考勤表”五个基本表格中的数据组合得到“应发工资”，并根据“个人所得税标准表”计算“应扣所得税”，从而由“应发工资”扣除“应扣所得税”得到“实发工资”。

(1)在【教职工薪资管理系统.xlsx】工作簿中【个人所得税标准表】后插入新的工作表并重命名为【薪资管理表】。

(2)制作【薪资管理表】中表格的表头，即在A1单元格中输入“薪资管理表”，A2：Q2单元格中依次输入“工号”、“姓名”、“所属部门”、“基本工资”、“住房补贴”、“伙食补贴”、“话费补贴”、“加班补助”、“请假扣款”、“应发工资”“养老保险”、“医疗保险”、“失业保险”、“住房公积金”、“应纳税所得额”、“应扣所得税”、“实发工资”，并进行相应的格式设置后如图5-11所示。

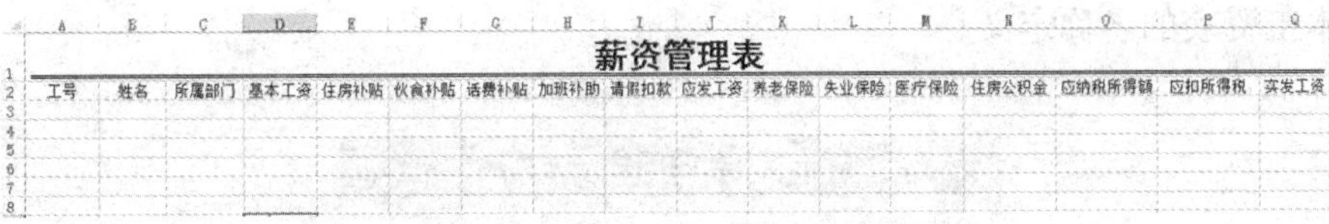

图5-11　薪资管理表表头

(3)录入员工基本信息。

①薪资管理表中的基本信息A3：C12单元格的数据通过同一工作簿不同工作表的数据链接方式得到。单击A3单元格，输入“=教职工基本情况表！A3”，如图5-12所示。

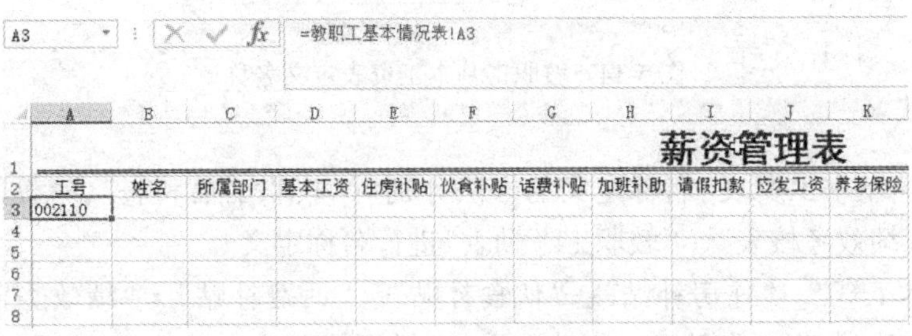

图5-12　薪资管理表

②利用填充柄快速拖动复制完成A3：C12单元格的数据，首先选择A3单元格，将鼠标放置在A3单元格的右下角，当出现十字形时，单击鼠标左键，向右拖动至C3单元格；然后选择A3：C3单元格，利用同样的方式向下拖动至C12单元格，松开鼠标左键后，A3：C3单元格数据全部自动显示，如图5-13所示。

(4)基本表格定义名称

①单击菜单栏【公式】|【定义名称】。

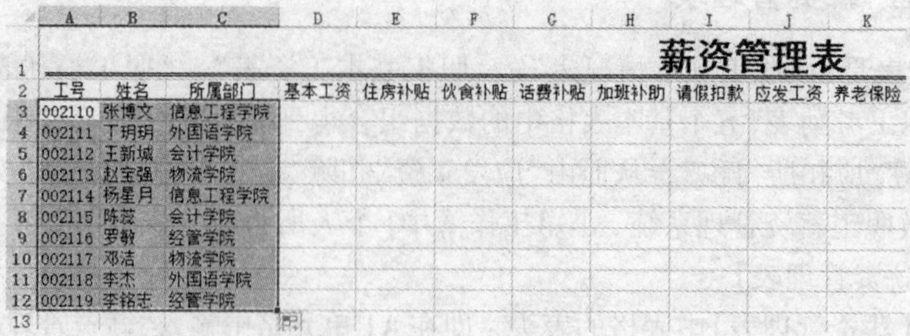

图 5-13 自动填充教职工基本信息

②在弹出的【定义名称】对话框中的"名称"下输入"基本工资表"，鼠标移动到"引用位置"处，单击工作表"教职工基本工资表"选中A3：K12单元格区域或者是直接在"引用位置"输入"=教职工基本工资表！ $A$3：$K$12"，如图5-14所示，单击【确定】按钮完成基本工资表的名称定义。

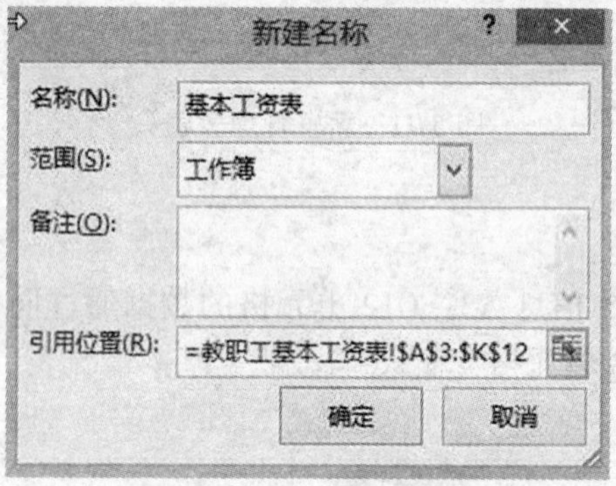

图 5-14 教职工基本工资表定义名称

③按上述"基本工资表"名称定义的方法分别对"教职工福利表"、"教职工社会保险表"、"教职工绩效考核表"、"教职工考勤表"进行名称定义。

(5)"基本工资"、"住房补贴"、"伙食补贴"、"话费补贴"、"绩效奖金"、"加班补助"、"请假扣款"数据的自动显示方法，以从"教职工基本工资表"中提取"基本工资"数据为例：

①选中"D3"单元格，从菜单栏单击【公式】|【插入函数】，在弹出的【插入函数】对话框中，在"或选择类别"下拉列表中选择"查找与引用"，在"选择函数"中选择"VLOOK-UP"函数，如图5-15所示单击【确定】按钮退出【插入函数】对话框。

②在弹出的【函数参数】对话框中，分别输入如图5-16所示的参数，单击【确定】退出【函数参数】对话框，则在"D3"单元格中显示第一位员工"张博文"的基本工资"7700"，如图5-17所示。

③利用填充柄快速拖动复制完成D3：D12单元格的数据，首先选择D3单元格，将鼠

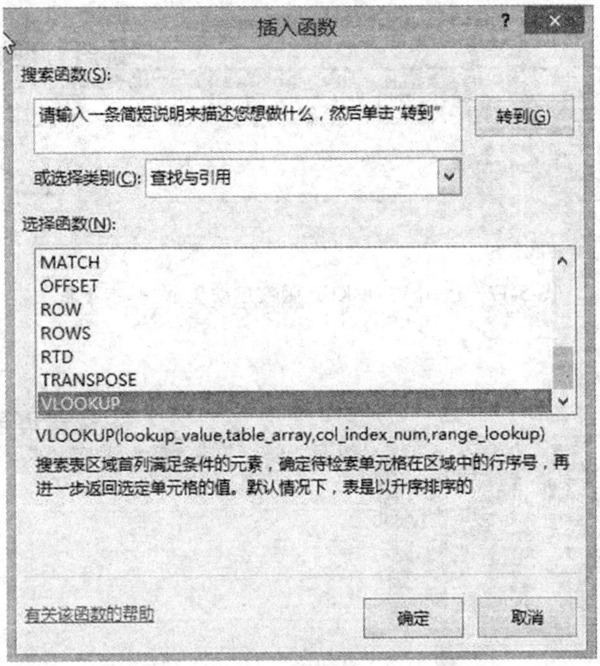

图 5-15　插入 VLOOKUP 函数

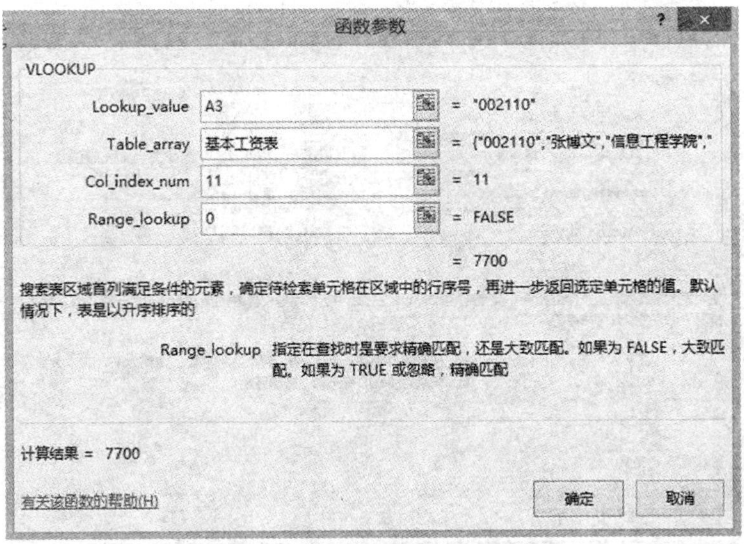

图 5-16　输入 VLOOKUP 函数的参数

标放置在 D3 单元格的右下角，当出现十字形时，单击鼠标左键，向下拖动至 D12 单元格；松开鼠标左键后，D3：D12 单元格数据全部自动填充，如图 5-18 所示。

④运用上述"基本工资"自动显示同样的方法完成"住房补贴"的自动显示，VLOOKUP

图 5-17　运用 VLOOKUP 函数自动显示“基本工资”

图 5-18　自动填充“基本工资”

函数各参数如图 5-19 所示。

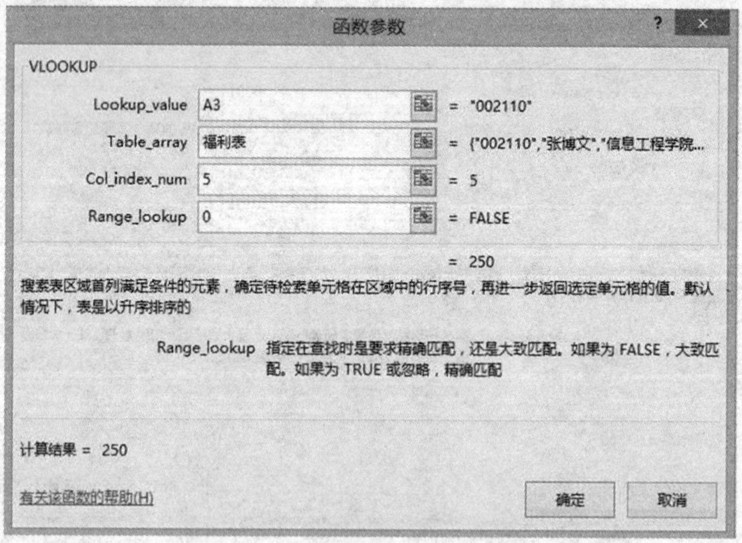

图 5-19　运用 VLOOKUP 函数自动显示“住房补贴”

⑤选中 F3 单元格复制公式“=VLOOKUP(A3，福利表，5，0)”后回车，选中 F3 单元格粘贴公式后将公式中的第三个参数“5”更改为“6”：“=VLOOKUP(A3，福利表，6，0)”回车即可得到“伙食补助”数据。

⑥选中 G3 单元格复制公式“=VLOOKUP(A3，福利表，5，0)”后回车，选中 G3 单元格粘贴公式后将公式中的第三个参数“5”更改为“7”：“=VLOOKUP(A3，福利表，7，0)”回车即可得到“话费补贴”数据。

特别提醒：复制公式注意按回车键后再单击相应的单元格粘贴公式并回车单击原单元格复制公式——回车键——单击新单元格粘贴公式——回车键。

⑦运用上述自动返回“基本工资”同样的方法完成“加班补助”的自动显示，VLOOKUP 函数各参数如图 5-20 所示。

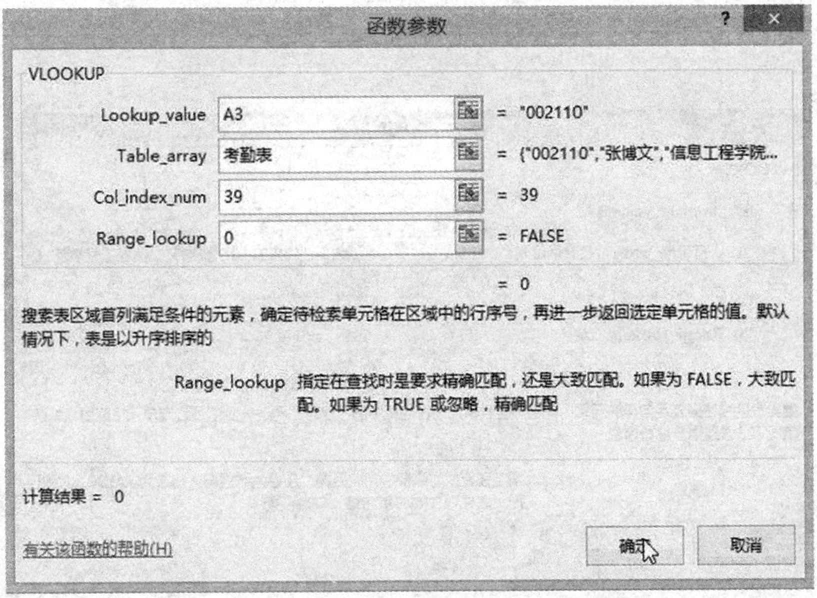

图 5-20 运用 VLOOKUP 函数自动显示“加班补助”

⑧选中 I3 单元格复制公式“=VLOOKUP(A3，教职工考勤表，39，0)”后回车，选中 G3 单元格粘贴公式后将公式中的第三个参数“39”更改为“40”：“=VLOOKUP(A3，教职工考勤表，40，0)”回车即可得到“请假扣款”数据。

(6)计算“应发工资”，应发工资=基本工资+住房补贴+伙食补贴+话费补贴+加班补助+请假扣款，在“J3”单元格通过自动求和函数“=SUM(D3：I3)”完成应发工资的计算，利用填充柄功能快速填充 J3：J12 单元格区域的数据，如图 5-21 所示。

(7) 教职工社会保险“养老保险”、“失业保险”、“医疗保险”、“住房公积金”数据的自动显示方法。

①运用上述自动返回“基本工资”同样的方法完成“养老保险”的自动显示，VLOOKUP 函数各参数如图 5-22 所示。

②选中 K3 单元格复制公式“=VLOOKUP(A3，社会保险表，4，0)”后回车，选中 L3 单元格粘贴公式后将公式中的第三个参数“4”更改为“5”：“=VLOOKUP(A3，社会保险

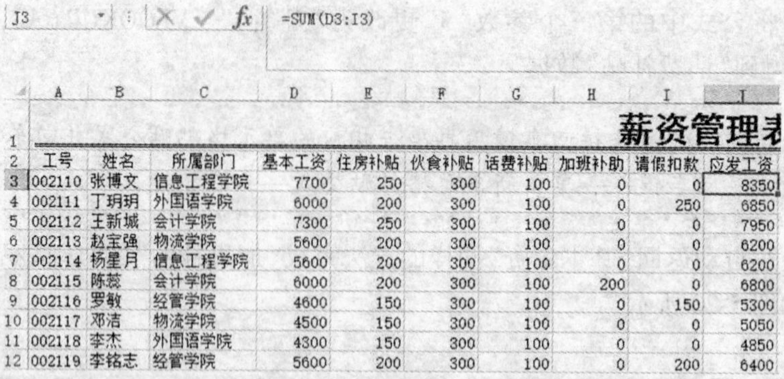

J3 =SUM(D3:I3)

	A	B	C	D	E	F	G	H	I	J
1										薪资管理表
2	工号	姓名	所属部门	基本工资	住房补贴	伙食补贴	话费补贴	加班补助	请假扣款	应发工资
3	002110	张博文	信息工程学院	7700	250	300	100	0	0	8350
4	002111	丁玥玥	外国语学院	6000	200	300	100	0	250	6850
5	002112	王新城	会计学院	7300	250	300	100	0	0	7950
6	002113	赵宝强	物流学院	5600	200	300	100	0	0	6200
7	002114	杨星月	信息工程学院	5600	200	300	100	0	0	6200
8	002115	陈蕊	会计学院	6000	200	300	100	200	0	6800
9	002116	罗敏	经管学院	4600	150	300	100	0	150	5300
10	002117	邓洁	物流学院	4500	150	300	100	0	0	5050
11	002118	李杰	外国语学院	4300	150	300	100	0	0	4850
12	002119	李铭志	经管学院	5600	200	300	100	0	200	6400

图 5-21 计算应发工资

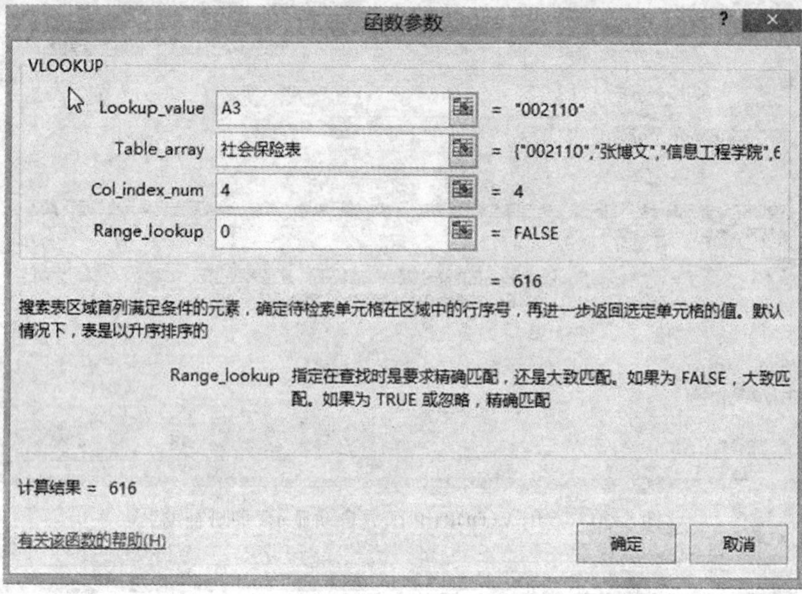

图 5-22 运用 VLOOKUP 函数自动显示“养老保险”

表，5，0)”回车即可得到“失业保险”数据。

③选中 K3 单元格复制公式“=VLOOKUP(A3，教职工社会保险表，4，0)”后回车，选中 M3 单元格粘贴公式后将公式中的第三个参数“4”更改为“6”：“=VLOOKUP(A3，社会保险表，6，0)”回车即可得到“医疗保险”数据。

④选中 K3 单元格复制公式“=VLOOKUP(A3，教职工社会保险表，5，0)”后回车，选中 N3 单元格粘贴公式后将公式中的第三个参数“4”更改为“7”：“=VLOOKUP(A3，教职工社会保险表，7，0)”回车即可得到“住房公积金”数据。

(8)计算“应扣所得税”，根据“个人所得税标准”利用“IF”函数得到“应扣所得税”的数据。

特别提醒：个税免征额是3500，使用超额累进税率的计算方法如下：

应扣所得税=全月应纳税所得额＊税率-速算扣除数

实发工资=应发工资-四金-应扣所得税

全月应纳税所得额=(应发工资-四金)-3500

扣除标准：个税按3500元/月的起征标准算

①计算应纳税所得额，应纳税所得额=应发工资-养老保险-失业保险-医疗保险-住房公积金-个税起征点，即在"O3"中输入"=J3-K3-L3-M3-N3- 3500"，如图5-23所示。利用填充柄功能快速填充O3：O12单元格区域的数据。

O3　=J3-K3-L3-M3-N3-3500

薪资管理表

工号	姓名	所属部门	基本工资	住房补贴	伙食补贴	话费补贴	加班补助	请假扣款	应发工资	养老保险	失业保险	医疗保险	住房公积金	应纳税所得额
002110	张博文	信息工程学院	7700	250	300	100	0	0	8350	616	38.5	154	616	3425.5
002111	丁玥玥	外国语学院	6000	200	300	100	0	250	6850	480	30	120	480	
002112	王新城	会计学院	7300	250	300	100	0	0	7950	584	36.5	146	584	
002113	赵宝强	物流学院	5600	200	300	100	0	0	6200	448	28	11	448	
002114	杨星月	信息工程学院	5600	200	300	100	0	0	6200	448	28	112	448	
002115	陈蕊	会计学院	6000	200	300	100	200	0	6800	480	30	120	480	
002116	罗敏	经管学院	4600	150	300	100	0	150	5300	368	23	92	368	
002117	邓洁	物流学院	4500	150	300	100	0	0	5050	360	22.5	90	360	
002118	李杰	外国语学院	4300	150	300	100	0	0	4850	344	21.5	86	344	
002119	李铭志	经管学院	5600	200	300	100	0	200	6400	448	28	112	448	

图5-23　计算应纳税所得额

②计算应扣所得税，单击P3单元格输入公式："=IF(O3<1500，O3＊0.03，IF(O3<4500，O3＊0.1-105，IF(O3<9000，O3＊0.2-555，IF(O3<35000，O3＊0.25-1005，IF(O3<55000，O3＊0.3-2755，IF(O3<80000，O3＊0.35-5505，O3＊0.45-13505))))))"，利用填充柄功能快速填充P3：P12单元格区域的数据，如图5-24所示。

P3　=IF(O3<1500,O3*0.03,IF(O3<4500,O3*0.1-105,IF(O3<9000,O3*0.2-555,IF(O3<35000,O3*0.25-1005,IF(O3<55000,O3*0.3-2755,IF(O3<80000,O3*0.35-5505,O3*0.45-13505))))))

薪资管理表

工号	基本工资	住房补贴	伙食补贴	话费补贴	加班补助	请假扣款	应发工资	养老保险	失业保险	医疗保险	住房公积金	应纳税所得额	应扣所得税
002110	7700	250	300	100	0	0	8350	616	38.5	154	616	3425.5	237.6
002111	6000	200	300	100	0	250	6850	480	30	120	480	2240	119.0
002112	7300	250	300	100	0	0	7950	584	36.5	146	584	3099.5	205.0
002113	5600	200	300	100	0	0	6200	448	28	112	448	1664	61.4
002114	5600	200	300	100	0	0	6200	448	28	112	448	1664	61.4
002115	6000	200	300	100	200	0	6800	480	30	120	480	2190	114.0
002116	4600	150	300	100	0	150	5300	368	23	92	368	949	28.5
002117	4500	150	300	100	0	0	5050	360	22.5	90	360	717.5	21.5
002118	4300	150	300	100	0	0	4850	344	21.5	86	344	554.5	16.6
002119	5600	200	300	100	0	200	6400	448	28	112	448	1864	81.4

图5-24　计算应扣所得税

(9)计算"实发工资"，实发工资=应发工资-应发工资-四金-应扣所得税，在Q3单元格中输入"=J3-K3-L3-M3-N3-P3"，利用填充柄功能快速填充Q3：Q12单元格区域的数据，如图5-25所示。

=J3-K3-L3-M3-N3-P3

G	H	I	J	K	L	M	N	O	P	Q
薪资管理表										
费补贴	加班补助	请假扣款	应发工资	养老保险	失业保险	医疗保险	住房公积金	应纳税所得额	应扣所得税	实发工资
100	0	0	8350	616	38.5	154	616	3425.5	237.6	6688.0
100	0	250	6850	480	30	120	480	2240	119.0	5621.0
100	0	0	7950	584	36.5	146	584	3099.5	205.0	6394.6
100	0	0	6200	448	28	112	448	1664	61.4	5102.6
100	0	0	6200	448	28	112	448	1664	61.4	5102.6
100	200	0	6800	480	30	120	480	2190	114.0	5576.0
100	0	150	5300	368	23	92	368	949	28.5	4420.5
100	0	0	5050	360	22.5	90	360	717.5	21.5	4196.0
100	0	0	4850	344	21.5	86	344	554.5	16.6	4037.9
100	0	200	6400	448	28	112	448	1864	81.4	5282.6

图 5-25　计算实发工资

任务二　Excel 制作工资条

工资条是员工所在单位定期给员工反映工资的纸条，单位将工资的各项明细发给员工，当然并不是所有单位都发工资条，常见的工资条需要一页打印多个人的工资明细，每个人的工资条对应工资项目和工资明细，两个工资条之间空一行。Excel 制作工资条的方法有多种，本书中介绍两种最常见的方法，供读者参考。

一、方法一：构造辅助列排序法

(1)复制“薪资管理表”：打开工作表【薪资管理表】，单击【薪资管理表】工作表标签，单击鼠标右键弹出如图 5-26 所示选项，单击“移动或复制”，弹出“移动或复制工作表”对话框，依次选择“工作簿”：“教职工薪酬管理系统——2013. xlsx”，“下列选定工作表之前(B)”：“(移至最后)”，勾选“建立副本”，如图 5-27 所示，然后确定完成“薪资管理表”的复制。

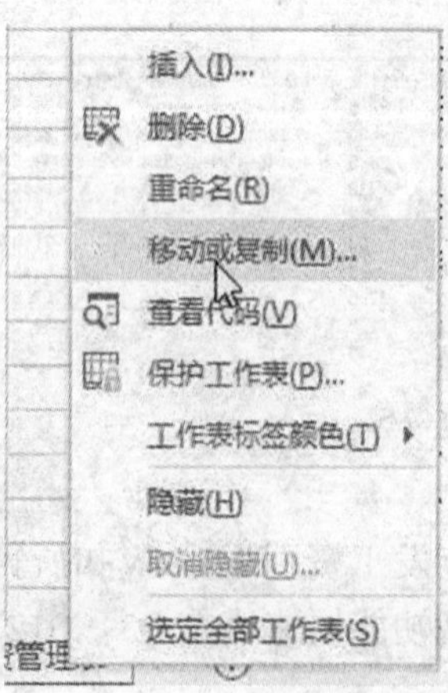

图 5-26　移动或复制工作表

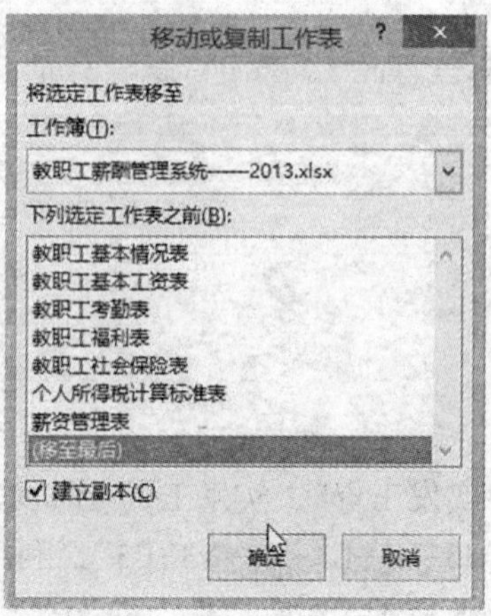

图 5-27　复制“薪资管理表”

(2)将复制的“薪资管理表”重命名为“制作工资条方法一”，并删除标题“薪资管理表”，如图 5-28 所示。

	A	B	C	D	E	F	G	H	I	J	K	L	M	N
1	工号	姓名	所属部门	基本工资	住房补贴	伙食补贴	话费补贴	加班补助	请假扣款	应发工资	养老保险	失业保险	医疗保险	住房公积金
2	002110	张博文	信息工程学院	7700	250	300	100	0	0	8350	616	38.5	154	616
3	002111	丁玥玥	外国语学院	6000	200	300	100	0	250	6850	480	30	120	480
4	002112	王新城	会计学院	7300	250	300	100	0	0	7950	584	36.5	146	584
5	002113	赵宝强	物流学院	5600	200	300	100	0	0	6200	448	28	112	448
6	002114	杨星月	信息工程学院	5600	200	300	100	0	0	6200	448	28	112	448
7	002115	陈蕊	会计学院	6000	200	300	100	200	0	6800	480	30	120	480
8	002116	罗敏	经管学院	4600	150	300	100	0	150	5300	368	23	92	368
9	002117	邓洁	物流学院	4500	150	300	100	0	0	5050	360	22.5	90	360
10	002118	李杰	外国语学院	4300	150	300	100	0	0	4850	344	21.5	86	344
11	002119	李铭志	经管学院	5600	200	300	100	0	200	6400	448	28	112	448
12														

个人所得税计算标准表　薪资管理表　制作工资条方法一

图 5-28　员工工资条数据

(3)添加标题行，将第一行表头剪切到最后一行工资数据的下面，利用填充柄的功能将粘贴的表头行快速拖动复制 10(员工总人数)行，如图 5-29 所示。

	A	G	H	I	J	K	L	M	N	O	P	Q
1	002110	100	0	0	8350	616	38.5	154	616	3425.5	237.6	6688.0
2	002111	100	0	250	6850	480	30	120	480	2240	119.0	5621.0
3	002112	100	0	0	7950	584	36.5	146	584	3099.5	205.0	6394.6
4	002113	100	0	0	6200	448	28	112	448	1664	61.4	5102.6
5	002114	100	0	0	6200	448	28	112	448	1664	61.4	5102.6
6	002115	100	200	0	6800	480	30	120	480	2190	114.0	5576.0
7	002116	100	0	150	5300	368	23	92	368	949	28.5	4420.5
8	002117	100	0	0	5050	360	22.5	90	360	717.5	21.5	4196.0
9	002118	100	0	0	4850	344	21.5	86	344	554.5	16.6	4037.9
10	002119	100	0	200	6400	448	28	112	448	1864	81.4	5282.6
11	工号	话费补贴	加班补助	请假扣款	应发工资	养老保险	失业保险	医疗保险	住房公积金	应纳税所得额	应扣所得税	实发工资
12	工号	话费补贴	加班补助	请假扣款	应发工资	养老保险	失业保险	医疗保险	住房公积金	应纳税所得额	应扣所得税	实发工资
13	工号	话费补贴	加班补助	请假扣款	应发工资	养老保险	失业保险	医疗保险	住房公积金	应纳税所得额	应扣所得税	实发工资
14	工号	话费补贴	加班补助	请假扣款	应发工资	养老保险	失业保险	医疗保险	住房公积金	应纳税所得额	应扣所得税	实发工资
15	工号	话费补贴	加班补助	请假扣款	应发工资	养老保险	失业保险	医疗保险	住房公积金	应纳税所得额	应扣所得税	实发工资
16	工号	话费补贴	加班补助	请假扣款	应发工资	养老保险	失业保险	医疗保险	住房公积金	应纳税所得额	应扣所得税	实发工资
17	工号	话费补贴	加班补助	请假扣款	应发工资	养老保险	失业保险	医疗保险	住房公积金	应纳税所得额	应扣所得税	实发工资
18	工号	话费补贴	加班补助	请假扣款	应发工资	养老保险	失业保险	医疗保险	住房公积金	应纳税所得额	应扣所得税	实发工资
19	工号	话费补贴	加班补助	请假扣款	应发工资	养老保险	失业保险	医疗保险	住房公积金	应纳税所得额	应扣所得税	实发工资
20	工号	话费补贴	加班补助	请假扣款	应发工资	养老保险	失业保险	医疗保险	住房公积金	应纳税所得额	应扣所得税	实发工资

图 5-29　添加表头

(4)构造辅助列：

①在“制作工资条方法一”表格的首列前插入空白列，然后在 A1、A2 处分别输入 2、5，并选中这两个单元格，双击(或往下拉)A2 单元格右下角的小黑点，实现等差数列“2、5、8……”的填充。如图 5-30 所示。

②用同样的方法实现表头栏前面数列“1、4、7……”的填充，如图 5-31 所示。

③用同样的方法在表头行下方空白行实现数列“3、6、9……”的填充，填充行数 10 行(员工总人数)，如图 5-32 所示。

(5)排序：按所填充的数列从小到大排序，单击【数据】|【排序】弹出【排序】对话框，“主要关键字”下拉框选择“列 A”，“次序”：“升序”，如图 5-33 所示。单击【确定】退出【排序】对话框，完成排序后如图 5-34 所示。

图 5-30 2、5、8 序列填充

图 5-31 1、4、7 序列填充

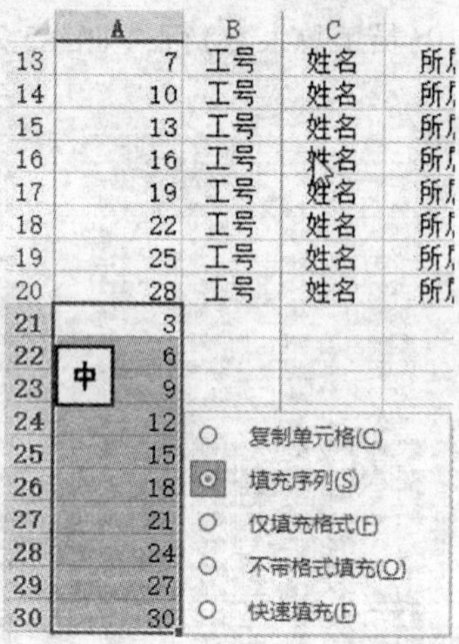

图 5-32 3、6、9 序列填充

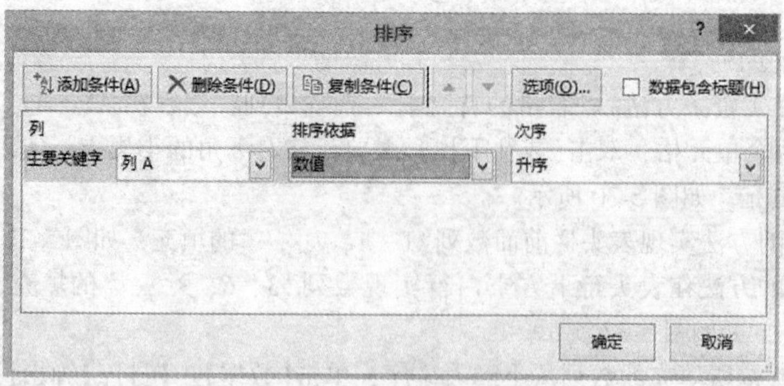

图 5-33 按填充的数列排序

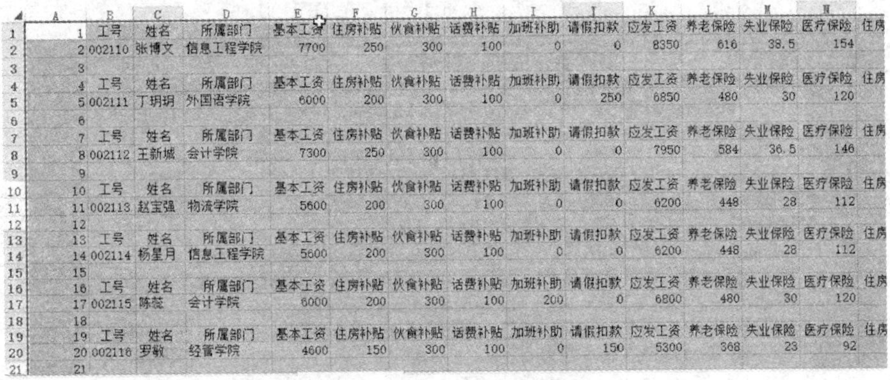

	A	B	C	D	E	F	G	H	I	J	K	L	M	N	
1	1	工号	姓名	所属部门	基本工资	住房补贴	伙食补贴	话费补贴	加班补助	请假扣款	应发工资	养老保险	失业保险	医疗保险	住房
2	2	002110	张博文	信息工程学院	7700	250	300	100	0	0	8350	616	38.5	154	
3	3														
4	4	工号	姓名	所属部门	基本工资	住房补贴	伙食补贴	话费补贴	加班补助	请假扣款	应发工资	养老保险	失业保险	医疗保险	住房
5	5	002111	丁玥玥	外国语学院	6000	200	300	100	0	250	6850	480	30	120	
6	6														
7	7	工号	姓名	所属部门	基本工资	住房补贴	伙食补贴	话费补贴	加班补助	请假扣款	应发工资	养老保险	失业保险	医疗保险	住房
8	8	002112	王新城	会计学院	7300	250	300	100	0	0	7950	584	36.5	146	
9	9														
10	10	工号	姓名	所属部门	基本工资	住房补贴	伙食补贴	话费补贴	加班补助	请假扣款	应发工资	养老保险	失业保险	医疗保险	住房
11	11	002113	赵宝强	物流学院	5600	200	300	100	0	0	6200	448	28	112	
12	12														
13	13	工号	姓名	所属部门	基本工资	住房补贴	伙食补贴	话费补贴	加班补助	请假扣款	应发工资	养老保险	失业保险	医疗保险	住房
14	14	002114	杨星月	信息工程学院	5600	200	300	100	0	0	6200	448	28	112	
15	15														
16	16	工号	姓名	所属部门	基本工资	住房补贴	伙食补贴	话费补贴	加班补助	请假扣款	应发工资	养老保险	失业保险	医疗保险	住房
17	17	002115	陈蕊	会计学院	6000	200	300	100	200	0	6800	480	30	120	
18	18														
19	19	工号	姓名	所属部门	基本工资	住房补贴	伙食补贴	话费补贴	加班补助	请假扣款	应发工资	养老保险	失业保险	医疗保险	住房
20	20	002116	罗敏	经管学院	4600	150	300	100	0	150	5300	368	23	92	
21	21														

图 5-34　排序后的工资条

(6)美化工资条：

①删除辅助列 A 列，选中整个表单(一定要选中整个表单)，单击主菜单选择【数据】|【筛选】，如图 5-35 所示。在“工号”筛选下拉框内将“空白”前的勾选去掉，如图 5-36所示。确定后空白行隐藏起来，只显示非空白行如图 5-37 所示。

	A	G	H	I	J	K	L	M	N	O	P	Q
1	工号	话费补	加班补	请假扣	应发工	养老保	失业保	医疗保	住房公积	应纳税所得	应扣所得税	实发工
2	002110	100	0	0	8350	616	38.5	154	616	3425.5	237.6	6688.0
3												
4	工号	话费补贴	加班补助	请假扣款	应发工资	养老保险	失业保险	医疗保险	住房公积金	应纳税所得额	应扣所得税	实发工资
5	002111	100	0	250	6850	480	30	120	480	2240	119.0	5621.0
6												
7	工号	话费补贴	加班补助	请假扣款	应发工资	养老保险	失业保险	医疗保险	住房公积金	应纳税所得额	应扣所得税	实发工资
8	002112	100	0	0	7950	584	36.5	146	584	3099.5	205.0	6394.6
9												
10	工号	话费补贴	加班补助	请假扣款	应发工资	养老保险	失业保险	医疗保险	住房公积金	应纳税所得额	应扣所得税	实发工资
11	002113	100	0	0	6200	448	28	112	448	1664	61.4	5102.6
12												
13	工号	话费补贴	加班补助	请假扣款	应发工资	养老保险	失业保险	医疗保险	住房公积金	应纳税所得额	应扣所得税	实发工资
14	002114	100	0	0	6200	448	28	112	448	1664	61.4	5102.6
15												
16	工号	话费补贴	加班补助	请假扣款	应发工资	养老保险	失业保险	医疗保险	住房公积金	应纳税所得额	应扣所得税	实发工资
17	002115	100	200	0	6800	480	30	120	480	2190	114.0	5576.0
18												
19	工号	话费补贴	加班补助	请假扣款	应发工资	养老保险	失业保险	医疗保险	住房公积金	应纳税所得额	应扣所得税	实发工资
20	002116	100	0	150	5300	368	23	92	368	949	28.5	4420.5
21												

图 5-35　数据筛选

②选中所有文字并给文字加上表格框，右键选择【设置单元格格式】弹出【设置单元格格式】对话框，选择【边框】，线条样式选择“粗实线”后单击【外边框】|【内部】，如图 5-38 所示，然后单击【确定】退出【设置单元格格式】对话框后如图 5-39 所示。

③单击主菜单选择【数据】|【筛选】退出筛选，并调整工资条的行间距，完成工资条的制作，如图 5-40 所示。

备注：由于工资条项目数据较多，部分图只能显示部分数据。

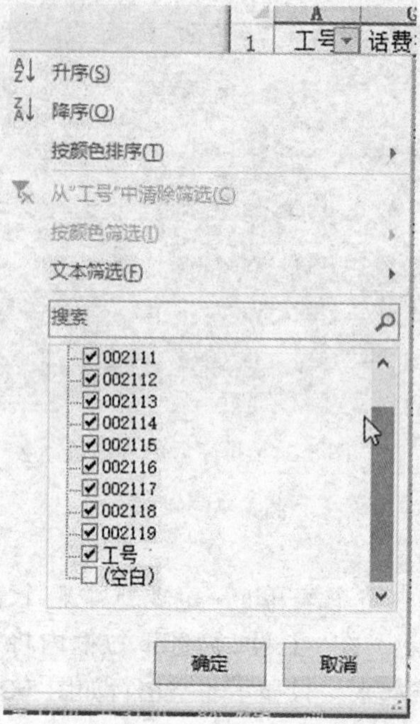

图 5-36　筛选非空白行

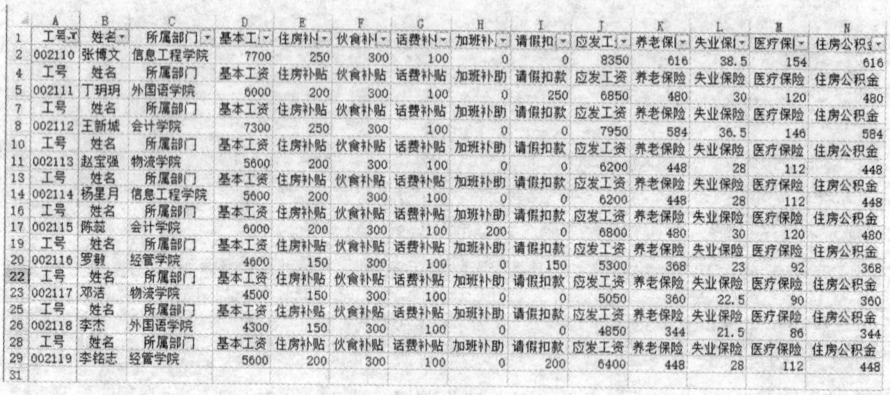

	A	B	C	D	E	F	G	H	I	J	K	L	M	N
1	工号	姓名	所属部门	基本工	住房补	伙食补	话费补	加班补	请假扣	应发工	养老保	失业保	医疗保	住房公积
2	002110	张博文	信息工程学院	7700	250	300	100	0	0	8350	616	38.5	154	616
4	工号	姓名	所属部门	基本工资	住房补贴	伙食补贴	话费补贴	加班补助	请假扣款	应发工资	养老保险	失业保险	医疗保险	住房公积金
5	002111	丁玥玥	外国语学院	6000	200	300	100	0	250	6850	480	30	120	480
7	工号	姓名	所属部门	基本工资	住房补贴	伙食补贴	话费补贴	加班补助	请假扣款	应发工资	养老保险	失业保险	医疗保险	住房公积金
8	002112	王新城	会计学院	7300	250	300	100	0	0	7950	584	36.5	146	584
10	工号	姓名	所属部门	基本工资	住房补贴	伙食补贴	话费补贴	加班补助	请假扣款	应发工资	养老保险	失业保险	医疗保险	住房公积金
11	002113	赵宝强	物流学院	5600	200	300	100	0	0	6200	448	28	112	448
13	工号	姓名	所属部门	基本工资	住房补贴	伙食补贴	话费补贴	加班补助	请假扣款	应发工资	养老保险	失业保险	医疗保险	住房公积金
14	002114	杨星月	信息工程学院	5600	200	300	100	0	0	6200	448	28	112	448
16	工号	姓名	所属部门	基本工资	住房补贴	伙食补贴	话费补贴	加班补助	请假扣款	应发工资	养老保险	失业保险	医疗保险	住房公积金
17	002115	陈蕊	会计学院	6000	200	300	100	200	0	6800	480	30	120	480
19	工号	姓名	所属部门	基本工资	住房补贴	伙食补贴	话费补贴	加班补助	请假扣款	应发工资	养老保险	失业保险	医疗保险	住房公积金
20	002116	罗敏	经管学院	4600	150	300	100	0	150	5300	368	23	92	368
22	工号	姓名	所属部门	基本工资	住房补贴	伙食补贴	话费补贴	加班补助	请假扣款	应发工资	养老保险	失业保险	医疗保险	住房公积金
23	002117	邓洁	物流学院	4500	150	300	100	0	0	5050	360	22.5	90	360
25	工号	姓名	所属部门	基本工资	住房补贴	伙食补贴	话费补贴	加班补助	请假扣款	应发工资	养老保险	失业保险	医疗保险	住房公积金
26	002118	李杰	外国语学院	4300	150	300	100	0	0	4850	344	21.5	86	344
28	工号	姓名	所属部门	基本工资	住房补贴	伙食补贴	话费补贴	加班补助	请假扣款	应发工资	养老保险	失业保险	医疗保险	住房公积金
29	002119	李铭志	经管学院	5600	200	300	100	0	200	6400	448	28	112	448
31														

图 5-37　隐藏空白行

二、方法二：函数法

在工作表【制作工资条方法一】后新建工作表，并重命名为【制作工资条方法二】，在 A1 单元格中输“=IF(MOD(ROW(), 3)=0,"", IF(MOD(ROW(), 3)=1, 薪资管理表! A$2, INDEX(薪资管理表! $A$2: $Q$12, INT((ROW()+4)/3), COLUMN())))”，函数设置完成后如图 5-41 所示，向右拖到 Q1 单元格(注：拖的长度应与原表长度相同)，选择 A1：Q1 区域向下拖到第 30 行即可(注：拖的时候可能拖多

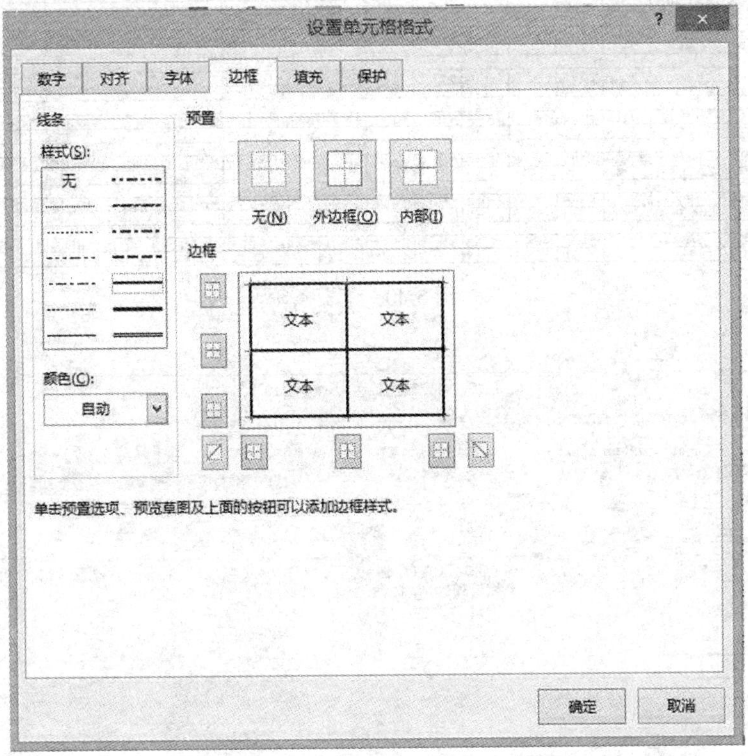

图 5-38　单元格格式对话框

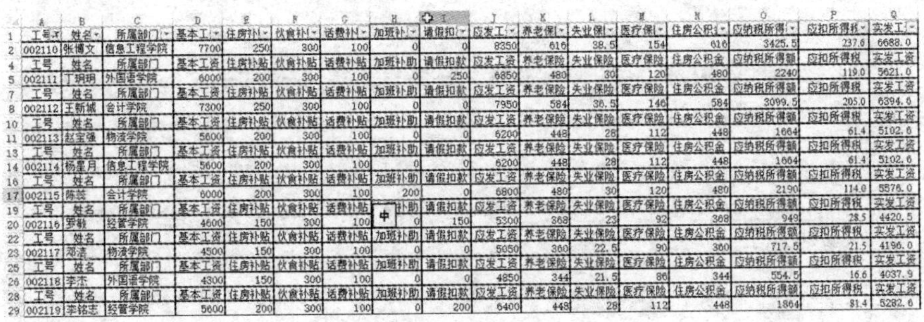

	A	B	C	D	E	F	G	H	I	J	K	L	M	N	O	P	Q
1	工号	姓名	所属部门	基本工	住房补	伙食补	话费补	加班补	请假扣	应发工	养老保	失业保	医疗保	住房公积	应纳税所得	应扣所得税	实发工
2	002110	张博文	信息工程学院	7700	250	300	100	0	0	8350	616	38.5	154	616	3425.5	237.6	6688.0
4	工号	姓名	所属部门	基本工资	住房补贴	伙食补贴	话费补贴	加班补助	请假扣款	应发工资	养老保险	失业保险	医疗保险	住房公积金	应纳税所得额	应扣所得税	实发工资
5	002111	丁玥玥	外国语学院	6000	200	300	100	0	250	6850	480	30	120	480	2240	119.0	5621.0
7	工号	姓名	所属部门	基本工资	住房补贴	伙食补贴	话费补贴	加班补助	请假扣款	应发工资	养老保险	失业保险	医疗保险	住房公积金	应纳税所得额	应扣所得税	实发工资
8	002112	王新城	会计学院	7300	250	300	100	0	0	7950	584	36.5	146	584	3099.5	205.0	6394.6
10	工号	姓名	所属部门	基本工资	住房补贴	伙食补贴	话费补贴	加班补助	请假扣款	应发工资	养老保险	失业保险	医疗保险	住房公积金	应纳税所得额	应扣所得税	实发工资
11	002113	赵宝强	物流学院	5600	200	300	100	0	0	6200	448	28	112	448	1664	61.4	5102.6
13	工号	姓名	所属部门	基本工资	住房补贴	伙食补贴	话费补贴	加班补助	请假扣款	应发工资	养老保险	失业保险	医疗保险	住房公积金	应纳税所得额	应扣所得税	实发工资
14	002114	杨星月	信息工程学院	5600	200	300	100	0	0	6200	448	28	112	448	1664	61.4	5102.6
16	工号	姓名	所属部门	基本工资	住房补贴	伙食补贴	话费补贴	加班补助	请假扣款	应发工资	养老保险	失业保险	医疗保险	住房公积金	应纳税所得额	应扣所得税	实发工资
17	002115	陈蕊	会计学院	6000	200	300	100	200	0	6800	480	30	120	480	2190	114.0	5576.0
19	工号	姓名	所属部门	基本工资	住房补贴	伙食补贴	话费补贴	中 补助	请假扣款	应发工资	养老保险	失业保险	医疗保险	住房公积金	应纳税所得额	应扣所得税	实发工资
20	002116	罗敏	经管学院	4600	150	300	100	0	150	5300	368	23	92	368	949	28.5	4420.5
22	工号	姓名	所属部门	基本工资	住房补贴	伙食补贴	话费补贴	加班补助	请假扣款	应发工资	养老保险	失业保险	医疗保险	住房公积金	应纳税所得额	应扣所得税	实发工资
23	002117	邓清	物流学院	4500	150	300	100	0	0	5050	360	22.5	90	360	717.5	21.5	4196.0
25	工号	姓名	所属部门	基本工资	住房补贴	伙食补贴	话费补贴	加班补助	请假扣款	应发工资	养老保险	失业保险	医疗保险	住房公积金	应纳税所得额	应扣所得税	实发工资
26	002118	李杰	外国语学院	4300	150	300	100	0	0	4850	344	21.5	86	344	554.5	16.6	4037.9
28	工号	姓名	所属部门	基本工资	住房补贴	伙食补贴	话费补贴	加班补助	请假扣款	应发工资	养老保险	失业保险	医疗保险	住房公积金	应纳税所得额	应扣所得税	实发工资
29	002119	李铭志	经管学院	5600	200	300	100	0	200	6400	448	28	112	448	1864	81.4	5282.6

图 5-39　添加边框

或拖少，行数为员工人数的 3 倍)，工资条显示如图 5-42 所示。工资条格式的设置方法同制作工资条方法一。

附上述公式中相关新函数介绍。

(1)函数名称：MOD 函数。

函数用途：返回两数相除的余数，其结果的正负号与除数相同。

函数语法：MOD(number，divisor)

函数参数：Number 为被除数，Divisor 为除数(divisor 不能为零)。

	A	B	C	D	E	F	G	H	I	J	K	L	M	N	O	P	Q
1	工号	姓名	所属部门	基本工资	住房补贴	伙食补贴	话费补贴	加班补助	请假扣款	应发工资	养老保险	失业保险	医疗保险	住房公积金	应纳税所得额	应扣所得税	实发工资
2	002110	张博文	信息工程学院	7700	250	300	100	0	0	8350	616	38.5	154	616	3425.5	237.6	6688.0
3																	
4	工号	姓名	所属部门	基本工资	住房补贴	伙食补贴	话费补贴	加班补助	请假扣款	应发工资	养老保险	失业保险	医疗保险	住房公积金	应纳税所得额	应扣所得税	实发工资
5	002111	丁玥玥	外国语学院	6000	200	300	100	0	250	6850	480	30	120	480	2240	119.0	5621.0
6																	
7	工号	姓名	所属部门	基本工资	住房补贴	伙食补贴	话费补贴	加班补助	请假扣款	应发工资	养老保险	失业保险	医疗保险	住房公积金	应纳税所得额	应扣所得税	实发工资
8	002112	王新城	会计学院	7300	250	300	100	0	0	7950	584	36.5	146	584	3099.5	205.0	6394.6
9																	
10	工号	姓名	所属部门	基本工资	住房补贴	伙食补贴	话费补贴	加班补助	请假扣款	应发工资	养老保险	失业保险	医疗保险	住房公积金	应纳税所得额	应扣所得税	实发工资
11	002113	赵宝强	物流学院	5600	200	300	100	0	0	6200	448	28	112	448	1664	61.4	5102.6
12																	
13	工号	姓名	所属部门	基本工资	住房补贴	伙食补贴	话费补贴	加班补助	请假扣款	应发工资	养老保险	失业保险	医疗保险	住房公积金	应纳税所得额	应扣所得税	实发工资
14	002114	杨星月	信息工程学院	5600	200	300	100	0	0	6200	448	28	112	448	1664	61.4	5102.6
15																	
16	工号	姓名	所属部门	基本工资	住房补贴	伙食补贴	话费补贴	加班补助	请假扣款	应发工资	养老保险	失业保险	医疗保险	住房公积金	应纳税所得额	应扣所得税	实发工资
17	002115	陈蕊	会计学院	6000	200	300	100	200	0	6800	480	30	120	480	2190	114.0	5576.0
18																	
19	工号	姓名	所属部门	基本工资	住房补贴	伙食补贴	话费补贴	加班补助	请假扣款	应发工资	养老保险	失业保险	医疗保险	住房公积金	应纳税所得额	应扣所得税	实发工资
20	002116	罗敏	经管学院	4600	150	300	100	0	150	5300	368	23	92	368	949	28.5	4420.5

图 5-40　工资条

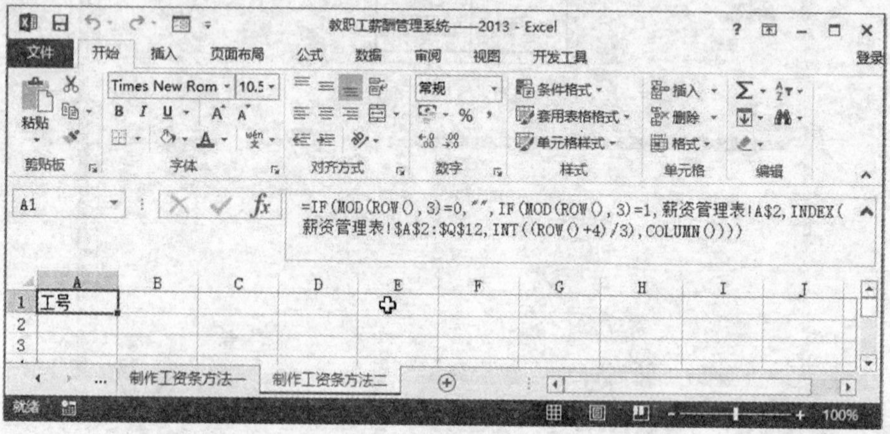

图 5-41　函数的设置

	A	B	C	D	E	F	G	H	I	J	K	L	M	N	O	P	Q
1	工号	姓名	所属部门	基本工资	住房补贴	伙食补贴	话费补贴	加班补助	请假扣款	应发工资	养老保险	失业保险	医疗保险	住房公积金	应纳税所得	应扣所得税	实发工资
2	002110	张博文	信息工程学	7700	250	300	100	0	0	8350	616	38.5	154	616	3425.5	237.6	6688.0
3																	
4	工号	姓名	所属部门	基本工资	住房补贴	伙食补贴	话费补贴	加班补助	请假扣款	应发工资	养老保险	失业保险	医疗保险	住房公积金	应纳税所得	应扣所得税	实发工资
5	002111	丁玥玥	外国语学院	6000	200	300	100	0	250	6850	480	30	120	480	2240.0	119.0	5621.0
6																	
7	工号	姓名	所属部门	基本工资	住房补贴	伙食补贴	话费补贴	加班补助	请假扣款	应发工资	养老保险	失业保险	医疗保险	住房公积金	应纳税所得	应扣所得税	实发工资
8	002112	王新城	会计学院	7300	250	300	100	0	0	7950	584	36.5	146	584	3099.5	205.0	6394.6
9																	
10	工号	姓名	所属部门	基本工资	住房补贴	伙食补贴	话费补贴	加班补助	请假扣款	应发工资	养老保险	失业保险	医疗保险	住房公积金	应纳税所得	应扣所得税	实发工资
11	002113	赵宝强	物流学院	5600	200	300	100	0	0	6200	448	28	112	448	1664.0	61.4	5102.6
12																	
13	工号	姓名	所属部门	基本工资	住房补贴	伙食补贴	话费补贴	加班补助	请假扣款	应发工资	养老保险	失业保险	医疗保险	住房公积金	应纳税所得	应扣所得税	实发工资
14	002114	杨星月	信息工程学	5600	200	300	100	0	0	6200	448	28	112	448	1664.0	61.4	5102.6
15																	
16	工号	姓名	所属部门	基本工资	住房补贴	伙食补贴	话费补贴	加班补助	请假扣款	应发工资	养老保险	失业保险	医疗保险	住房公积金	应纳税所得	应扣所得税	实发工资
17	002115	陈蕊	会计学院	6000	200	300	100	200	0	6800	480	30	120	480	2190.0	114.0	5576.0
18																	
19	工号	姓名	所属部门	基本工资	住房补贴	伙食补贴	话费补贴	加班补助	请假扣款	应发工资	养老保险	失业保险	医疗保险	住房公积金	应纳税所得	应扣所得税	实发工资
20	002116	罗敏	经管学院	4600	150	300	100	0	150	5300	368	23	92	368	949.0	28.5	4420.5
21																	
22	工号	姓名	所属部门	基本工资	住房补贴	伙食补贴	话费补贴	加班补助	请假扣款	应发工资	养老保险	失业保险	医疗保险	住房公积金	应纳税所得	应扣所得税	实发工资
23	002117	邓浩	物流学院	4500	150	300	100	0	0	5050	360	22.5	90	360	717.5	21.5	4196.0

图 5-42　函数法制作工资条结果

函数实例：如果 A1=51，则公式“=MOD(A1，4)”返回 3；=MOD(-101，-2)返回 -1。

(2)函数名称：INT 函数。

函数用途：将任意实数向下取整为最接近的整数。

函数语法：INT(number)

函数参数：Number 为需要处理的任意一个实数。

函数实例：如果 A1=16.24、A2=-28.389，则公式“=INT(A1)”返回 16，=INT(A2)返回-29。

(3)函数名称：COLUMN 函数。

函数功能：显示所引用单元格的列标号值。

函数参数：COLUMN(reference)

函数实例：在 C11 单元格中输入公式：=COLUMN(B11)，确认后显示为 2(即 B 列)。

特别提醒：如果在 B11 单元格中输入公式：=COLUMN()，也显示出 2；与之相对应的还有前面学到的一个返回行标号值的函数-ROW(reference)。

任务三　工资查询设置

对于没有发放工资条给职工的单位，设置工资查询可以方便职工了解到职工当月的工资结构、应发工资、补扣情况。个人工资情况视为个人秘密，因此只有输入本人工号和密码的方式方可查询到明细工资。在本例中是通过输入工号自动查询工资明细。

一、工资查询页面设置

在工作表【制作工资条方法二】后新建工作表，并命名为【工资查询】，如图 5-43 所示输入工资查询项目，并进行格式设置。

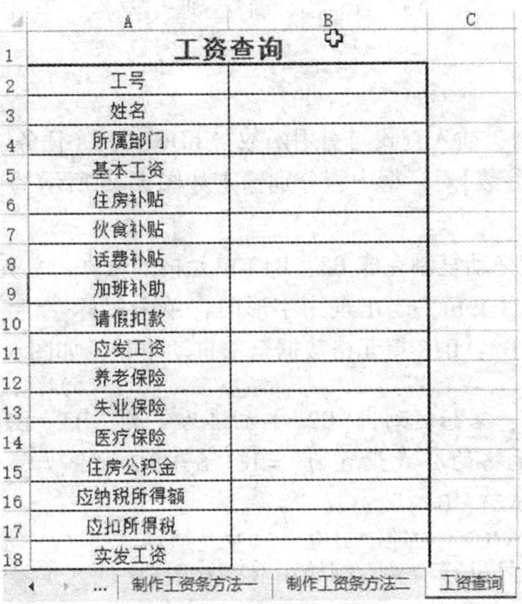

图 5-43　工资查询项目

特别提醒："B2"单元格的格式务必与工作表【薪资管理表】中"A3"单元格的格式保持一致，即将"B2"单元格的格式设置成"文本"格式。

二、查询项目函数设置

(1)切换到工作表【薪资管理表】中，定义名称"薪资管理表"。

①单击菜单栏【公式】|【定义名称】。

②在弹出的【定义名称】对话框中的"名称"下输入"薪资管理表"，鼠标移动到"引用位置"处，单击工作表"薪资管理表"选中A3：Q12单元格区域或者是直接在"引用位置"输入"=薪资管理表！$A$3：$Q$12"。

③单击【确定】按钮。如图5-44所示。

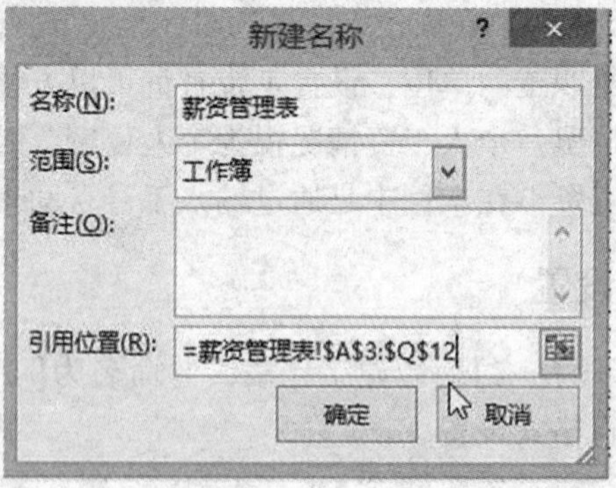

图5-44 定义"薪资管理表"名称

(2)函数设置。

①选中"B3"单元格，插入查找与引用函数"VLOOKUP"(任务一中已经介绍)。

②在弹出的【函数参数】对话框中，分别输入如图5-45所示的参数，单击【确定】退出【函数参数】对话框。

③利用填充柄快速拖动复制完成B3：B12单元格的数据，首先选择B3单元格，将鼠标放置在B3单元格的右下角，当出现十字形时，单击鼠标左键，向下拖动至B18单元格；松开鼠标左键后，B3：B18单元格数据全部自动填充，如图5-46所示。

特别提醒：特别提醒：若想达到当"B2"单元格为空时，B3：B19单元格页无任何显示，可以将"B2"单元格的公式设置为"=IF($B$2="","",VLOOKUP($B$2,薪资管理表,ROW(A2),0))"。

④输入任一员工工号进行检验，例如在B2单元格中输入工号"002118"，B3：B18单元格工资明细自动显示，如图5-47所示。

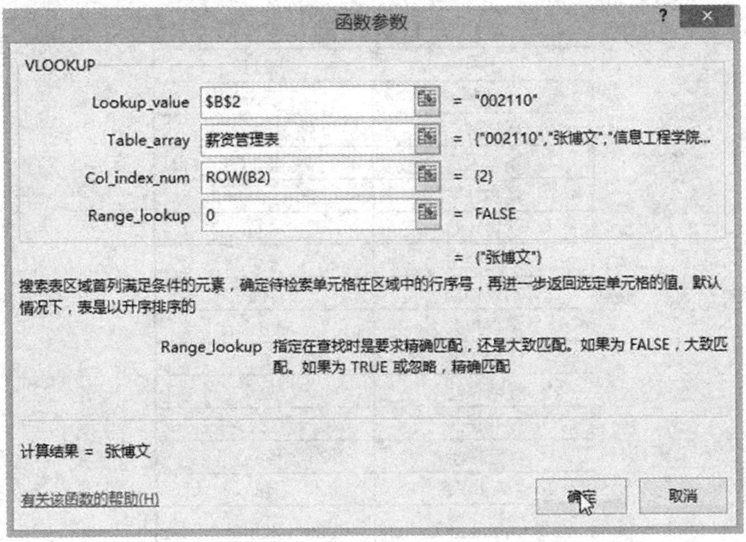

图 5-45　LOOKUP 函数参数设置

图 5-46　工资查询设置

工资查询	
工号	002118
姓名	李杰
所属部门	外国语学院
基本工资	4800
住房补贴	150
伙食补贴	300
话费补贴	50
加班补助	800
请假扣款	0
应发工资	0
养老保险	6100
失业保险	384
医疗保险	96
住房公积金	48
应纳税所得额	384
应扣所得税	1688
实发工资	63.8

图5-47　工资查询检验

特别提醒：利用Excel数据处理功能对工资进行简单的分析在本教材项目一有详细介绍，此处不再重复，另外学校还可以利用Excel强大的数据统计分析功能根据多个月的"薪资管理表"进行比较分析，甚至可以与同行业工资情况进行横向比较，本书不再逐一介绍。

项目六　Excel 在固定资产管理中的应用

【学习任务】

固定资产的管理，主要就是固定资产折旧的计算，通过本情境的学习，使学生掌握如何利用 Excel 提供的函数计算固定资产的折旧。

【技能目标】

1. 熟练掌握在 Excel 中创建固定资产清单。
2. 熟练利用 Excel 函数完成固定资产折旧的计算。
3. 熟练利用数据透视表进行折旧费用分析。

【知识目标】

1. 本情境中所用到的 Excel 工作表函数——NOW，TODAY，SLN，DDB 等函数。
2. Excel 创建固定资产折旧计算明细表的思路。
3. Excel 数据透视分析方法。

【情境导入】

在财务核算中每期期末企业都需要进行固定资产折旧的计算。那么在折旧计算中我们需要考虑哪些因素？如何利用 Excel 所提供的计算功能可以快速有效地判断某项固定资产是否需要在该期进行折旧的计提？是否已经到期？本期应提的折旧额是多少？带着这些问题，我们来学习 Excel 在固定资产管理中的应用。

任务一　固定资产折旧计算明细表

固定资产是企业用来改变劳动对象的劳动资料，与其他资产相比，具有两个主要特点：一是使用年限长，能多次加入生产过程并保持其原有实物形态；二是单位价值较高，其价值随着使用的磨损逐渐部分地通过折旧形式转移到新产品中去。固定资产折旧就是固定资产在使用过程中逐渐损耗而消失的那部分价值，这部分价值以折旧费用的形式计入各期成本费用，并从企业的营业收入中得到补偿，转化为货币资金，从而为固定资产的更新提供可能。因此，对于企业来说，固定资产折旧是固定资产管理中的一项主要内容。

影响固定资产折旧的因素主要有固定资产的原值、预计净残值和使用年限等，企业应根据固定资产的损耗情况，采用合理的方法计提折旧。固定资产折旧的计提方法主要包括直线折旧法和加速折旧法两大类。我国大部分企业的固定资产折旧一般都采用直线折旧法，对于一些技术发展较快的行业，其机器设备的折旧则可以采用加速折旧法计算。

在任务一中，我们首先学习在大部分企业中如何快速有效地计算本期应计提的折旧额。

一、固定资产折旧计算明细表的结构

首先我们要根据计算固定资产折旧计算的因素，创建固定资产折旧计算明细表，其中应该包括固定资产名称、固定资产原值、预计净残值、使用年限、折旧起始日期等基本因素，同时还应该包括会影响固定资产折旧计算的其他因素，如当前计提日期、折旧终止日期、已计提月份、本期应计提折旧、累计折旧、折旧应计入的成本费用科目等，如图 6-1 所示。

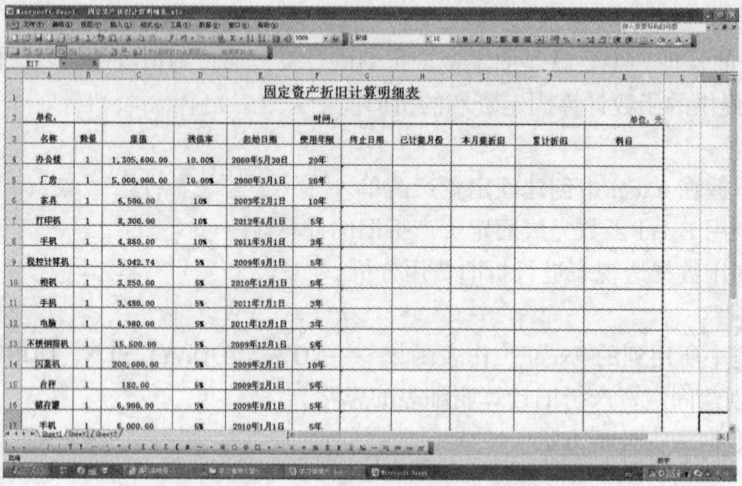

固定资产折旧计算明细表

单位：　　时间：　　单位：元

名称	数量	原值	残值率	起始日期	使用年限	终止日期	已计提月份	本月提折旧	累计折旧	科目
办公楼	1	1,305,600.00	10.00%	2000年5月30日	20年					
厂房	1	5,000,000.00	10.00%	2000年3月1日	20年					
家具	1	6,500.00	10%	2003年2月1日	10年					
打印机	1	8,300.00	10%	2012年6月1日	5年					
手机	1	4,860.00	10%	2011年9月1日	3年					
税控计算机	1	5,042.74	5%	2009年9月1日	5年					
相机	1	3,250.00	5%	2010年12月1日	5年					
手机	1	3,480.00	5%	2011年7月1日	3年					
电脑	1	6,980.00	5%	2011年12月1日	3年					
不锈钢[illegible]机	1	15,500.00	5%	2009年12月1日	5年					
闪蒸机	1	200,000.00	5%	2009年2月1日	10年					
台秤	1	180.00	5%	2009年2月1日	5年					
储存罐	1	6,900.00	5%	2009年9月1日	5年					
手机	1	6,000.00	5%	2010年1月1日	5年					

图 6-1　固定资产折旧计算明细表

二、固定资产折旧计算明细表的相关设置

1. 使用年限的填列

大家所看到的固定资产折旧计算明细表中使用年限列填列都为“×年”，但大家不要错误地理解为是直接输入为“×年”，通过直接输入，该单元格格式为文本型数据，在以后的折旧计算中会出现错误提示“#VALUE!”，因此该列的数据填列是只输入数字年份，而单位“年”是通过自定义格式设置而成的。

特别提醒：

带单位符号显示的数字格式设置

代码：#“文本”

其中“#”是数字占位符。只显示有意义的零而不显示无意义的零。

步骤：选择单元格区域 F 列，单击右键，菜单栏【设置单元格格式】，在弹出的“单元格格式”对话框中选择【数字】|【自定义】命令，在“类型”文本框中输入“#年”，就可以将使用年限中的数据设置为带“年”单位的数据。例如 20 通过设置后显示为“20 年”，并且不影响后面的计算。如图 6-2 所示。

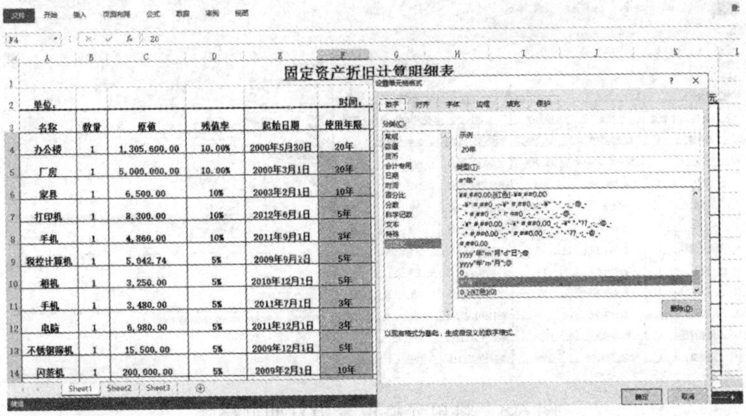

图 6-2 带“年”单位的使用年限数据格式设置

2. 计提折旧的当前日期

计提折旧的当前日期可以使用 Excel 中的日期函数 NOW( )或者 TODAY( )来完成。通过这两个函数的好处是可以使折旧计算明细表随着系统日期的更新而自动更新计算的数据。

步骤 1：在单元格 G2 中输入公式：G2=NOW( )或 G2=TODAY( )，如图 6-3 所示。

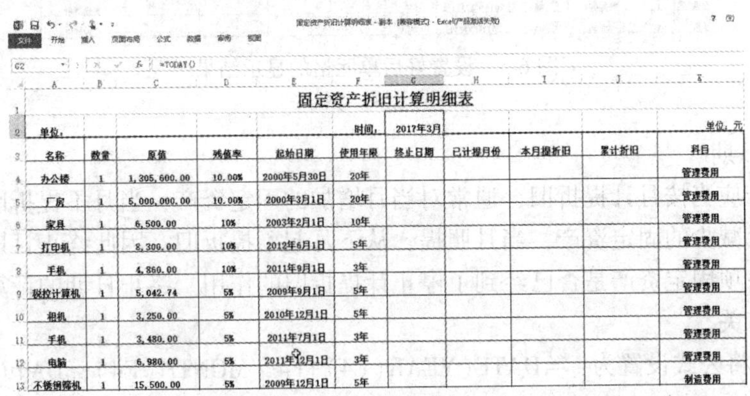

图 6-3 计提折旧的日期设置

步骤 2：将单元格 G2 的格式设置为日期型格式，否则会显示为日期所对应的序列号，如图 6-4、图 6-5 所示。

特别提醒：

(1) NOW( )函数：返回当前日期和时间所对应的序列号，NOW( )函数没有参数，但括号不能省略。

(2) TODAY( )函数：返回当前日期的序列号。TODAY( )函数没有参数，但括号不能省略。

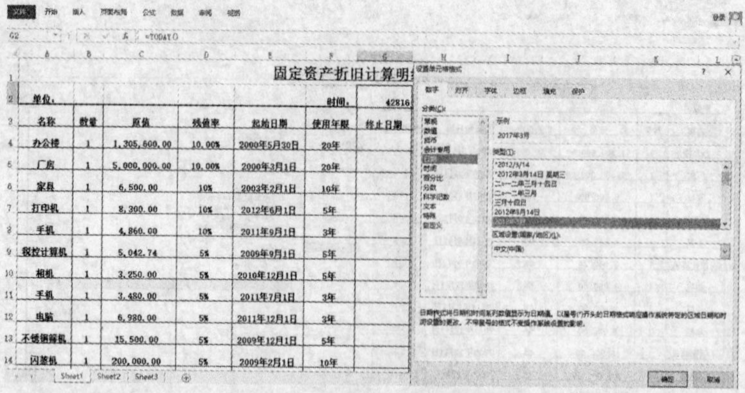

图 6-4　将单元格设置为日期型格式

图 6-5　设置好后单元格的显示结果

3. 终止日期

固定资产应当按月计提折旧，通常对当月增加的固定资产，当月不提折旧，从下月起计提；对当月减少的固定资产，当月照提，从下月起不提折旧。因此终止日期的设置主要是起到提醒该项固定资产是否已经到了停止计提折旧的作用。终止日期的计算与起始日期和使用年限有关。

步骤 1：将公式设置为：=DATE(YEAR(E4)+F4，MONTH(E4)，DAY(E4))，如图 6-6 所示。

图 6-6　终止日期的公式设置

步骤 2：由于每个固定资产终止日期的计算都是相同的方法，我们可以利用填充柄将该公式复制到其他固定资产终止日期的单元格中。如图 6-7 所示。

固定资产折旧计算明细表

单位：　　时间：2017年3月　　单位：元

名称	数量	原值	残值率	起始日期	使用年限	终止日期	已计提月份	本月提折旧	累计折旧	科目
办公楼	1	1,305,600.00	10.00%	2000年5月30日	20年	2020/5/30				管理费用
厂房	1	5,000,000.00	10.00%	2000年3月1日	20年	2020/3/1				管理费用
家具	1	6,500.00	10%	2003年2月1日	10年	2013/2/1				管理费用
打印机	1	8,300.00	10%	2012年6月1日	5年	2017/6/1				管理费用
手机	1	4,860.00	10%	2011年9月1日	3年	2014/9/1				管理费用
税控计算机	1	5,042.74	5%	2009年9月1日	5年	2014/9/1				管理费用
相机	1	3,250.00	5%	2010年12月1日	5年	2015/12/1				管理费用
手机	1	3,480.00	5%	2011年7月1日	3年	2014/7/1				管理费用
电脑	1	6,980.00	5%	2011年12月1日	3年	2014/12/1				管理费用
不锈钢筛机	1	15,500.00	5%	2009年12月1日	5年					制造费用
闪蒸机	1	200,000.00	5%	2009年2月1日	10年					制造费用

图 6-7　通过填充柄复制公式

4. 已计提月份

已计提月份是指从起始日期开始到当前日期，该项固定资产已经计提折旧的月份。如果固定资产是该月新增的，则已计提月份为 0；如果不是该月新增，由于我国会计制度规定当月新增的固定资产从下月开始计算折旧，所以计算出来的月份数的差额还应减去 1，才能得出正确的已计提折旧的月份数，如图 6-8 所示。

方法一：=(12-MONTH(E4))+((YEAR($G$2)-YEAR(E4)-1)*12+MONTH($G$2))-1

公式解析：把已计提月份划分为三个部分：一是起始当年计提的月份“12-MONTH(E4)”；二是中间的整年份已计提的月份“((YEAR($G$2)-YEAR(E4)-1)*12”；三是计提当年已计提的月份“MONTH($G$2)”，三部分相加后再减去 1 所得的就是该项固定资产总共已计提的月份。

方法二：=(YEAR($G$2)-YEAR(E4))*12+MONTH($G$2)-MONTH(E4)-1

公式解析：根据当前日期和起始日期之间的月份差来计算已计提折旧的月份数，计算出来的月份数的差额再减去 1。

方法三：=INT(DAYS360(E4, $G$2)/30)-1

公式解析：根据函数 DAYS360 按照一年 360 天的算法(每个月以 30 天计，一年共计 12 个月)，返回两日期间相差的天数，由相差的天数转换为月份取整后减去 1，可以得到该项固定资产总共已计提的月份。

以上三种方法都可以用来计算已计提月份，但有时计算出来的结果会有误差，一个企业选择其中一种不会影响其折旧总额，介绍给大家是为了拓展解决问题的思路。

同样，其他各项固定资产折旧计算都是相同的方法，我们还可以利用填充柄将该公式复制到其他固定资产已计提月份的单元格中，在此不再赘述。

5. 到期提醒设置

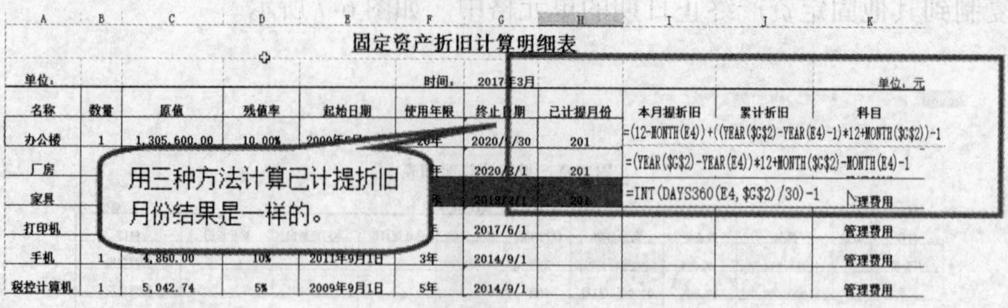

图 6-8　已计提折旧的公式设置

前面已经提到对当月减少的固定资产，当月照提，从下月起不提折旧，所以在固定资产折旧计算明细表中最好能提供到期提醒的设置，以免使用者忽略了到期时间，而继续计提折旧，待到发现时还需要做账务调整，带来不必要的麻烦。解决这个问题，可以利用 Excel 中的条件格式来设置到期提醒。

具体步骤如下：

步骤 1：选取包含“使用年限”、“终止日期”、“已计提月份”三列的数据区域，单击【开始】|【条件格式】|【新建规则】|【使用公式确定要设置格式的单元格】，通过公式“= $ H4>= $ F4 * 12”设置来实现到期提醒，如图 6-9 所示。

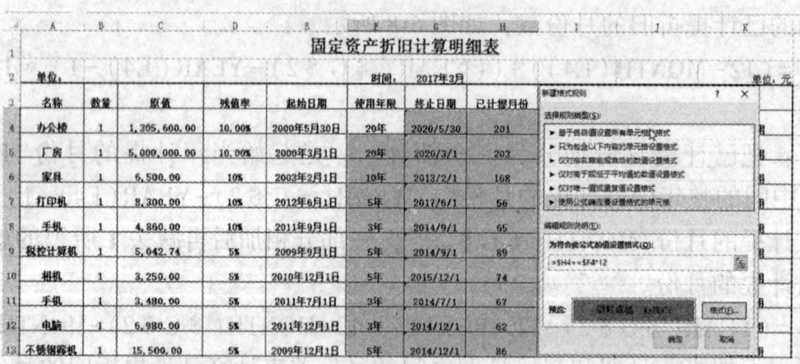

图 6-9　到期提醒的条件格式设置

步骤 2：为了让大家看到条件格式设置后的效果，我们将个别固定资产的起始日期做一调整，使得该项固定资产已经到期，检验是否能起到到期提醒的目标。效果如图 6-10 所示。

6. 本月计提折旧

我国大部分企业的固定资产折旧一般都采用直线折旧法，假设我们先考虑所有固定资产均采用直线折旧法，则在计算折旧额时只需要知道三个基本因素(原值、预计净残值、使用年限)，就可以计算出当期应提折旧。

方法一：采用 Excel 的内置折旧函数 SLN 来计算固定资产折旧额。

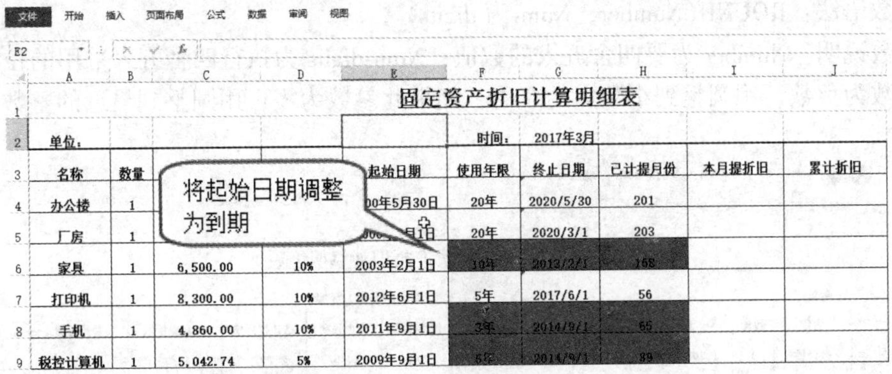

图 6-10　到期提醒的效果

公式设置：=SLN(C4，C4 * D4，F4 * 12)，如图 6-11 所示。

图 6-11　本月计提折旧的公式设置

附财务函数 SLN 介绍：

函数功能：返回某项资产在一个期间中的线性折旧值

函数语法：SLN(cost，salvage，life)

参数说明：Cost 为资产原值；Salvage 为资产在折旧期末的价值(也称为资产残值)；Life 为折旧期限(有时也称作资产的使用寿命)。若为年，计算的是年折旧额；若为月，则计算的是月折旧额。

方法二：直接用基本运算功能来计算折旧，这种方法比较简单，在此就不再显示图表。

公式设置：=(C4-C4 * D4)/12 * F4

公式解析：=(原值-预计净残值)/使用期限

通过以上的计算，有些固定资产的折旧计算出来后可能会出现很多小数位数，可以通过四舍五入函数将其保留为两位小数，进一步完善的公式如图 6-12 所示。

公式设置：=ROUND(SLN(C4，C4 * D4，F4 * 12)，2)

附数学与三角函数 ROUND 介绍：

函数功能：按指定的位数对数值进行四舍五入

函数语法：ROUND(Number，Num-为 digits)

参数说明：Number 为要四舍五入的数值；Num-digits 为执行四舍五入采用的位数，如果此参数为负数，用圆整到小数点的左边，如果此参数为零，用圆整到最近的整数。

本月提折旧　=ROUND(SLN(C4,C4*D4,F4*12),2)

固定资产折旧计算明细表

单位：　　时间：2017年3月

名称	数量	原值	残值率	起始日期	使用年限	终止日期	已计提月份	本月提折旧	累计折旧
办公楼	1	1,305,600.00	10.00%	2000年5月30日	20年	2020/5/30	201	4,896.00	
厂房	1	5,000,000.00	10.00%	2000年3月1日	20年	2020/3/1	203		
家具	1	6,500.00	10%	2003年2月1日	10年	2013/2/1	168		
打印机	1	8,300.00	10%	2012年6月1日	5年	2017/6/1	56		
手机	1	4,860.00	10%	2011年9月1日	3年	2014/9/1	65		
税控计算机	1	5,042.74	5%	2009年9月1日	5年	2014/9/1	89		

图 6-12　四舍五入后的折旧计算公式

7. 累计折旧的计算

因为直线折旧法是按照固定资产使用年限平均计算年折旧额的计算方法，每期的折旧额是相同的，所以累计折旧只需要通过已计提月份和本期计提折旧额就可以直接计算出来了。如图 6-13 所示。

公式设置=(H4+1)＊I4

J4　=(H4+1)*I4

固定资产折旧计算明细表

单位：　　时间：2017年3月　　单位：元

名称	数量	原值	残值率	起始日期	使用年限	终止日期	已计提月份	本月提折旧	累计折旧	科目
办公楼	1	1,305,600.00	10.00%	2000年5月30日	20年	2020/5/30	201	4,896.00	988,992.00	
厂房	1	5,000,000.00	10.00%	2000年3月1日	20年	2020/3/1	203	18,750.00	3,825,000.00	
家具	1	6,500.00	10%	2003年2月1日	10年	2013/2/1	168	48.75	8,238.75	
打印机	1	8,300.00	10%	2012年6月1日	5年	2017/6/1	56	124.50	7,096.50	
手机	1	4,860.00	10%	2011年9月1日	3年	2014/9/1	65	121.50	8,019.00	
税控计算机	1	5,042.74	5%	2009年9月1日	5年	2014/9/1	89	79.84	7,185.60	
相机	1	3,250.00	5%	2010年12月1日	5年	2015/12/1	74	51.46	3,859.50	

图 6-13　累计折旧的计算

8. 费用类别科目的设置

每月计提的固定资产折旧费，应根据用途计入相关资产的成本或者当前损益，借记“制造费用”、“销售费用”、“管理费用”等科目，所以在固定资产折旧计算明细表中可以添加科目设置列，以便于日后的费用归集。科目的设置可以利用数据有效性的下拉列表功能来输入，前面已经多次讲解，在此不再赘述。效果如图 6-14 所示。

固定资产折旧计算明细表

单位：					时间：	2017年3月				单位：元
名称	数量	原值	残值率	起始日期	使用年限	终止日期	已计提月份	本月提折旧	累计折旧	科目
办公楼	1	1,305,600.00	10.00%	2000年5月30日	20年	2020/5/30	201	4,896.00	988,992.00	管理费用
厂房	1	5,000,000.00	10.00%	2000年3月1日	20年	2020/3/1	203	18,750.00	3,825,000.00	管理费用
家具	1	6,500.00	10%	2003年2月1日	10年	2013/2/1	168	48.75	8,238.75	管理费用
打印机	1	8,300.00	10%	2012年6月1日	5年	2017/6/1	56	124.50	7,096.50	管理费用
手机	1	4,860.00	10%	2011年9月1日	3年	2014/9/1	65	121.50	8,019.00	管理费用

图 6-14　数据下拉列表设置科目列

任务二　创建固定资产管理系统

一、固定资产基础参数的设置

固定资产明细表，即存放所有固定资产数据的工作表，在描述固定资产特征数据中有些数据相对固定，并且有一定的规律性，为了提高输入效率，我们可以将这些相对规律和固定的数据组成一个基础参数表，这些参数如图 6-15 所示。

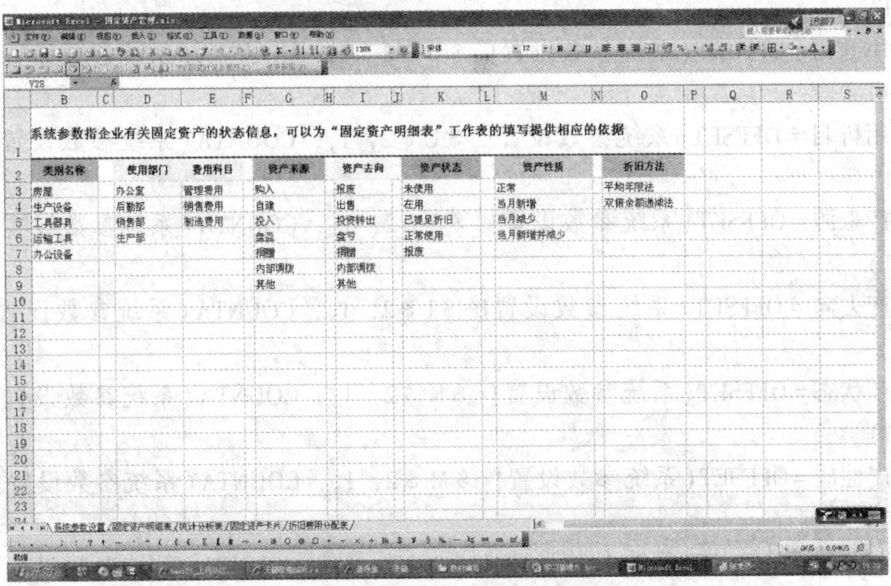

图 6-15　固定资产基础参数表

如果将这些数据设置为可供用户选择的下拉列表，还需要进行将这些数据区域分别进行命名，具体步骤如下：

步骤 1：首先建立一个 Excel 工作簿，在该工作簿中的 Sheet1 工作表中输入如图 6-15 所示的项目。然后将该工作表标签改为“系统参数设置”。

步骤 2：进行数据区域命名。单击菜单栏中的【公式】|【定义名称】命令，弹出“新建名称”对话框，在“名称”文本框中输入名称“类别编号”，为了让数据区域的大小灵活设置，我们可以将区域设置为动态的单元格区域，因此在“引用位置”文本框中输入公式：=OFFSET(系统参数设置！＄A＄2，1,，COUNTA(系统参数设置！＄A：＄A)-1)

查找与引用函数 OFFSET 在学习情境二中已详细介绍，此处不再赘述。

如图 6-16 所示，然后单击“确定”按钮。

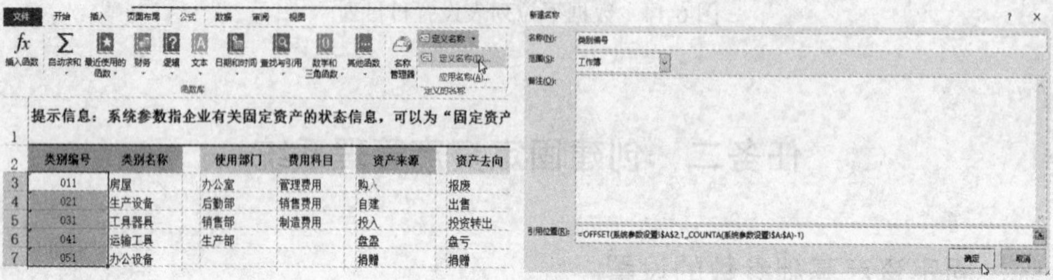

图 6-16　数据区域命名

步骤 3：用同样的方法，可以将其他系统参数分别进行数据区域命名，公式如下：

类别编号=OFFSET(系统参数设置！＄B＄2，1,，COUNTA(系统参数设置！＄B：＄B)-1)

使用部门=OFFSET(系统参数设置！＄D＄2，1,，COUNTA(系统参数设置！＄D：＄D)-1)

费用科目=OFFSET(系统参数设置！＄E＄2，1,，COUNTA(系统参数设置！＄E：＄E)-1)

资产来源=OFFSET(系统参数设置！＄G＄2，1,，COUNTA(系统参数设置！＄G：＄G)-1)

资产去向=OFFSET(系统参数设置！＄I＄2，1,，COUNTA(系统参数设置！＄I：＄I)-1)

资产状态=OFFSET(系统参数设置！＄K＄2，1,，COUNTA(系统参数设置！＄K：＄K)-1)

资产性质=OFFSET(系统参数设置！＄M＄2，1,，COUNTA(系统参数设置！＄M：＄M)-1)

折旧方法=OFFSET(系统参数设置！＄O＄2，1,，COUNTA(系统参数设置！＄O：＄O)-1)

附统计函数 COUNTA 介绍：

函数功能：返回参数列表中非空值的单元格个数。利用函数 COUNTA 可以计算单元格区域或数组中包含数据的单元格个数。

函数参数：COUNTA(value1，value2，…)

参数说明：value1，value2，…为所要计算的值，参数个数为 1 到 30 个。在这种情况下，参数值可以是任何类型，它们可以包括空字符（""），但不包括空白单元格。如果参数是数组或单元格引用，则数组或引用中的空白单元格将被忽略。

二、创建固定资产明细表

接下来需要创建固定资产明细表，即存放所有固定资产数据的工作表。主要包括三方面的工作：一是设计明细表格式；二是添加相应的基础数据；三是设置计算固定资产折旧的相关公式。

1. 设计明细表的结构

固定资产明细表可以用来存放与该固定资产相关的所有数据，以便于对企业的固定资产做到详细、全面的管理，因此要考虑明细表应该包括哪些内容，一般要包括如下的项目：资产名称、资产编号、类别编号、类别名称、使用部门、费用科目、资产状态、资产来源、资产去向、资产性质、购买日期、终止日期、资产原值、资产净残值率、使用年限、月折旧额、已计提月份、累计折旧等基本项目，根据每个企业管理的需要，我们还可以包括资产设备的规格型号、制造单位等一些辅助项目，项目设置的多少可以根据实际情况灵活掌握，在此我们只是提供固定资产管理的一般思路。由于表格中的项目太多，我们只显示部分项目，如图 6-17 所示。

图 6-17　固定资产明细表

2. 有效性设置

在固定资产明细表的项目中有些数据需要直接输入，如“资产名称”、“资产编号”、“起始日期(购置日期)”、“资产原值”、“残值率”；有些数据的填列有一定的规律性，且数据相对固定，这些数据在“系统参数设置”的讲解中已经提到，我们可以将这些数据设置为可供用户选择的下拉列表，以提高数据输入效率，如“类别编号”、“使用部门”、“资产来源”、“资产去向”等项目，具体操作步骤如下。

步骤 1：选定“类别编号”所在的单元格区域 C4：C27，单击菜单栏【数据】|【数据验证】命令，弹出“数据验证”对话框，在“设置”选项卡中的“验证条件”区域中的“允许”下拉列表中选择“序列”，然后在“来源”文本框中键入“=类别编号”，如图 6-18 所示。

如果在固定资产明细表中的“资产编号”已经通过手工输入，一般而言，“资产编号”中包括“类别编号”，那么我们也可以通过函数取值的方式得到“类别编号”。例如“资产编号”是“011001”，在编号的前三位其实代表着“类别编号”的信息，我们利用字符取值函数

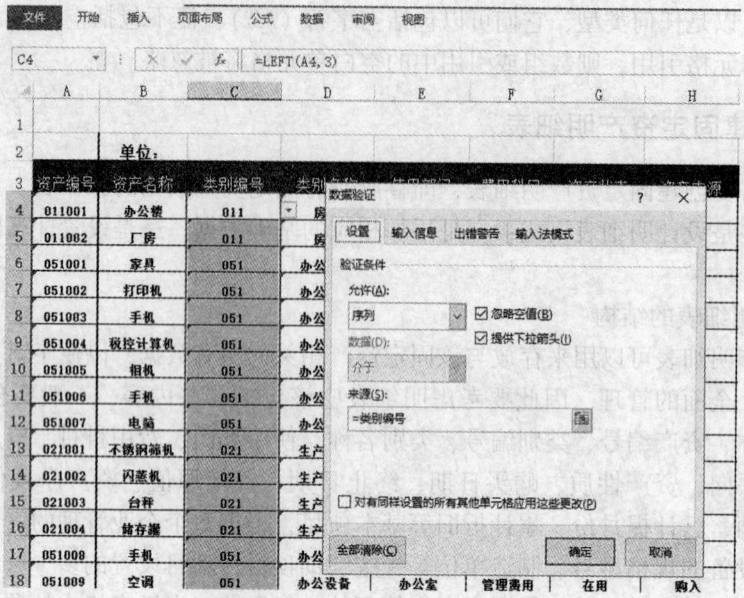

图 6-18　设置“类别编号”下拉列表

可以直接根据“资产编号”生成“类别编号”。如图 6-19 所示。

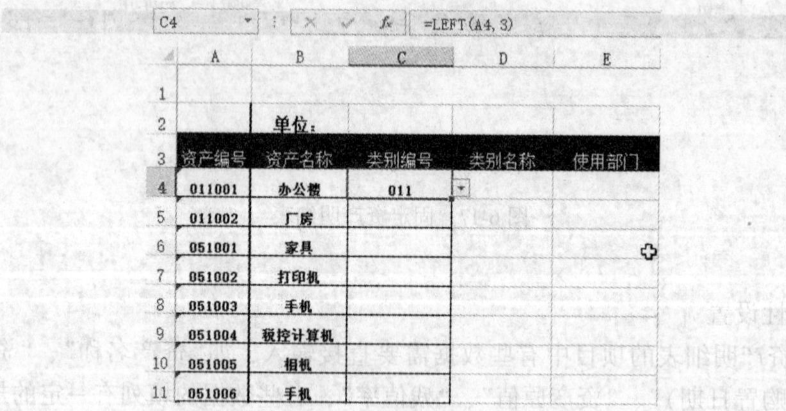

图 6-19　公式生成“类别编号”

附文本 LEFT 函数介绍：

函数功能：从一个文本字符串的第一个字符开始，截取指定数目的字符。

函数语法：LEFT(text，num_chars)

参数说明：text 代表要截字符的字符串；num_chars 代表给定的截取数目。

特别提醒：此函数名的英文意思为“左”，即从左边截取，Excel 很多函数都取其英文的意思。

步骤 2：同样的方法，也可以设置“类别名称”的数据下拉列表，如图 6-20 所示。

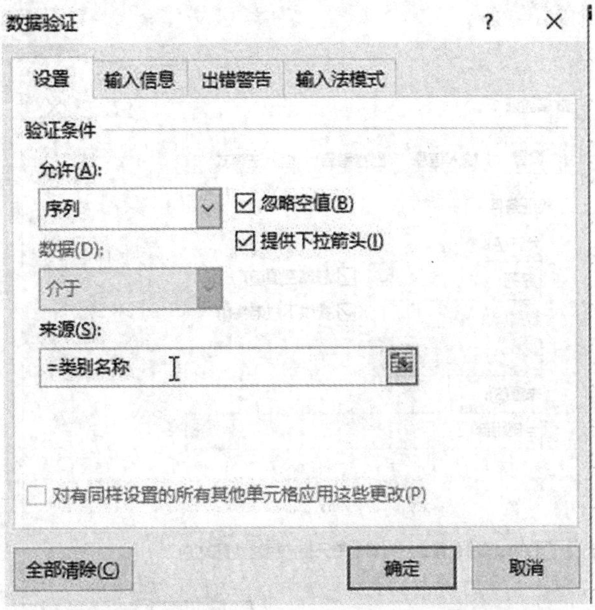

图 6-20　设置“类别名称”下拉列表

除了数据下拉列表的思路外，由于“类别编号”与“类别名称”具有相互对应关系的特征，我们也可以采用查询函数的思路，根据“类别编号”来形成“类别名称”，因此针对不同的情况，我们可以灵活地采用多种办法解决问题。如图 6-21 所示。

类别名称＝VLOOKUP(C4，系统参数设置！＄A＄3：＄B＄7，2，FALSE)

查询函数 VLOOKUP 在前面的任务中已做详细讲解，在此不再赘述。

图 6-21　公式生成“类别名称”

步骤 3："使用部门"、"费用科目"、"资产类别"、"资产状态"、"折旧方法"项目都可以采用数据有效性设置，形成数据下拉列表，以方便数据的输入。如图 6-22 至图 6-26 所示。

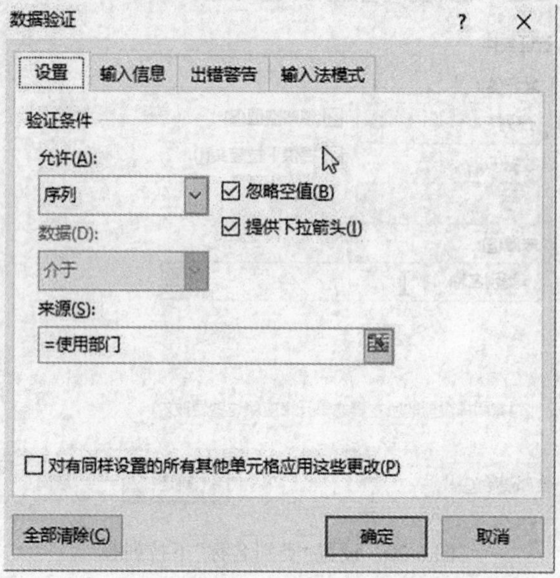

图 6-22　设置"使用部门"下拉列表

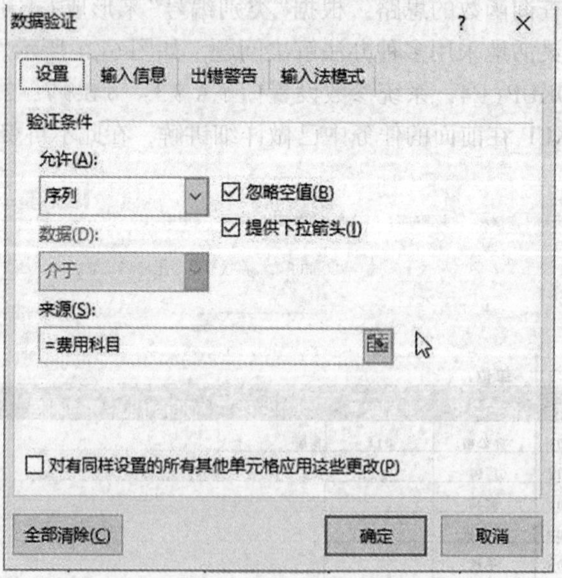

图 6-23　设置"费用科目"下拉列表

在完成数据下拉列表时，经常会出现以下的问题：

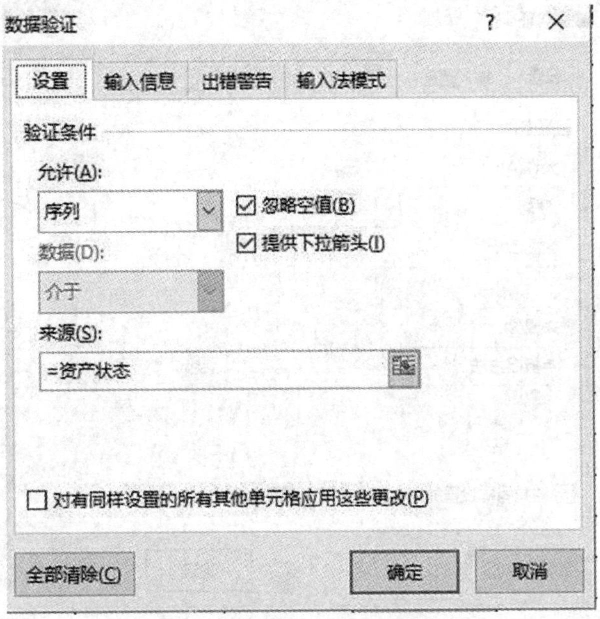

图 6-24　设置“资产状态”下拉列表

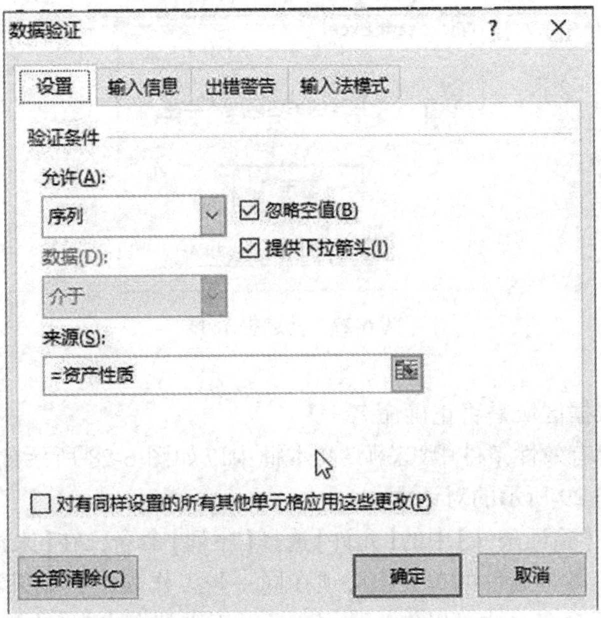

图 6-25　设置“资产性质”下拉列表

问题 1：在进行数据有效性设置完成，点击“确定”后，出现如图 6-27 所示的对话框。

解析 1：出现这个对话框，往往是在设置有效性条件中“来源”文本框中的数据区域没有提前命名。

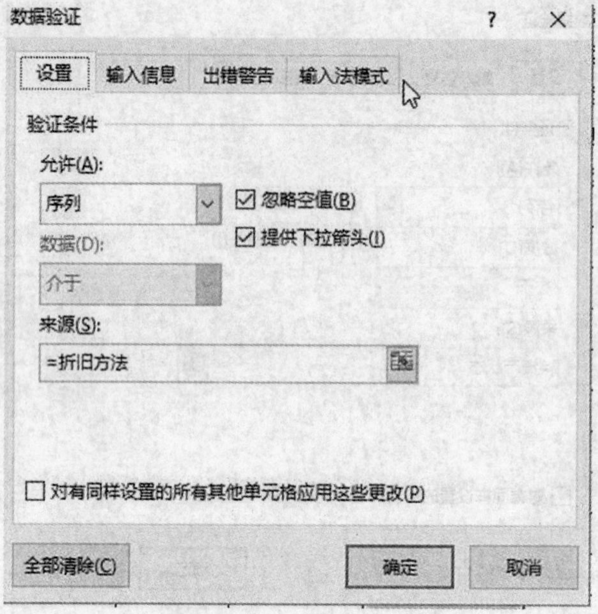

图 6-26 设置“折旧方法”下拉列表

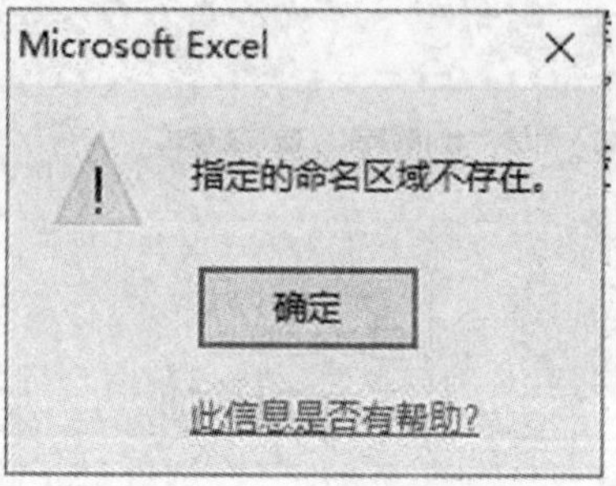

图 6-27 问题提示 1

解决 1：检查数据区域是否正确命名。

问题 2：在设置有效性条件中“来源”文本框中以如图 6-28 所示的工作表单元格地址时，则会出现如图 6-29 所示的对话框。

解析 2：如果在【验证条件】中的【允许】选择【序列】命令，在【来源】文本框中表示的数据区域与所设置有效性条件的单元格必须在同一张工作表中，如果不是同一张工作表，必须将数据区域进行命名，才可以作为数据来源，否则就会出现如图 6-29 所示的对话框。

解决 2：对数据区域进行命名。(这就是我们为何要在“系统参数设置”中将基础参数都要进行区域命名的原因)

3. 使用折旧函数计算固定资产折旧

计算固定资产折旧的方法很多，较为常见的有平均年限法、固定余额递减法、双倍余

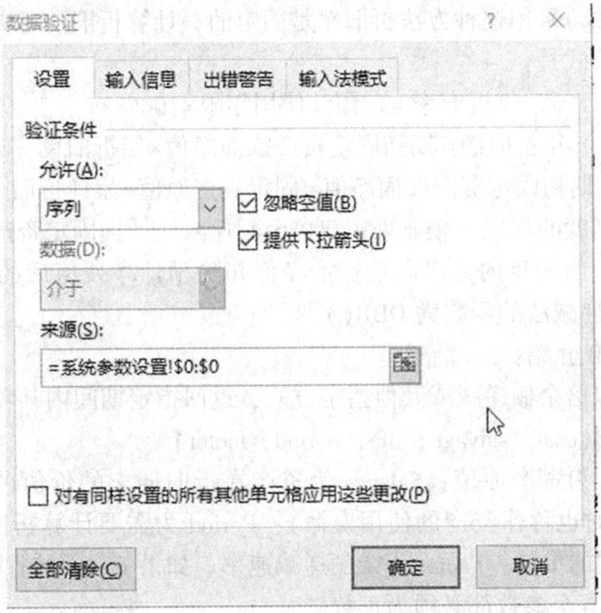

图 6-28　用单元格地址的形式表示数据来源

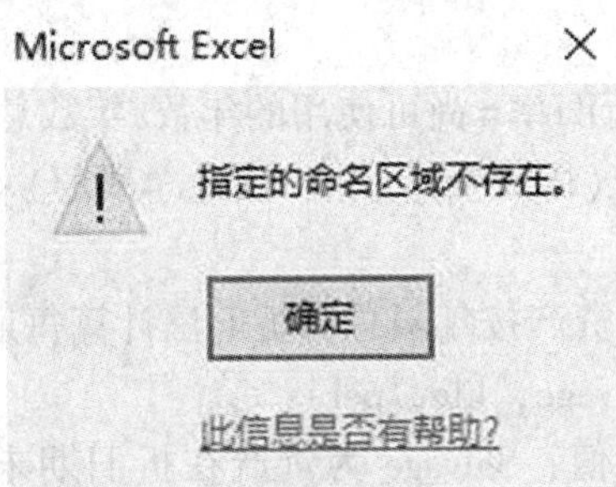

图 6-29　问题提示 2

额递减法和年数总和法。

平均年限法也被称为直接法折旧，在任务一中已做讲解，在此不再赘述。

余额递减折旧法是一种加速折旧的方法，它采用一定的折旧率乘以一个递减的设备资产初期账面值，得到每期的折旧金额，在 Excel 中使用 DB( )函数实现。

附财务函数 DB 介绍：

函数功能：用固定余额递减法，返回指定期间内某项固定资产的折旧值

函数语法：DB(cost，salvage，life，period，month)

参数说明：Cost 为资产原值；Salvage 为资产在折旧期末的价值(也称为资产残值)。

Life 为折旧期限(有时也称作资产的使用寿命)；Period 为需要计算折旧值的期间。Period 必须使用与 life 相同的单位；Month 为第一年的月份数，如省略，则假设为 12。

双倍余额递减法是在不考虑固定资产残值的情况下，根据双倍直线法折旧率计算固定资产折旧的一种方法。采用这种方法折旧率是固定的，计算折旧的基数是期初固定资产的账面净值。其计算公式是：

年折旧率=1/预计使用年限×100%×2

年折旧额=期初固定资产账面净值×年折旧率

期初固定资产账面净值=固定资产原值-累计折旧

根据我国会计制度的规定，企业采用双倍余额递减法计提固定资产折旧时，应当在固定资产折旧年限到期前两年内，将固定资产净值扣除预计净残值后的净额平均摊销。在Excel中，双倍余额递减法的函数为DDB()。

附财务函数DDB介绍：

函数功能：用双倍余额递减或其他指定方法，返回指定期间内某项固定资产的折旧值

函数语法：DDB(cost，salvage，life，period，factor)

参数说明：Cost为资产原值；Salvage为资产在折旧期末的价值(也称为资产残值)；Life为折旧期限(有时也称作资产的使用寿命)；Period为需要计算折旧值的期间。Period必须使用与life相同的单位；Factor为余额递减速率。如果factor被省略，则假设为2(双倍余额递减法)；这五个参数都必须为正数。

年限总和法是将固定资产原值减去预计净残值后的余额乘以一个逐年递减的分数，这个分数分子代表固定资产尚可使用的年限，分母是使用年限的各年年数之和。其计算公式是：

年折旧率=尚可使用的年数/年数总和

年折旧额=(固定资产原值-预计净残值)×年折旧率

附财务函数SYD介绍：

函数功能：返回某项固定资产按年限总和折旧法计算每期折旧金额

函数语法：SYD(cost，salvage，life，per)

参数说明：Cost为资产原值；Salvage为资产在折旧期末的价值(也称为资产残值)；Life为折旧期限(有时也称作资产的使用寿命)；Per为期间，其单位与life相同。

在熟悉了函数的使用方法后，我们就可以根据参数的要求，进行折旧的计算，例如固定资产“厂房”，采用的折旧方法为“双倍余额递减法”，在单元格Q5中输入公式为：

Q5=DDB(J5，J5*K5，M5，INT(P5/12)+1)/12

如图6-30所示，在公式中，前三个参数分别代表固定资产原值，净残值，使用寿命，可以直接通过引用单元格得出，第四个参数需要通过简单的运算才能得到。INT(P5/12)+1是根据已计提折旧的月份数计算当前的折旧期间，INT()函数的作用是向下取整，即如果该设备使用不到一年，那么此时的折旧期间是在一年，所以需要加1后再向下取整。

在使用DDB函数时，需要注意的是，由于我国的会计制度规定某年中每月的折旧额为该年折旧额在12个月内平均分摊，因此，在计算每月的折旧额时，需要将DDB函数计算出来的某年折旧额除以12，而不需要直接使用DDB函数来计算某月的折旧额。

学习了平均年限法和双倍余额递减法设置公式的思路后，可以计算出固定资产明细表中其余资产的月折旧额，在操作上可以直接在每个单元格中输入公式，也可以将采用同样

Q5　=DDB(J5,J5*K5,M5,INT(P5/12)+1)/12

固定资产明细表

单位：元

残值率	起始日期	使用年限	终止日期	折旧方法	已计提月份	月折旧额	本年计提月数	本年折旧额
10%	2000年5月30日	20年	2020/5/30	平均年限法	150	4,896.00	12.00	58,752.00
5%	2000年3月1日	20年	2020/3/1	双倍余额递减法	152	11,767.90	12.00	141,214.77
5%	2003年2月1日	10年	2013/2/1	平均年限法	117	51.46	12.00	617.52
5%	2012年6月1日	5年	2017/6/1	平均年限法	5	131.42	6.00	788.52
5%	2011年9月1日	3年	2014/9/1	平均年限法	14	128.25	12.00	1,539.00
5%	2009年9月1日	5年	2014/9/1	平均年限法	38	79.84	12.00	958.08
5%	2010年12月1日	5年	2015/12/1	平均年限法	23	51.46	12.00	617.52
5%	2011年7月1日	3年	2014/7/1	平均年限法	16	91.83	12.00	1,101.96
5%	2011年12月1日	3年	2014/12/1	平均年限法	11	184.19	12.00	2,210.28

图 6-30　双倍余额递减法的公式设置

折旧方法的公式复制过去。

附数学与三角函数 INT 介绍：

函数功能：将数值向下取整为最近的整数

函数语法：INT(Number)

参数说明：Number 为要取整的实数

4. 本年折旧月份数的公式设置

我国会计制度对固定资产的折旧有如下规定：

(1)当月启用的设备从下月开始计算折旧；

(2)设备非本年开始启用，且本年全年一直使用，则本年每月均应进行折旧；

(3)设备本年开始启用，且一直用到年末，则本年折旧月数从启用的下一个月起至年末。

由于固定资产的使用寿命一般都在几年以上，所以本年启用的设备本年就停用的情况可以不予考虑。在判断本年折旧月份时，可以分为两种情况：一是如果起始的年份小于当前年份，并且当前年份小于起始年份和使用年限之和，则表示资产全年处于正常使用状态；二是本年内到期，则本年应折旧的月份数应为 12 减去起始月份数的差额。如图 6-31 所示。

文件　开始　插入　页面布局　公式　数据　审阅　视图

R4　=IF(G4="报废",0,IF(AND(YEAR(L4)<YEAR($J$2),YEAR($J$2)<(YEAR(L4)+M4)),12,12-MONTH(L4)))

固定资产明细表

时间：2017年3月　　单位：元

资产来源	资产性质	原值	残值率	起始日期	使用年限	终止日期	折旧方法	已计提月份	月折旧额	本年计提月数	本年折旧额
自建	正常	1,305,600.00	10%	2000年5月30日	20年	2020/5/30	平均年限法	201	4,896.00	12.00	58,752.00
自建	正常	5,000,000.00	5%	2000年3月1日	20年	2020/3/1	双倍余额递减法	203	7,720.92	12.00	92,651.01
购入	正常	6,500.00	5%	2003年2月1日	10年	2013/2/1	平均年限法	[illegible]	51.46	10.00	514.60
购入	正常	8,300.00	5%	2012年6月1日	5年	2017/6/1	平均年限法	56	131.42	6.00	788.52
购入	正常	4,860.00	5%	2011年9月1日	3年	2014/9/1	平均年限法	[illegible]	128.25	3.00	384.75
购入	正常	5,042.74	5%	2009年9月1日	5年	2014/9/1	平均年限法	[illegible]	79.84	3.00	239.52

图 6-31　本年折旧月数的公式设置

基于以上的分析，我们可以将公式设置如下：

R4=IF(G4="报废", 0, IF(AND(YEAR(L4)<YEAR($J$2), YEAR($J$2)<(YEAR(L4)+M4)), 12, 12-MONTH(L4)))

附函数逻辑 AND 介绍：

函数功能：当所有参数的逻辑值为真时，返回 TRUE；只要一个参数的逻辑值为假，即返回 FALSE

函数语法：AND(logical1, logical2, ...)

参数说明：logical1, logical2, ...表示待检测的 1 到 30 个条件值，各条件值可为 TRUE 或 FALSE。

特别提醒：

(1)参数必须是逻辑值 TRUE 或 FALSE，或者包含逻辑值的数组或引用。

(2)如果数组或引用参数中包含文本或空白单元格，则这些值将被忽略。

(3)如果指定的单元格区域内包括非逻辑值，则 AND 将返回错误值 #VALUE!。

5. 本年折旧额的计算

本年应计提折旧总额即为月折旧额乘以本年折旧月份数。因此公式为：

S4=Q4 * R4，如图 6-32 所示。

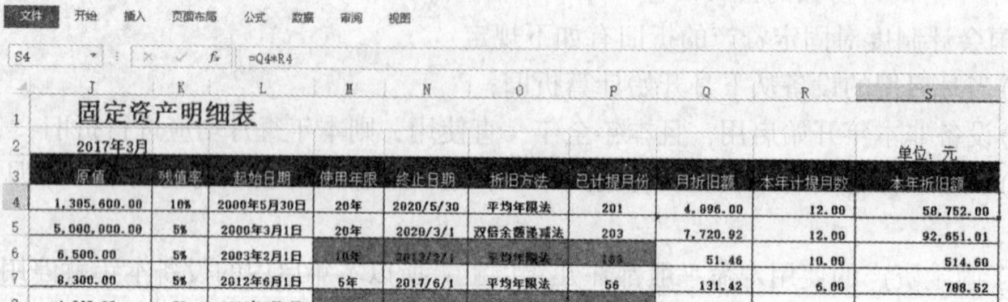

原值	残值率	起始日期	使用年限	终止日期	折旧方法	已计提月份	月折旧额	本年计提月数	本年折旧额
1,305,600.00	10%	2000年5月30日	20年	2020/5/30	平均年限法	201	4,896.00	12.00	58,752.00
5,000,000.00	5%	2000年3月1日	20年	2020/3/1	双倍余额递减法	203	7,720.92	12.00	92,651.01
6,500.00	5%	2003年2月1日	10年	2013/2/1	平均年限法	[illegible]	51.46	10.00	514.60
8,300.00	5%	2012年6月1日	5年	2017/6/1	平均年限法	56	131.42	6.00	788.52
4,860.00	5%	2011年9月1日	3年	2014/9/1	平均年限法	65	128.25	3.00	384.75

图 6-32　本年折旧额的公式设置

三、创建固定资产卡片

虽然固定资产明细表中包含了所有的固定资产信息，但当只需要查看某一项固定资产时，该表格就显得比较繁杂，不易于查找。固定资产卡片是按照固定资产项目开设，用以进行固定资产明细核算的账簿。在一些管理比较正规的企业，大型的机器设备类固定资产通常会通过固定资产卡片进行管理。

在 Excel 中固定资产卡片的大部分信息都可以通过公式的设置取自于固定资产明细表，基本思路我们将在下面做详细地分析和介绍。

1. 设计固定资产卡片的格式

根据企业的具体情况，固定资产卡片的格式依企业不同而有所不同。假设某企业的固定资产格式如图 6-33 所示。下面详细介绍在 Excel 上制作固定资产卡片的方法和步骤。

图 6-33 固定资产卡片的格式

步骤 1：插入一个空白工作表，在工作表中输入如图 6-34 所示的表格项目。

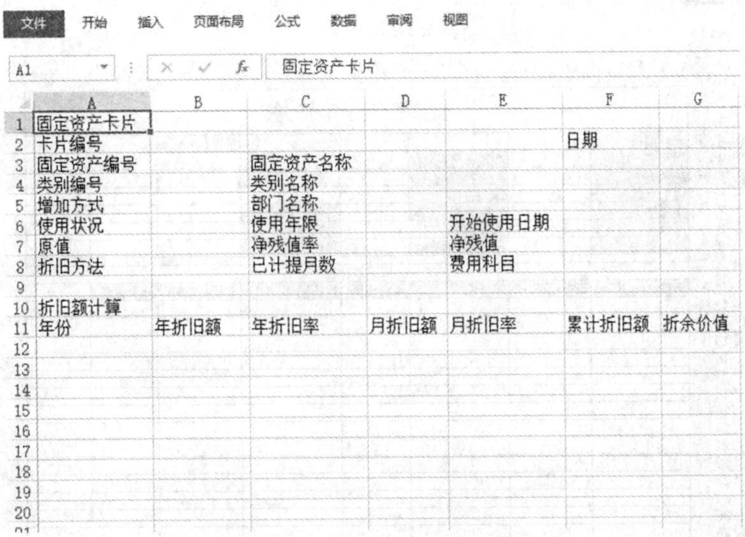

图 6-34 固定资产卡片表格项目

步骤 2：合并及居中单元格区域 A1：I2，设置文字的字体为“华文隶书”、字号为“26”，颜色为“蓝色”，下画线为“会计用双下画线”，调整行高至合适的数值。如图 6-35 所示。

步骤 3：将表格项目所在单元格填充为灰色，并设置对齐方式和边框，适当调整行高和列宽。设置后的效果如图 6-36 所示。

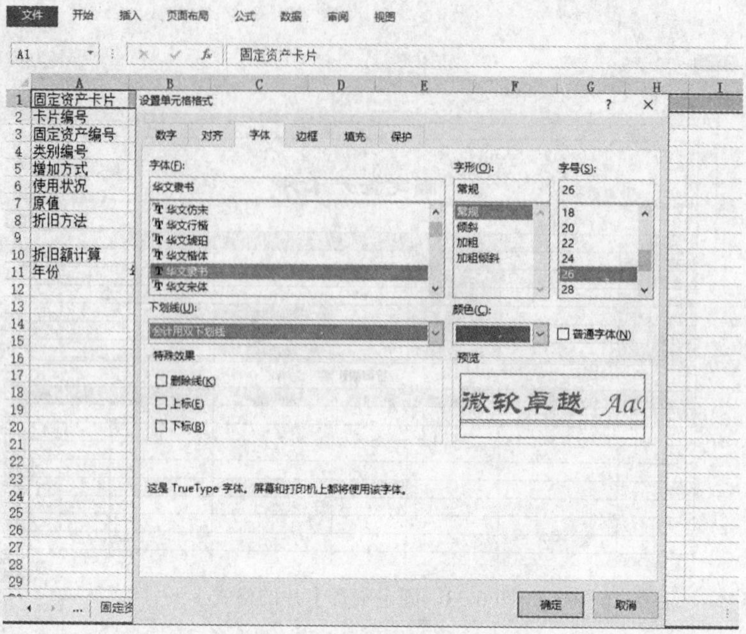

图 6-35　设置标题单元格格式

图 6-36　设置好格式后的效果

步骤 4：设置卡片编号的长度。假设卡片编号的长度是固定的，为了输入方便，我们可以提前设置好单元格 C3 的格式，例如卡片编号的长度是 4 位，不够 4 位的前面补“0”，

具体操作步骤为：选择单元格 C3，点击鼠标右键【设置单元格】|【数字】标签，在【自定义】格式设置的“类型”文本框中选择“0000”即可。如图 6-37 所示。

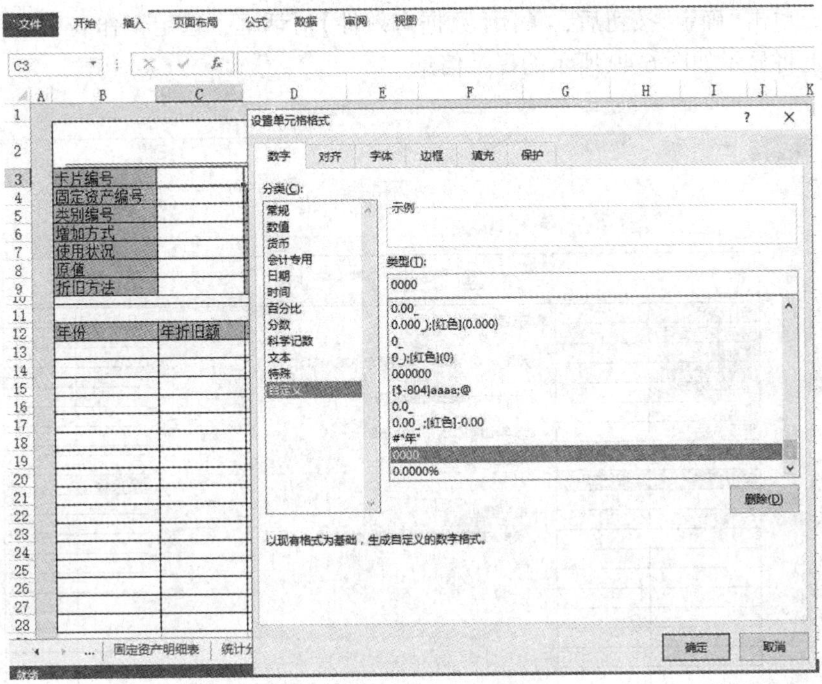

图 6-37　设置卡片编号的长度

步骤 5：设置固定资产卡片的日期。卡片的日期可以直接取自于“固定资产明细表”中的日期，在单元格 H3 中输入公式：=固定资产明细表！J2，并且要将单元格 H3 的格式设置为日期型格式，否则将显示为日期所对应的序列号。如图 6-38 所示，计算当前日期。

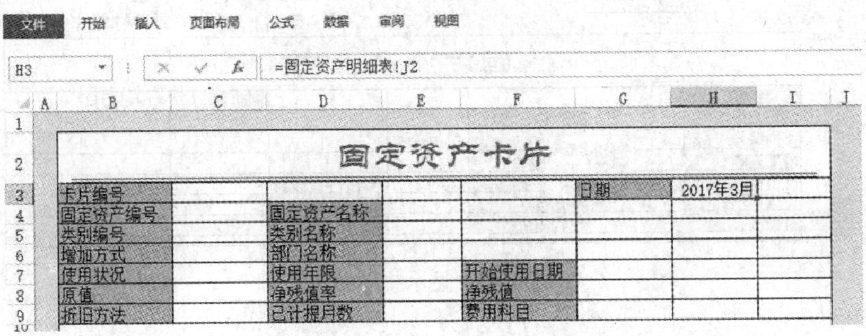

图 6-38　设置并显示当前日期

步骤 6：固定资产编号的提示设置。每一项固定资产都有唯一的编号，编号的信息直接会影响到其余固定资产信息的取得，因此我们首先设置单元格 C4 的输入提示。具体步

骤为：选定单元格 C4，单击菜单栏【数据】|【数据验证】命令，弹出【数据验证】对话框，单击【输入信息】标签切换到【输入信息】选项卡中，选择【选定单元格时显示输入信息】复选框，然后在【输入信息】文本框中键入“请输入要查询制作卡片的固定资产编号”，如图 6-39 所示。单击“确定”按钮后，关闭【数据有效性】对话框，选定工作表中的单元格 C4，此时屏幕上将显示如图 6-40 所示的提示信息。

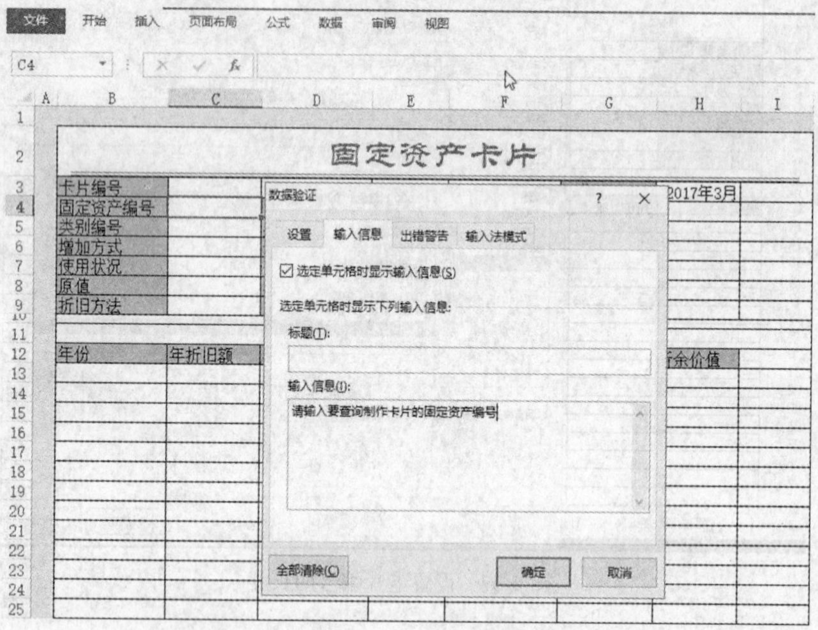

图 6-39　设置提示信息

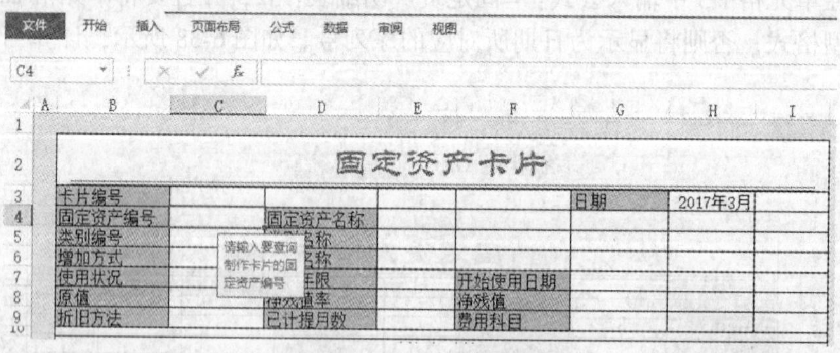

图 6-40　显示提示信息

步骤 7：固定资产编号的下拉列表设置。步骤 5 中我们设置了输入的提示信息，为了提高输入的准确度和效率，还可以进一步将该单元格设置成下拉列表式输入。关于数据下拉列表的设置方法我们在前面已经多次讲解，在此需要强调的是作为数据源的区域必须提前进行区域命名。

然后再选择单元格 C4，单击菜单栏【数据】|【数据验证】命令，弹出【数据验证】对话框，单击【设置】标签，在【允许】文本框中选择“序列”，【来源】文本框中输入公式：=资产编号。如图 6-41 和图 6-42 所示。

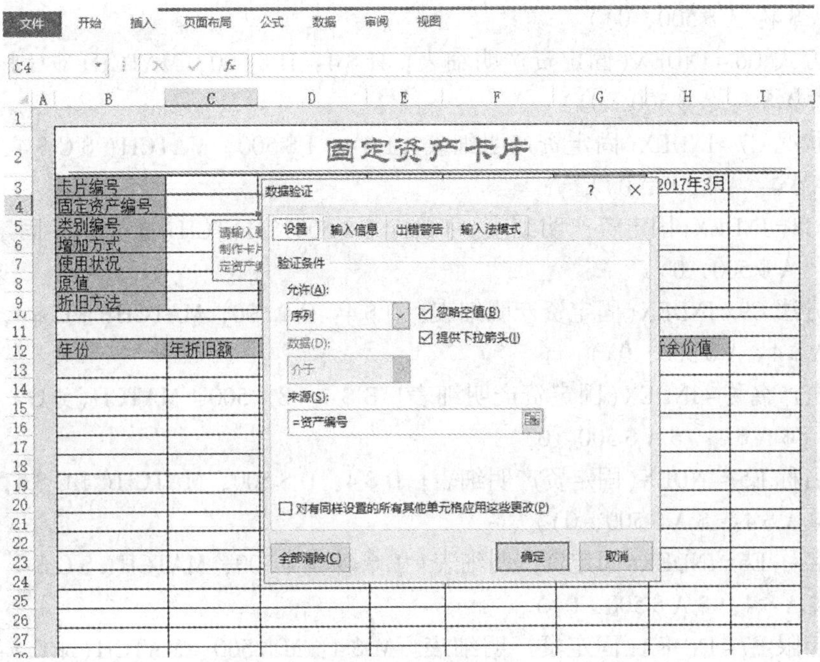

图 6-41　下拉列表设置

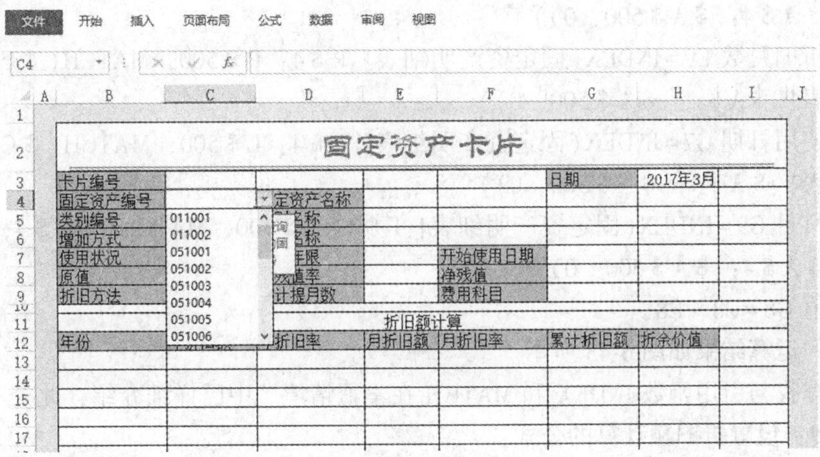

图 6-42　设置好后的下拉列表

步骤 8：固定资产卡片中的其他信息，如“固定资产名称”、“类别编号”、“类别名称”、“增加方式”、“部门名称”、“使用状况”、“原值”、“残值”、“折旧方法”、“已计提月份”、“开始使用日期”、“费用科目”等都可以通过公式的设置，取自于“固定资产明细表”。

公式设置为：

类别编号 C5=INDEX(固定资产明细表！C$4：C$500，MATCH($C$4，固定资产明细表！A$4：A$500，0))

增加方式 C6=INDEX(固定资产明细表！H$4：H$500，MATCH($C$4，固定资产明细表！A$4：A$500，0))

使用状况 C7=INDEX(固定资产明细表！I$4：I$500，MATCH($C$4，固定资产明细表！A$4：A$500，0))

原值 C8=INDEX(固定资产明细表！J$4：J$500，MATCH($C$4，固定资产明细表！A$4：A$500，0))

折旧方法 C9=INDEX(固定资产明细表！O$4：O$500，MATCH($C$4，固定资产明细表！A$4：A$500，0))

固定资产名称=INDEX(固定资产明细表！B$4：B$500，MATCH($C$4，固定资产明细表！$A$4：$A$500，0))

类别名称 E5=INDEX(固定资产明细表！D$4：D$500，MATCH($C$4，固定资产明细表！$A$4：$A$500，0))

部门名称 E6=INDEX(固定资产明细表！E$4：E$500，MATCH($C$4，固定资产明细表！$A$4：$A$500，0))

使用年限 E7=INDEX(固定资产明细表！M$4：M$500，MATCH($C$4，固定资产明细表！$A$4：$A$500，0))

净残值率 E8=INDEX(固定资产明细表！K$4：K$500，MATCH($C$4，固定资产明细表！$A$4：$A$500，0))

已提折旧月数 E9=INDEX(固定资产明细表！P$4：P$500，MATCH($C$4，固定资产明细表！$A$4：$A$500，0))

开始使用日期 G7=INDEX(固定资产明细表！L$4：L$500，MATCH($C$4，固定资产明细表！$A$4：$A$500，0))

费用科目 G9=INDEX(固定资产明细表！F$4：F$500，MATCH($C$4，固定资产明细表！$A$4：$A$500，0))

净残值 G8=C8*E8

公式的运算结果如图 6-43 所示。

上述查找与引用函数 INDEX 和 MATCH 在学习情境二中已详细介绍，此处不再赘述。

步骤 9：设置折旧额计算的公式：

(1)计算需要折旧的年份

单元格 B13 是未提折旧的初始年份，用“0”表示，在单元格 B14 中输入计算折旧年份的公式：=IF($C$9="","",IF(ROW()-ROW($B$13)<=$E$7，ROW()-ROW($B$13),""))

(2)计算年折旧额

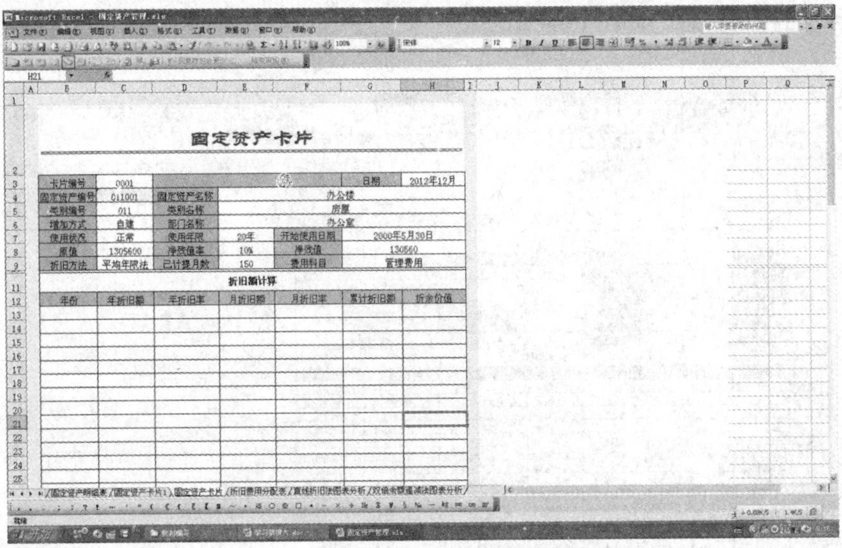

图 6-43 公式运算后的结果

在单元格 C14 中输入下面的公式，计算第 1 年的年折旧额：

“=IF(B14="","",IF($C$9="平均年限法",SLN($C$8,$G$8,$E$7),IF($C$9="双倍余额递减法",IF(B14<=$E$7-2,DDB($C$8,$G$8,$E$7,B14),(INDEX($H$14:$H$202,MATCH($E$7-2,$B$14:$B$202))-$G$8)/2))))”

(3)计算年折旧率

在单元格 D14 中输入公式“=IF(B14="","",ROUND(IF($C$9="平均年限法",(1-$E$8)/$E$7,IF($C$9="双倍余额递减法",2/$E$7)),4))”计算第 1 年的年折旧率。

(4)计算月折旧额

在单元格 E14 中输入公式“=IF(B14="","",ROUND(C14/12,2))”计算第 1 年的月折旧额。

(5)计算月折旧率

在单元格 F14 中输入公式“=IF(B14="","",ROUND(D14/12,4))”计算第 1 年的月折旧率。

(6)计算累计折旧额

在单元格 G14 中输入公式“=IF(B14="","",G13+C14)”计算第 1 年的累计折旧额。

(7)计算折余价值

在单元格 H14 中输入公式“=IF(B14="","",$H$13-G14)”计算第 1 年的折余价值。

其余各年的公式都可以用自动填充柄进行复制生成。

公式设置完成后，只需要输入卡片编号，选择固定资产编号，就可以在卡片中列示出该固定资产的相关信息，如图 6-44 所示。

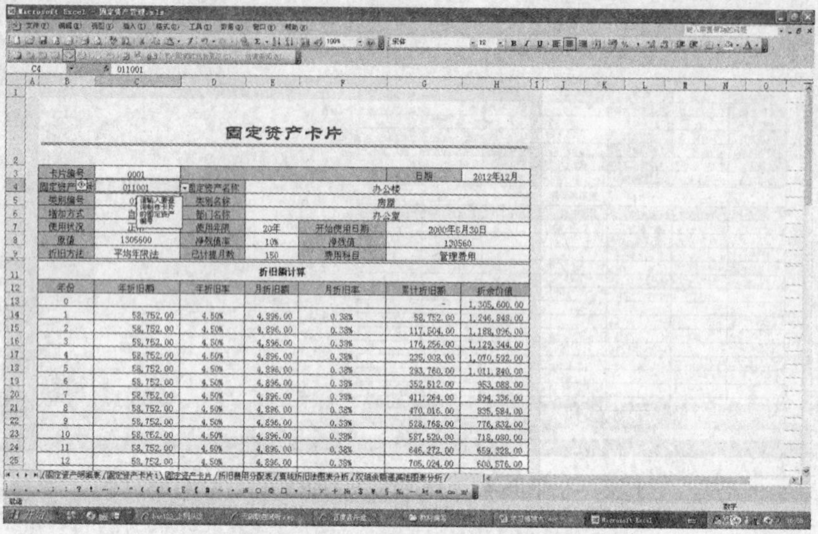

图 6-44　固定资产卡片的完整样式

任务三　固定资产折旧分析

在已经建立的固定资产明细表的基础上，可以进行分类汇总，从而形成各种固定资产统计报表，也可以使用数据透视表对固定资产进行汇总分析。

一、建立固定资产统计分析表

为了保护原始的固定资产明细表数据，应当单独建立一个备份数据工作表，并以此工作表中的数据为基础进行各种统计分析。我们将该工作表命名为"统计分析表"。

"统计分析表"工作表的数据可以通过建立"统计分析表"工作表与"固定资产明细表"的动态链接而形成，具体步骤如下：

步骤 1：新建工作表，并命名为统计分析表"。

步骤 2：在单元格 A3 中输入公式" =IF(固定资产明细表！A3 = "","", 固定资产明细表！A3)"

步骤 3：选择单元格 A3，将其向右一直填充到单元格 S3。

步骤 4：选择单元格区域 A3：S3，将其向下一直填充复制到单元格区域 A500：S500(或复制到更多的行数)。

通过以上的操作，就得到了动态的固定资产数据表，再对此工作表的格式进行设置，插入标题和日期，最后的结果如图 6-45 所示。

L2　=IF(固定资产明细表!L3="","",固定资产明细表!L3)

	E	F	G	H	I	J	K	L	M	N	O
1											
2	使用部门	费用科目	资产状态	资产来源	资产性质	原值	残值率	起始日期	使用年限	终止日期	折旧方法
3	办公室	管理费用	在用	自建	正常	1,305,600.00	10.00%	2000年5月	20	2020年5月	平均年限法
4	办公室	管理费用	在用	购入	正常	6,500.00	5.00%	2003年2月	10	2013年2月	平均年限法
5	办公室	管理费用	在用	购入	正常	8,300.00	5.00%	2012年6月	5	2017年6月	平均年限法
6	办公室	管理费用	在用	购入	正常	4,860.00	5.00%	2011年9月	3	2014年9月	平均年限法
7	办公室	管理费用	在用	购入	正常	5,042.74	5.00%	2009年9月	5	2014年9月	平均年限法
8	办公室	管理费用	在用	购入	正常	3,250.00	5.00%	2010年12月	5	2015年12月	平均年限法
9	办公室	管理费用	在用	购入	正常	3,480.00	5.00%	2011年7月	3	2014年7月	平均年限法
10	办公室	管理费用	在用	购入	正常	6,980.00	5.00%	2011年12月	3	2014年12月	平均年限法
11	办公室	管理费用	在用	购入	正常	6,000.00	5.00%	2010年1月	3	2013年1月	平均年限法
12	办公室	管理费用	在用	购入	正常	1,580.00	5.00%	2010年9月	3	2013年9月	平均年限法
13	办公室	管理费用	在用	购入	正常	1,498.00	5.00%	2010年9月	3	2013年9月	平均年限法
14	办公室	管理费用	在用	购入	正常	17,390.00	5.00%	2012年2月	3	2015年2月	平均年限法
15	办公室	管理费用	在用	购入	正常	6,300.00	5.00%	2010年9月	3	2013年9月	平均年限法
16	办公室	管理费用	在用	购入	正常	350,000.00	5.00%	2009年12月	4	2013年12月	平均年限法

图 6-45　与“固定资产明细表“动态链接的统计分析表

二、排序分析

如果要对固定资产的开始使用日期按先后顺序进行排序，创建一张固定资产按起始日期先后顺序的统计报表，则可以选择菜单栏【数据】|【排序】，如图 6-46 所示，选择“主要关键字”为“起始日期”，排序方式为“升序”，点击“确定”按钮，排序结果如图 6-47 所示。

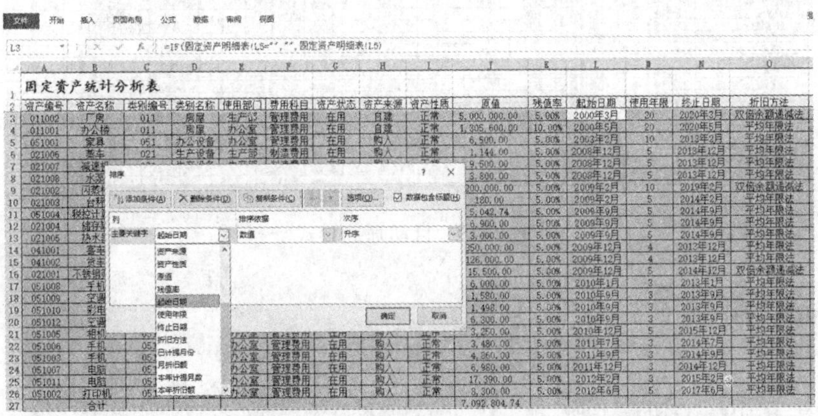

图 6-46　按“起始日期”排序

三、筛选分析

选择固定资产统计分析表，再单击菜单栏【数据】|【筛选】|【自动筛选】命令，则在数据标题的旁边出现下拉箭头，如图 6-48 所示，单击某标题右边的下拉箭头，从下拉列表中选择需要筛选的项目，就可以将该项目筛选出来，从而得到不同的统计报表。

比如我们想了解使用部门是办公室的设备有哪些？我们就可以通过筛选“使用部门”，如图 6-49 所示为办公室的固定资产明细表。

L2　=IF(固定资产明细表!L3="","",固定资产明细表!L3)

	固定资产统计分析表														
2	资产编号	资产名称	类别编号	类别名称	使用部门	费用科目	资产状态	资产来源	资产性质	原值	残值率	起始日期	使用年限	终止日期	折旧方法
3	011002	厂房	011	房屋	生产部	管理费用	在用	自建	正常	5,000,000.00	5.00%	2000年3月	20	2020年3月	双倍余额递减法
4	011001	办公楼	011	房屋	办公室	管理费用	在用	自建	正常	1,305,600.00	10.00%	2000年5月	20	2020年5月	平均年限法
5	051001	家具	051	办公设备	办公室	管理费用	在用	购入	正常	6,500.00	5.00%	2003年2月	10	2013年2月	平均年限法
6	021006	整车	021	生产设备	生产部	制造费用	在用	购入	正常	1,144.00	5.00%	2008年12月	5	2013年12月	平均年限法
7	021007	减速机	021	生产设备	生产部	制造费用	在用	购入	正常	9,500.00	5.00%	2008年12月	5	2013年12月	平均年限法
8	021008	水泵	021	生产设备	生产部	制造费用	在用	购入	正常	3,800.00	5.00%	2008年12月	5	2013年12月	平均年限法
9	021002	闪蒸机	021	生产设备	生产部	制造费用	在用	购入	正常	200,000.00	5.00%	2009年2月	10	2019年2月	双倍余额递减法
10	021003	台秤	021	生产设备	生产部	制造费用	在用	购入	正常	180.00	5.00%	2009年2月	5	2014年2月	平均年限法
11	051004	税控计算机	051	办公设备	办公室	管理费用	在用	购入	正常	5,042.74	5.00%	2009年9月	5	2014年9月	平均年限法
12	021004	储存罐	021	生产设备	生产部	制造费用	在用	购入	正常	6,900.00	5.00%	2009年9月	5	2014年9月	平均年限法
13	021005	热水器	021	生产设备	生产部	制造费用	在用	购入	正常	3,000.00	5.00%	2009年9月	5	2014年9月	平均年限法
14	041001	客车	041	运输工具	办公室	管理费用	在用	购入	正常	350,000.00	5.00%	2009年12月	4	2013年12月	平均年限法
15	041002	货车	041	运输工具	后勤部	制造费用	在用	购入	正常	126,000.00	5.00%	2009年12月	4	2013年12月	平均年限法
16	021001	不锈钢筛机	021	生产设备	生产部	制造费用	在用	购入	正常	15,500.00	5.00%	2009年12月	5	2014年12月	双倍余额递减法
17	051008	手机	051	办公设备	办公室	管理费用	在用	购入	正常	6,000.00	5.00%	2010年1月	3	2013年1月	平均年限法
18	051009	空调	051	办公设备	办公室	管理费用	在用	购入	正常	1,580.00	5.00%	2010年9月	3	2013年9月	平均年限法
19	051010	彩电	051	办公设备	办公室	管理费用	在用	购入	正常	1,498.00	5.00%	2010年9月	3	2013年9月	平均年限法
20	051012	空调	051	办公设备	办公室	管理费用	在用	购入	正常	6,300.00	5.00%	2010年9月	3	2013年9月	平均年限法
21	051005	相机	051	办公设备	办公室	管理费用	在用	购入	正常	3,250.00	5.00%	2010年12月	5	2015年12月	平均年限法
22	051006	手机	051	办公设备	办公室	管理费用	在用	购入	正常	3,480.00	5.00%	2011年7月	3	2014年7月	平均年限法
23	051003	手机	051	办公设备	办公室	管理费用	在用	购入	正常	4,860.00	5.00%	2011年9月	3	2014年9月	平均年限法
24	051007	电脑	051	办公设备	办公室	管理费用	在用	购入	正常	6,980.00	5.00%	2011年12月	3	2014年12月	平均年限法
25	051011	电脑	051	办公设备	办公室	管理费用	在用	购入	正常	17,390.00	5.00%	2012年2月	3	2015年2月	平均年限法
26	051002	打印机	051	办公设备	办公室	管理费用	在用	购入	正常	8,300.00	5.00%	2012年6月	5	2017年6月	平均年限法
27		合计								7,092,804.74					

图 6-47　排序后的固定资产分析表

H6　=IF(固定资产明细表!H23="","",固定资产明细表!H23)

	分析表														
2	资产名称	类别编号	类别名称	使用部门	费用科目	资产状态	资产来源	资产性质	原值	残值率	起始日期	使用年限	终止日期	折旧方法	已计提月份
3	厂房	011	房屋	生产部	管理费用	在用	自建	正常	5,000,000.00	5.00%	2000年3月	20	2020年3月	双倍余额递减法	203
4	办公楼	011	房屋	办公室	管理费用	在用	自建	正常	1,305,600.00	10.00%	2000年5月	20	2020年5月	平均年限法	201
5	家具	051	办公设备	办公室	管理费用	在用	购入	正常	6,500.00	5.00%	2003年2月	10	2013年2月	平均年限法	168
6	整车	021	生产设备	生产部	制造费用	在用	购入	正常	1,144.00	5.00%	2008年12月	5	2013年12月	平均年限法	98
7	减速机	021	生产设备	生产部	制造费用	在用	购入	正常	9,500.00	5.00%	2008年12月	5	2013年12月	平均年限法	98
8	水泵	021	生产设备	生产部	制造费用	在用	购入	正常	3,800.00	5.00%	2008年12月	5	2013年12月	平均年限法	98
9	闪蒸机	021	生产设备	生产部	制造费用	在用	购入	正常	200,000.00	5.00%	2009年2月	10	2019年2月	双倍余额递减法	96
10	台秤	021	生产设备	生产部	制造费用	在用	购入	正常	180.00	5.00%	2009年2月	5	2014年2月	平均年限法	96
11	税控计算机	051	办公设备	办公室	管理费用	在用	购入	正常	5,042.74	5.00%	2009年9月	5	2014年9月	平均年限法	89
12	储存罐	021	生产设备	生产部	制造费用	在用	购入	正常	6,900.00	5.00%	2009年9月	5	2014年9月	平均年限法	89
13	热水器	021	生产设备	生产部	制造费用	在用	购入	正常	3,000.00	5.00%	2009年9月	5	2014年9月	平均年限法	89
14	客车	041	运输工具	办公室	管理费用	在用	购入	正常	350,000.00	5.00%	2009年12月	4	2013年12月	平均年限法	86
15	货车	041	运输工具	后勤部	制造费用	在用	购入	正常	126,000.00	5.00%	2009年12月	4	2013年12月	平均年限法	86
16	不锈钢筛机	021	生产设备	生产部	制造费用	在用	购入	正常	15,500.00	5.00%	2009年12月	5	2014年12月	双倍余额递减法	86
17	手机	051	办公设备	办公室	管理费用	在用	购入	正常	6,000.00	5.00%	2010年1月	3	2013年1月	平均年限法	85
18	空调	051	办公设备	办公室	管理费用	在用	购入	正常	1,580.00	5.00%	2010年9月	3	2013年9月	平均年限法	77
19	彩电	051	办公设备	办公室	管理费用	在用	购入	正常	1,498.00	5.00%	2010年9月	3	2013年9月	平均年限法	77
20	空调	051	办公设备	办公室	管理费用	在用	购入	正常	6,300.00	5.00%	2010年9月	3	2013年9月	平均年限法	77
21	相机	051	办公设备	办公室	管理费用	在用	购入	正常	3,250.00	5.00%	2010年12月	5	2015年12月	平均年限法	74
22	手机	051	办公设备	办公室	管理费用	在用	购入	正常	3,480.00	5.00%	2011年7月	3	2014年7月	平均年限法	67
23	手机	051	办公设备	办公室	管理费用	在用	购入	正常	4,860.00	5.00%	2011年9月	3	2014年9月	平均年限法	65
24	电脑	051	办公设备	办公室	管理费用	在用	购入	正常	6,980.00	5.00%	2011年12月	3	2014年12月	平均年限法	62
25	电脑	051	办公设备	办公室	管理费用	在用	购入	正常	17,390.00	5.00%	2012年2月	3	2015年2月	平均年限法	60
26	打印机	051	办公设备	办公室	管理费用	在用	购入	正常	8,300.00	5.00%	2012年6月	5	2017年6月	平均年限法	56
27	合计								7,092,804.74						

图 6-48　自动筛选样式

H6　=IF(固定资产明细表!H23="","",固定资产明细表!H23)

	分析表														
4	办公楼	011	房屋	办公室	管理费用	在用	自建	正常	1,305,600.00	10.00%	2000年5月	20	2020年5月	平均年限法	201
5	家具	051	办公设备	办公室	管理费用	在用	购入	正常	6,500.00	5.00%	2003年2月	10	2013年2月	平均年限法	168
11	税控计算机	051	办公设备	办公室	管理费用	在用	购入	正常	5,042.74	5.00%	2009年9月	5	2014年9月	平均年限法	89
14	客车	041	运输工具	办公室	管理费用	在用	购入	正常	350,000.00	5.00%	2009年12月	4	2013年12月	平均年限法	86
17	手机	051	办公设备	办公室	管理费用	在用	购入	正常	6,000.00	5.00%	2010年1月	3	2013年1月	平均年限法	85
18	空调	051	办公设备	办公室	管理费用	在用	购入	正常	1,580.00	5.00%	2010年9月	3	2013年9月	平均年限法	77
19	彩电	051	办公设备	办公室	管理费用	在用	购入	正常	1,498.00	5.00%	2010年9月	3	2013年9月	平均年限法	77
20	空调	051	办公设备	办公室	管理费用	在用	购入	正常	6,300.00	5.00%	2010年9月	3	2013年9月	平均年限法	77
21	相机	051	办公设备	办公室	管理费用	在用	购入	正常	3,250.00	5.00%	2010年12月	5	2015年12月	平均年限法	74
22	手机	051	办公设备	办公室	管理费用	在用	购入	正常	3,480.00	5.00%	2011年7月	3	2014年7月	平均年限法	67
23	手机	051	办公设备	办公室	管理费用	在用	购入	正常	4,860.00	5.00%	2011年9月	3	2014年9月	平均年限法	65
24	电脑	051	办公设备	办公室	管理费用	在用	购入	正常	6,980.00	5.00%	2011年12月	3	2014年12月	平均年限法	62
25	电脑	051	办公设备	办公室	管理费用	在用	购入	正常	17,390.00	5.00%	2012年2月	3	2015年2月	平均年限法	60
26	打印机	051	办公设备	办公室	管理费用	在用	购入	正常	8,300.00	5.00%	2012年6月	5	2017年6月	平均年限法	56
28															

图 6-49　筛选出的办公室的固定资产明细表

四、分类汇总分析

我们还可以对固定资产进行分类汇总分析。例如，按照“使用部门”对固定资产进行统计，汇总计算出各个部门的固定资产的“资产原值”、“本月折旧额”，这里需要注意的是对哪项字段进行统计，先要对该字段进行排序，具体步骤如下：

步骤1：选择固定资产统计分析表单元格区域。

步骤2：单击菜单栏【数据】|【排序】命令，将“主要关键字”设置为“使用部门”，排序方式为“升序”，点击【确定】按钮。

步骤3：再单击菜单栏【数据】|【分类汇总】| 命令，弹出【分类汇总】对话框。

步骤4：在“分类字段”列表中选择“使用部门”。

步骤5：在“汇总方式”列表中选择“求和”。

步骤6：在“选定汇总项”中选择“资产原值”、“本月折旧额”复选框，如图6-50所示。

步骤7：单击【确定】按钮，就得到分类汇总结果，如图6-51所示。这里，为了让界面看起来简洁，已经将一些列进行了隐藏。

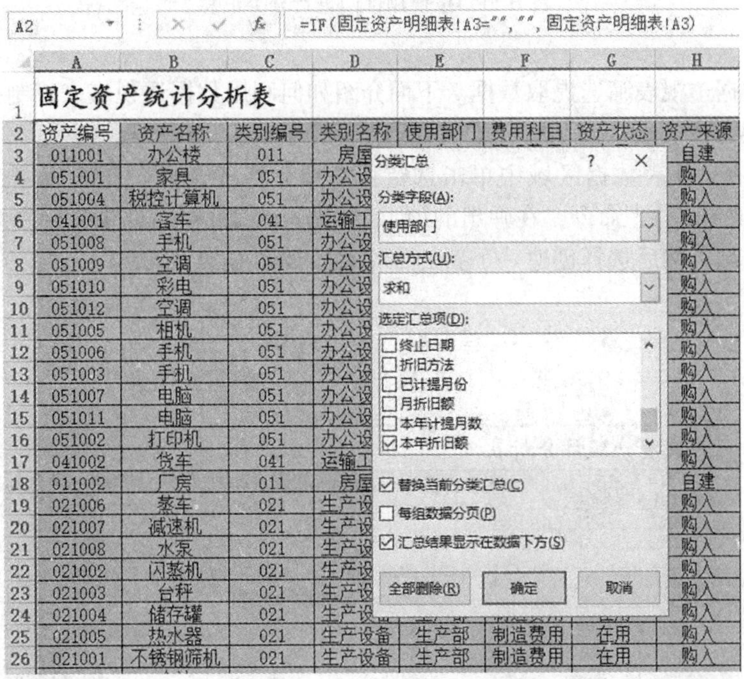

图6-50　【分类汇总】对话框

五、使用数据透视表编制固定资产折旧费用分配表

数据透视表是一种交互式报表，可以快速分类汇总、比较大量的数据，并且可以随时选择其中页、行和列中的不同元素，以快速查看源数据的不同统计结果，有机地综合了数据排序、筛选和分类汇总等常用数据分析方法的优点，可以方便地调整分类汇总的方式，灵活地以多种不同方式展示数据的特征。

在固定资产管理中，由于固定资产的受益对象(使用部门)不同，固定资产折旧费的借记科目也不同，因此需要对固定资产的折旧按受益对象(使用部门)进行分配汇总，我

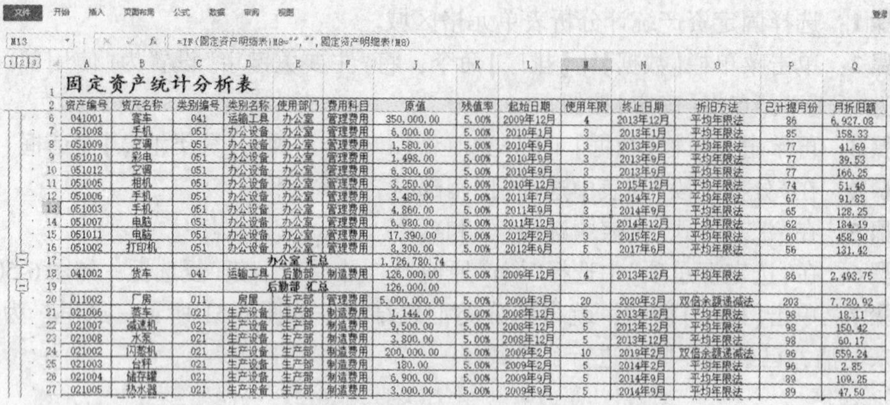

图 6-51　按使用部门进行分类汇总

们可以利用数据透视表筛选提取数据。下面介绍如何利用数据透视表来编制折旧费用分配表，具体步骤为：

步骤 1：在工作表数据区域中单击选定任意单元格或选择工作表区域，单击菜单栏【插入】【数据透视表】| 命令，在弹出的【创建数据透视表】对话框中，选择要创建数据透视表的数据区域，然后选择创建一个新的工作表，如图 6-52 所示。

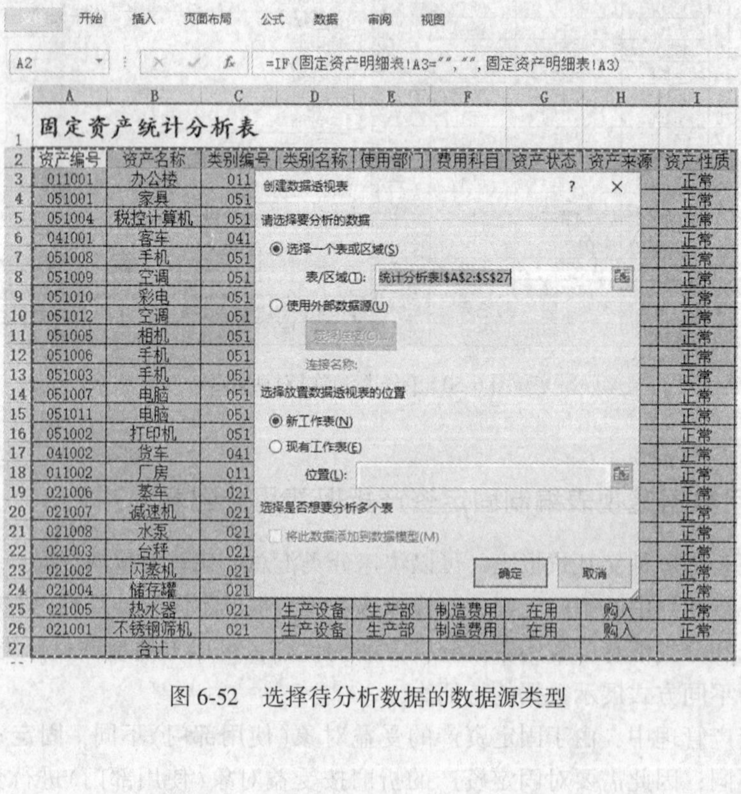

图 6-52　选择待分析数据的数据源类型

步骤 2：单击【确定】按钮，新的工作表，并将该工作表重新命名为“折旧费用分配表”如图 6-53 所示。

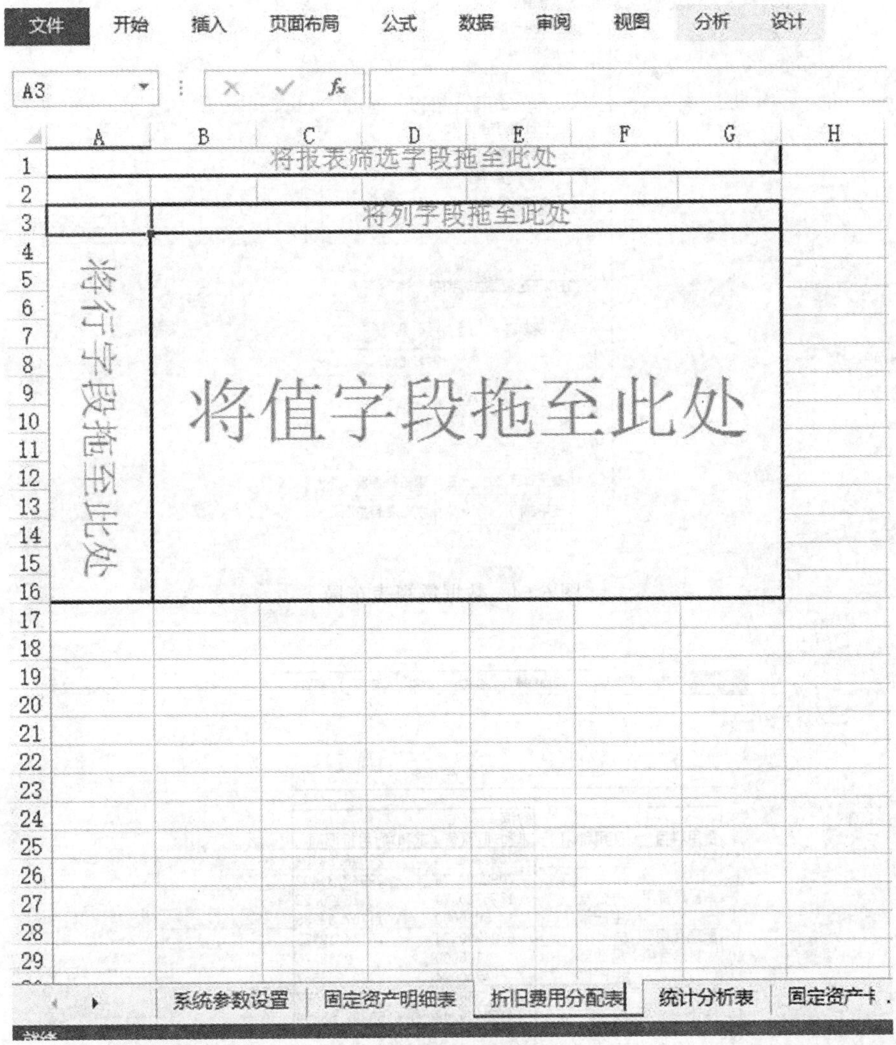

图 6-53 创建数据透视表

步骤 3：在新的工作表中对数据进行排列，在右侧【数据透视表字段】中对话框主要由三对话框顶部的解释说明、中部的工作区和右部的“字段”列表。工作区主要由“页”、“行”、“列”和“数据”四部分组成，在“字段”列表中列出了可以向工作区的四部分添加的字段。在工作区的四部分中，“页”、“行”和“列”用以分类，而“数据”用以汇总。因为折旧费用分配表是按照“费用科目”和“使用部门”进行分类，对资产的“原值”和“本月计提折旧额”进行汇总，如图 6-54 所示，完成后的数据透视表如图 6-55 所示。

步骤 4：上面得到的折旧费用分配表看起来还不够美观，我们可以对格式进行调整，完成后的效果如图 6-56 所示。

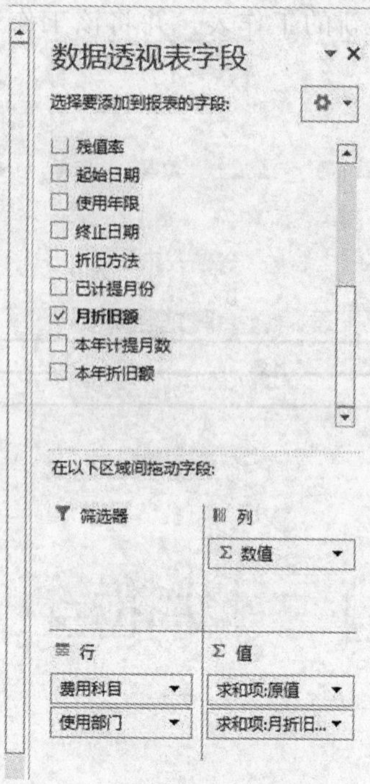

图 6-54　数据透视表布局

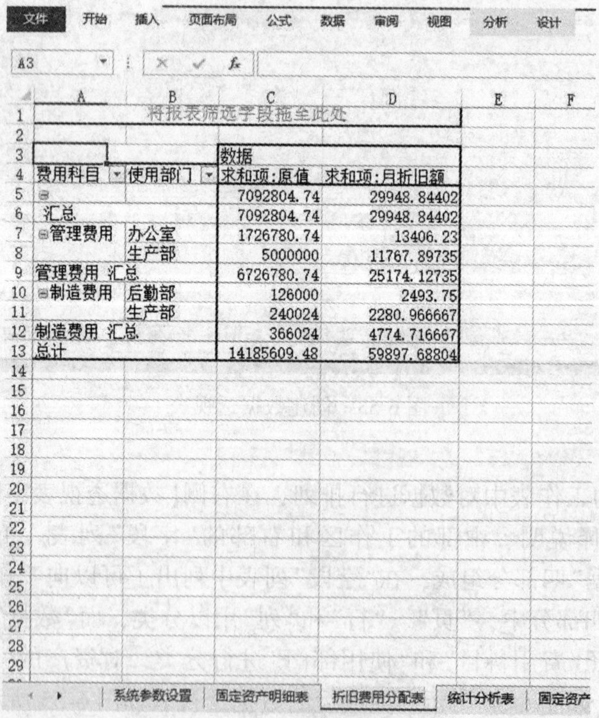

	A	B	C	D
3			数据	
4	费用科目	使用部门	求和项:原值	求和项:月折旧额
5	⊟		7092804.74	29948.84402
6	汇总		7092804.74	29948.84402
7	⊟管理费用	办公室	1726780.74	13406.23
8		生产部	5000000	11767.89735
9	管理费用 汇总		6726780.74	25174.12735
10	⊟制造费用	后勤部	126000	2493.75
11		生产部	240024	2280.966667
12	制造费用 汇总		366024	4774.716667
13	总计		14185609.48	59897.68804

图 6-55　完成的数据透视表

折旧费用分配表			
		数据	
费用科目	使用部门	求和项:原值	求和项:月折旧额
⊟		7092804.74	29948.84402
汇总		7092804.74	29948.84402
⊟管理费用	办公室	1726780.74	13406.23
	生产部	5000000	11767.89735
管理费用 汇总		6726780.74	25174.12735
⊟制造费用	后勤部	126000	2493.75
	生产部	240024	2280.966667
制造费用 汇总		366024	4774.716667
总计		14185609.48	59897.68804

图 6-56　折旧费用分配表

项目七 Excel在资金时间价值计算中的应用

【学习任务】

通过本情境的学习，使学生全面了解Excel中与资金时间价值计算有关的函数的种类，熟悉这些函数的使用方法，掌握这些函数的使用技巧，学会使用Excel中这些函数计算资金的时间价值。

【技能目标】

1. 熟悉Excel中与资金时间价值计算有关的函数的使用方法。

2. 掌握这些函数的使用技巧。

3. 学会使用Excel中这些函数计算资金的时间价值。

【知识目标】

1. 资金的时间价值。

2. Excel中与资金时间价值计算有关的函数的种类。

3. Excel在资金时间价值计算的应用。

【情境导入】

在财务会计中，有关资金时间价值的计算历来是一个非常繁琐的问题。而在Excel中内置的大量函数里，财务函数是其重要的组成部分之一。在日常办公中，如果合理应用Excel财务函数计算资金的时间价值，可以极大地减少会计人员的工作量，提高办公效率。

任务一 终值的计算及应用

终值是指现在的一笔资金按给定的利率计算的未来某一时刻的本利和，也称未来值。在Excel中提供了终值函数，可以用它计算不同情况下的资金的终值。

FV函数：基于固定利率及等额分期付款方式，返回某项投资的未来值。

语法：FV(rate，nper，pmt，pv，type)

Rate：为各期利率。

Nper：为总投资(或贷款)期，即该项投资(或贷款)的付款期总数。

Pmt：为各期所应支付(或得到)的金额，其数值在整个年金期间(或投资期内)保持不变。通常Pmt包括本金和利息，但不包括其他费用及税款。如果忽略Pmt，则必须包括Pv参数。

Pv：为现值，即从该项投资开始计算时已经入账的款项，或一系列未来付款的当前值的累积和，也称为本金。如果省略PV，则假设其值为零，并且必须包括Pmt参数。

Type：数字 0 或 1，用以指定各期的付款时间是在期初(1)还是期末(0)。如果省略 type，则假设其值为 0。

说明：

• 应确认所指定的 rate 和 nper 单位的一致性。例如，同样是四年期年利率为 12% 的贷款，如果按月支付，Rate 应为 12%/12，nper 应为 4×12；如果按年支付，rate 应为 12%，nper 为 4。

特别提醒：在所有参数中，支出的款项，如银行存款，表示为负数；收入的款项，如股息收入，表示为正数。

子任务一　单利终值与复利终值

(一)单利终值

单利是指仅对本金计算利息，以前各期产生的利息不再计算利息的利息计算方式。单利终值是指一笔资金按一定的利率单利计息时，未来某一时刻的本利和。

例 7-1　某人现在存入银行 1000 元，单利年利率 5%，则 5 年后的本利和为多少？

问题分析：因为是单利计息，则 5 年后的本利和为 1000×(1+5%×5)。利用 Excel 计算单利终值非常简单，只需要在相应的单元格中输入公式即可。

操作步骤如下：

(1)首先建立一个名为“学习情境七 . xlsx”的工作簿，在此工作簿中建立“目录”、“单利终值”的工作表。

(2)在“单利终值”工作表中，设计表格如图 7-1 所示。

	A	B	C
1	单利终值的计算		
2	现值（元）	1000	
3	年利率	5%	
4	期限（年）	5	
5	单利终值（元）		
6			

图 7-1　单利终值

(3)在该工作表 B5 单元格中输入公式，即可计算出结果，如图 7-2 所示。

(二)复利终值

复利是指不仅对本金计算利息，而且对以前各期所产生的利息也计算利息的利息计算方式。复利终值是指一笔资金按一定的利率复利计息时，未来某一时刻的本利和。可以使用函数 FV( )计算。

例 7-2　某人现在存入银行 1000 元，复利年利率 5%，则 5 年后的本利和为多少？

B5　　=B2*(1+B3*B4)

	A	B	C	D
1	单利终值的计算			
2	现值（元）	1000		
3	年利率	5%		
4	期限（年）	5		
5	单利终值（元）	1250		
6				

图 7-2　单利终值的计算

问题分析：从已知条件中可以看出，这是已知现值计算终值，可以使用函数 FV( ) 计算，其中参数 Rate 为 5%，Nper 为 5，Pv 为 1000，其余参数可省略。

操作步骤如下：

(1) 在“学习情境七 . xlsx”的工作簿中建立“复利终值”的工作表，并设计表格如图 7-3 所示。

	A	B	C
1	复利终值的计算		
2	现值（元）	1000	
3	年利率	5%	
4	期限（年）	5	
5	复利终值（元）		
6			

图 7-3　复利终值

(2) 选中 B5 单元格，执行【插入】|【函数】命令，打开“插入函数”对话框。“选择类别”为“财务”，选择函数为“FV”，如图 7-4 所示。

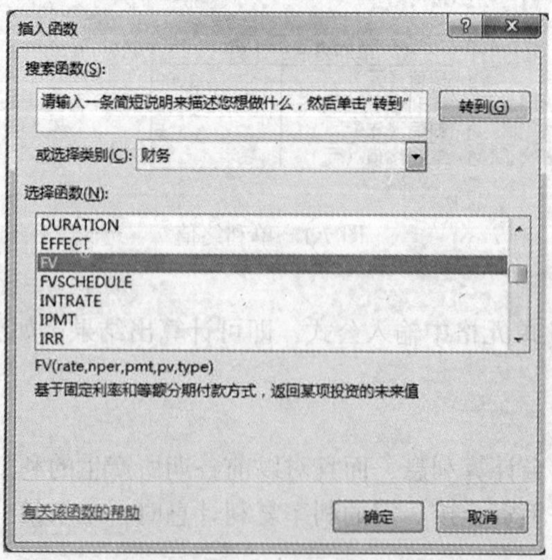

图 7-4　“插入函数”对话框

(3)单击“确定”按钮，打开“函数参数”对话框，在相应的函数参数文本框中选择相应的信息，如图 7-5 所示。

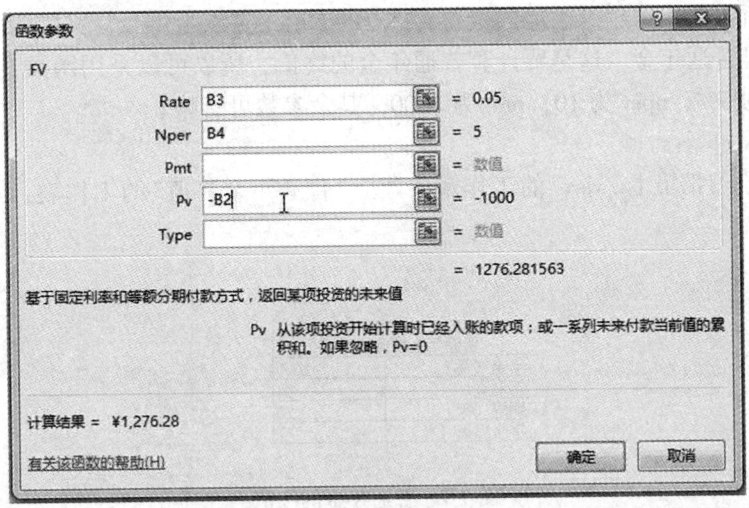

图 7-5　“函数参数”对话框

(4)单击“确定”按钮，得出计算结果，如图 7-6 所示。

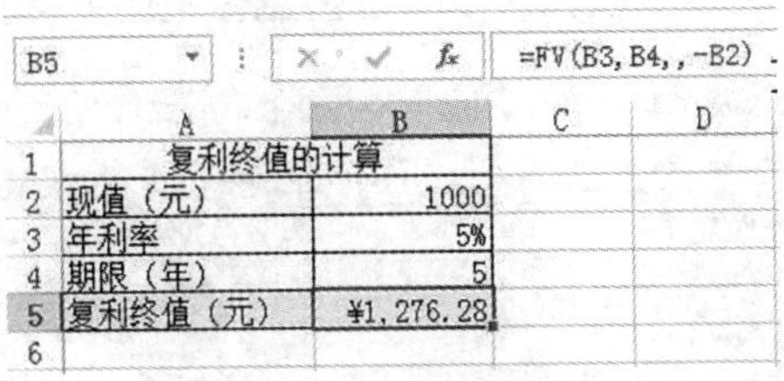

图 7-6　复利终值的计算

思考：图 7-5 中参数 Pv 为什么是负数？

子任务二　年金终值

年金是指某一时期内各期连续发生的一系列相等数额的收付款项。年金终值是指某一时期内各期连续发生的一系列相等数额的收付款项的复利终值。由于年金可按发生的时间和期限不同划分为普通年金、先付年金、递延年金和永续年金等，所以各种年金终值的计算方法也各不相同，下面分别加以介绍。

(一)普通年金终值

普通年金终值是指某一时期内各期期末连续发生的一系列相等数额的收付款项的复利

终值之和。可以使用函数FV( )计算，此时参数 pv = 0 或省略，参数 type 应为 0。

例 7-3　若某人在 10 年的期限内每年年末等额地向银行存入 1000 元，银行按 5%复利计息，那么，此人在第 10 年的年末可一次性从银行取出本息多少钱?

问题分析：某人每年等额地向银行存入 1000 元，应该为年金，又因为发生在每年的年末，所以是普通年金。这是要计算普通年金的终值，所以可以采用函数 FV( )计算，此时参数 rate 为 5%，nper 为 10，pmt 为 1000，其余参数可省略。

操作步骤如下：

(1)在“学习情境七 . xlsx”的工作簿中建立“普通年金终值”的工作表，并设计表格如图 7-7 所示。

	A	B	C
1	普通年金终值的计算		
2	年金（元）	1000	
3	年利率	5%	
4	期限（年）	10	
5	年金终值（元）		
6			

图 7-7　普通年金的终值

(2)选中 B5 单元格，插入函数 FV，相关参数设置如图 7-8 所示。

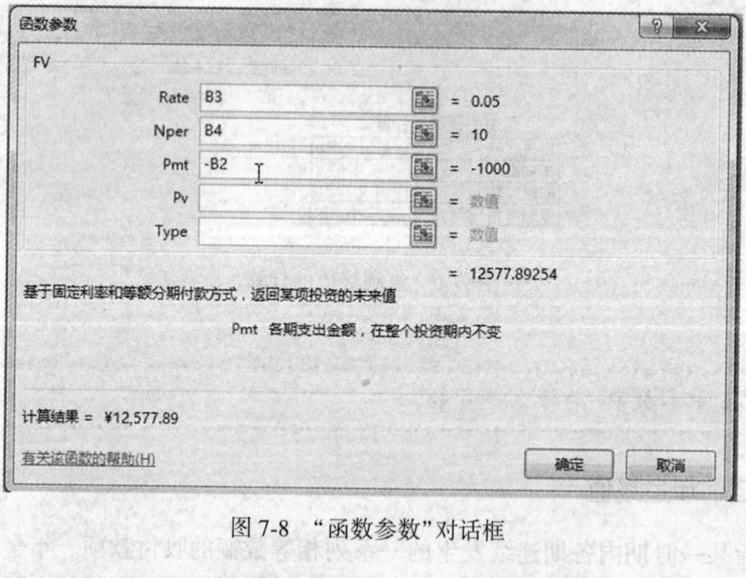

图 7-8　“函数参数”对话框

(3)单击“确定”按钮，得出计算结果，如图 7-9 所示。

(二)先付年金终值

先付年金终值是指某一时期内各期期初连续发生的一系列相等数额的收付款项的复利终值之和。可以使用函数 FV( )计算，此时参数 pv = 0 或省略，参数 type 应为 1。

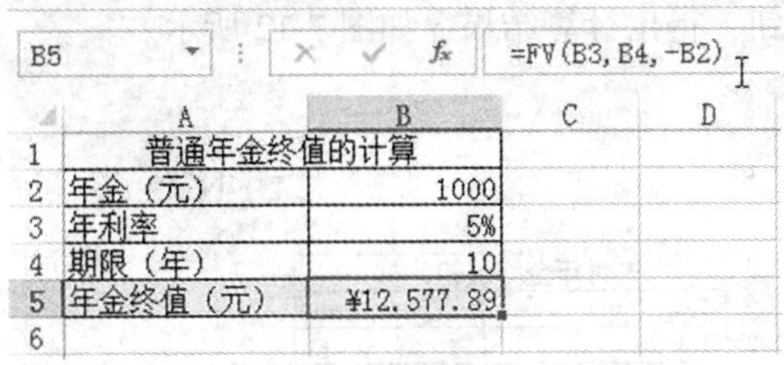

图 7-9　普通年金终值的计算

例 7-4　若某人在 10 年的期限内每年年初等额地向银行存入 1000 元，银行按 5%复利计息，那么，此人在第 10 年的年末可一次性从银行取出本息多少钱？

问题分析：某人在 10 年的期限内每年年初等额地向银行存入 1000 元，这属于先付年金。要计算它的终值，可以使用函数 FV( )，其中参数 rate 为 5%，nper 为 10，pmt 为 1000，type 为 1，pv 参数省略。

操作步骤如下：

(1)在“学习情境七 . xlsx”的工作簿中建立“先付年金终值”的工作表，并设计表格如图 7-10 所示。

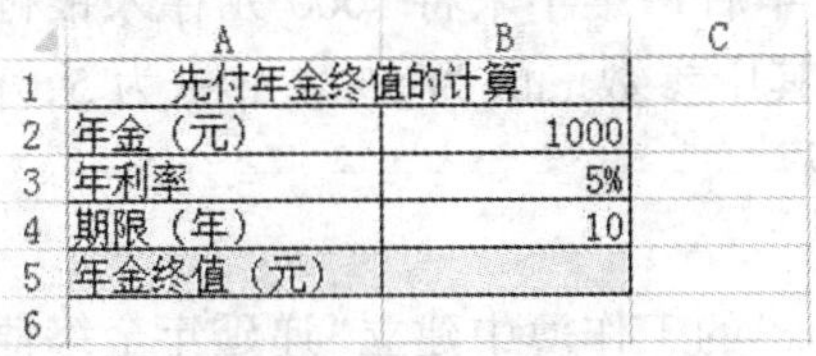

图 7-10　先付年金终值

(2)选中 B5 单元格，插入函数 FV，相关参数设置如图 7-11 所示。

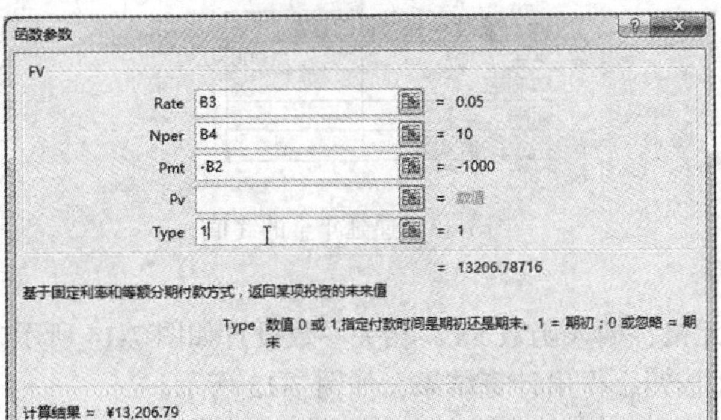

图 7-11　“函数参数”对话框

(3)单击“确定”按钮，得出计算结果，如图 7-12 所示。

B5　=FV(B3,B4,-B2,,1)

	A	B	C	D
1	先付年金终值的计算			
2	年金（元）	1000		
3	年利率	5%		
4	期限（年）	10		
5	年金终值（元）	¥13,206.79		
6				

图 7-12　先付年金终值的计算

(三)递延年金终值

递延年金是一定时期以后才开始有的年金，假设前 M 期(称递延期)没有年金，从(M+1)期起到(M+N)期止，共有 N 期普通年金，则其(M+N)年末的终值完全可以按照 N 期的普通年金终值公式计算，可以使用函数 FV( )计算。

例 7-5　某人准备三年后每年年末将 1000 元存入银行，如果银行存款的年利率为 5%，且复利计息，那么此人存款五年后的本利和为多少？

问题分析：某人准备三年后每年年末将 1000 元存入银行，这是递延年金计算终值，可以使用函数 FV( )计算，其中参数 rate 为 5%，nper 为 5，pmt 为 1000，其余参数可省略。

操作步骤如下：

(1)在“学习情境七 . xlsx”的工作簿中建立“递延年金终值”的工作表，并设计表格如图 7-13 所示。

B5

	A	B	C
1	递延年金终值的计算		
2	年金（元）	1000	
3	年利率	5%	
4	期限（年）	5	
5	年金终值（元）		
6			

图 7-13　递延年金的终值

(2)选中 B5 单元格，插入函数 FV，相关参数设置如图 7-14 所示。

(3)单击“确定”按钮，得出计算结果，如图 7-15 所示。

(四)永续年金终值

永续年金是指无期限发生的普通年金。由于永续年金没有到期日，所以没有终值。

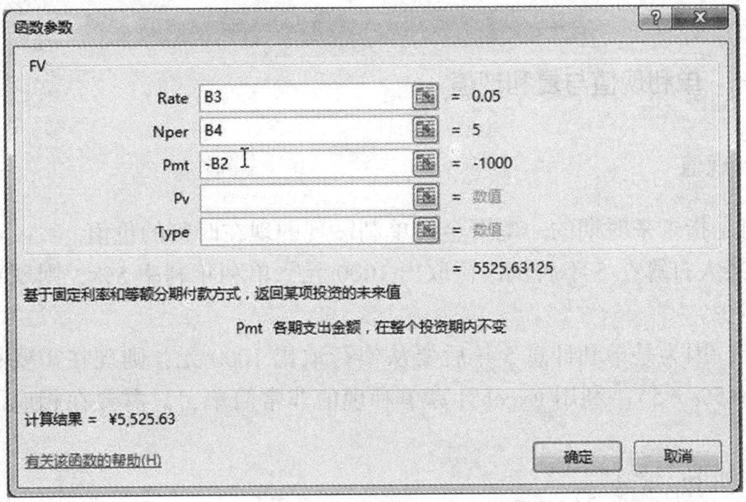

图 7-14　“函数参数”对话框

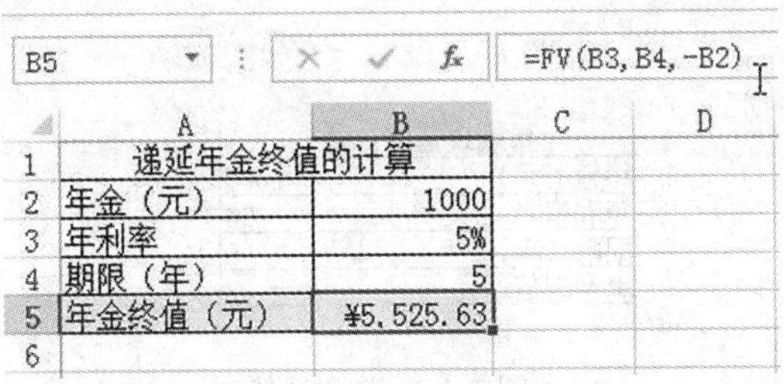

B5　=FV(B3, B4, -B2)

	A	B	C	D
1	递延年金终值的计算			
2	年金（元）	1000		
3	年利率	5%		
4	期限（年）	5		
5	年金终值（元）	¥5,525.63		
6				

图 7-15　递延年金终值的计算

任务二　现值的计算及应用

现值是指未来的一笔资金按给定的利率计算的所得的现在的价值。在 Excel 中提供了现值函数，可以用它计算不同情况下的资金的现值。

PV 函数：返回某项投资的一系列将来偿还额的当前总值或一次性偿还额的现值。

语法：PV(rate，nper，pmt，fv，type)

Rate：为各期利率。

Nper：为总投资(或贷款)期，即该项投资的付款(或贷款)期总数。

Pmt：为各期所应支付(或得到)的金额，其数值在整个年金期间(或投资期内)保持不变。通常 pmt 包括本金和利息，但不包括其他费用及税款。如果忽略 pmt，则必须包括 Fv 参数。

Fv：为未来值，或在最后一次支付后希望得到的现金余额，如果省略 fv，则假设其值为零(一笔贷款的未来值即为零)。并且必须包括 pmt 参数。

Type：数字0或1，用以指定各期的付款时间是在期初(1)还是期末(0)。如果省略type，则假设其值为0。

子任务一　单利现值与复利现值

(一)单利现值

单利现值是指未来时期的一笔资金按单利贴现的现在时刻的价值。

例7-6　某人打算在5年后从银行取出1000元，单利年利率5%，则现在需要存入银行的金额为多少?

问题分析：因为是单利计息5年后要从银行取出1000元，则现在需要存入银行的金额为1000/(1+5%＊5)。利用Excel计算单利现值非常简单，只需要在相应的单元格中输入公式即可。

操作步骤如下：

(1)在“学习情境七.xlsx”的工作簿中建立“单利现值”的工作表，并设计表格如图7-16所示。

	A	B	C
1	单利现值的计算		
2	终值（元）	1000	
3	年利率	5%	
4	期限（年）	5	
5	单利现值（元）		
6			

图7-16　单利现值

(2)在该工作表B5单元格中输入公式，即可计算出结果，如图7-17所示。

B5　　=B2/(1+B3*B4)

	A	B	C	D
1	单利现值的计算			
2	终值（元）	1000		
3	年利率	5%		
4	期限（年）	5		
5	单利现值（元）	¥800.00		
6				

图7-17　单利现值的计算

(二)复利现值

复利现值是指未来时期的一笔资金按复利贴现的现在时刻的价值。可以使用函数PV()计算。

例7-7　某人打算在5年后从银行取出1000元，复利年利率5%，则现在需要存入银行的金额为多少？

问题分析：从已知条件中可以看出，这是已知终值计算现值，可以使用函数 PV( )计算，其中参数 rate 为 5%，nper 为 5，fv 为 1000，其余参数可省略。

操作步骤如下：

(1)在“学习情境七 . xlsx”的工作簿中建立“复利现值”的工作表，并设计表格如图 7-18所示。

	A	B	C
1	复利现值的计算		
2	终值（元）	1000	
3	年利率	5%	
4	期限（年）	5	
5	复利现值（元）		
6			

图 7-18　复利现值

(2)选中 B5 单元格，执行【插入】|【函数】命令，打开“插入函数”对话框。“选择类别”为“财务”，选择函数为“PV”，如图 7-19 所示。

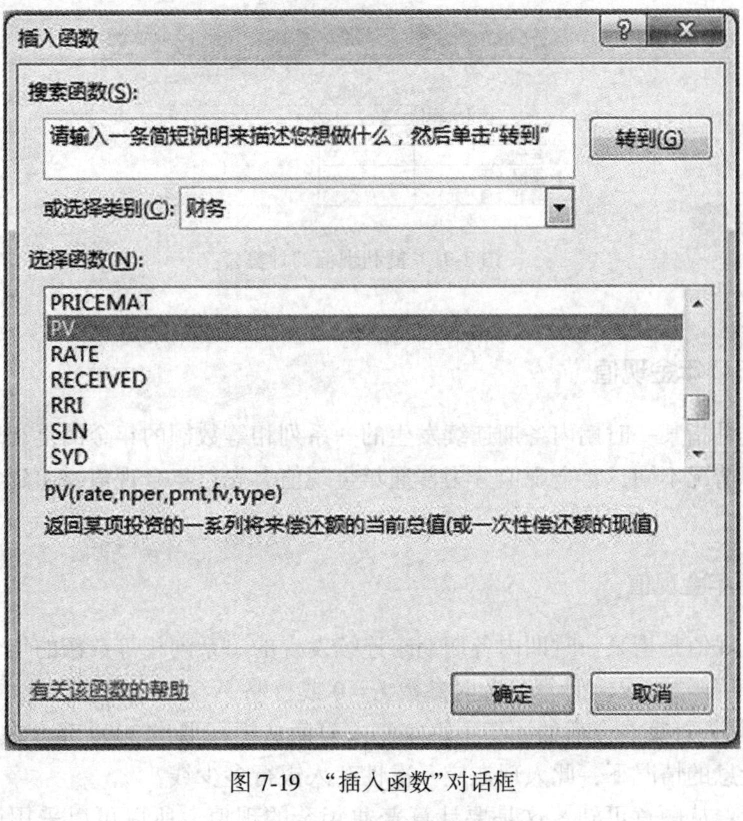

图 7-19　“插入函数”对话框

(3)单击“确定”按钮，打开“函数参数”对话框，相关参数设置如图 7-20 所示。

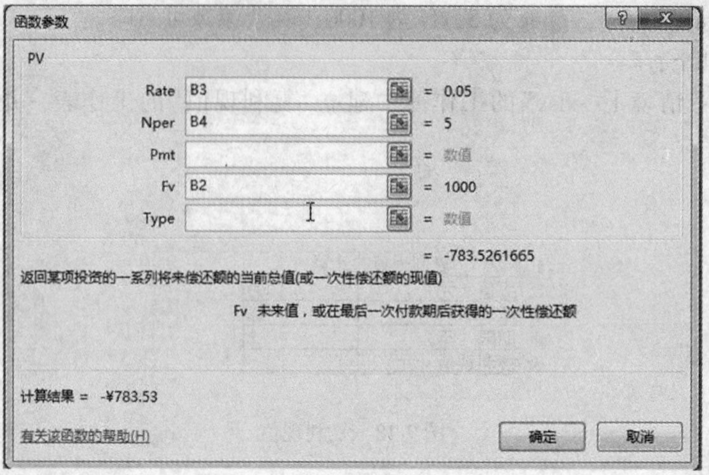

图 7-20 “函数参数”对话框

(4)单击“确定”按钮，得出计算结果，如图 7-21 所示。

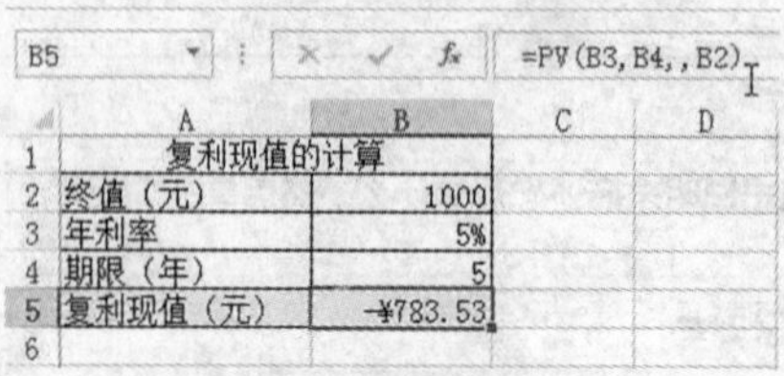

图 7-21 复利现值的计算

子任务二 年金现值

年金终值是指某一时期内各期连续发生的一系列相等数额的年金的复利现值之和。根据年金发生的情况不同，年金现值分为普通年金现值、先付年金现值、递延年金现值和永续年金现值。

(一)普通年金现值

普通年金现值是指某一时期内各期期末连续发生的一系列相等数额的年金的复利现值之和。可以使用函数 PV( )计算，此时参数 fv=0 或省略，参数 type 应为 0。

例 7-8 某人打算在今后的 4 年中每年年末等额从银行取出 2000 元，在银行按 5%的年利率复利计息的情况下，此人现在应一次性存入银行多少钱？

问题分析：从题意可知，这是要计算普通年金的现值，所以可以采用函数 PV( )计算，此时参数 rate 为 5%，nper 为 4，pmt 为 2000，其余参数可省略。

操作步骤如下：

(1)在“学习情境七 . xlsx”的工作簿中建立“普通年金现值”的工作表，并设计表格如图 7-22 所示。

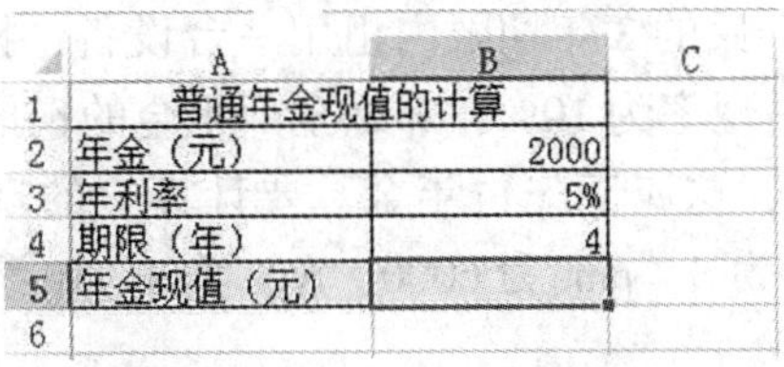

图 7-22　普通年金的现值

(2)选中 B5 单元格，插入函数 PV，相关参数设置如图 7-23 所示。

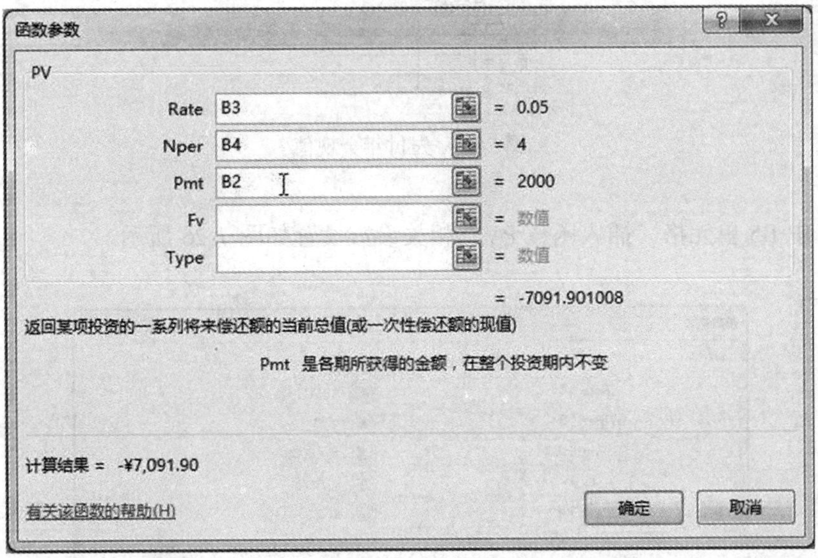

图 7-23　“函数参数”对话框

(3)单击“确定”按钮，得出计算结果，如图 7-24 所示。

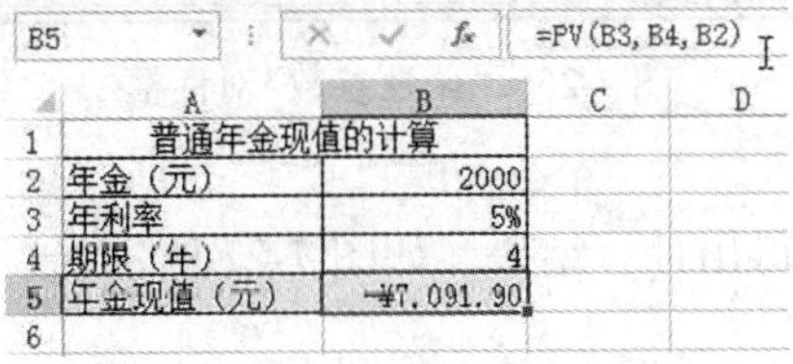

图 7-24　普通年金现值的计算

(二)先付年金现值

先付年金终现值是指某一时期内各期期初连续发生的一系列相等数额的年金的复利现值之和。可以使用函数 PV( )计算，此时参数 fv=0 或省略，参数 type 应为 1。

例 7-9　某企业准备在今后的 3 年期限内租用一台设备，按租赁合同的约定每年年初需要支付租金 6000 元，若贴现率为 10%，那么全部租金的现值是多少?

问题分析：从题意可知，这属于先付年金。要计算它的现值，可以使用函数 PV( )，其中参数 rate 为 10%，nper 为 3，pmt 为 6000，type 为 1，fv 参数省略。

操作步骤如下：

(1)在“学习情境七 . xlsx”的工作簿中建立“先付年金现值”的工作表，并设计表格如图 7-25 所示。

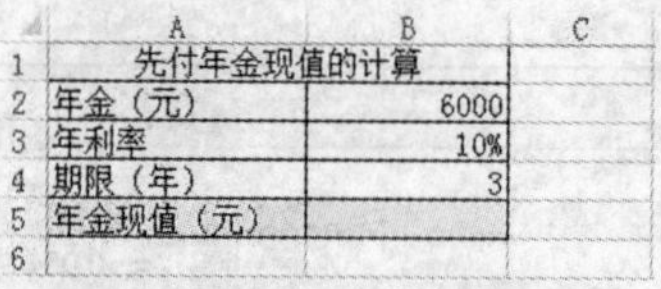

图 7-25　先付年金现值

(2)选中 B5 单元格，插入函数 PV，相关参数设置如图 7-26 所示。

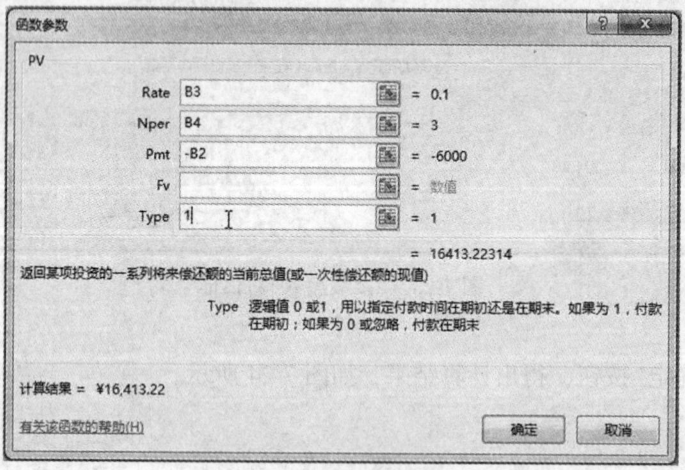

图 7-26　“函数参数”对话框

(3)单击“确定”按钮，得出计算结果，如图 7-27 所示。

(三)递延年金现值

递延年金是一定时期以后才开始有的年金，其现值的计算有下面两种不同的方法。

B5　　=PV(B3,B4,-B2,,1)

	A	B	C	D
1	先付年金现值的计算			
2	年金（元）	6000		
3	年利率	10%		
4	期限（年）	3		
5	年金现值（元）	¥16,413.22		
6				

图 7-27　先付年金现值的计算

方法一：先假设递延期(M 期)也有普通年金，计算出 M+N 期普通年金现值，然后再减去递延期(M 期)的普通年金现值，即可得到所要计算的递延年金现值。

方法二：假设前 M 期没有年金，M+1 期至 M+N 期有 N 期普通年金，先将 N 期的普通年金折算为第 M 年末的价值，然后以此为终值再向前折算 M 期，即可得到所要计算的递延年金现值。

例 7-10　某人准备现在存入银行一笔钱，希望能够在第 5 年至第 10 年末每年等额从银行取出 1000 元钱。如果银行存款的年利率为 8%，且复利计息，那么此人现在应当一次性存入银行多少钱？

问题分析：从题意可知，这是要计算递延年金的现值，其中递延期 M 为 4 年，年金为 1000 元，利率为 8%，有期限 N 为 6 年的普通年金，可以按照上面的两种方法进行计算。

方法一的操作步骤如下：

(1)在“学习情境七 . xlsx”的工作簿中建立“递延年金现值(一)”的工作表，并设计表格如图 7-28 所示。

G16

	A	B	C
1	递延年金现值的计算（一）		
2	年金（元）	1000	
3	年利率	8%	
4	年金期数N（年）	6	
5	递延期数M（年）	4	
6	（M+N）期的年金现值（元）		
7	M期的年金现值（元）		
8	递延年金现值（元）		
9			

图 7-28　递延年金的现值

(2)分别选中 B6、B7 单元格，插入函数 PV，计算公式如图 7-29 所示。

(3)选中 B8 单元格，输入公式，计算结果如图 7-30 所示。

方法二的操作步骤如下：

(1)在“学习情境七 . xlsx”的工作簿中建立“递延年金现值(二)”的工作表，并设计表格如图 7-31 所示。

	A	B
1	递延年金现值的计算（一）	
2	年金（元）	1000
3	年利率	0.08
4	年金期数N（年）	6
5	递延期数M（年）	4
6	（M+N）期的年金现值（元）	=PV(B3,B4+B5,B2)
7	M期的年金现值（元）	=PV(B3,B5,B2)
8	递延年金现值（元）	
9		

图 7-29　年金现值的计算

B8　=B6-B7

	A	B	C
1	递延年金现值的计算（一）		
2	年金（元）	1000	
3	年利率	8%	
4	年金期数N（年）	6	
5	递延期数M（年）	4	
6	（M+N）期的年金现值（元）	-¥6,710.08	
7	M期的年金现值（元）	-¥3,312.13	
8	递延年金现值（元）	-¥3,397.95	
9			

图 7-30　递延年金现值的计算

	A	B	C
1	递延年金现值的计算（二）		
2	年金（元）	1000	
3	年利率	8%	
4	年金期数N（年）	6	
5	递延期数M（年）	4	
6	M年末的年金现值（元）		
7	递延年金现值（元）		
8			

图 7-31　递延年金的现值

(2)选中 B6 单元格，插入函数 PV，计算 M 年末的期数为 N 的普通年金现值，结果如图 7-32 所示。

B6　=PV(B3,B4,B2)

	A	B	C
1	递延年金现值的计算（二）		
2	年金（元）	1000	
3	年利率	8%	
4	年金期数N（年）	6	
5	递延期数M（年）	4	
6	M年末的年金现值（元）	-¥4,622.88	
7	递延年金现值（元）		
8			

图 7-32　M 年末的年金现值

(3)选中 B7 单元格，插入函数 PV，计算期数为 M 的复利现值，结果如图 7-33 所示。

B7 =PV(B3,B5,,-B6)

	A	B	C
1	递延年金现值的计算（二）		
2	年金（元）	1000	
3	年利率	8%	
4	年金期数N（年）	6	
5	递延期数M（年）	4	
6	M年末的年金现值（元）	-¥4,622.88	
7	递延年金现值（元）	-¥3,397.95	
8			

图 7-33 递延年金现值的计算

(4)永续年金现值

永续年金现值的计算很简单，其公式为：

永续年金现值=年金/利率

例 7-11 某公司欲设立一项职工教育基金，用于职工培训，预计每年的培训费用需要 20000 元，如果复利年利率为 4%，则企业现在应一次性存入银行多少钱?

问题分析：从题意可知，这是要计算永续年金的现值。利用 Excel 计算非常简单，只需要在相应的单元格中输入公式即可。

操作步骤如下：

(1)在“学习情境七 . xlsx”的工作簿中建立“永续年金现值”的工作表，并设计表格如图 7-34 所示。

	A	B	C
1	永续年金现值的计算		
2	年金（元）	20000	
3	年利率	4%	
4	永续年金现值（元）		
5			

图 7-34 永续年金现值

(2)在该工作表 B5 单元格中输入公式，即可计算出结果，如图 7-35 所示。

B4 =B2/B3

	A	B	C
1	永续年金现值的计算		
2	年金（元）	20000	
3	年利率	4%	
4	永续年金现值（元）	¥500,000.00	
5			

图 7-35 永续年金现值的计算

任务三　年金、本金与利息的计算

年金是指某一时期内各期连续发生的一系列相等数额的收付款项。它包括本金和利息，但不包括其他费用及税款。下面我们分别介绍年金、年金中的本金和利息的计算。

子任务一　年金的计算

在 Excel 中提供了年金函数，可以用它计算每期收付款额。

PMT( ) 函数：基于固定利率及等额分期付款方式，返回贷款的每期付款额。

语法：PMT(rate，nper，pv，fv，type)

Rate：为各期利率。

Nper：为总投资(或贷款)期，即该项投资的付款(或贷款)期总数。

Pv：为现值，即从该项投资开始计算时已经入帐的款项，或一系列未来付款的当前值的累积和，也称为本金。

Fv：为未来值，或在最后一次支付后希望得到的现金余额，如果省略 fv，则假设其值为零(一笔贷款的未来值即为零)。

Type：数字 0 或 1，用以指定各期的付款时间是在期初(1)还是期末(0)。如果省略 type，则假设其值为 0。

说明：PMT 返回的支付款项包括本金和利息，但不包括税款、保留支付或某些与贷款有关的费用。

例 7-12　某企业有一笔贷款，复利年利率 12%，5 年后到期，若到期一次还本付息，需偿还 100 万元，那么：(1)如果每年末等额偿债，每期应偿还多少？(2)如果每年初等额偿债，每期应偿还多少？

问题分析：从题意可知，这是要分别计算普通年金和先付年金，可以使用函数 PMT( )计算，其中参数 rate 为 12%，nper 为 5，fv 为 100 万元。

操作步骤：

(1)在“学习情境七 . xlsx”的工作簿中建立“年金”的工作表，并设计表格如图 7-36 所示。

	A	B	C
1	年金的计算		
2	年利率	12%	
3	期限（年）	5	
4	终值（万元）	100	
5	普通年金（万元）		
6	先付年金（万元）		
7			

图 7-36　年金的计算

(2)选中 B5 单元格，插入函数 PMT 计算普通年金，type 为 0 或者省略，结果如图

7-37所示。

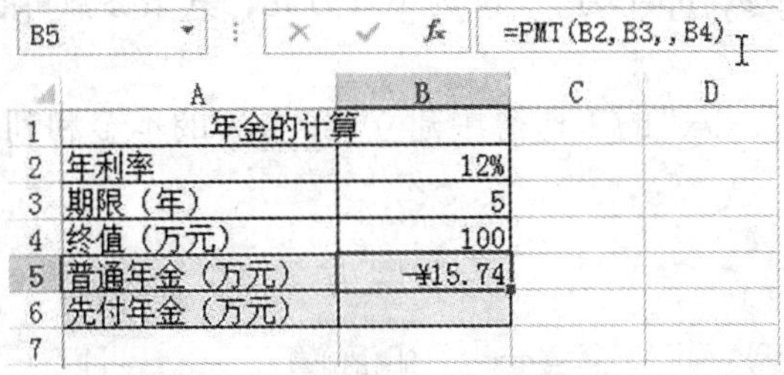

B5　=PMT(B2,B3,,B4)

	A	B	C	D
1	年金的计算			
2	年利率	12%		
3	期限（年）	5		
4	终值（万元）	100		
5	普通年金（万元）	-¥15.74		
6	先付年金（万元）			
7				

图 7-37　普通年金的计算

(3)选中 B6 单元格，插入函数 PMT 计算先付年金，type 为 1，结果如图 7-38 所示。

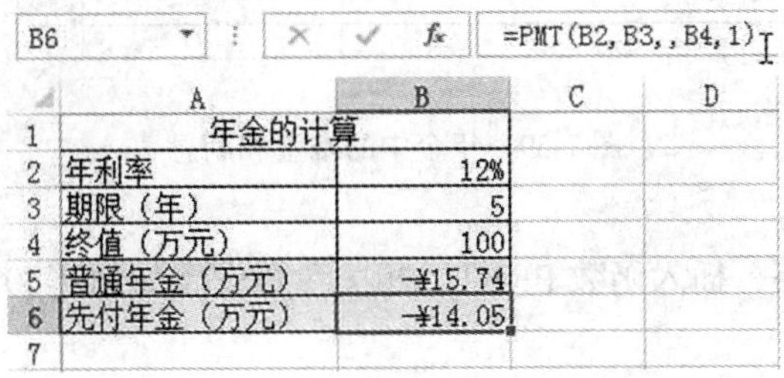

B6　=PMT(B2,B3,,B4,1)

	A	B	C	D
1	年金的计算			
2	年利率	12%		
3	期限（年）	5		
4	终值（万元）	100		
5	普通年金（万元）	-¥15.74		
6	先付年金（万元）	-¥14.05		
7				

图 7-38　先付年金的计算

子任务二　年金中本金的计算

在 Excel 中提供了 PPMT 函数，可以用它计算每期收付款额中的本金部分。

PPMT 函数：基于固定利率及等额分期付款方式，返回投资在某一给定期间内的本金偿还额。

语法：PPMT(rate，per，nper，pv，fv，type)

Rate：为各期利率。

Per：用于计算其本金数额的期数，必须介于 1 到 nper 之间。

Nper：为总投资期，即该项投资的付款期总数。

Pv：为现值，即从该项投资开始计算时已经入帐的款项，或一系列未来付款当前值的累积和，也称为本金。

Fv：为未来值，或在最后一次付款后希望得到的现金余额，如果省略 fv，则假设其值为零，也就是一笔贷款的未来值为零。

Type：数字 0 或 1，用以指定各期的付款时间是在期初(1)还是期末(0)，默认为期末。

例 7-13　在例 7-12 中，该企业选择每年年末等额偿债，那么每年还款中的本金部分分别为多少？

问题分析：从题意可知，这是要计算年金中的本金，所以可以采用函数PPMT( )计算，此时参数rate为12%，nper为5，fv为100万元，其余参数可省略。

操作步骤如下：

(1)在“学习情境七.xlsx”的工作簿中建立“年金中的本金和利息”的工作表，并设计表格如图7-39所示。

	A	B	C	D
1	年金中本金和利息的计算			
2	终值(万元)	年利率	期限（年）	
3	100	12%	5	
4				
5	本金和利息偿还表			
6	年	偿还本金（万元）	支付利息（万元）	
7	1			
8	2			
9	3			
10	4			
11	5			
12				

图7-39 年金中的本金和利息

(2)选中B7单元格，插入函数PPMT，相关参数设置如图7-40所示。

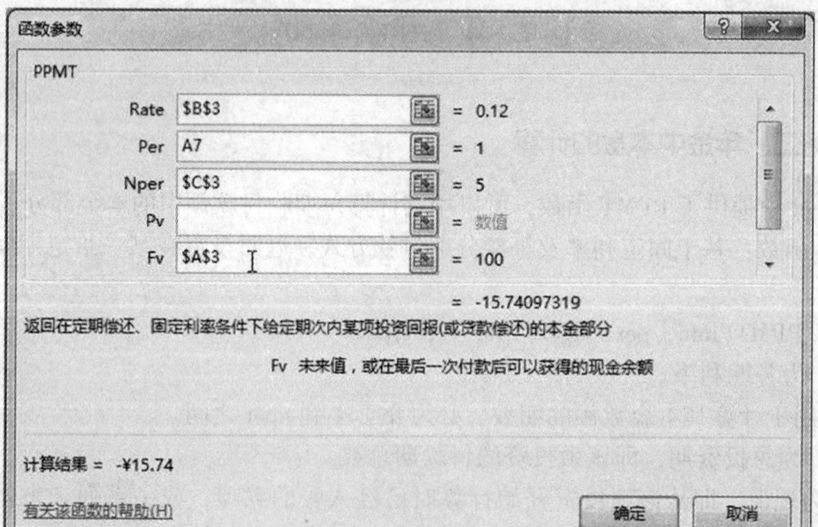

图7-40 “函数参数”对话框

(3)单击“确定”按钮，得出计算结果。选中B7单元格，使用填充柄填充至B11单元格，如图7-41所示。

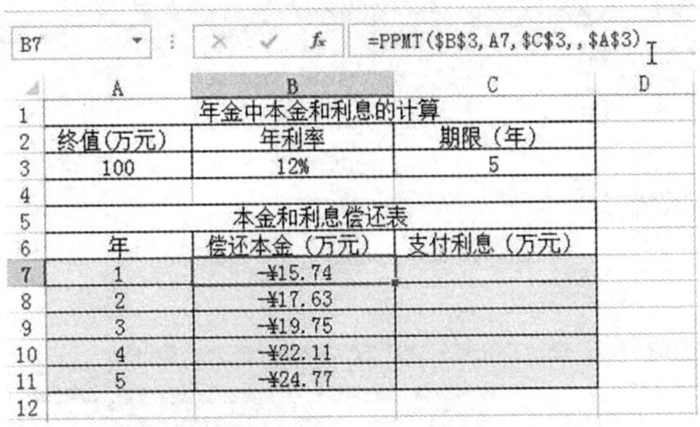

图 7-41　年金中本金的计算

子任务三　年金中利息的计算

在 Excel 中提供了 IPMT 函数，可以用它计算每期收付款额中的利息部分。

IPMT：基于固定利率及等额分期付款方式，返回给定期数内对投资的利息偿还额。

语法：IPMT(rate，per，nper，pv，fv，type)

Rate：为各期利率。

Per：用于计算其利息数额的期数，必须在 1 到 nper 之间。

Nper：为总投资期，即该项投资的付款期总数。

Pv：为现值，即从该项投资开始计算时已经入帐的款项，或一系列未来付款的当前值的累积和，也称为本金。

Fv：为未来值，或在最后一次付款后希望得到的现金余额。如果省略 fv，则假设其值为零，也就是一笔贷款的未来值为零。

Type：数字 0 或 1，用以指定各期的付款时间是在期初(1)还是期末(0)，默认为期末。

例 7-14　在例 7-12 中，该企业选择每年年末等额偿债，那么每年还款中的利息部分分别为多少?

问题分析：从题意可知，这是要计算年金中的利息，所以可以采用函数 IPMT( )计算，此时参数 rate 为 12%，nper 为 5，fv 为 100 万元，其余参数可省略。

(1)打开“学习情境七 . xlsx”工作簿中的“年金中的本金和利息”工作表，选中 C7 单元格，插入函数 IPMT，相关参数设置如图 7-42 所示。

(2)单击“确定”按钮，得出计算结果。选中 C7 单元格，使用填充柄填充至 C11 单元格，如图 7-43 所示。

(3)结合例 7-12 进行分析，该企业的这笔贷款 5 年后应偿还本利和 100 万元。如果该企业选择每年年末等额偿债，那么每年应偿还 15. 74 万元。第 1 年其中偿还本金 15. 74 万元，节约利息为 0；第 2 年其中偿还本金 17. 63 万元，节约利息 1. 89 万元；同理，后三年偿还本金和节约利息略。所以，该企业 5 年内实际偿还 78. 7 万元，节约利息 21. 3 万元。

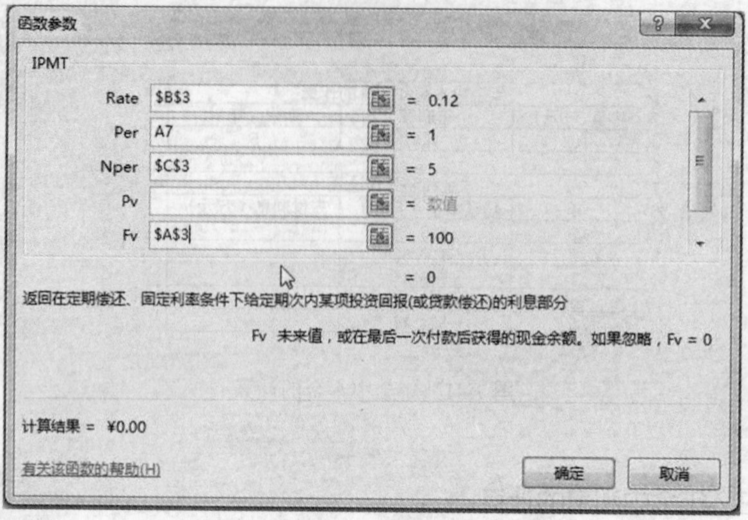

图 7-42　“函数参数”对话框

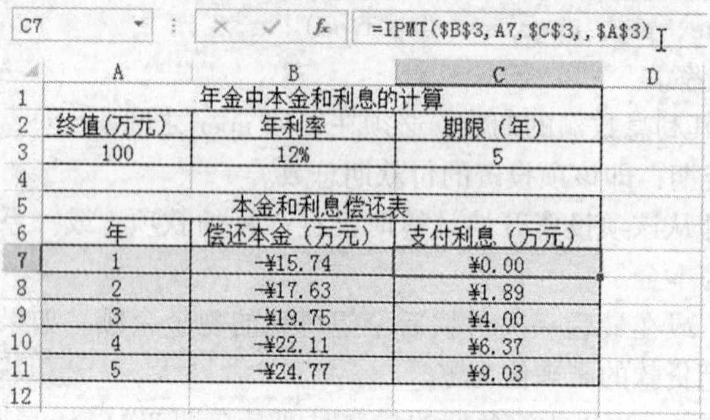

C7　=IPMT($B$3, A7, $C$3, , $A$3)

	A	B	C	D
1	年金中本金和利息的计算			
2	终值(万元)	年利率	期限（年）	
3	100	12%	5	
4				
5	本金和利息偿还表			
6	年	偿还本金（万元）	支付利息（万元）	
7	1	-¥15.74	¥0.00	
8	2	-¥17.63	¥1.89	
9	3	-¥19.75	¥4.00	
10	4	-¥22.11	¥6.37	
11	5	-¥24.77	¥9.03	
12				

图 7-43　年金中利息的计算

思考：如果该企业选择每年年初等额偿债，那么每年还款中的本金和利息分别为多少？

任务四　期数的计算及应用

期数是指总投资(或贷款)期，即该项投资(或贷款)的付款期总数。在 Excel 中提供了 NPER( )函数，可以用它计算总期数。

NPER 函数：基于固定利率及等额分期付款方式，返回某项投资的总期数。

语法：NPER(rate, pmt, pv, fv, type)

Rate：为各期利率，是一固定值。

Pmt：为各期所应支付的金额，其数值在整个年金期间保持不变。通常，pmt 包括本金和利息，但不包括其他的费用及税款。

Pv：为现值，即从该项投资开始计算时已经入帐的款项，或一系列未来付款的当前值的累积和，也称为本金。

Fv：为未来值，或在最后一次付款后希望得到的现金余额。如果省略 fv，则假设其值为零，也就是一笔贷款的未来值为零。

Type：数字 0 或 1，用以指定各期的付款时间是在期初(1)还是期末(0)，默认为期末。

例 7-15　某公司拟对原有的一台设备进行更新改造，预计现在一次支付 10 万元，可使公司每年成本节约 2.5 万元。若现在银行复利年利率为 6%，那么这项更新设备至少使用几年才合算？

问题分析：从题意可知，这是要计算期数，可以使用函数 NPER( )，其中参数 rate 为 6%，pv 为 10，pmt 为 2.5，其他参数省略。

操作步骤如下：

(1)在“学习情境七 . xlsx”的工作簿中建立“期数”的工作表，并设计表格如图 7-44 所示。

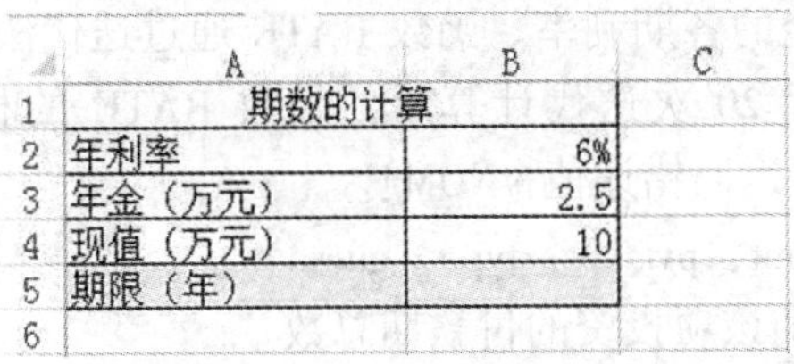

图 7-44　期数

(2)选中 B5 单元格，插入函数 NPER，相关参数设置如图 7-45 所示。

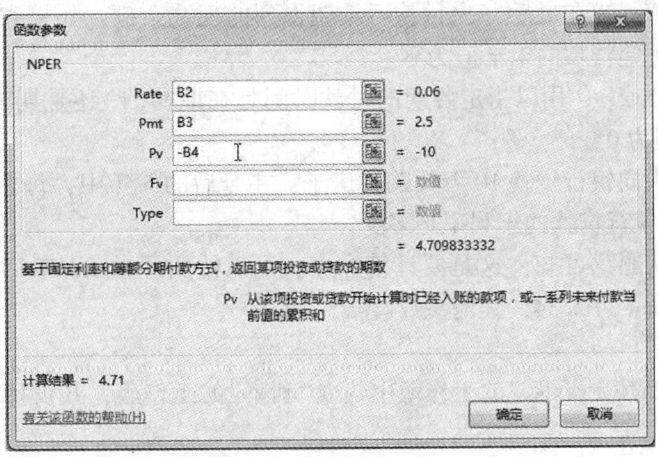

图 7-45　“函数参数”对话框

(3)单击“确定”按钮，得出计算结果，如图 7-46 所示。

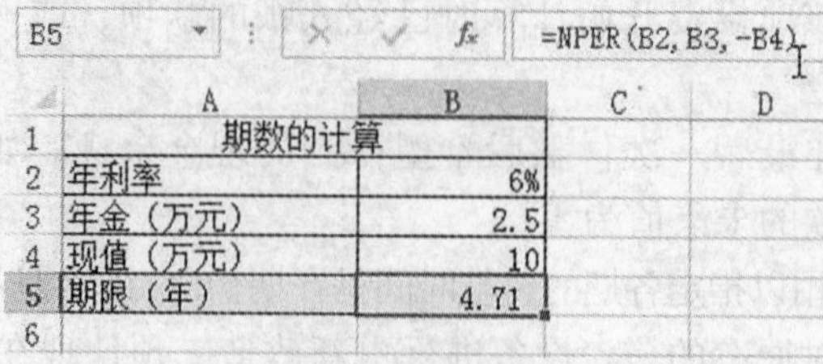

图 7-46　期数的计算

任务五　利率的计算及应用

子任务一　利率的计算

在 Excel 中提供了 RATE( ) 函数，可以用它计算各期的实际利率。

RATE 函数：返回年金的各期利率。函数 RATE 通过迭代法计算得出，并且可能无解或有多个解。如果在进行 20 次迭代计算后，函数 RATE 的相邻两次结果没有收敛于 0.0000001，函数 RATE 将返回错误值 #NUM!。

语法：RATE(nper，pmt，pv，fv，type，guess)

Nper：为总投资期，即该项投资的付款期总数。

Pmt：为各期付款额，其数值在整个投资期内保持不变。通常 pmt 包括本金和利息，但不包括其他费用或税金。如果忽略了 pmt，则必须包含 fv 参数。

Pv：为现值，即从该项投资开始计算时已经入帐的款项，或一系列未来付款当前值的累积和，也称为本金。

Fv：为未来值，或在最后一次付款后希望得到的现金余额。如果省略 fv，则假设其值为零，也就是一笔贷款的未来值为零。

Type：数字 0 或 1，用以指定各期的付款时间是在期初(1)还是期末(0)。如果省略 type，则假设其值为 0。

例 7-16　某人向银行贷款 10 万元购买房子，在今后的 5 年中，每年年末要向银行交还 2.34 万元，问银行贷款的年利率是多少？

问题分析：从题意可知，这是要计算利率，可以使用函数 RATE( )，其中参数 nper 为 5，pv 为 10，pmt 为 2.34，其他参数省略。

操作步骤如下：

(1)在“学习情境七 . xlsx”的工作簿中建立“利率”的工作表，并设计表格如图 7-47 所示。

(2)选中 B5 单元格，插入函数 RATE，相关参数设置如图 7-48 所示。

(3)单击“确定”按钮，得出计算结果，如图 7-49 所示。

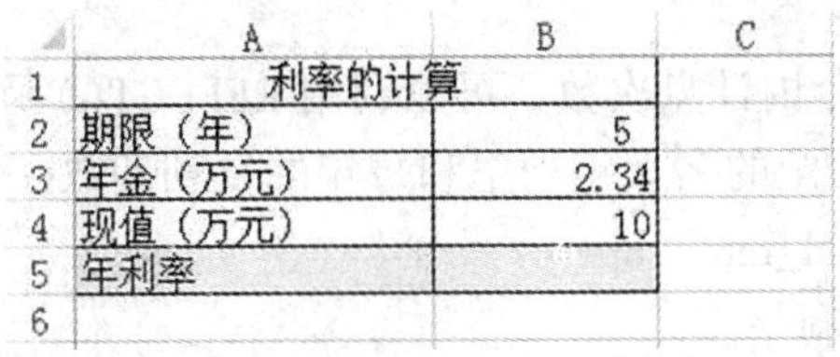

图 7-47　利率

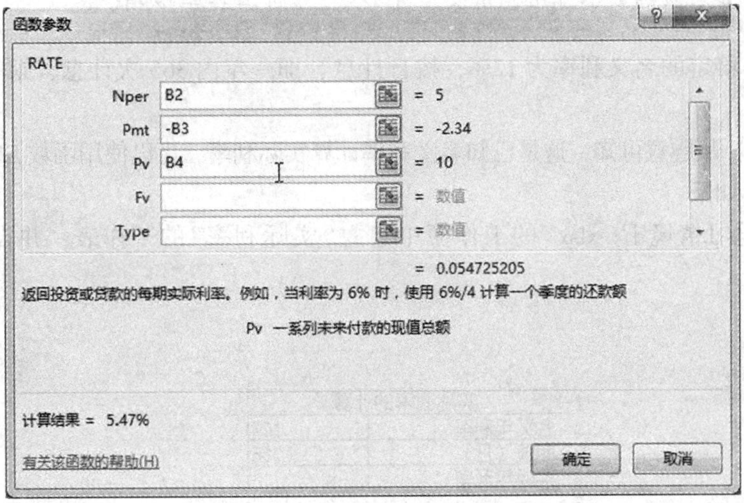

图 7-48　“函数参数”对话框

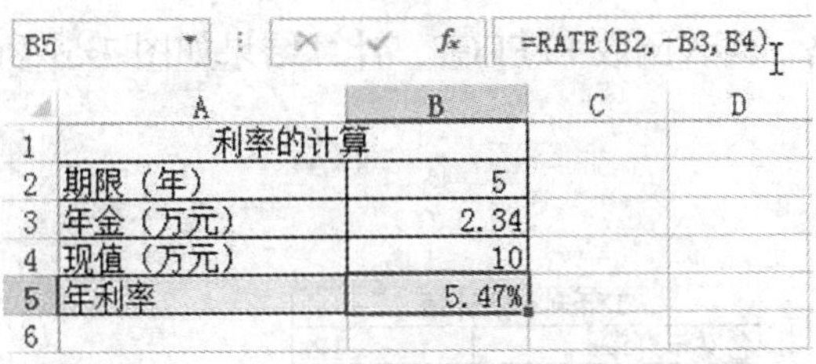

图 7-49　利率的计算

子任务二　名义利率与实际利率

在计算资金的时间价值过程中，通常情况下给定了年利率，并且以年为计息周期，每年计息一次。但在实际经济活动中，有时会出现以半年、季度、月度或更短的时间为计息周期，即每年 2 次、4 次或 12 次计算复利等情况。如果每年计息的次数超过一次，那么给定的年利率仅是名义利率，按一年的实际年利息与本金之比计算的实际年利率会与给定的名义年利率不一致。

(一)实际利率的计算

当给定名义利率和一年内计息次数，可以利用 EFFECT( ) 函数计算实际年利率。

EFFECT 函数：利用给定的名义年利率和每年的复利期数，计算实际的年利率。

语法：EFFECT(nominal_rate，npery)

Nominal_rate：为名义利率。

Npery：为每年的复利期数。

特别提醒：如果该函数不可用，请安装并加载“分析工具库”加载宏。

例 7-17　给定的名义利率为 12%，按日计息，即一年内 365 次计息，则实际年利率为多少？

问题分析：从题意可知，这是已知名义利率计算实际利率，可以使用函数 EFFECT( )。

操作步骤如下：

(1)在“学习情境七 . xlsx”的工作簿中建立“实际利率”的工作表，并设计表格如图 7-50所示。

	A	B	C
1	实际利率的计算		
2	名义年利率	12%	
3	期限（日）	365	
4	实际年利率		
5			

图 7-50　实际利率

(2)选中 B4 单元格，插入函数 EFFECT，计算结果如图 7-51 所示。

B4　　=EFFECT(B2, B3)

	A	B	C	D
1	实际利率的计算			
2	名义年利率	12%		
3	期限（日）	365		
4	实际年利率	12.75%		
5				

图 7-51　实际利率的计算

(3)名义利率的计算

当给定实际年利率和一年内计息次数，可以利用 NOMINAL( ) 函数计算名义年利率。

NOMINAL 函数：基于给定的实际利率和年复利期数，返回名义年利率。

NOMINAL(effect_rate，npery)

Effect_rate：为实际利率。

Npery：为每年的复利期数。如果该函数不可用，请安装并加载“分析工具库”加载宏

例 7-18　给定的实际年利率为 15%，按月计息，即一年内 12 次计息，则名义年利率为多少？

问题分析：从题意可知，这是已知实际利率计算名义利率，可以使用函数 NOMINAL( )。

操作步骤如下：

(1)在“学习情境七 . xlsx”的工作簿中建立“名义利率”的工作表，并设计表格如图 7-52所示。

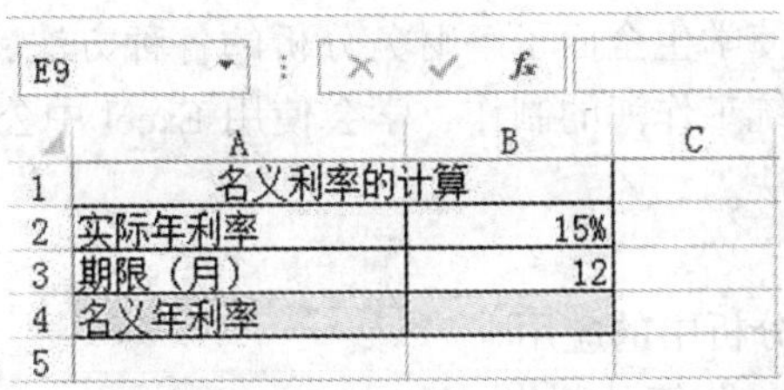

图 7-52　名义利率

(2)选中 B4 单元格，插入函数 NOMINAL，计算结果如图 7-53 所示。

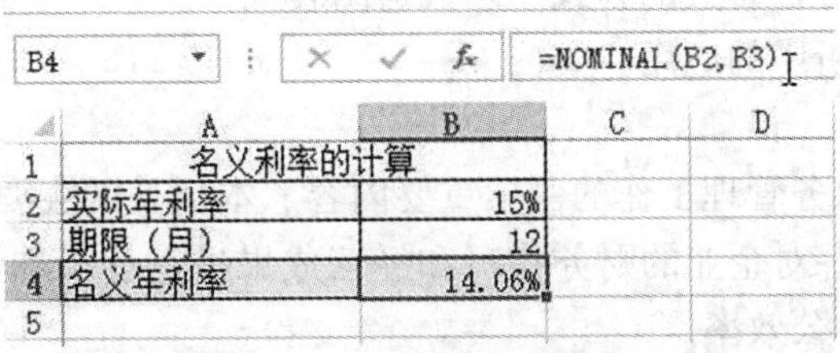

图 7-53　名义利率的计算

项目八 Excel 在财务分析中的应用

【学习任务】

通过本情境的学习，使学生全面了解财务分析的各种方法，熟悉 Excel 在财务分析中的应用，掌握财务分析系统工作簿的制作，学会使用 Excel 中公式与函数进行分析、图表制作与分析的基本操作方法。

【技能目标】

1. 熟悉 Excel 在财务分析中的应用
2. 掌握财务分析系统工作簿的制作
3. 学会使用 Excel 中公式与函数进行分析、图表制作与分析的基本操作方法

【知识目标】

1. 财务分析的各种方法
2. Excel 中与财务分析有关的公式、函数与图表
3. Excel 在财务分析中的应用

【情境导入】

财务分析是企业财务管理工作的一项重要内容。本情景的主要内容就是介绍利用 Excel 创建财务分析模型，对企业的财务状况和经营成果进行分析和评价，以减少财务管理人员的工作量，提高办公效率。

任务一 财务分析概述

一、财务分析的概述

财务分析，是以企业财务报表的相关资料为依据，运用一定的方法和手段，对企业财务报表提供的数据进行系统和深入的分析、研究，揭示相关指标之间的相互联系、指标变动情况以及形成原因，评价和剖析企业的财务状况与经营成果。财务报表分析不仅可以为有关各方提供全面、详细的财务信息，而且有助于企业管理层进行正确的经营决策。做好财务分析具有十分重要的意义。

财务分析的主要依据是财务报表，包括资产负债表、利润及利润分配表和现金流量表，这三大报表包含了大量反映企业生产经营活动各方面情况的高度浓缩的会计信息。

财务分析最基本的功能，就是将大量的报表数据转变成对特定决策有用的信息，减少决策的不确定性。通过财务报表分析，可以全面地了解和评价企业的偿债能力、盈利能

力、资产管理能力和发展能力，为有关各方做出决策提供帮助。

财务分析所采用的方法很多，常用的分析方法主要有：

1. 比率分析法
2. 趋势分析法
3. 因素分析法
4. 综合分析法

需要特别指出的是，我们在这里只讲如何创建和使用财务分析模型，重在利用 Excel 表计算各项分析指标，至于指标结果深层次的原因分析，在此我们不进行研究。

二、任务引例

A 公司 2017 年 1 月资产负债表和近三年利润表数据如表 8-1 和表 8-2 所示。

表 8-1　　资产负债表

编制单位：　　时间:2017/1/31　　单位:元

资产	行次	期末余额	年初余额	负债和所有者权益（或股东权益）	行次	期末余额	年初余额
流动资产：	1			流动负债：	1		
货币资金	2	910 900.00	1 003 800.00	短期借款	2	400 000.00	400 000.00
交易性金融资产	3	-	120 000.00	交易性金融负债	3	-	-
应收票据	4	25 000.00	145 000.00	应付票据	4	184 000.00	184 000.00
应收账款	5	474 900.00	418 740.00	应付账款	5	603 000.00	603 000.00
预付款项	6	40 000.00	40 000.00	预收款项	6	-	-
应收利息	7	-	-	应付职工薪酬	7	-	-
应收股利	8	-	-	应交税费	8	68 360.00	33 000.00
其他应收款	9	731 800.00	731 800.00	应付利息	9	-	-
存货	10	1 244 605.00	545 100.00	应付股利	10	-	-
一年内非到期的流动资产	11	-	-	其他应付款	11	20 000.00	20 000.00
其他流动资产	12	-	-	一年内到期的非流动负债	12	-	-
流动资产合计	13	3 427 205.00	3 004 440.00	其他流动负债	13	-	-
非流动资产：	14	-	-	流动负债合计	14	1 275 360.00	1 240 000.00
可供出售金融资产	15	-	-	非流动负债：	15	-	-
持有至到期投资	16	-	-	长期借款	16	900 000.00	900 000.00
长期应收款	17	-	-	应付债券	17	-	-
长期股权投资	18	300 000.00	300 000.00	长期应付款	18	-	-
投资性房地产	19	-	-	专项应付款	19	-	-
固定资产	20	1 339 055.00	1 410 560.00	预计负债	20	-	-
在建工程	21	222 000.00	222 000.00	递延所得税负债	21	-	-

续表

资产	行次	期末余额	年初余额	负债和所有者权益（或股东权益）	行次	期末余额	年初余额
工程物资	22	-	-	其他非流动负债	22	-	-
固定资产清理	23	-	-	非流动负债合计	23	900 000.00	900 000.00
生产性生物资产	24	-	-	负债合计	24	2 175 360.00	2 140 000.00
油气资产	25	-	-	所有者权益：	25	-	-
无形资产	26	210 000.00	210 000.00	实收资本	26	3 000 000.00	3 000 000.00
开发支出	27	-	-	资本公积	27	20 000.00	20 000.00
商誉	28	-	-	减:库存股	28	-	-
长期待摊费用	29	53 000.00	53 000.00	盈余公积	29	40 000.00	40 000.00
递延所得税资产	30	-	-	未分配利润	30	315 900.00	-
其他非流动资产	31	-	-	所有者权益（或股东权益）合计	31	3 375 900.00	3 060 000.00
非流动资产合计	32	2 124 055.00	2 195 560.00	-	32	-	-
资产总计	33	5 551 260.00	5 200 000.00	负债和所有者权益（或股东权益）总计	33	5 551 260.00	5 200 000.00

表8-2 **利润表**

编制单位： 单位:元

项目		行次	本期金额（2012年）	2011年	2010年
一、	营业收入	1	448 000.00	400 000.00	300 000.00
减：	营业成本	2	37 100.00	32 000.00	25 000.00
	营业税金及附加	3	-	-	-
	销售费用	4	20 000.00	15 000.00	11 000.00
	管理费用	5	85 900.00	80 000.00	30 000.00
	财务费用	6	-	2 000.00	1 000.00
	资产减值损失	7	-		
加：	公允价值变动净收益（损失以“—”填列）	8	-		
	投资收益（损失以“—”填列）	9	12 000.00	5 000.00	-
二、	营业利润（损失以“—”填列）	10	317 000.00	276 000.00	233 000.00
加：	营业外收入	11	-	-	
减：	营业外支出	12	1 100.00	700.00	500.00
其中：	非流动资产处置净损失	13	-		
三、	利润总额（损失以“—”填列）	14	315 900.00	275 300.00	232 500.00
减：	所得税费用	15			
四、	净利润（损失以“—”填列）	16	315 900.00	275 300.00	232 500.00

任务二　比 率 分 析

比率分析是把财务报表中某些彼此存在关联的项目加以对比，计算出比率，据以确定经济活动的变动程度的分析方法。比率以相对数的形式揭示了数据之间的内在联系，同时克服了绝对值给人们带来的误区。

比率分析是财务分析的核心。一般来说，企业财务比率分析包括的内容是多方面的，比如偿债能力分析、营运能力分析、盈利能力分析、发展能力分析等。我们在这里只介绍如何利用 Excel 表建立相关模型，进行企业的偿债能力、营运能力和盈利能力分析。

子任务一　偿债能力分析

偿债能力是指企业偿还到期债务的能力。偿债能力分析包括短期偿债能力分析和长期偿债能力分析。

(一) 短期偿债能力分析

短期偿债能力是指企业流动资产对流动负债及时足额偿还的保证程度，是衡量企业当期财务能力，特别是流动资产变现能力的重要标志。短期偿债能力分析的指标主要包括流动比率和速动比率。

1. 流动比率

流动比率是企业某期期末流动资产与流动负债的比值，可以衡量企业在某一时点偿付即将到期债务的能力，其计算公式为：

流动比率=流动资产/流动负债

一般情况下，流动比率越高，说明企业短期偿债能力越强，债权人的权益越有保证。但该指标过高会使企业流动资产占用过多，造成资金闲置，影响资金使用效率。指标过低，则会使企业资金紧张，难以如期偿还到期债务。国际上通常认为，流动比率的下限为100%，而流动比率等于200%时较为适当。究竟应保持多高水平，主要视企业对待风险与收益的态度予以确定。

2. 速动比率

流动比率是企业某期期末速动资产与流动负债的比值，可衡量企业在某一时点运用随时可以变现的资产偿付到期债务的能力，是对流动比率的补充。其计算公式为：

速动比率=速动资产/流动负债

速动资产=货币资金+交易性金融资产+应收账款+应收票据

=流动资产-存货-预付账款-一年内到期的非流动资产-其他流动资产

特别提醒：报表中如有应收利息、应收股利和其他应收款项目，可视情况归入速动资产项目。

一般情况下，速动比率越高，说明企业偿还流动负债的能力越强。但该指标过高会使企业现金及应收账款占用过多，而增加企业的机会成本。指标过低，则会使企业面临很大的偿债风险。国际上通常认为，速动比率等于 100%时较为适当。

(二) 长期偿债能力分析

长期偿债能力是指企业偿还长期负债的能力。企业长期偿债能力分析的指标主要包括资产负债率和产权比率。

1. 资产负债率

资产负债率又称负债比率，是企业某期期末的负债总额与资产总额的比率。它用于反映企业负债水平的高低情况，表明企业的资产总额中有多少是通过负债筹集的，即债权人提供给企业的资源占全部资产的比重，它也可以衡量企业在清算时保护债权人利益的程度。其计算公式为：

资产负债率=负债总额/资产总额×100%

一般情况下，资产负债率越小，说明企业长期偿债能力越强。但是，也并非说该指标对谁都是越小越好。从债权人来说，该指标越小越好，这样企业偿债越有保证。从企业所有者来说，如果该指标过高，则表明企业的债务负担重，企业资金实力不强；该指标过小则表明企业对财务杠杆利用不够。保守的观点认为资产负债率不应高于 50%，而国际上通常认为资产负债率等于 60%时较为适当。

2. 产权比率

产权比率是指企业某期期末的负债总额与资产总额的比率，是企业财务结构稳健与否的重要标志，也称资本负债率。它反映企业所有者权益对债权人权益的保障程度。其计算公式为：

产权比率=负债总额/股东权益总额×100%

一般情况下，产权比率越低，说明企业长期偿债能力越强，债权人权益的保障程度越高、承担的风险越小，但企业不能充分发挥负债的财务杠杆效应。所以，在评价产权比率指标是否适度时，应从提高获利能力与增强偿债能力两个方面综合进行，即在保障债务偿还安全性的前提下，应尽可能提高产权比率。

例 8-1　要求根据【任务引例】的相关数据，利用 Excel 计算流动比率、速动比率、资产负债率和产权比率。

操作步骤如下：

(1)首先建立一个名为“学习情境八 . xlsx”的工作簿，在此工作簿中建立“资产负债表”、“利润表”的工作表，并利用复制粘贴录入这两个工作表的数据。再建立第三个工作表为“财务比率分析表”，其“偿债能力分析”部分模型设计如图 8-1 所示。

(2)在“财务比率分析表”中选中 B4、B5 单元格，执行【开始】|【单元格】|【格式】|【设置单元格格式】命令，如图 8-2 所示。选择【数字】选项卡，设置格式为【数值】，保留两位小数，如图 8-3 所示。

(3)同理，设置 B6、B7 单元格的格式为【百分比】，保留两位小数。

(4)在“财务比率分析表”表中定义有关公式如下，计算结果如图 8-4 所示。

B4=资产负债表!C16/资产负债表!G17

B5=(资产负债表!C5+资产负债表!C7+资产负债表!C8+资产负债表!C12)/资产负债

	A	B	C
1	财务比率分析模型		
2	项目	结果	
3	一、偿债能力比率		
4	流动比率		
5	速运比率		
6	资产负债率		
7	产权比率		

图 8-1　“偿债能力比率”部分

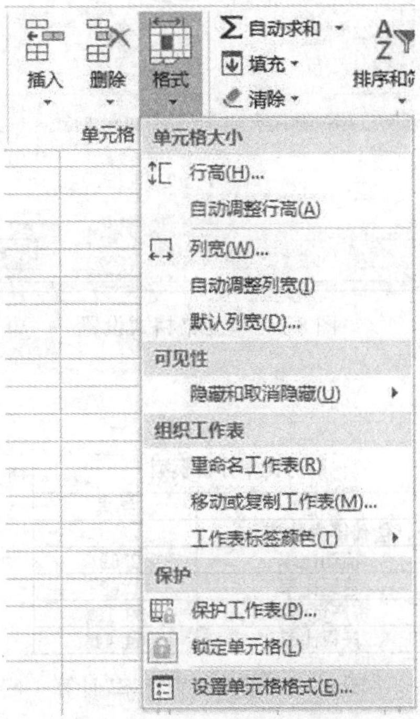

图 8-2　“设置单元格格式”命令

表!G17

B6=资产负债表!G27/资产负债表!C36

B7=资产负债表!G27/资产负债表!G34

子任务二　营运能力分析

营运能力是指企业基于外部市场环境的约束，通过内部人力资源和生产资料的配置组合而对财务日标实现所产生作用的人小。营运能力分析主要包括生产资料营运能力分析，具体可以从以下几个方面进行：流动资产周转情况分析、固定资产周转情况分析以及总资产周转情况分析等。

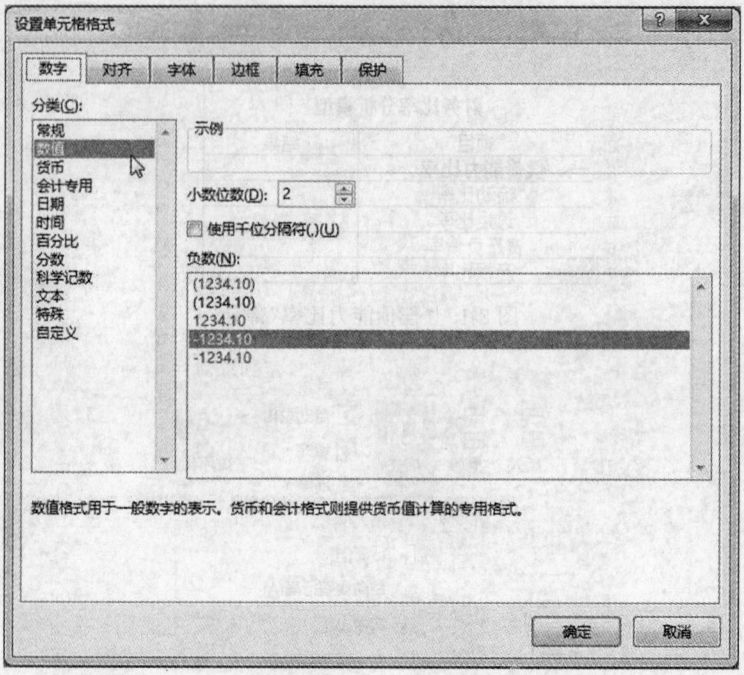

图 8-3　单元格格式设置

	A	B	C
1	**财务比率分析模型**		
2	项目	结果	
3	**一、偿债能力比率**		
4	流动比率	2.69	
5	速运比率	1.68	
6	资产负债率	39.19%	
7	产权比率	64.44%	

图 8-4　“偿债能力比率”计算

(一) 流动资产周转情况

反映流动资产周转情况的指标主要有应收账款周转率、存货周转率和流动资产周转率。

1. 应收账款周转率

应收账款周转率也称应收账款周转次数，是指企业一定时期的赊销收入净额与应收账款平均余额的比率，反映应收账款的流动程度。其计算公式为：

应收账款周转率=主营业务收入净额/平均应收账款余额

平均应收账款=(期初应收账款余额+期末应收账款余额)/2

特别提醒：公式中，应收账款包括会计报表中“应收账款”和“应收票据”等全部赊销账款在内。

应收账款周转率反映了企业在一定时期内应收账款的周转次数，也反映了应收账款的利用效率。一般情况下，应收账款周转率越高，周转天数越短，表明企业应收账款的变现速度越快，收账效率越高。

2. 存货周转率

存货周转率也称存货周转次数，是指一定时期的主营业务成本与平均存货的比率，反映存货的周转速度。其计算公式为：

存货周转率=主营业务成本/平均存货余额

平均存货=(期初存货余额+期末存货余额)/2

存货周转率不仅反映出企业采购、储存、生产、销售各环节管理工作状况的好坏，而且对企业的偿债能力及获利能力产生决定性的影响。一般情况下，存货的周转率越高，周转天数越少，表明存货的流动性越强，转换为现金或应收账款的速度越快，存货的利用效率越高。

3. 流动资产周转率

流动资产周转率也称流动资产周转次数，是指一定时期的主营业务收入与全部流动资产平均余额的比率，反映企业流动资产的周转速度。其计算公式为：

流动资产周转率=主营业务收入净额/平均流动资产总额

平均流动资产=(期初流动资产总额+期末流动资产总额)/2

在一定时期内，流动资产的周转率越高，表明周转速度越快，会相对节约流动资产，等于相对扩大资产投入，增强企业盈利能力。

(二)固定资产周转情况

反映固定资产周转情况的主要指标是固定资产周转率，它是指一定时期的主营业务收入与固定资产平均净值的比率，反映了企业固定资产的利用效率。其计算公式为：

固定资产周转率=主营业务收入/平均固定资产净值

平均固定资产净值=(期初固定资产净值+期末固定资产净值)/2

特别提醒：注意区分固定资产原价、固定资产净值和固定资产净额。

一般情况下，固定资产周转率越高，表明单位净值的固定资产创造的主营业务收入越多，固定资产利用效率越高。同时也能表明企业固定资产投资得当，固定资产结构合理，能够充分发挥效率。运用固定资产周转率时，需要考虑固定资产因计提折旧其净值在不断减少，以及更新重置其净值突然增加的影响。

(三)总资产周转情况

反映总资产周转情况的主要指标是总资产周转率，它是指一定时期的主营业务收入与平均总资产的比率，反映了企业全部资产的利用效率。其计算公式为：

总资产周转率=主营业务收入/平均资产总额

平均总资产=(期初资产总额+期末资产总额)/2

一般情况下，总资产周转率越高，表明总资产的周转速度越快，企业运用资产产生收入的能力越强，资产的管理效率越高。总资产周转速度的快慢与各类资产的周转速度以及全部资产的构成情况密切相关。

例 8-2　要求根据【任务引例】的相关数据，利用 Excel 计算应收账款周转率、存货周转率、流动资产周转率、固定资产周转率和总资产周转率。

操作步骤：

(1)打开“学习情境八 . xlsx”的工作簿，在“财务比率分析表”工作表中增加“营运能力分析”模型，其设计如图 8-5 所示。

	A	B	C
1	**财务比率分析模型**		
2	项目	结果	
8	**二、营运能力比率**		
9	应收账款周转率		
10	存货周转率		
11	流动资产周转率		
12	固定资产周转率		
13	总资产周转率		

图 8-5　“营运能力分析”部分

(2)选中 B9：B13 单元格区域，执行【开始】|【单元格】|【格式】|【设置单元格格式】命令，选择【数字】选项卡，设置格式为【数值】，保留两位小数。

(3)定义有关公式如下，计算结果如图 8-6 所示。

B9=2＊利润表!D4/(资产负债表!C8+资产负债表!D8)

B10=2＊利润表!D5/(资产负债表!C13+资产负债表!D13)

B11=2＊利润表!D4/(资产负债表!C16+资产负债表!D16)

B12=2＊利润表!D4/(资产负债表!C23+资产负债表!D23)

B13=2＊利润表!D4/(资产负债表!C36+资产负债表!D36)

	A	B	C
1	**财务比率分析模型**		
2	项目	结果	
8	**二、营运能力比率**		
9	应收账款周转率	1.00	
10	存货周转率	0.04	
11	流动资产周转率	0.14	
12	固定资产周转率	0.33	
13	总资产周转率	0.08	

图 8-6　“营运能力分析”计算

子任务三　盈利能力分析

盈利能力是指企业资金增值的能力，通常表现为企业收益数额的大小与水平的高低。

反映企业盈利能力的主要账务比率包括销售利润率、成本费用利润率、总资产报酬率和净资产收益率等。

(一)营业利润率

营业利润率是企业一定时期利润与主营业务收入净额的比率，其中企业利润包括主营业务利润、营业利润、利润总额和净利润。其计算公式为：

营业利润率=营业利润/营业收入×100%

营业净利率=净利润/营业收入×100%

营业毛利率=(营业收入—营业成本)/营业收入×100%

该类指标越大，表明企业市场竞争力越强，发展潜力越大，盈利能力越强。

(二)成本费用利润率

成本费用利润率是企业一定时期利润总额与成本费用总额的比率。其计算公式为：

成本费用利润率=利润总额/成本费用总额×100%

成本费用总额=主营业务成本+营业税金及附加+营业费用+管理费用+财务费用

该指标越大，表明企业为取得利润而付出的代价越小，成本费用控制的越好，获利能力越强。

(三)总资产报酬率

总资产报酬率是企业一定时期内获得的报酬总额与平均资产总额的比率，反映企业资产综合利用效果。其计算公式为：

总资产报酬率=息税前利润总额/平均资产总额×100%

息税前利润总额=利润总额+利息支出

总资产报酬率全面反映了企业全部资产的获利水平，企业所有者和债权人对该指标都非常重视。一般情况下，该指标越大，表明企业的资产利用效益越好，整个企业获利能力越强，经营管理水平越高。

(四)净资产收益率

净资产收益率是企业一定时期净利润与平均净资产的比率，反映企业自有资金投资收益水平。其计算公式为：

净资产收益率=净利润/平均净资产×100%

平均净资产=(所有者权益年初数+所有者权益年末数)/2

净资产收益率是评价企业自有资本及其积累获取报酬水平的最具综合性与代表性的指标，反映企业资本运营的综合收益。该指标通用性强，使用范围广，不受行业局限，在国际上的企业综合评价中使用率非常高。一般认为，该指标越大，企业自有资本获取收益的能力越强，运营效益越好，对企业投资人、债权人利益的保证程度越高。

例 8-3 要求根据【任务引例】的相关数据，利用 Excel 计算营业利润率、成本费用利润率、总资产报酬率和净资产收益率。

操作步骤如下：

(1)打开“学习情境八 . xlsx”的工作簿，在“财务比率分析表”工作表中增加“盈利能力分析”模型，其设计如图 8-7 所示。

	A	B	C
1	财务比率分析模型		
2	项目	结果	
14	三、盈利能力比率		
15	营业利润率		
16	成本费用利润率		
17	总资产报酬率		
18	净资产收益率		
19			

图 8-7 “盈利能力分析”部分

(2)选中 B15：B18 单元格区域，执行【开始】|【单元格】|【格式】|【设置单元格格式】命令，选择【数字】选项卡，设置格式为【百分比】，保留两位小数。

(3)定义有关公式如下，计算结果如图 8-8 所示。

B15=利润表!D13/利润表!D4

B16=利润表!D17/(利润表!D5+利润表!D6+利润表!D7+利润表!D8+利润表!D9)

B17=2＊利润表!D17/(资产负债表!C36+资产负债表!D36)

B18=2＊利润表!D19/(资产负债表!G34+资产负债表!H34)

	A	B	C
1	财务比率分析模型		
2	项目	结果	
14	三、盈利能力比率		
15	营业利润率	70.76%	
16	成本费用利润率	220.91%	
17	总资产报酬率	5.88%	
18	净资产收益率	9.82%	
19			

图 8-8 “盈利能力分析”计算

思考：在利用 Excel 进行财务报表分析，当数据来自不同的工作簿时，如何进行处理？

任务三 趋势分析

趋势分析法又叫比较分析法、水平分析法，它是通过对财务报表中各类相关数字资料进行整理，将两期或多期连续的相同指标或比率进行定基对比和环比对比，得出它们的增减变动方向、数额和幅度，以提示企业财务状况、经营情况和现金流量变化趋势的一种分析方法。

子任务一　比较分析法

比较分析法是以本企业实际达到的数据同特定的各种标准相比较，进行差异分析或趋势分析的一种指标对比的分析方法。一般有两种方式进行指标对比：一是将本期实际发生额与前期实际发生额对比，以了解某项业务的发展过程和发展趋势；二是将不同时期的同类指标对比，这是对企业连续几个时期的某个同类指标进行对比，分析该指标的增减变化程度，以评定业务的发展趋势。

例 8-4　要求根据【任务引例】的相关数据，利用 Excel 对利润表进行比较分析。

操作步骤如下：

(1)在“学习情境八.xlsx”的工作簿中，建立“趋势分析表”的工作表，其模型设计如图 8-9 所示。

利润表趋势分析模型

编制单位:						单位：元
项目		行次	2017年		2016年	
			增减额	%	增减额	%
一、	营业收入	1				
减:	营业成本	2				
	营业税金及附加	3				
	销售费用	4				
	管理费用	5				
	财务费用	6				
	资产减值损失	7				
加:	公允价值变动净收益（损失以“-”填列）	8				
	投资收益（损失以“-”填列）	9				
二、	营业利润（亏损以“-”填列）	10				
加:	营业外收入	11				
减:	营业外支出	12				
其中:	非流动资产处置净损失	13				
三、	利润总额（亏损总额以“-”填列）	14				
减:	所得税费用	15				
四、	净利润（亏损以“-”填列）	16				

图 8-9　趋势分析表

(2)选中 D5：D20 和 F5：F20 单元格区域，执行【开始】|【单元格】|【格式】|【设置单元格格式】命令，选择【数字】选项卡，设置格式为【会计专用】，保留两位小数。

(3)定义有关公式如下：

D5＝利润表!D4－利润表!E4

F5＝利润表!E4－利润表!F4

(4)利用自动填充柄，完成其余表内数据的计算，结果如图 8-10 所示。

利润表趋势分析模型

编制单位:					单位：元	
项目		行次	2017年		2016年	
			增减额	%	增减额	%
一、	营业收入	1	48,000.00		100,000.00	
减:	营业成本	2	5,100.00		7,000.00	
	营业税金及附加	3	-		-	
	销售费用	4	5,000.00		4,000.00	
	管理费用	5	5,900.00		50,000.00	
	财务费用	6	-2,000.00		1,000.00	
	资产减值损失	7	-		-	
加:	公允价值变动净收益（损失以“-”填列）	8	-		-	
	投资收益（损失以“-”填列）	9	7,000.00		5,000.00	
二、	营业利润（亏损以“-”填列）	10	41,000.00		43,000.00	
加:	营业外收入	11	-		-	
减:	营业外支出	12	400.00		200.00	
其中:	非流动资产处置净损失	13	-		-	
三、	利润总额（亏损总额以“-”填列）	14	40,600.00		42,800.00	
减:	所得税费用	15	-		-	
四、	净利润（亏损以“-”填列）	16	40,600.00		42,800.00	

图 8-10　“比较分析法”计算

子任务二　比较百分比法

比较百分比法是在比较分析法的基础上发展起来的一种方法，它是将数据用百分比的方式来表示，并借此判断事物的发展趋势。

例 8-5　要求根据【任务引例】的相关数据，利用 Excel 对利润表进行比较百分比分析。

操作步骤如下：

(1)在“趋势分析表”工作表中，选中 E5：E20 和 G5：G20 单元格区域，执行【开始】|【单元格】|【格式】|【设置单元格格式】命令，选择【数字】选项卡，设置格式为【百分比】，保留两位小数。

(2)定义有关公式如下：

E5＝D5/利润表!E4

G5＝F5/利润表!F4

(3)利用自动填充柄，完成其余表内数据的计算，结果如图 8-11 所示。

子任务三　图解法

图解法是指将企业几个连续会计期间的财务数据或指标绘制成图表，并根据直观的图形发展趋势来判断企业的经营状况及盈利能力，它能够使分析者直观地了解到一些在报表中不易发现的财务关系或现象。

例 8-6　要求根据【任务引例】的相关数据，利用 Excel 对利润表绘制收入、成本、利润趋势图。

操作步骤如下：

利润表趋势分析模型

编制单位：　　　　　　　　　　　　　　　　　　单位：元

项目		行次	2017年		2016年	
			增减额	%	增减额	%
一、	营业收入	1	48,000.00	12.00%	100,000.00	33.33%
减：	营业成本	2	5,100.00	15.94%	7,000.00	28.00%
	营业税金及附加	3	-		-	
	销售费用	4	5,000.00	33.33%	4,000.00	36.36%
	管理费用	5	5,900.00	7.38%	50,000.00	166.67%
	财务费用	6	-2,000.00	-100.00%	1,000.00	100.00%
	资产减值损失	7	-		-	
加：	公允价值变动净收益（损失以“-”填列）	8	-		-	
	投资收益（损失以“-”填列）	9	7,000.00	140.00%	5,000.00	
二、	营业利润（亏损以“-”填列）	10	41,000.00	14.86%	43,000.00	18.45%
加：	营业外收入	11	-		-	
减：	营业外支出	12	400.00	57.14%	200.00	40.00%
其中：	非流动资产处置净损失	13	-		-	
三、	利润总额（亏损总额以“-”填列）	14	40,600.00	14.75%	42,800.00	18.41%
减：	所得税费用	15	-		-	
四、	净利润（亏损以“-”填列）	16	40,600.00	14.75%	42,800.00	18.41%

图 8-11　“比较百分比法”计算

(1)打开“趋势分析表”工作表，执行【插入】|【图表】|【折线图】|【带数据标识的折线图】命令，如图 8-12 所示，创建一个空白的图表，将此图表拖放到合适的空白区域。

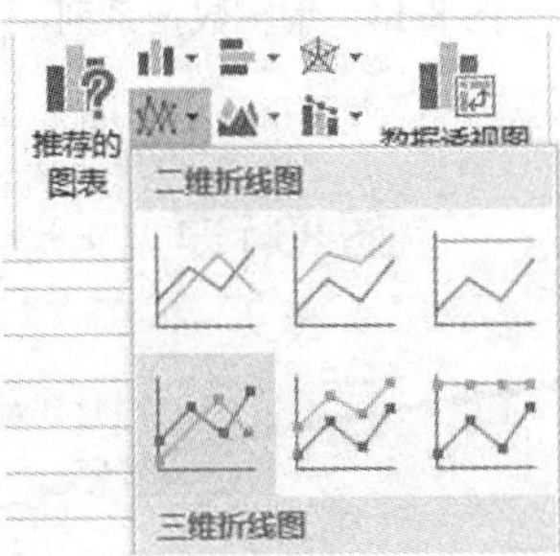

图 8-12　“插入折线图”命令

(2)选择此空白图表，执行【图表工具】|【设计】|【选择数据】命令。打开【选择数据源】窗口，选择“图表数据区域=利润表!＄B＄3：＄B＄5，利润表!＄D＄3：＄F＄5，利润表!＄B＄13，利润表!＄D＄13：＄F＄13，利润表!＄B＄19，利润表!＄D＄19：＄F＄19”，且“切换行/列”，使图例项为“收入、成本、利润”，如图 8-13 所示。

(3)在【选择数据源】|【图例项(系列)】窗口中，选择“营业利润(亏损以“-”填列)”，点击“编辑”按钮。打开“编辑数据系列”窗口，修改“系列名称”中内容为“营业利润”，如图 8-14 所示。同理，修改“净利润(亏损以“-”填列)”为“净利润”。

(4)单击“确定”按钮，返回【选择数据源】窗口。再单击“确定”按钮，生成图表，如图 8-15 所示。

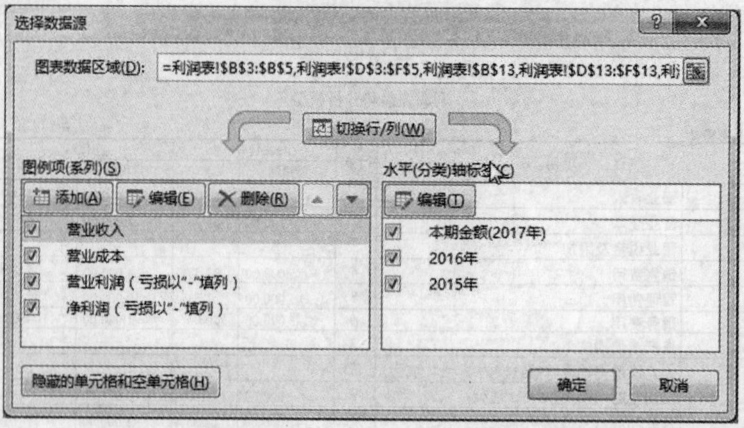

图 8-13　选择数据源

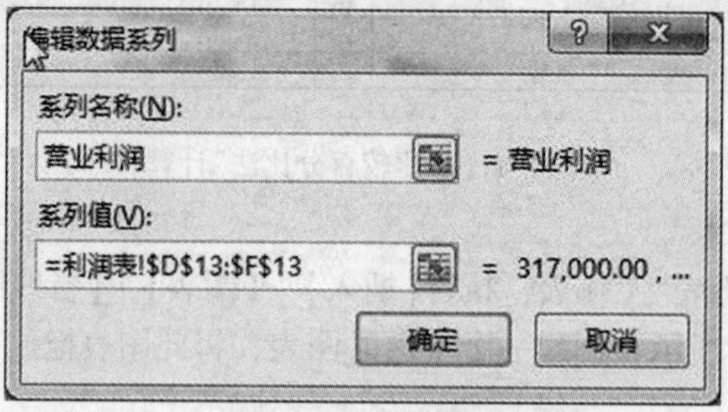

图 8-14　编辑数据系列

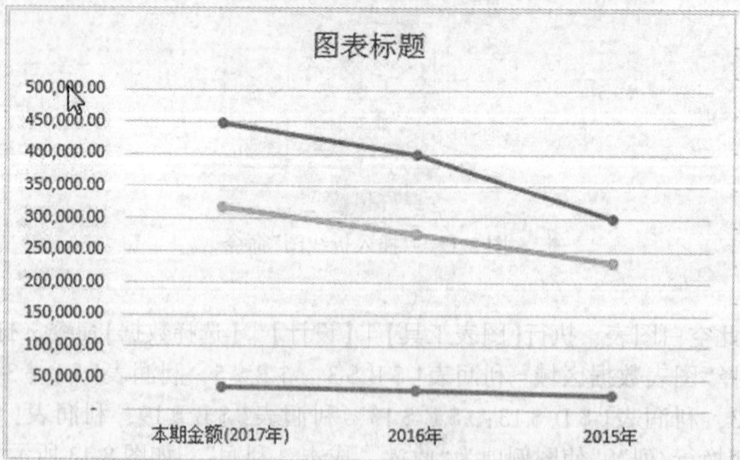

图 8-15　图表雏形

(5)选择图表，执行【图表工具】|【设计】|【快速布局】命令，选择"布局 1"。输入"图表标题"为"收入、成本、利润趋势图"，"坐标轴标题"为"金额"，如图 8-16 所示。

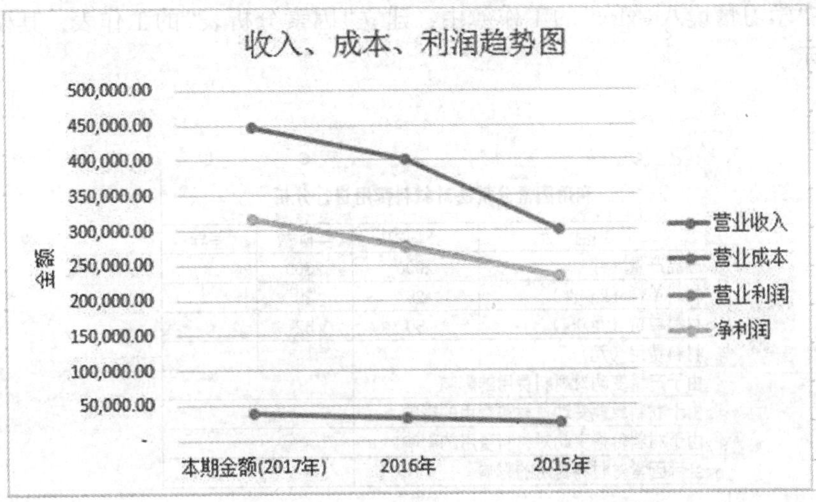

图 8-16　收入、成本、利润趋势图

任务四　因素分析

因素分析法又称指数因素分析法，是利用统计指数体系分析现象总变动中各个因素影响程度的一种分析方法，包括连环替代法、差额分析法、指标分解法和定基替代法。

因素分析法的分析思路是，当有若干因素对分析指标产生影响时，在假设其他各因素都不变的情况下，顺序确定每个因素单独变化对分析指标产生的影响。具体说，就是将分析指标分解为各个可以计量的因素，并根据各个因素之间的依存关系，顺次用各因素的比较值(通常为实际值)替代基准值(通常为标准值或计划值)，据以测定各因素对分析指标的影响。

因素分析法既可以全面分析各因素对经济指标的影响，又可以单独分析某因素对经济指标的影响，在财务分析中应用较为广泛。

例 8-7　某企业某月 A 材料的计划数与实际数如表 8-3 所示，要求利用 Excel 分析相关因素对材料费用差异的影响。

表 8-3　**A 材料耗费的相关资料**

项目	计划数	实际数	差异
产品产量(件)	2000	2300	
材料单耗(kg/件)	25	26	
材料单价(元/kg)	50	52	
材料费用(元)			

操作步骤如下：

(1)在“学习情境八 . xlsx”的工作簿中，建立“因素分析表”的工作表，其模型设计如图 8-17 所示。

	A	B	C	D	E
1	**利用因素分析法对材料费用进行分析**				
2	项目	计划数	实际数	差异	
3	产品产量（件）	2000	2300		
4	材料单耗（kg/件）	25	26		
5	材料单价（元/kg）	50	52		
6	材料费用（元）				
7	由于产量变动对材料费用的影响				
8	由于材料单耗变动对材料费用的影响				
9	由于材料价格变动对材料费用的影响				
10	全部因素对材料费用的影响				
11					

图 8-17 因素分析法

(2)定义有关公式如下：

B6＝B3 * B4 * B5

D3＝C3-B3

C7＝D3 * B4 * B5

C8＝D4 * C3 * B5

C9＝D5 * C3 * C4

C10＝SUM(C7:D9)

(3)利用自动填充柄，完成 C6、D4—D6 单元格的计算，结果如图 8-18 所示。

	A	B	C	D	E
1	**利用因素分析法对材料费用进行分析**				
2	项目	计划数	实际数	差异	
3	产品产量（件）	2000	2300	300	
4	材料单耗（kg/件）	25	26	1	
5	材料单价（元/kg）	50	52	2	
6	材料费用（元）	2500000	3109600	609600	
7	由于产量变动对材料费用的影响		375000		
8	由于材料单耗变动对材料费用的影响		115000		
9	由于材料价格变动对材料费用的影响		119600		
10	全部因素对材料费用的影响		609600		
11					

图 8-18 “因素分析法”计算

任务五　综 合 分 析

财务综合分析就是将各项财务分析指标作为一个整体，系统、全面、综合地对企业财务状况和经营情况进行剖析、解释和评价。财务综合分析的方法很多，其中应用比较广泛的，也是这类方法的主要代表有杜邦分析法和沃尔比重评分法。下面介绍利用 Excel 进行这两种分析的方法和步骤。

子任务一　杜邦分析法

杜邦分析法是以净资产收益率为核心，将其分解为若干财务指标，利用各项财务指标间的内在关系，对企业综合经营理财及经济效益进行系统分析评价的方法。这种方法首先由美国著名的杜邦公司创建和运用，故称杜邦分析法。

杜邦分析法是一种分解财务比率的方法，它将有关分析指标按内在联系加以排列，可以直观地反映出企业的财务状况和经营成果的总体面貌。其基本结构如图 8-19 所示。

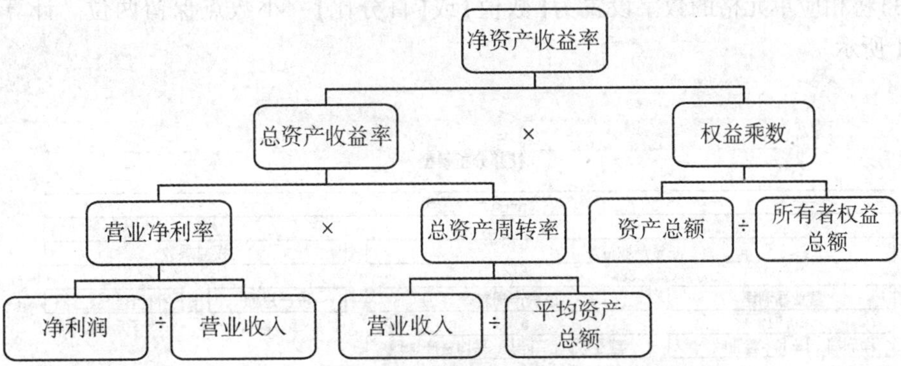

图 8-19　杜邦分析结构图

例 8-8　要求根据【任务引例】中的相关数据，利用 Excel 建立杜邦分析模型。

操作步骤如下：

(1)在“学习情境八 . xlsx”的工作簿中，建立“杜邦分析法”的工作表，其模型设计如图 8-20 所示。

(2)定义有关公式如下：

A10 = 利润表！D19

C10 = 利润表！D4

E10 = 利润表！D4

G10 = (资产负债表！C36 + 资产负债表！D36)/2

I8 = 资产负债表！C36

K8 = 资产负债表！G34

A8 = A10/C10

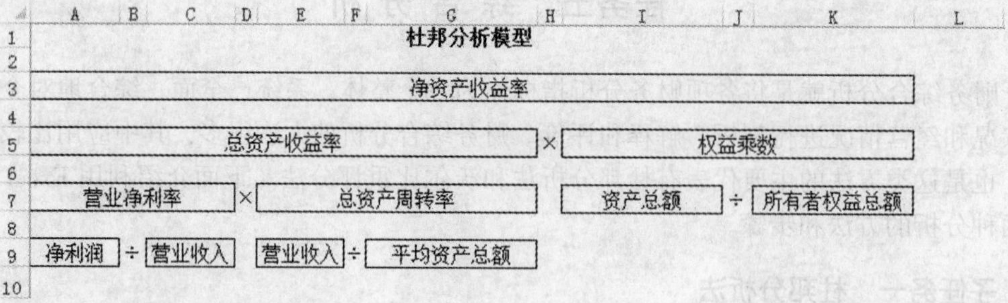

图 8-20　杜邦分析法

E8＝E10/G10

A6＝A8＊E8

I6＝I8/K8

A4＝A6＊I6

(3)将相应单元格的数字设置为【数值】或【百分比】，小数点保留两位。计算结果如图 8-21 所示。

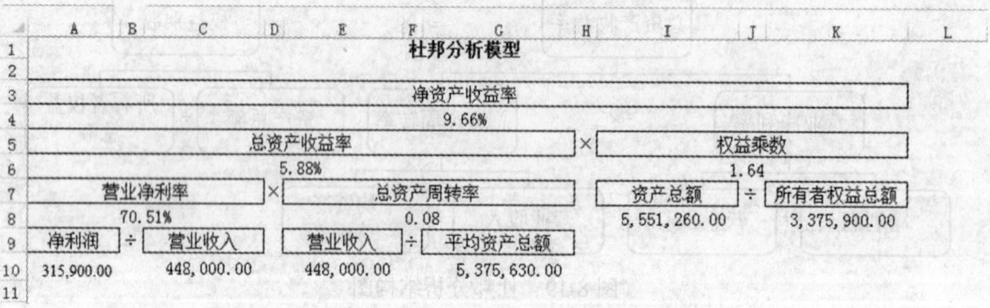

图 8-21　“杜邦分析法”计算

思考：在步骤(1)中，要取消表格的网格线，如何进行操作？

子任务二　沃尔比重评分法

沃尔比重评分法的基本原理是，把企业相关财务比率用线性关系结合起来，按不同财务比率对企业影响的大小，分别给定各自的分数比重(权数)，然后通过与标准比率进行比较，确定各项指标的得分及总体指标的累计分数，从而对企业财务状况进行综合评价。

例 8-9　要求根据【任务二】中“财务比率分析表”的相关数据，利用 Excel 建立沃尔比重评分模型。

操作步骤如下：

(1)在“学习情境八.xlsx”的工作簿中，建立“沃尔比重评分表”的工作表，其模型设计如图 8-22 所示。

沃尔比重综合评分表					
财务比率	权重比	标准值	实际值	相对比例	评分
流动比率	0.10	2			
速动比率	0.10	1			
资产负债率	0.20	60%			
流动资产周转率	0.10	1.5			
总资产周转率	0.10	0.5			
营业利润率	0.10	35%			
净资产收益率	0.15	25%			
总资产报酬率	0.15	15%			
合计	1.00				

图 8-22 沃尔比重评分法

(2)定义有关公式如下：

D3=财务比率分析表!B4

D4=财务比率分析表!B5

D5=财务比率分析表!B6

D6=财务比率分析表!B11

D7=财务比率分析表!B13

D8=财务比率分析表!B15

D9=财务比率分析表!B18

D10=财务比率分析表!B17

E3=D3/C3

F3=E3 * B3

F11=SUM(F3：F10)

(3)利用自动填充柄，完成其他单元格的计算。并将相应单元格的数字设置为【数值】或【百分比】，小数点保留两位。计算结果如图 8-23 所示。

沃尔比重综合评分表					
财务比率	权重比	标准值	实际值	相对比例	评分
流动比率	0.10	2	2.69	1.34	0.13
速动比率	0.10	1	1.68	1.68	0.17
资产负债率	0.20	60%	0.39	0.65	0.13
流动资产周转率	0.10	1.5	0.14	0.09	0.01
总资产周转率	0.10	0.5	0.08	0.17	0.02
营业利润率	0.10	35%	70.76%	2.02	0.20
净资产收益率	0.15	25%	9.82%	0.39	0.06
总资产报酬率	0.15	15%	5.88%	0.39	0.06
合计	1.00				0.78

图 8-23 “沃尔比重评分法”计算

(4)从计算结果可知，评分合计<1，表明企业的财务状况不佳。反之，表明企业的财务状况良好。

实训 1

某企业为一家中小型工业企业，2012 年的相关数据见表 8-4 和表 8-5，要求运用财务比率分析法、趋势分析法和综合分析法进行相应的财务状况与经营成果情况的分析。

表 8-4　　**资产负债表**　　单位：元

资产	2010 年	2011 年	2012 年	负债和所有者权益	2010 年	2011 年	2012 年
流动资产				流动负债			
货币资金	582 559	612 540	805 800	短期借款	280 000	300 000	200 000
短期投资	700 000	800 000	600 000	应付票据	380 000	360 000	402 000
应收票据	256 000	260 000	220 000	应付账款	878 900	865 900	892 600
应收账款	788 600	758 000	860 000	预收账款	0	0	0
减；坏账准备	11 829	11 370	12 900	应付工资	479 240	486 000	522 600
应收账款净额	776 771	746 630	847 100	应交税金	59 730	65 700	71 200
预付账款	0	0	0	应付利润	800 000	891 000	900 000
其他应收款	66 400	86 000	58 000	其他应付款	28 000	23 000	0
存货	2 101 850	2 016 830	2 103 200	其他应交款	1 120	1 000	2 100
待摊费用	18 800	12 800	6 400	预提费用	15 000	18 000	21 000
流动资产合计	4 502 380	4 534 800	4 640 500	流动负债合计	2 921 990	3 010 600	3 011 500
长期投资	0	0	0	长期负债			
固定资产原值	5 850 000	5 850 000	6 075 000	长期借款	2 100 000	2 000 000	2 050 000
减：累计折旧	320 000	350 000	380 000	应付债券	0	0	
固定资产净值	5 530 000	5 500 000	5 695 000	长期应付款	109 600	119 400	74 200
在建工程	105 000	125 000	0	长期负债合计	2 209 600	2 119 400	2 124 200
固定资产合计	5 635 000	5 625 000	5 695 000	负债合计	5 131 590	5 130 000	5 135 700
无形及其他资产	200 000	180 000	150 000	所有者权益			
递延税款借项	0	0	0	实收资本	5 000 000	5 000 000	5 000 000
				资本公积	17 800	17 800	17 800
				盈余公积	172 000	180 000	298 000
				未分配利润	15 990	12 000	34 000
				所有者权益合计	5 205 790	5 209 800	5 349 800
资产总计	10 337 380	10 339 800	10 485 500	负债及所有者权益合计	10 337 380	10 339 800	10 485 500

表 8-5 **利 润 表** 单位：元

项 目	上年数	本月数(略)	本年累计数
一、主营业务收入	3 500 000		4 800 000
减：主营业务成本	1 980 000		2 940 000
主营业务税金及附加	105 000		212 000
二、主营业务利润	1 415 000		1 648 000
其他业务利润	0		0
营业费用	54 000		58 320
管理费用	195 000		179 210
财务费用	33 600		32 600
三、营业利润	1 132 400		1 377 870
投资收益	3 000		−30 000
营业外收入	12 300		59 130
营业外支出	9 840		5 800
四、利润总额	1 137 860		1 401 200
所得税	254 500		407 690
五、净利润	883 360		993 510

实训 2

某企业实行计时工资制度，甲产品耗费工时的计划与实际数据见表 8-6，要求运用因素分析法分析各影响因素对直接人工成本差异的影响。

表 8-6 **甲材料计划数与实际数对比表**

甲产品耗费的相关资料			
项目	计划数	实际数	差异
产品产量(件)	80	85	
人工单耗(h/件)	24	20	
工资成本(元/h)	22	25	
人工费用(元)			

实训一　Excel 基础知识练习

1. 新建一个工作簿，并重命名为“全国计算机等级考试报名资料 . xlsx”，完成以下作业。如图 1 所示。

	A	B	C	D	E	F	G	H	I	J
1	填表日期：									
2	全国计算机等级考试报名表									
3	序号	报考项目	班级	学号	姓名	性别	民族	身份证号	联系电话	备　注
4	001	一级MS Office	注会1201班	1203010123	李思圆	女	汉族	420113199409032321	18986190011	
5	002	C语言程序设计	金融1101班	1003010124	张云飞	男	汉族	430089199009231216	18986190012	
6	003	ACCESS数据库程序设计	金融1101班	1103010125	刘凯	男	汉族	412825199207241518	18986190013	
7	004	VFP数据库程序设计	金融1101班	1103010126	唐欣怡	女	壮族	450331199208090023	18986190014	
8	005	一级MS Office	企会1201班	1203010127	赵小勇	男	汉族	461012199312010019	18986190015	
9	006	一级MS Office	企会1201班	1203010128	黎慧	女	汉族	453152199405270727	18986190016	
10	007	VFP数据库程序设计	金融1101班	1103010129	王文洁	女	汉族	412333199204290526	18986190017	
11	008	VFP数据库程序设计	注会1101班	1103010130	韦娟	女	土家族	431212199309230725	18986190018	
12	009	C语言程序设计	注会1101班	1103010131	李琳芳	女	汉族	461112199208196624	18986190019	
13	010	一级MS Office	注会1201班	1203010132	郑宝强	男	汉族	432799199410123413	18986190020	
14	011	一级MS Office	注会1201班	1203010133	肖玉	女	回族	413789199310077921	18986190021	
15	012	VFP数据库程序设计	注会1101班	1103010134	刘鑫娜	女	土家族	412336199208254425	18986190022	

图 1

(1)在工作表 Sheet1 中按照图 1 完成工作表的内容输入；

(2)在单元格 B1 中用快捷键录入当日日期；

(3)“序号”列、“学号”列、“身份证号”列及以“ ' ”方法录入；身份证号设置只能输入 18 位数的身份证号；

(4)“报考项目”列、“性别”列及“民族”列用数据有效性输入。“报考项目”列设置序列下拉框包含“一级 MS Office，C 语言程序设计，VFP 数据库程序设计，ACCESS 数据库程序设计”四个项目，并给 B3 单元格添加批注“报考要求：任选一项：一级 MS Office/二级 C 语言程序设计、VFP 数据库程序设计、ACCESS 数据库程序设计”；“民族”列设置序列下拉框包含“汉族，壮族，回族，土家族”其他”五个选项；

(5)合并 A2：J2 单元格，标题设置为 26 号隶书，并给标题添加“会计专用单下划线”，设置如图 1 中的底纹；

(6)设置第 2 行行高为 42，其余行高为 21；设置最合适列宽；

(7)设置表格外边框为双线，内边框为单细线；

(8)给 Sheet1 重命名为“全国计算机等级考试报名表”，保存。

(9) 在工作表 Sheet2 中输入报考区域，并给 Sheet2 重命名为“报考区域”，如图 2 所示；

(10) 完成设置保存并退出。

2. 打开“全国计算机等级考试成绩 . xlsx”工作簿中工作表“成绩表”，完成以下操作，结果如图 2 所示。

	A	B	C	D	E	F	G	H	I
1	全国计算机考试统计表								
2	报考项目	班级	学号	姓名	性别	理论成绩	上机成绩	总分	考试结果
3	一级MS Office	注会1201班	1203010123	李思圆	女	40	33	73	合格
4	C语言程序设计	金融1101班	1003010124	张云飞	男	23	34	57	不合格
5	ACCESS数据库程序设计	金融1101班	1103010125	刘凯	男	39	45	84	良好
6	VFP数据库程序设计	金融1101班	1103010126	唐欣怡	女	32	34	66	合格
7	一级MS Office	企会1201班	1203010127	赵小勇	男	42	48	90	优秀
8	一级MS Office	企会1201班	1203010128	黎慧	女	43	44	87	良好
9	VFP数据库程序设计	金融1101班	1103010129	王文洁	女	28	34	62	合格
10	VFP数据库程序设计	注会1101班	1103010130	韦娟	女	37	45	82	良好
11	C语言程序设计	注会1101班	1103010131	李琳芳	女	32	31	63	合格
12	一级MS Office	注会1201班	1203010132	郑宝强	男	38	45	83	良好
13	一级MS Office	注会1201班	1203010133	肖玉	女	35	58	93	优秀
14	VFP数据库程序设计	注会1101班	1103010134	刘鑫娜	女	31	43	74	合格

图 2

(1) 报考科目、班级、学号、姓名、性别数据来源于“全国计算机等级考试报名资料 . xlsx”工作簿中的“全国计算机等级考试报名表”，理论成绩与上机考试成绩数据来源于该工作簿的工作表“理论成绩”和“上机成绩”；

(2) 设置标题为隶书、18 号字体，标题行高为 39，其它行高为 18，设置最合适的列宽，给列标题添加浅绿色底纹，给表格添加边框；

(3) 利用 SUM 求和函数完成总分的计算；

(4) 利用 IF 条件函数判断考试结果，总分大于等于 90 的为“优秀”，总分在 80-89 之间的为“良好”，总分在 60-79 之间的为“合格”，总分小于 60 的为“不合格”；

(5) 利用条件格式将总分不及格的成绩用红色、加粗字体标注；

(6) 保存并退出。

3. “全国计算机等级考试成绩 . xlsx”工作簿，完成以下任务。

(1) 将工作表“成绩表”在本工作簿中复制 4 份工作表，将复制后的各工作表分别重命名为：排序、自动筛选、高级筛选、分类汇总、图表，

(2) 删除以上 4 个复制的工作表第 15 行中优秀人数的统计行；

(3) 将复制的 4 个工作表中数据全部转化为“数值”格式；

(4) 在“排序”工作表中按照总分从高到低顺序排列；

(5) 在“自动筛选”工作表中筛选出“上机成绩”大于等于 45 分的人员；

(6) 在“高级筛选” 工作表中，将“总分”大于或等于 80 分且性别为男的筛选出来；筛选条件区域放在 A16：B147 单元格区域中，筛选结果复制到以 A20 开始的区域中；

(7) 选择 “分类汇总” 工作表，按“班级”字段进行分类汇总，统计不同部门的“总分”

的平均值，平均值结果保留两位有效数字；

(8)选择“图表”工作表，在本工作表中先利用函数功能在 J 列 K 列完成如图 3 所示的考试结果百分比情况，再根据百分比结果插入一个饼图，以显示每个考试结果的人数比例图，并根据自动的喜好设计“图表标题格式”、“坐标轴格式”、“背景墙格式”和“图表区格式”；

	A	B	C	D	E	F	G	H	I	J	K
1	全国计算机考试统计表										
2	报考项目	班级	学号	姓名	性别	理论成绩	上机成绩	总分	考试结果	结果	百分比
3	一级MS Office	注会1201班	1203010123	李思圆	女	40	33	73	合格	优秀	16.67%
4	C语言程序设计	金融1101班	1003010124	张云飞	男	23	34	57	不合格	良好	33.33%
5	ACCESS数据库程序设计	金融1101班	1103010125	刘凯	男	39	45	84	良好	合格	41.67%
6	VFP数据库程序设计	金融1101班	1103010126	唐欣怡	女	32	34	66	合格	不合格	8.33%
7	一级MS Office	企会1201班	1203010127	赵小勇	男	42	48	90	优秀		
8	一级MS Office	企会1201班	1203010128	黎慧	女	43	44	87	良好		
9	VFP数据库程序设计	金融1101班	1103010129	王文洁	女	28	34	62	合格		
10	VFP数据库程序设计	注会1101班	1103010130	韦娟	女	37	45	82	良好		
11	C语言程序设计	注会1101班	1103010131	李琳芳	女	32	31	63	合格		
12	一级MS Office	注会1201班	1203010132	郑宝强	男	38	45	83	良好		
13	一级MS Office	注会1201班	1203010133	肖玉	女	35	58	93	优秀		
14	VFP数据库程序设计	注会1101班	1103010134	刘鑫娜	女	31	43	74	合格		

图 3

(9)保存并退出。

实训二　Excel 在会计核算中的应用

一、Excel 制作期初试算平衡表和期初试算平衡检查

【资料】红星公司是一家产品制造企业，生产 A、B 这两种产品。存货采用先进先出法核算，增值税率 17%。

红星公司 2012 年 1 月初总账试算平衡表如表 1 所示。

表 1　**2017 年 1 月初总账试算平衡表**

科目代码	科目名称	期初借方余额	期初贷方余额
1001	库存现金	2 500. 00	
1002	银行存款	600 000. 00	
1009	其他货币资金		
1101	交易性金融资产		
1121	应收票据		
1122	应收账款	172 000. 00	
1241	坏账准备		
1231	其他应收款		
1403	原材料	240 000. 00	
1406	库存商品	270 000. 00	
1412	包装物及低值易耗品		
1123	预付账款		
1524	长期股权投资	10 000. 00	
1601	固定资产	186 000. 00	
1602	累计折旧		94 300. 00
1606	固定资产清理		
1604	在建工程		
1701	无形资产		

续表

科目代码	科目名称	期初借方余额	期初贷方余额
1801	长期待摊费用	800.00	
2001	短期借款		140 000.00
2201	应付票据		2 000.00
2202	应付账款		93 500.00
2211	应付职工薪酬		9 000.00
2221	应交税费		
2241	其他应付款		
2601	长期借款		100 000.00
4001	实收资本		800 000.00
4002	资本公积		
4101	盈余公积		55 000.00
4103	本年利润		
4104	利润分配		240 000.00
5001	生产成本	52 500.00	
5101	制造费用		
6001	主营业务收入		
6051	其他业务收入		
6111	投资收益		
6301	营业外收入		
6401	主营业务成本		
6402	其他业务成本		
6403	营业税金及附加		
6601	销售费用		
6602	管理费用		
6603	财务费用		
6711	营业外支出		
6801	所得税费用		

根据红星公司 2017 年 1 月初的资料完成以下操作：

1. 新建一个工作簿，在工作表中 Sheet1 根据表 2-1 红星公司 2017 年 1 月初总账试算平衡表，利用记录单的功能完成期初总账试算平衡表录入。完成录入之后，将工作表

Sheet1命名为“期初总账试算平衡表”；

2. 在工作表Sheet2中根据“期初总账试算平衡表”和红星公司2017年1月初明细账期初余额完成明细科目及余额的插入，完成录入之后，将工作表Sheet2命名为“期初总账试算平衡表”；

3. 利用“SUMIF函数”和“IF”函数对工作表标签为“期初总账试算平衡表”进行试算平衡检查；

4. 完成上述操作后，对“期初总账试算平衡表”、“期初试算平衡检查”根据自己的喜好进行美化设置，并将该工作簿命名为【会计核算练习.xlsx】。

二、Excel制作记账凭证清单

【资料】红星公司2012年1月份发生的经济业务如下(不考虑增值税)：

(1) 1日，开出现金支票一张(支票号码NO. 560)，从银行提取现金4 000元备用。

(2) 1日，职工王力预借差旅费2 500元，出纳以现金支付。

(3) 2日，以现金购买办公用品500元。

(4) 2日，从A公司购入甲、乙、两种材料，发票账单已到达，货款用银行存款支付，材料已验收入库。其中，甲材料10吨，单价900元；乙材料20吨，单价600元。

(5) 3日，向燕兴公司销售A产品2 500件，每件售价95元。产品已发出，货款已收到并存入银行。

(6) 4日，以银行存款支付前欠韦丰公司货款85 000元。

(7) 5日，生产A产品领用甲材料15吨，领用乙材料8吨。

(8) 6日，职工王力出差归来报销差旅费2 300元，余额退回现金。

(9) 15日，开出转账支票(NO. 763)一张，支付车间设备修理费1 000元。

(10) 17日，向佳庭公司销售B产品1 000件，每件售价130元。货款尚未收到。

(11) 22日，用银行存款支付明年的财产保险费2 900元。

(12) 22日，用现金支付职工报销医药费750元。

(13) 23日，本月应付职工工资150 000元。其中，A、B产品生产工人工资分别为50 000元、50 000元，厂部管理人员工资50 000元。

(14) 23日，按工资总额的14%提取职工福利费。

(15) 24日，通知银行转账150 000元，发放工资。

(16) 26日，以银行存款支付本月销售费用15 000元。

(17) 31日，计提本月固定资产折旧20 000元，其中生产车间应负担15 000元，厂部负担5 000元。

(18) 31日，摊销应由本月负担的书报费400元。

(19) 31日，分摊并结转本月发生的制造费用(按A、B 2种产品的生产工人工资的比例分摊)。

(20) 31日，本月A产品全部完工，结转其完工成本(包括上月未完工成本)。

(21) 31日，结转本月A、B产品的销售成本。其中，A产品每件50元，B产品每件100元。

(22) 31 日，结转本月收支至【本年利润】账户。

(23) 31 日，按当月利润总额计算所得税(所得税率为 25%)，并结转至本年利润。

(24) 31 日，结转本年利润至利润分配。

建立记账凭证清单-创建“记账凭证清单”工作表：

1. 打开工作簿【会计核算练习 . xlsx】，新建工作表，按要求编制“记账凭证清单”表格。

(提醒：“年、月、日、序号、摘要、科目代码”六个项目必须使用“文本”类型，否则影响以后的公式使用。“借方金额”和“贷方金额”两个项目必须使用“会计专用”类型，小数位数为 2 位，货币符号为“无”。)

2. 根据上述红星公司 2017 年 1 月发生的经济业务资料，完成记账凭证清单：

(1)利用 concatenate( )函数或“&”符号，以“年+月+日+当日顺序号”自动生成唯一的记账凭证编号；

(2)根据工作表“期初总账试算平衡表”，使用“定义名称”这一功能，添加名称为“科目代码”查询索引；

(3)引用(2)中定义的“科目代码”利用数据有效性，设置科目代码下拉列表并完成“红星公司 2012 年 1 月经济业务”中“科目代码”的输入；(摘要自行输入)

(4)引用(4)中定义的“会计目录”运用 VLOOKUP 函数自动返回科目名称；

(5)根据资料“红星公司 2017 年 1 月发生的经济业务”完成“借方金额”和“贷方金额”的数据输入；

(6)在标题“记账凭证清单”行下方插入一行，利用 SUM 函数和 IF 函数设置“借贷平衡提示”；

(7)完成上述操作后，将创建的工作表命名为“记账凭证清单”，根据自己的喜好美化“记账凭证清单”。

三、打印指定凭证设置

1. 打开工作簿【会计核算练习 . xlsx】，完成“指定凭证打印”的设置。

2. 运用 & 号、IF 函数和 Index 函数完成“年 月 日”自动显示设置。

提醒：当“××号”中无信息时，打印记账凭证也无“年　月　日”显法。

3. 完成“指定凭证打印”工作表中记账凭证中“摘要”、“科目名称”、“借方金额”和“贷方金额”自动显示的设置。

要求：

依据“记××号”及运用 if 函数、countif 函数和 row 函数完成“摘要”、“科目名称”、“借方金额”和“贷方金额”自动显示的设置；

并在借方金额和贷方金额下方设计合计项，以便审核记账凭证是否平衡。

4. 保护数据防止更改

要求：

(1)除“记××号”可以随时输入信息外，记账凭证的“年月日”、“摘要”、“科目名称”、“借方金额”和“贷方金额”全部自动显示且不允许修改；

(2) 隐藏上述设置的所有公式；

(3) 对该工作簿进行设置，防止“指定凭证打印”工作表被恶意删除。

四、Excel 编制科目汇总表、三栏式总分类账

1. 打开工作簿【会计核算练习 . xlsx】，利用 Excel 编制科目汇总表。

新建一个工作表，根据“记账凭证清单”运用数据透视的功能完成科目汇总表编制，完成后将该工作表重命名为“科目汇总表”。

2. 利用 Excel 编制三栏式总分类账。

(1) 新建一个工作表，根据“记账凭证清单”运用数据透视的功能编制三栏式总分类账的本期发生额的数据；

(2) 在本期发生额后面设置方向和余额；

提示：利用 If 函数和 Vlookup 函数完成期初余额的设置，利用 If 函数完成滚动余额的设置。

五、Excel 编制现金日记账和总账试算平衡表

1. 打开工作簿【会计核算练习 . xlsx】，利用 Excel 编制现金日记账。

2. 利用 Excel 编制总账试算平衡表。

(1) 打开工作簿【会计核算练习 . xlsx】，新建一个工作表，并命名为“总账试算平衡表”，利用不同工作表之间数据链接从“期初总账试算平衡表”中提取的“科目代码”“总账科目”“期初借方余额”“期初贷方余额”到工作表“总账试算平衡表”中，并完成表头设置：包括“科目代码、科目名称、期初余额、本期发生额、期末余额”；

(2) 根据工作表“记账凭证清单”利用 SUMIF 函数完成 “本期发生额”的计算；

(3) 利用 IF 和 ABS 函数计算期末余额；

(4) 在工作表下方利用 SUM 函数完成期初余额、本期发生额和期末余额的借方和贷方的求和；

(5) 完成上述任务后将工作表设置保护并隐藏公式。

六、资产负债表的编制

1. 打开工作簿【会计核算练习 . xlsx】，新建一个工作表，重命名为“资产负债表”，根据图 4 所示资产负债的样式建立资产负债表。

2. 运用“数据有效性”设置完成资产负债表日期的选择输入，再运用 DATE 函数，YEAR 函数，MONTH 函数，DAY 函数设置资产负债表的分析日期。

3. 完成“资产负债表”中“期末余额”和“年初余额“的公式设置。

要求：

根据前面实训练习生成的“总账试算平衡表”数据，设置“期末余额”和“年初余额“两栏中的公式，公式计算结果必须满足“资产 = 负债+所有者权益”的平衡性。

资产负债表							
编制单位:××单位			时间:	2017/1/31			2017年1月 单位:元
资产	行次	期末余额	年初余额	负债和所有者权益（或股东权益）	行次	期末余额	年初余额
流动资产:	1			流动负债:	1		
货币资金	2			短期借款	2		
交易性金融资产	3			交易性金融负债	3		
应收票据	4			应付票据	4		
应收账款	5			应付账款	5		
预付款项	6			预收款项	6		
应收利息	7			应付职工薪酬	7		
应收股利	8			应交税费	8		
其他应收款	9			应付利息	9		
存货	10			应付股利	10		
一年内非到期的流动资产	11			其他应付款	11		
其他流动资产	12			一年内到期的非流动负债	12		
流动资产合计	13			其他流动负债	13		
非流动资产:	14			流动负债合计	14		
可供出售金融资产	15			非流动负债:	15		
持有至到期投资	16			长期借款	16		
长期应收款	17			应付债券	17		
长期股权投资	18			长期应付款	18		
投资性房地产	19			专项应付款	19		
固定资产	20			预计负债	20		
在建工程	21			递延所得税负债	21		
工程物资	22			其他非流动负债	22		
固定资产清理	23			非流动负债合计	23		
生产性生物资产	24			负债合计	24		
油气资产	25			所有者权益（或股东权益）:	25		
无形资产	26			实收资本（或股本）	26		
开发支出	27			资本公积	27		
商誉	28			减：库存股	28		
长期待摊费用	29			盈余公积	29		
递延所得税资产	30			未分配利润	30		
其他非流动资产	31			所有者权益（或股东权益）合计	31		
非流动资产合计	32				32		
资产总计	33			负债和所有者权益（或股东权益）总计	33		

图 4　资产负债表样表

七、利润表的编制

1. 打开工作簿【会计核算练习 . xlsx】，新建一个工作表，重命名为“利润表”，根据图 5 所示利润表的样式建立利润表样式。

	A	B	C	D	E	F
1		利润表				
2					会企02表	
3	编制单位:××单位		2017年1月		单位：元	
4		项目	行次	本期金额	上期金额	
5	一、	营业收入	1			
6	减:	营业成本	2			
7		营业税金及附加	3			
8		销售费用	4			
9		管理费用	5			
10		财务费用	6			
11		资产减值损失	7			
12	加:	公允价值变动净收益（损失以“-”填列）	8			
13		投资收益（损失以“-”填列）	9			
14	二、	营业利润（亏损以“-”填列）	10			
15	加:	营业外收入	11			
16	减:	营业外支出	12			
17	其中:	非流动资产处置净损失	13			
18	三、	利润总额（亏损总额以“-”填列）	14			
19	减:	所得税费用	15			
20	四、	净利润（亏损以“-”填列）	16			
21						

图 5　利润表样表

2. 运用“数据有效性”设置完成利润表日期的选择输入。

3. 完成“利润表”中“本期金额”的公式设置。

要求：

根据前面实训练习生成的“总账试算平衡表”数据，设置“本期金额”一栏中的公式。

实训三　Excel 在工资薪酬管理中的应用

1. 制作薪资管理表

打开工作簿【薪资管理练习 . xlsx】，根据职工工资基本表格创建“薪资管理表”，基本表格包括“基本工资”，“员工福利”，“考勤”，“奖金”、“社会保险”以及“个人所得税标准表”。

(1)新建工作表重命名为“薪资管理表”，完成表格的表头输入及格式设置；

(2)利用数据的链接得到职工基本信息，“工号”、“姓名”、“部门”；

(3)给职工基本情况相关表格定义名称，方便下一步的 Vlookup 函数的参数设置；

(4)利用 Vlookup 函数完成“基本工资”、“住房补贴”、“伙食补贴”、“通信补贴”、“奖金”、“加班补助”、“各项扣款”数据的自动显示；

(5)计算“应发工资”；

(6)利用 Vlookup 函数完成职工社会保险 “养老保险”、“失业保险”、“医疗保险”、“住房公积金”数据的自动显示；

(7)计算应纳税所得额，并利用 IF 函数根据工作表 “个人所得税标准表”标准计算个人所得税；

(8)计算“实发工资”。

2. 制作员工工资条及工资查询

(1)任选一种方法根据【薪资管理练习 . xlsx】的“薪资管理表”制作“员工工资条”；

(2)利用 Vlookup 函数根据工号进行员工工资查询设置，设置完成后输入任意一名员工的工号进行查询检验。

实训四　Excel在固定资产管理中的应用

1. 打开“固定资产实训练习”工作簿，在“表一”工作表中分别利用Excel的内置函数直线折旧法SLN、双倍余额递减法DDB、年数总和法SYD计算固定资产折旧额，并用折线图绘制出不同折旧方法下折旧额的对比分析图。假设固定资产原始成本为30000万元，预计净残值为800万元，使用期限为10年，在三种不同折旧方法下的各期折旧额为多少？

2. 打开“固定资产实训练习”工作簿，在“表二”工作表中已知ABC有限公司的固定资产原值、残值率、起始日期，该公司采用直线折旧法计提折旧，按要求完成以下操作：

(1)分别利用函数设置公式并计算出“折旧时间”、“终止日期”、“已计提折旧月份”、“本月计提折旧”、“累计折旧”、“费用科目”；(备注：费用科目可以设置管理费用和制造费用)

(2)设置到期提醒的条件格式，如果某项固定资产计提到期时，该项固定资产所在行显示为红色，以示提醒。

3. 新建工作簿命名为【固定资产管理系统.xlsx】，再依次创建“系统参数表”、“固定资产明细表”、“统计分析表”、“固定资产卡片”、“折旧费用分配表”五张工作表。已知信息可以参考工作簿【固定资产练习.xlsx】工作簿的“表三”工作表。

(1)在“系统参数表”中输入某企业进行固定资产管理时的所有固定资产的相关说明信息，可以参照图6所示。

	A	B	C	D	E	F	G	H	I	J
1	系统参数表									
2		类别编号	类别名称	使用部门	费用科目	资产来源	资产去向	资产状态	资产性质	折旧方法

图6　系统参数表

(2)在“固定资产明细表”中输入某企业固定资产的表头信息，如图7所示。有关固定资产的已知信息可以取自于“固定资产实训练习”工作簿的“表三”工作表。

11	固定资产明细											
12	资产编号	资产名称	使用部门	费用科目	资产状态	资产来源	资产性质	原值	残值率	起始日期	使用年限	折旧方法

图7　固定资产明细表

(3)在“固定资产明细表”中运用公式和Excel所提供的数据有效性及数据区域命名等功能(请读者自己思考设计)分别填列“类别编号”、“类别名称”、“终止日期”、“折旧方法”、“已计提月份”、“月折旧额”、“本年计提月数”、“本年折旧额”的数据；

(4)在“固定资产卡片”工作表中输入卡片固定部分内容并设计格式，如图 8 所示。通过公式进行数据填列(数据来源于“固定资产明细表”)，在“固定资产卡片”中只需要输入“卡片编号”、下拉列表输入“固定资产编号”就可以自动显示出该项固定资产其他所有信息；

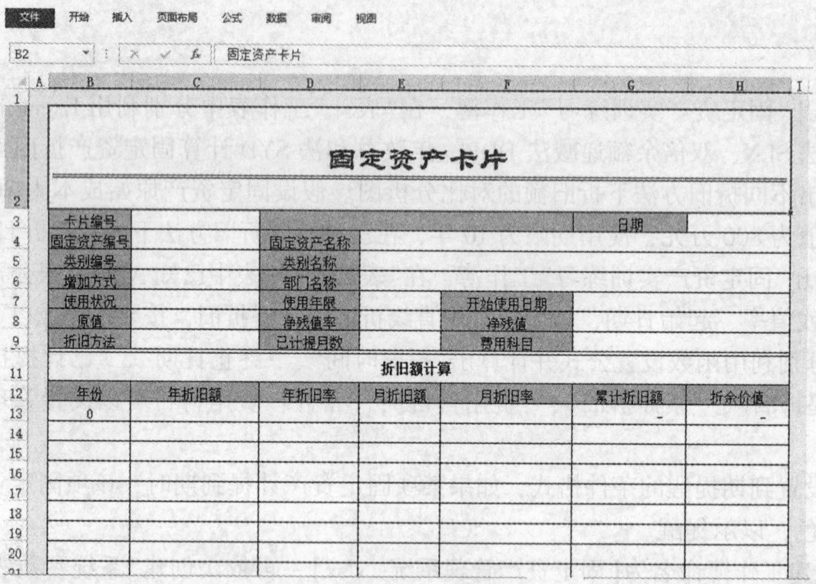

图 8　“固定资产卡片”样式

(5)通过“数据链接”的方法，根据“固定资产明细表”形成“统计分析表”，在“统计分析表”中根据企业的管理需要可以进行排序、筛选、分类汇总的各种统计分析；

(6)以“统计分析表”为数据源，利用数据透视表功能，形成“折旧费用分配表”。如图 9 所示。

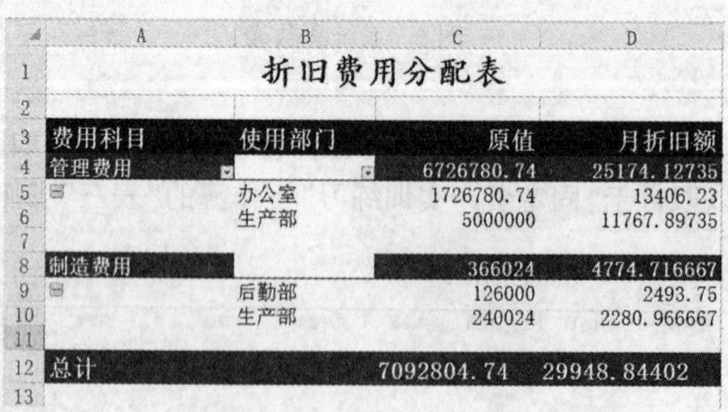

折旧费用分配表

费用科目	使用部门	原值	月折旧额
管理费用		6726780.74	25174.12735
	办公室	1726780.74	13406.23
	生产部	5000000	11767.89735
制造费用		366024	4774.716667
	后勤部	126000	2493.75
	生产部	240024	2280.966667
总计		7092804.74	29948.84402

图 9　“折旧费用分配表”样式

实训五　Excel 在资金时间价值计算中的应用

新建工作簿【资金时间价值计算练习 . xlsx】，完成以下各模型的建立及计算。

(1)某企业计划在 5 年后获得一笔资金 100 万元，假设年投资报酬率为 10%，那么现在应该一次性地投入多少资金？

(2)某企业计划从现在起每月月末存入 2 000 元，如果按月利息 0. 35%计算，那么两年以后该帐户的存款余额是多少？

(3)某人按揭购房贷款 60 万元，假设 25 年还清，年利率为 8%，每月月底需要支付的贷款额为多少元？其中本金和利息又各是多少？

(4)某企业现有资金 10 万元，投资的年报酬率为 8%，多少年后可以使现有资金增加到原有资金的 2 倍？

(5)某公司出售一套设备，协议约定采用分期收款方式，从销售当年末分 5 年分期收款，每年 200 万元，合计 1 000 万元。假定购货方在销售成立日支付货款，付 800 万元即可，那么采用分期付款购买设备条件下的折现率是多少？

实训六 Excel 在财务分析中的应用

一、财务比率分析法、趋势分析法和综合分析法

某企业为一家中小型工业企业，2017 年的相关数据如表 2 和表 3 所示，打开工作簿【财务分析练习 . xlsx】，根据工作表“资产负债表”和“利润表”数据运用财务比率分析法、趋势分析法和综合分析法进行相应的财务状况与经营成果情况的分析。

表 2　　资产负债表　　单位：元

资产	2015 年	2016 年	2017 年	负债和所有者权益	2015 年	2016 年	2017 年
流动资产				流动负债			
货币资金	582 559	612 540	805 800	短期借款	280 000	300 000	200 000
短期投资	700 000	800 000	600 000	应付票据	380 000	360 000	402 000
应收票据	256 000	260 000	220 000	应付账款	878 900	865 900	892 600
应收账款	788 600	758 000	860 000	预收账款	0	0	0
减；坏账准备	11 829	11 370	12 900	应付工资	479 240	486 000	522 600
应收账款净额	776 771	746 630	847 100	应交税金	59 730	65 700	71 200
预付账款	0	0	0	应付利润	800 000	891 000	900 000
其他应收款	66 400	86 000	58 000	其他应付款	28 000	23 000	0
存货	2 101 850	2 016 830	2 103 200	其他应交款	1 120	1 000	2 100
待摊费用	18 800	12 800	6 400	预提费用	15 000	18 000	21 000
流动资产合计	4 502 380	4 534 800	4 640 500	流动负债合计	2 921 990	3 010 600	3 011 500
长期投资	0	0	0	长期负债			
固定资产原值	5 850 000	5 850 000	6 075 000	长期借款	2 100 000	2 000 000	2 050 000
减：累计折旧	320 000	350 000	380 000	应付债券	0	0	
固定资产净值	5 530 000	5 500 000	5 695 000	长期应付款	109 600	119 400	74 200
在建工程	105 000	125 000	0	长期负债合计	2 209 600	2 119 400	2 124 200
固定资产合计	5 635 000	5 625 000	5 695 000	负债合计	5 131 590	5 130 000	5 135 700

续表

资产	2015 年	2016 年	2017 年	负债和所有者权益	2015 年	2016 年	2017 年
无形及其他资产	200 000	180 000	150 000	所有者权益			
递延税款借项	0	0	0	实收资本	5 000 000	5 000 000	5 000 000
				资本公积	17 800	17 800	17 800
				盈余公积	172 000	180 000	298 000
				未分配利润	15 990	12 000	34 000
				所有者权益合计	5 205 790	5 209 800	5 349 800
资产总计	10 337 380	10 339 800	10 485 500	负债及所有者权益合计	10 337 380	10 339 800	10 485 500

表 3　**利润表**　单位：元

项　　目	上年数	本月数(略)	本年累计数
一、主营业务收入	3 500 000		4 800 000
减：主营业务成本	1 980 000		2 940 000
主营业务税金及附加	105 000		212 000
二、主营业务利润	1 415 000		1 648 000
其他业务利润	0		0
营业费用	54 000		58 320
管理费用	195 000		179 210
财务费用	33 600		32 600
三、营业利润	1 132 400		1 377 870
投资收益	3 000		−30 000
营业外收入	12 300		59 130
营业外支出	9 840		5 800
四、利润总额	1 137 860		1 401 200
所得税	254 500		407 690
五、净利润	883 360		993 510

二、因素分析法

某企业实行计时工资制度，甲产品耗费工时的计划与实际数据如表 4 所示，打开工作簿【财务分析中练习 . xls】中的工作表“甲产品”，要求运用因素分析法分析各影响因素对直接人工成本差异的影响。

表 4　　　　　　　　　　　**甲产品计划数与实际数对比表**

甲产品耗费的相关资料			
项目	计划数	实际数	差异
产品产量(件)	80	85	
人工单耗(h/件)	24	20	
工资成本(元/h)	22	25	
人工费用(元)			